国家社会科学基金项目研究资助

北京联合大学科研项目"科技创新服务能力建设——服务北京全国文化中心的智库建设"（项目编号：12213992101010102）出版资助

基于质量元数据的网络科技信息资源质量评估研究

宋立荣 著

·北京·

图书在版编目（CIP）数据

基于质量元数据的网络科技信息资源质量评估研究 / 宋立荣著. —北京：科学技术文献出版社，2023.10
ISBN 978-7-5235-0892-3

Ⅰ.①基… Ⅱ.①宋… Ⅲ.①计算机网络—信息资源—质量评价—研究 Ⅳ.① G250.73

中国国家版本馆 CIP 数据核字（2023）第 195712 号

基于质量元数据的网络科技信息资源质量评估研究

| 策划编辑：周国臻 | 责任编辑：韩 晶 | 责任校对：王瑞瑞 | 责任出版：张志平 |

出 版 者	科学技术文献出版社
地　　址	北京市复兴路15号　邮编 100038
编 务 部	（010）58882941，58882087（传真）
发 行 部	（010）58882868，58882870（传真）
邮 购 部	（010）58882873
官方网址	www.stdp.com.cn
发 行 者	科学技术文献出版社发行　全国各地新华书店经销
印 刷 者	北京厚诚则铭印刷科技有限公司
版　　次	2023年10月第1版　2023年10月第1次印刷
开　　本	787×1092　1/16
字　　数	481千
印　　张	21.5
书　　号	ISBN 978-7-5235-0892-3
定　　价	72.00元

版权所有　违法必究

购买本社图书，凡字迹不清、缺页、倒页、脱页者，本社发行部负责调换

前　言

　　随着现代网络信息技术的飞速发展，网络科技信息资源成为向公众普及科学技术、获取科技信息、掌握科技成果最便捷的科技资源来源之一，在科技信息传播中发挥着重要的作用。但同时，网络科技信息具有专业性、匿名性、发布便利性及传播网络化等特点，使得网络科技信息质量良莠不齐，各种虚假、垃圾信息披着科技信息的外衣充斥其中，难以分辨，从而影响了高质量网络科技信息的可信度，降低了开发利用网络科技信息资源的效率。

　　为此，除了采取法规、标准、管理制度等约束、治理网络科技信息资源手段外，通过一些技术或方法手段为网络用户提供准确、可信、可靠的科技信息也是提升信息利用率、获得用户满意度的关键举措之一。其中，利用元数据进行信息资源揭示与评价服务成为目前学术研究中新的探索。可以说，元数据已从信息组织、揭示、管理、保存和检索等工具性作用向多元化发展，成为一种解决方案、一种资源目录聚类的工作规范和行为方式。高质量元数据可以使用户在检索时能准确地判断出信息资源的内容价值。基于此，本书将元数据应用到质量管理中，形成质量元数据，并将质量评价准则映射为相应的质量元数据，实现对科技信息资源产生过程质量的量化评价，揭示其过程质量状态，并标记最终质量标签。这对于进一步促进网络科技信息资源建设工作的质量评估和管理、提升信息检索效果、持续改进网络科技信息资源质量，有着重要的理论和实践意义。

　　本书主要从理论和实践两个方面调研分析了网络科技信息资源质量特点、元数据特征、质量状况，在对现有大量元数据质量评价研究成果调研基础上，根据其影响因素等确定质量维度、关键质量元数据项，以此搭建一个质量元数据框架体系和评价指标体系，并展开实测分析和软件开发，之后总结和分析了影响网络科技信息资源质量的内在成因，并提出几点对策建议。本项研究旨在克服现在通过相关词进行信息检索的不足，筛选出在信息生产过程中与质量有关的关键质量元数据并对其进行监测、记录、打分评价和质量标记，一方面，基于关键环节元数据描述记录实现对网络科技信息资源的定量化、实时监测、质量追溯控制；另一方面，借助于元数据质量评价系统满足用户个性化的信息质量需求，提供符合其质量维度偏好的排序结果并给予质量标注，减少信息检索成本，增加信息的可信程度，以提高用户把握信息的适用度。

　　本书的创新之处在于：在理论研究方面，本书研究认为借助于适当、合理的质量元数据框架及其评估方法能够间接反映出网络科技信息资源质量状况。基于此，项目组通过分析、筛选并建立质量元数据评估体系，实现对科技信息资源的质量反馈，从而为提高网络科技信息资源质量提供理论分析，这为海量网络科技信息资源提供一种实时、可量化、可操作性的评估方法，这是对网络信息资源质量评价的一个新的探索。在方法探索方面，本书突破传统质量控制方法，建立以 DC 为主要中间映射格式规范的质量元数据体系，以此实现与各类信息资源元数据的相互映射、互操作，也为用户提供了记录信息资源生产过程的质量评价指标工具，以此进行质量评价，实现对信息资源分布、加工及质量水平状况的全面把握。在工具开发方面，本书开发一套基于质量元数据的网络科技信息资源质量评价系统，一方面，实现对各个关键环节元数据项内容质量的自动打分，建立质量标签，进行打分评价统计，可视化展示信息资源过程质量的受控情况，实现对过程的质量控制；另一方面，针对用户个性化的质量维度偏好，自动计算评价结果并排序，提高用户把握信息的适用度，满足用户多层次、多维度的要求，体现在评价指标的及时更新、评估方法的创新、评估方法的自动化等方面，使用户、管理人员能够更好地理解、利用和维护数据资源。

  本书可为科技信息资源管理领域的管理及研究人员提供参考，为政府科技资源管理部门提供决策支撑，也可为企业、科研院所、高校的相关人员开展网络信息资源建设、信息质量管理、科技信息资源管理提供实践指导，并可作为研究生教学的参考资料。

  本书是对笔者承担的国家社会科学基金项目（网络环境下科技信息资源建设中的质量元数据及评估应用研究）研究结果的进一步总结和深化。

  本书的写作过程中得到许多学者、专家、老师、同事等的指导和帮助，如贺德方、彭洁、李思经、霍忠文、崔运鹏等研究员，张红红、赵伟、屈宝强、吴晓莉、李维、齐娜、郭德政、孙平、涂勇、李善青、李大玲、白晨、张英杰、王弋波、叶莎莎、杨敏等同事，以及研究生钟凯、杨小芳。本书的撰写和校对过程中得到了谈黎红老师、周国臻老师的大力帮助，在此对他们表示感谢。同时，本书参考了许多作者的专著及论文，有些作者的参考文献在标引时可能存在遗漏，在此一并表示感谢。

目 录

第1章 绪论 ··· 1
1.1 研究背景 ·· 1
1.2 研究的必要性和意义 ·· 3
1.2.1 网络科技信息资源质量评估必要性 ·································· 3
1.2.2 网络科技信息资源质量评估研究的意义 ··························· 5
1.3 研究思路和方法 ··· 7
1.3.1 研究思路 ·· 7
1.3.2 研究方法 ·· 7
1.4 研究内容框架 ·· 8
1.5 研究创新点 ··· 9

第2章 网络科技信息资源基本概念及特点 ··· 11
2.1 概述 ·· 11
2.2 网络信息资源与网络科技信息资源 ··· 11
2.2.1 网络信息资源 ·· 11
2.2.2 网络科技信息资源 ·· 12
2.3 质量 ·· 15
2.3.1 质量概念 ·· 15
2.3.2 质量的特点 ··· 15
2.4 信息质量 ·· 16
2.4.1 信息概念 ·· 16
2.4.2 信息的质量特征 ··· 17
2.4.3 信息质量概念 ·· 18
2.5 信息资源质量概念 ·· 20
2.5.1 信息资源质量 ·· 20
2.5.2 对网络科技信息资源质量概念的理解 ·························· 21
2.5.3 对网络科技信息资源质量维度的认识 ·························· 22
2.6 网络科技信息资源的质量管理 ··· 28
2.6.1 传统质量管理的基本思想 ··· 28

·1·

2.6.2　网络环境下科技信息资源质量管理 …………………………… 29
2.7　网络科技信息资源的过程质量管理 ……………………………………… 33
　　2.7.1　过程质量管理 ………………………………………………… 33
　　2.7.2　网络科技信息资源的质量管理过程 …………………………… 35
2.8　用户对网络科技信息资源质量的理解和需求 …………………………… 38
　　2.8.1　用户对网络科技信息资源质量的理解和认识 ………………… 38
　　2.8.2　网络环境下用户信息质量需求研究 …………………………… 41
　　2.8.3　网络环境下用户信息质量需求分析模型 ……………………… 43
　　2.8.4　用户信息质量需求的管理 ……………………………………… 46
2.9　网络科技信息资源质量评价综述 ………………………………………… 47
　　2.9.1　网络科技信息资源质量评价研究概述 ………………………… 47
　　2.9.2　网络信息资源质量评价理论研究综述 ………………………… 50
　　2.9.3　网络信息资源质量评价研究存在的问题 ……………………… 60
　　2.9.4　网络科技信息资源质量评价认识 ……………………………… 62

第3章　元数据在科技信息资源建设中的应用 ………………………………… 67
3.1　概述 ………………………………………………………………………… 67
3.2　元数据的基本认识 ………………………………………………………… 68
　　3.2.1　元数据的概念 …………………………………………………… 68
　　3.2.2　元数据的特征 …………………………………………………… 74
　　3.2.3　元数据的分类 …………………………………………………… 78
　　3.2.4　元数据的结构 …………………………………………………… 80
　　3.2.5　元数据的元素 …………………………………………………… 81
　　3.2.6　元数据的功能 …………………………………………………… 81
3.3　元数据标准 ………………………………………………………………… 85
　　3.3.1　元数据标准概念 ………………………………………………… 85
　　3.3.2　网络科技信息资源的元数据标准构成 ………………………… 86
　　3.3.3　国际上科技信息资源领域主要通用的元数据标准概述 ……… 87
　　3.3.4　国内科技信息资源领域主要的元数据标准概述 ……………… 89
3.4　网络环境下主要科技信息资源领域的元数据标准框架 ………………… 90
　　3.4.1　网络环境下科技期刊文献资源的主要元数据标准框架 ……… 90
　　3.4.2　网络环境下科技报告资源的主要元数据标准框架 …………… 95
　　3.4.3　网络环境下科学数据的主要元数据标准框架 ………………… 97
3.5　现有元数据标准框架在科技信息资源建设中的不足 …………………… 101
3.6　科技信息资源建设中元数据标准框架总结 ……………………………… 103

第4章 元数据质量评估研究·················105

4.1 概述·················105
4.2 元数据质量概念·················106
4.3 元数据的质量控制·················107
4.3.1 元数据质量问题产生的原因·················107
4.3.2 元数据质量控制的原则·················107
4.3.3 元数据质量控制的基本要求·················108
4.3.4 元数据质量控制发展趋势·················108
4.4 元数据质量评估研究综述·················109
4.4.1 元数据质量评估方法·················109
4.4.2 元数据质量维度确定·················112
4.4.3 常用的元数据质量维度指标的量化方法·················115
4.4.4 元数据质量评估模型·················116
4.4.5 元数据质量评估应用·················119
4.5 元数据质量评估研究述评·················119
4.6 科技报告资源的元数据质量评估调查分析·················120
4.6.1 国家科技报告元数据质量评价调查工作准备情况·················121
4.6.2 国家科技报告元数据质量评价结果分析·················127
4.6.3 国家科技报告元数据质量的评价结论分析·················130
4.7 科学数据的元数据质量现状调查·················132
4.7.1 国家人口与健康科学数据共享平台元数据质量调查工作准备情况·················132
4.7.2 国家人口与健康科学数据共享平台元数据质量调查结果分析·················137
4.8 基于元数据质量评估调查的思考·················138
4.8.1 元数据质量评估间接反映网络科技信息资源质量状况·················138
4.8.2 元数据质量评估反映网络科技信息资源质量适用性分析·················140
4.8.3 元数据质量评估反映网络科技信息资源质量的基础条件·················141

第5章 基于网络科技信息资源生产过程的关键元数据项分析·················143

5.1 概述·················143
5.2 网络科技信息资源生产形式及过程质量控制分析·················145
5.2.1 网络科技信息资源生产过程的关键环节·················145
5.2.2 网络科技信息资源生产过程的元数据建设·················147
5.3 网络科技信息资源采集环节的质量控制分析·················153
5.3.1 采集过程中信息资源的质量控制·················153
5.3.2 采集过程中元数据的质量控制·················154

5.4 网络科技信息资源加工环节的质量控制分析 ································ 157
　　5.4.1 加工环节的信息资源质量控制 ································ 157
　　5.4.2 加工环节的元数据质量控制 ································ 159
5.5 网络科技信息资源审核与存储环节的质量控制分析 ······················ 160
　　5.5.1 审核与存储环节的信息资源质量控制 ······················ 160
　　5.5.2 审核与存储环节的元数据质量控制 ······················ 161
5.6 网络科技信息资源服务环节的质量控制分析 ···························· 161
　　5.6.1 网络科技信息资源服务环节的信息资源质量控制 ············ 161
　　5.6.2 网络科技信息资源服务环节的元数据质量控制 ············ 162
5.7 网络科技信息资源生产过程的元数据质量影响因素分析 ················ 163
　　5.7.1 网络科技信息资源生产过程中元数据质量影响因素系统认识 ···· 163
　　5.7.2 网络科技信息资源生产过程中元数据质量影响因素分析 ······ 164
5.8 反映网络科技信息资源生产过程的元数据项分析 ······················ 168

第 6 章 网络科技信息资源质量评估维度的确定 ···························· 170
6.1 概述 ·· 170
6.2 网络科技信息资源质量评估维度的筛选 ································ 171
　　6.2.1 网络信息资源评价指标和质量评价指标的区别与联系 ········ 171
　　6.2.2 质量评价指标和质量维度的区别与联系 ···················· 172
　　6.2.3 质量维度概念的统一认识 ································ 172
　　6.2.4 网络科技信息资源质量维度的文献研究统计分析 ············ 173
　　6.2.5 网络科技信息资源质量维度的实践调查研究 ················ 175
　　6.2.6 网络科技信息资源质量维度的确定 ························ 179
6.3 元数据质量维度的确定 ·· 180
　　6.3.1 元数据质量维度的文献研究综述 ·························· 180
　　6.3.2 文献研究中元数据质量维度归纳总结 ······················ 183
　　6.3.3 元数据质量维度的实践调查研究 ·························· 184
　　6.3.4 网络科技信息资源元数据质量维度的确定 ·················· 188
6.4 网络科技信息资源元数据质量维度的总结 ······························ 189
　　6.4.1 网络科技信息资源质量维度和元数据质量维度的对应关系 ······ 189
　　6.4.2 网络科技信息资源元数据质量维度确定的原则 ·············· 190
　　6.4.3 网络科技信息资源元数据质量维度的确定 ·················· 191

第 7 章 网络科技信息资源的质量元数据 ···································· 192
7.1 概述 ·· 192
7.2 质量元数据 ·· 193

		7.2.1 质量元数据的概念	193
		7.2.2 质量元数据的特点	195
		7.2.3 质量元数据的作用	195
		7.2.4 质量元数据的分类	197
	7.3	质量元数据的要素构成	200
		7.3.1 质量元数据要素的语义结构	200
		7.3.2 质量元数据要素的组成结构	202
		7.3.3 质量元数据基本要素的扩展	213
		7.3.4 质量元数据基本要素的复用	217
	7.4	质量元数据的资源描述格式	218
		7.4.1 质量元数据内容的建立方法	218
		7.4.2 基于 XML 和 RDF 的质量元数据资源描述格式	218
	7.5	质量元数据的标注	222
		7.5.1 基于质量元数据的质量标注	222
		7.5.2 基于质量标注的信息检索过程分析	225
	7.6	质量元数据基本框架	227
		7.6.1 建立质量元数据框架的必要性	227
		7.6.2 建立质量元数据框架的原则	228
		7.6.3 质量元数据框架的设计	228
	7.7	质量元数据互操作	231
		7.7.1 质量元数据互操作的实现方式	231
		7.7.2 质量元数据语义化映射过程	237

第8章 基于质量元数据的网络科技信息资源质量评估 243

8.1	概述	243
8.2	基于质量元数据的质量评估研究综述	245
8.3	基于质量元数据对网络科技信息资源进行质量评估	248
	8.3.1 评估的目的和原则	248
	8.3.2 评估的逻辑思路	249
	8.3.3 评估的基本步骤	250
	8.3.4 质量评估指标选择	251
	8.3.5 基于质量元数据的网络科技信息资源质量评估指标体系及权重的确定	257
	8.3.6 评估方法的确定	264
8.4	基于质量元数据的网络科技信息资源质量评估工作流程	270

第9章 基于质量元数据的网络科技信息资源质量评价软件的实现 272

9.1	概述	272

9.2 软件设计的系统目标和要解决的问题 …………………………………… 272
    9.2.1 软件设计的系统目标 ………………………………………… 272
    9.2.2 软件设计要解决的问题 ……………………………………… 273
9.3 软件功能需求分析 ………………………………………………………… 274
    9.3.1 系统框架及模块功能分析 …………………………………… 274
    9.3.2 使用功能需求分析 …………………………………………… 275
    9.3.3 用例分析 ……………………………………………………… 275
    9.3.4 系统功能需求分析 …………………………………………… 277
9.4 软件总体设计框架 ………………………………………………………… 277
    9.4.1 软件系统设计原则 …………………………………………… 277
    9.4.2 软件设计思路 ………………………………………………… 278
    9.4.3 物理模型设计 ………………………………………………… 279
9.5 软件使用模块设计 ………………………………………………………… 281
    9.5.1 系统管理者模块 ……………………………………………… 281
    9.5.2 信息提供者模块 ……………………………………………… 284
    9.5.3 信息使用者模块 ……………………………………………… 289
9.6 实证分析 …………………………………………………………………… 292
    9.6.1 实证验证方案 ………………………………………………… 292
    9.6.2 实证过程分析 ………………………………………………… 294
    9.6.3 实证结果总结 ………………………………………………… 298

第10章 网络科技信息资源质量问题的原因分析及对策建议 ……………… 299

10.1 概述 ……………………………………………………………………… 299
10.2 网络科技信息资源质量综合提升动力因素分析 ……………………… 299
10.3 网络科技信息传播中存在的质量问题原因分析 ……………………… 303
    10.3.1 从宏观政治层面分析存在的信息资源质量问题 ………… 303
    10.3.2 从微观机构层面分析存在的信息资源质量问题 ………… 306
10.4 网络科技信息资源质量问题存在的内在矛盾分析 …………………… 307
10.5 提升网络科技信息资源质量的对策建议 ……………………………… 310
    10.5.1 宏观层面的对策建议 ……………………………………… 310
    10.5.2 微观层面的对策建议 ……………………………………… 314
    10.5.3 完善和改进网络科技信息资源质量评价体系的对策思考 …… 316

第11章 研究展望 ……………………………………………………………… 319

11.1 本项目研究工作的局限性 ……………………………………………… 319
11.2 进一步研究的工作 ……………………………………………………… 320

参考文献 …………………………………………………………………………… 322

第1章 绪 论

1.1 研究背景

现代网络信息技术的发展和普及带动了科技信息资源建设的快速发展,虚拟的网络已成为人们获得科技信息的重要方式之一,也成为科技信息资源传播和利用的重要方式。网络科技信息资源是普及科学技术、获取科技信息、掌握科技成果最便捷的资源来源之一,在科技信息传播中发挥着重要的作用,极大地丰富了科技信息的内涵,突破了传统科技信息定义的范畴。提供的信息资源也已从科技文献资源扩展到网页、图片、语音、视频等多媒体,科技信息产品包括学术论文、图书、科学数据、科技计划项目、科技人才、科技成果、科技报告等类型。

与此同时,人们也越来越深刻地体会到网络科技信息具有专业性、匿名性、发布便利性及传播网络化等特点,使得网络科技信息资源质量良莠不齐,各种虚假、垃圾信息披着科技信息的外衣充斥其中,难以分辨,因此人们并没有充分享受和利用高质量科技信息带来的便利,而是遭受泛滥成灾的劣质虚假信息和垃圾信息的冲击与困扰,从而也影响了高质量科技信息的可信度,降低了开发利用网络科技信息资源的效率。即使目前已采用先进的搜索引擎技术提高信息检索词相关性的准确匹配度,但检索结果质量并不确定,故仍难以满足用户的检索信息质量(Information Quality,IQ)需求,尤其是检索学术性信息的查准率、资源质量都还很低。

因此,为网络用户提供准确、可信、可靠的科技信息是信息服务者、科技信息管理者提供优质信息服务、提高科技信息质量的关键举措之一。

近年来,元数据在数据管理、资源发现及信息组织等方面的作用日渐受到重视[①]。元数据是关于数据的数据,是数据组织和加工处理的基本工具,是用来规范描述数字化信息资源并确保其能够被计算机自动辨析、分解、提取、分析、归纳的一种框架或一套编码体系[②]。利用元数据对数据资源(可看成数据实体)进行管理已成为许多科技信息资源建设项目所采用的基本技术控制手段,因而人们制定了相应的专业元数据规范及标准来指导资源建设。例如,各个科技领域的专业机构搭建了科技信息服务网络或平台,建立了各自领域中专用元数据基本框架和规范[③]。这样,一方面,促进了科技信息资源的规范化建设;另一方面,存

---

① 胡永健. 科技资源信息元数据质量审核方法研究[J]. 管理评论,2011,23(1):41-47.
② 宋立荣. 农业科技信息共享中信息质量管理研究[M]. 北京:中国农业科学技术出版社,2009.
③ 科学数据共享工程门户网站[EB/OL]. [2012-05-12]. http://www.sciencedata.cn.

在各种科技信息资源加工标准不统一，元数据规范、数据库及资源格式不兼容等问题，造成新的数字标准壁垒，影响了各类资源的统一整合、集成和服务。

如果从质量管理角度看，现有个别元数据项中对信息资源数据质量的定性描述远远不能全面反映（或揭示）科技信息资源在数字化、网络化建设过程中的质量状况，用户也不能对科技信息资源分布、加工及质量水平有全面的了解。这也增加了公众查找、选择、利用有用信息的难度，致使一些信息资源在公众信息服务、资源使用等方面的效果并不是十分理想。

目前，国内外元数据对于科技信息资源建设的研究多集中在信息资源描述方面，如数据本身、数据生产过程、相关的系统及环境信息[1]、元数据技术应用[2]、元数据标准[3]、共享机制[4]、数据管理模型[5]等，较少应用到质量控制方面。而且，在对信息资源质量进行描述时，元数据也多是进行简单的定性描述，没有涉及其实质性的质量特征、质量过程及资源质量的来源、加工、转化等研究，缺乏有效的网络信息资源质量评价体系。

笔者通过研究发现，目前对网络信息资源质量评价研究有两个走向：一是借鉴和拓展传统质量评价方法，将其应用于网络信息资源定性评价，这种方式的缺点是评价滞后，缺乏实时性，多停留在理论探索研究层面；二是以链接分析为主的定量评价，尝试通过信息技术手段进行客观、实时评价，这种方法在个别领域（如网站等）得到应用，但针对信息资源本身的应用则适用性不强，尚存在理论指导不足、评价说服性不强等缺陷，故这方面的研究仍处于探索阶段，仅有的几篇文献也只是提出一些想法，尚缺乏系统深入的研究。

而近年来，一种新的适用于网络信息资源质量评价的方法得到学者们的重视，即利用元数据进行信息资源揭示与评价服务，这是元数据扩展应用的最新探索。过去，元数据是因为解决海量信息的组织与管理问题而被重视起来的，它具有发现与选择、描述与揭示、整合与集成信息等功能。近年来，元数据的应用领域也不断拓展，除了传统的图书馆编目、信息组织和检索、信息本体构建之外，已拓展到政府信息资源公开、电子政务、科学数据资源开放共享、数据出版等领域，并逐渐形成各个领域内的元数据标准规范，为科技信息资源整合、组织、检索和服务提供有效工具和应对措施。尤其在数字化、网络化环境下，元数据应用得到进一步深入拓展，已逐渐成为信息资源组织管理的有力手段。可以说，元数据已从信息组织、揭示、管理、保存和检索等工具性作用向多元化发展，成为一种解决方案、一种资源目录聚类的工作规范和行为方式[6]。资源组织、信息检索、资源链接及信息评价等方面均离不开元数据应用，且与元数据质量紧密相关。高质量元数据可以使用户在检索时能准确地判断出信息资源的内容价值。

---

[1] 张晓林. 网络环境下信息资源组织与控制的新问题和新方向 [J]. 图书馆杂志（1998 理论学术年刊），1998：1 – 8.
[2] 王国复，涂勇，王卷乐，等. 科学数据共享中的元数据技术研究 [J]. 科技资源导刊，2008（1）：30 – 36.
[3] 李劼，张根保，宋寒. 企业质量元数据标准研究与制定 [J]. 现代制造工程，2007（3）：11 – 14.
[4] 辜寄蓉，苗放，王成善，等. 基于元数据的信息共享机制研究 [J]. 物探化探计算技术，2006（1）：76 – 79.
[5] 牛晓琳，季民，赵志刚，等. 基于元数据管理的数据共享研究 [J]. 舰船电子工程，2006（1）：71 – 74.
[6] 刘春燕. 资源共享视角下的科技计划项目元数据框架构建研究 [D]. 北京：中国人民大学，2016.

因此，李劼等①将元数据应用到质量管理中，形成质量元数据，可以对信息资源质量状态进行有效描述，有助于相关人员对信息资源的理解提供完整和清晰的语义帮助，增强使用者对信息资源的信任度，在为信息资源之间的互操作和共享提供有效的解决方案等方面发挥积极的作用。

基于此，本项目拟通过质量元数据对网络科技信息资源质量进行评估研究。

1.2 研究的必要性和意义

1.2.1 网络科技信息资源质量评估必要性

网络科技信息资源较其他信息资源有一个重要的特点，就是具有专业复杂性和科学逻辑性②。要对这类信息进行较好的描述，全面、系统地反映其属性全貌及内在逻辑关系，就需要对这些科技信息资源的来源、质量进行分析，充分了解其质量状态及背景，进而为信息用户提供高质量的网络科技信息资源，满足他们的使用需求。因此，在将网络科技信息资源提交给用户前，需要有合适的方法、程序来揭示网络科技信息资源来源、质量等信息，促进用户对信息的理解和认识，还可以及时搜集专家和用户的质量反馈，据此进行信息资源质量改进等工作。

之所以要对网络科技信息资源进行质量评估，主要有以下几点考虑。

（1）网络科技信息资源的特点与用户利用方式决定了质量评估的必要性。由于早期的互联网网站的数量不多，网络信息资源还未庞杂到无序状态，对网络科技信息资源质量评估的重要性并未引起足够的重视③。但随着信息技术的发展，越来越多的政府部门、商业机构、公共科研机构、学术团体甚至个人纷纷进入互联网，网络科技信息资源日益增多，呈现无序的状态。杂乱、参差不齐的网络信息逐渐影响着人们获取信息的质量和利用效果，使用户在利用时往往无所适从，甚至由于信息内容质量良莠不分、真伪难辨，信息污染程度日益加深，用户无法获得所要的可靠信息。所以，一些学者已从根本上质疑网络科技信息资源的质量、正确性、科学性和学术性。因此，对网络科技信息资源的质量评估也就变得越来越重要。

（2）现有网络科技信息组织方法的不足决定了质量评估的必要性。目前，搜索引擎和主题目录是对无序的网络信息进行组织的主要方式，即依靠先进的搜索引擎技术不断提高信息搜索性能。即便如此，检索得到的结果仍然数量庞大，仍使许多用户无从下手，无法直观地判断信息的质量及有用与否。检索工具的不完善增加了检索的难度④。但是，到目前为

---

① 李劼，张根保，宋寒．企业质量元数据标准研究与制定［J］．现代制造工程，2007（3）：11-14.
② 魏清风，贺立源，黄魏，等．网络农业信息资源元数据研究及其著录管理系统开发［J］．现代情报，2009，29（2）：52-56.
③ 朱庆华．网络信息资源评价指标体系的建立和测定［M］．北京：商务印书馆，2012.
④ 同③.

止,网络科技信息提供者向用户提供的还仅仅是信息资源内容本身,而关于信息背景的内容则需要用户根据自身经验、专业知识自行进行分析、判断,这大大限制了对信息资源的充分使用,也容易造成对信息使用不当。因此,有必要补充必要的信息资源背景描述(如来源、产出环境、处理措施等),以提高用户对信息的信任度,助力其对适用性的判断。因此,从质量评价这一视角来说,可以对信息的权威性、发布者的可信度及其发布方式等进行质量判断或给出质量标注,提供较全面、实时的信息资源质量标识,帮助用户筛选、利用科技信息资源,这是对"使用量""浏览量""用户评价"等替代方法的有力补充和完善。另外,过去的质量评价是依据专家评价或机构建设标准来判断质量优劣,存在"打分结果"与"用户真实需求"之间的"巨大差异",不能充分发挥科技信息真实的价值。因此,现有网络科技信息组织方法的不足决定了网络科技信息资源亟须一个相对完整的评价系统。

(3)用户对网络科技信息内容质量的要求决定了质量评估的必要性。互联网的迅猛发展使得网络科技信息资源日益泛滥,信息资源的种类越来越多,数据库和信息资源检索系统品种繁多,检索方式各式各样,这就造成了数据冗余,数据库之间的关联程度较低[①],大量质量程度不一的信息同时存在,使得用户在检索、利用这些信息时难以准确判断有价值的可用信息,提高了信息检索成本(时间、精力等),故需要一种有效的信息质量评价方法或工具对海量信息进行筛选、归类,以便于对信息进行获取和使用,提高信息的使用价值。

(4)科研机构内部对信息资源建设的要求决定了质量评估的必要性。信息技术发展提升了科研机构进一步整合其内外部信息资源的能力,使其有能力构建内部知识库系统,为用户提供高质量的信息服务。目前,各种类型的科研机构纷纷利用自身的特色数据库资源来搭建各种类型的信息资源库,以使内部积累的信息资源能够有效转化。但是,无论是自建的信息资源库,还是租用、定制的数据库,都涉及对信息资源质量的评价和价值判断问题,其核心集中在对信息资源的筛选、去伪存真及长期保存上。过去基于"符合性"标准的评价或绩效评估,没有真正反映资源是否真正被利用了起来。因此,应依据用户对信息资源做出的评价来判断其质量,从而发挥网络信息资源的价值优势[①]。

元数据描述数据的内容、质量、状况和其他特性信息的作用已变得越来越重要,成为对网络信息资源有效管理和应用的重要手段。将元数据应用于质量管理形成质量元数据,将会帮助质量管理人员有效地理解和使用高质量网络科技信息,并可借助于元数据质量评价来间接评价信息资源,实现对海量网络信息资源的可量化、实时性评价,甚至可借助于计算机的自动化、可视化手段对资源进行实时匹配、排序推荐、可视化展示等,有效帮助用户更好地理解、认识、使用网络科技信息资源。

基于元数据开展网络信息资源的评估探索是国内外研究的一个发展趋势。将质量元数据应用于网络科技信息资源的质量管理,将质量评价准则映射为相应的质量元数据并进行量化,能够帮助研究人员更有效地理解和使用质量评价准则[②]。同时,使用信息评价技术对质

---

① 张瑞卿.论网络环境下的信息资源整合[J].教育界:高等教育研究(下),2014(8):191.
② 刘莉.Web资源质量元数据的获取与管理技术的研究与实现[D].成都:西南交通大学,2010.

量元数据库进行分析，可以对网络信息资源有客观全面的评价，从而更好地识别和发现质量好的网络科技信息资源①。

1.2.2 网络科技信息资源质量评估研究的意义

本项目基于质量元数据所开展的网络科技信息资源质量评估工作，尝试对信息资源产生过程各环节质量做定量化分析，明确不同类型信息资源、不同时段（过程）环节的网络科技信息资源建设，以及不同部门所涉及科技信息资源的质量状态，以便标记最终质量标签，这对于进一步促进网络科技信息资源质量评估和管理、提升信息检索效果、持续改善网络科技信息资源质量，有着深远的战略意义和重要的现实意义。

（1）评价网络科技信息资源建设水平，为提高网络科技信息资源质量提供理论分析。评价网络科技信息资源质量，有利于发现资源存在的问题，为改进资源质量管理、提高对质量的管理效率提供科学依据；有利于从质量管理视角对网络科技信息资源建设中存在的一些质量问题进行系统研究。针对网络科技信息资源质量问题，多数管理部门和研究机构主要对管理制度、控制机制、标准规范、运行模式、服务方式、人员培训、用户引导，以及政府主导的网络谣言清理等治理手段提出了一些有针对性的对策和建议，但从信息质量管理角度进行分析的很少，较少有人从信息资源元数据质量管理规范、网络信息过程质量控制等角度提出解决网络科技信息资源建设中存在的信息质量问题。因此，就网络科技信息传播而言，认识并改善现有网络科技信息资源的质量状况及其生产过程和关联传播环境质量控制状态，保证网络科技信息资源的质量，对于开展科技信息普及活动、提供科技创新的信息服务，以及网络科技信息传播的管理创新和发展，都具有重要的现实和理论意义。

（2）有助于提出一个可操作性的网络科技信息资源质量评估的方法体系。在新的科研创新大环境下，一方面要为持续满足用户个性化信息需求而对科技信息资源粒度进行不断细分、整合；另一方面要对多样性、离散性等造成的网络科技信息资源的信息质量问题进行深入分析，找出关键影响要素，进行质量改进。因此，如何对网络科技信息资源的质量进行全面、准确、科学的描述、度量和评估是深化网络科技信息资源建设的一个亟待解决的迫切问题。为了解决这两个问题，需要信息资源提供者积极采取有效的、先进的信息资源管理手段和方法，实现高效、实时、低成本的网络信息资源运行管理。同时，为方便用户使用，应提供更快和更全面的工具/方法，以便用户有效地查找、访问、获取和利用相关信息资源①。这样，关于信息资源的内容、质量、状况等元数据就成为信息资源有效管理和应用的重要手段。

元数据记录了数据的来源和状态，记录了转换的规则，从而使得用户能够很容易地了解信息产生的全过程，这对于用户发现信息资源中存在的质量问题是非常有帮助的。对用户而言，可以通过元数据目录在本地或远程快速检索所需使用的网络科技信息资源，并根据所提供的信息及其质量状态标识，了解这些数据是不是他们所需要的及其质量状况等，从而增加

---

① 赵改善，曹邦功. 元数据：勘探开发数据管理的一种新工具 [J]. 石油物探，2002，41（2）：236–242.

信息的可信度。而目前,已有专家在利用评价性元数据开展网络信息评价服务的实践[①],这是一种值得分析研究的网络信息评价方法。

基于元数据实现对网络科技信息资源的监测、校对和质量评价,一方面可以加强对网络科技信息资源的质量监测、控制;另一方面可根据用户个性化质量需求提供符合其质量维度偏好的排序结果。同时,还提供了能够揭示信息生产过程、质量等级等背景信息的质量标注,供用户使用时参考,从而有利于用户把握信息的适用程度,减少信息检索成本,增加信息的可信度。

(3)评价网络科技信息资源过程质量是进行全过程质量控制的重要环节。质量元数据最基础的作用就是对各种元数据和与之相关的科技信息资源进行描述[②]。质量元数据描述了信息资源全生命周期各个关键阶段与质量有关的数据记录。如果仅仅是将这些质量元数据进行登记录入,则质量元数据库在成本、效率上投入很大。这是因为网络科技信息资源涉及范围很广、资源类型繁杂,产生的元数据类型、记录格式和内容差异很大。一方面,很难将各个过程环节处理情况都记录下来;另一方面,即使记录下来也会造成存储容量、成本方面的巨大投入,造成很大的冗余,也不一定能够提高用户检索效率。为此,可利用先进的计算机技术对各个关键环节元数据项内容的质量进行打分,建立质量标签,进行打分评价统计,可视化展示信息资源过程质量的受控情况,以实现对过程的有效控制。

建立基于质量元数据的网络科技信息资源质量评估体系能够有针对性地有效实施对信息资源的质量管控,有利于对信息资源生产过程及其科研活动进行过程监督和规范管理,有利于检查网络科技信息资源在撰写、加工、传播和收录等环节的质量改进,贯彻实施相关标准规范,有利于真实、及时地了解网络科技信息资源实施的进展,评估其质量水平,增加网络科技信息资源工作的透明性,为进行网络科技信息资源管理和使用提供基本判断与参考。

(4)探索和制定一套基于质量元数据的评估系统对网络科技信息资源质量进行科学、客观的评价,实现质量评价的定量化、自动化,这是对网络科技信息资源管理的创新发展。目前,对网络科技信息资源的质量评估多是根据专家或用户的抽样打分进行定性评估,评估周期长、评估滞后、评估结果的适用范围有限,往往与用户需求存在严重脱离的情况,这都严重影响了对网络科技信息资源的科学、客观评价。而且,随着科研活动范围的日趋扩大,科技信息资源的类型日渐增多,使得用户对网络科技信息资源及其元数据信息有了新的要求,不仅对结果的显示度有新的要求,如实时性、准确性、实用性等,而且对其产生过程、管理背景信息、质量状态等方面的要求更多。用户对网络科技信息资源的要求越来越高,即要求网络科技信息资源能够客观、全面、及时地反映信息资源质量状态的各个要素,增加了对网络科技信息资源可读性、完整性、及时性、有用性等多维度的要求。而建立信息资源质量评估系统,则能够满足这种多层次、多维度的要求,主要体现在评估指标的及时更新、评估方法的创新、评估方法的自动化等方面。

---

① 孔志军. 评价性元数据方法在网络信息评价中的应用 [J]. 情报探索, 2015 (7): 12-14.
② 李劼. 质量元数据及其管理系统的研究与应用 [D]. 重庆: 重庆大学, 2007.

1.3 研究思路和方法

1.3.1 研究思路

网络科技信息资源质量评估体系涉及网络科技信息资源本身质量、网络科技信息资源建设的过程管理及其支撑保障体系，以及网络科技信息资源类型、特征等各方面内容。虽然不能涵盖网络科技信息资源建设的全部内容，但尽可能勾画了其基本内容，得出提升网络科技信息资源质量的基本依据。

本项目的研究思路为：首先，对基本概念进行界定，总结和梳理网络科技信息资源建设的基本框架内容，剖析网络科技信息资源建设中质量管理的特点和内容；其次，通过广泛的实践调查分析了解影响网络科技信息资源质量的主要因素，以及存在的问题，以此设置网络科技信息资源质量元数据基本框架及结构要素，构建网络科技信息资源质量评估体系；最后，设计一套软件系统实现本项目的研究方案，进行实证分析，进一步揭示和分析目前网络科技信息资源质量问题的内部成因。在此基础上，本项目提出提升网络科技信息资源质量的对策建议，对研究内容加以总结，并指出研究的不足和展望。

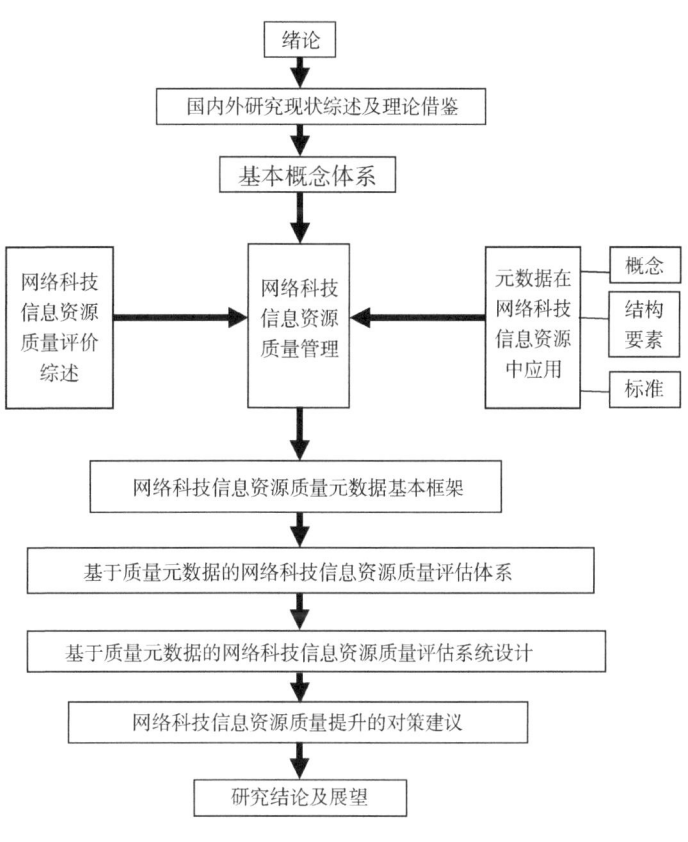

图 1-1 研究思路框架

研究思路框架如图 1-1 所示。

1.3.2 研究方法

本项目采取的研究方法有文献研究、现场调查分析、问卷调查、案例研究、系统分析、专家访谈、经验参照分析、理论探讨等，并通过软件设计实现质量评估的辅助测评。

（1）文献研究。文献研究是本项目采用的主要研究方法，即对国内外相关论文、书籍等进行收集和整理。文献来源主要有图书、会议论文、博硕士论文、期刊论文、网上资料，以及相关科研机构的科技统计年鉴、研究报告、科技报告管理办法、绩效评估标准等。本项目剖析已有的网络科技信息资源研究成果，对研究背景进行大量分析研究，进一步明确当前研究背景的主要问题和缺陷，并结合质量管理的思想，形成本项目研究背景下质量测评的基本研究内容。

（2）现场调查分析。质量管理既是一个来自实践的实际问题，又是需要理论抽象概括的研究课题，故本项目研究需搜集和整理实践中存在的问题，并结合有丰富管理经验的专家意见来进行深入研究，以使本项目研究更具有实践性和可操作性。因此，采用专家访谈和问卷调查等方法进行实践调查。其中，结构化的调查问卷是基于统计抽样收集和发现理论中难以发现的问题和各种影响因素。该方法在本项目中主要用于发现、整理现实运行过程中网络科技信息资源的质量问题及质量管理举措，辨析对质量有影响的主要因素及质量控制的关键环节、过程等。

（3）问卷调查。问卷调查是以书面提出问题的方式收集资料的一种严谨方法。元数据在生成、管理、利用等阶段会涉及众多主体，因此在元数据构建及应用中研究者常将相关研究问题以问卷调查的方式来了解被调查者对某一问题的看法和意见。为了了解科研用户对网络科技信息资源的质量需求，本项目将对部分网络科技信息资源服务系统平台注册用户及网络科技信息资源机构的项目人员（管理、质量维护、技术人员）进行问卷调查，以对评价指标体系的有效性进行验证。

（4）案例研究。案例研究也是本项目采取的研究方法之一。案例分析的目的在于与本项目研究提出的质量测评结果体系理论进行对比分析，以便发现质量评价的最佳实践，分析其评价指标体系的合理性和可行性，发现和解决实践中的问题，并提出合理的发展建议。

（5）系统分析。根据系统论的思想深入分析影响质量的基本要素，以及质量管理机制的基本构成及相互作用机制，从而提出相应的管理机制构成框架。

1.4　研究内容框架

本项目研究内容共有以下 11 个部分。

第 1 章　绪论。指出本项目的研究背景、研究的必要性和意义，以及研究思路和方法、研究内容框架、研究创新点。

第 2 章　网络科技信息资源基本概念及特点。界定研究范围，剖析网络科技信息资源质量的特征及质量管理的特殊性，分析网络科技信息资源产出过程及用户信息质量需求特点，概述网络科技信息资源质量评价，并基于大量文献整理，从网络科技信息资源质量评价主客体、质量评价框架体系、评价指标、评价方法、质量评价软件工具系统等方面综合分析，以掌握目前这一领域研究进展和成果。

第 3 章　元数据在科技信息资源建设中的应用。认识元数据的概念及其标准框架，对众多元数据定义及国内外主要的元数据标准进行归类分析，寻找适宜的元数据标准。收集、整理科技信息资源领域中众多元数据标准及其基本要素，总结、提炼各标准的可取之处及共性的元数据要素。

第4章　元数据质量评估研究。选择科技报告资源、科学数据资源、元数据资源进行实证分析，以验证设计合理的元数据质量评估体系能够间接反映资源本身的质量状态，尤其能够实时反映科技信息资源形式方面的质量状态，这为管理人员进行质量控制提供了有效的手段和方法。

第5章　基于网络科技信息资源生产过程的关键元数据项分析。对几类典型的科技信息资源产生方式的生产过程关键环节（如采集、加工、审核与存储、使用等）逐一展开过程质量控制及元数据项建设分析，最后确定了39项核心元数据项作为评估指标。

第6章　网络科技信息资源质量评估维度的确定。首先，通过文献和调研总结的方式确定目前常用的网络科技信息资源质量评估维度；其次，确定目前常用的元数据质量评估维度；最后，借助专家调研确定二者之间的映射关系及元数据质量评估维度。

第7章　网络科技信息资源的质量元数据。根据前期大量研究，以"质量元数据"概念进行归类分析，并以此提出一个三层结构的网络科技信息资源质量元数据框架体系。

第8章　基于质量元数据的网络科技信息资源质量评估。本项目研究确定完整性、准确性、规范性、时效性、可获得性等5个质量维度30个基本要素作为元数据质量评估的基本质量维度指标。利用专家调查法确定39项元数据在不同环节中5个质量维度的权重，之后确定其指标打分标准和打分方法，以此建立元数据质量评估系统。

第9章　基于质量元数据的网络科技信息资源质量评价软件的实现。以系统管理者、信息提供者和信息使用者为开发对象，设计网络科技信息资源质量评估系统，包括后台管理子系统、元数据登记子系统、信息元数据内容提供子系统、质量评价子系统、信息查询分析子系统。

第10章　网络科技信息资源质量问题的原因分析及对策建议。归纳分析网络科技信息资源质量不高的内在原因，从宏观政策层面、微观机构层面及质量评估角度提出对策建议。

第11章　研究展望。对本项目的研究成果和不足进行总结，提出下一步研究计划等。

1.5　研究创新点

（1）理论上，利用"质量元数据"来反映网络科技信息资源的质量特征，并据此建立基于用户需求的过程质量管理体系，以加强对信息资源匹配需求程度的评估，并且可以让用户了解到适当的质量揭示场景。构建基于"质量元数据项"网络科技信息资源质量评估体系，形成有效的质量控制反馈循环。这是对质量理论研究的一个新尝试。

（2）工具上，设计一个质量评价软件，实现质量评估自动化、实时性、可视化，展示信息资源过程环节质量特征，使用户、管理人员能够更好地理解、利用和维护数据资源。

（3）方法上，突破传统质量控制方法，将用户质量需求准则（而不仅仅是数据生产者设定的标准）映射为相应的关键质量元数据项，建立了以DC（Dublin Core，都柏林核心）

元数据标准元素为主要内容的质量元数据体系,并以此为中间格式,实现与各类科技信息资源元数据之间的映射、互操作,为用户提供记录信息资源生产过程的质量评估指标工具,以此进行质量评估实现对信息资源分布、加工及质量水平状况的全面把握。

第2章 网络科技信息资源基本概念及特点

2.1 概述

对所研究问题的深入分析离不开对基本概念的界定和剖析。对基本概念深入研究、定义准确是这个领域研究理论具有坚实基础的基本保证,也将影响研究内容的范围和侧重点。网络科技信息资源质量研究涉及的基本概念众多,且在实际的日常生活中存在相互混用等情况。网络科技信息资源既具有信息的基本特征,也具有网络环境下的独有特点(如专业性、原始性、前沿性、多媒体传播等)。它的质量具有自然属性和社会属性双重属性,前者是指其客观性能,后者是指信息满足不同用户的程度。另外,它还具有明确的服务特征。为此,把握网络科技信息资源的质量时需区分它与传统质量管理之间的区别和联系,了解用户信息质量需求具有地域性、专业性、阶段性、多层次性、递进性、社会性和需求聚集的特点。因此,需把握网络科技信息资源产出过程的关键环节(如采集、加工、审核、存储、信息发布),构建网络科技信息资源质量评估的基本框架。

本章将基于以上思路对网络科技信息资源及其质量特征、网络环境下质量管理、过程质量控制及网络科技信息资源质量评估等相关概念进行分析和界定。

2.2 网络信息资源与网络科技信息资源

2.2.1 网络信息资源

2.2.1.1 网络信息资源概念

在现代信息技术的推动下,人们对信息资源的掌控范围不断扩大,利用信息的能力不断提高,对它的认识也在不断加深。同时,信息技术的迅速发展和应用也为信息的获取、加工、整理、存储、传递和利用提供了条件,使信息资源发挥更大价值。

一般,人们对信息资源有两种认识上的理解:一是狭义的理解,即信息资源是指人类社会活动中经过加工处理而变得有序,大量积累后变得有用的信息的结合,如科技信息、市场信息等;二是广义的理解,即信息资源是人类社会经济活动中积累起来的信息与信息生产和开发的技术,以及信息生产管理者和使用者等要素的集合。对信息资源的理解,既要看到它是信息活动中的核心要素,又不能忽视一些进行信息资源开发利用所必备的条件。

随着互联网发展进程的加快,网络因其独有的特征优势日渐成为人们获取信息资源的主要方式之一。正如郑燕华[①]提出的,"网络信息资源是指以电子数据的形式将文字、图像、声音、动画等多种形式的信息存放在光碟等非印刷纸质的载体中,并通过网络通信、计算机或终端等方式再现出来的信息资源"。

网络信息资源应包含以下几个要素[②]:①经过数字化技术处理的文字、声音、图像、动画等多种形式的信息;②分布和存储于国际互联网中的不同主机上;③利用计算机通信网络进行传输;④以多种媒体的形式在网络终端显现;⑤它的生产、加工、存储与使用都必须借助于互联网络技术体系。

2.2.1.2 网络信息资源的类型及特点

梁平教授等[②]认为网络信息资源具有以下类型及特点。

从网络信息资源来源看,其来源分散,数量大,时效性强,不受时空限制,整体上杂乱无章、无中心,但在某一局部、系统内部则体现一定程度的有组织、有序化管理。

从网络信息资源内容看,其内容丰富、繁杂,呈现多类型、多语种、多媒体的形式,包括不同学科、不同领域、不同地域、不同语言的多类型信息,如文本、数据、音视频等。信息内容更新频繁,缺乏严格、统一的质量控制和整理,各种信息掺杂其中,信息资源质量参差不齐。

从信息组织方式看,其信息结构复杂,既有整齐有序的结构化信息,如各种数据库资源,也有大量自由文本式的非结构化信息;既有按文件方式、自由文本方式、超媒体方式、网页链接方式等进行的微观层面信息组织,也有从数据挖掘、资源整合、资源加工重组、知识组织等方面展开的宏观层面信息组织。信息资源本身的组织管理没有统一的标准和规范,信息组织非线性化,超文本、超媒体信息资源成为主要方式。

从信息资源分布来看,信息广泛分布在不同国家、不同区域、不同地点的服务器上,不同服务器采用不同的操作系统、数据结构、字符集和处理方式,缺乏集中统一的管理机制。不同领域、学科、专业、语言的信息资源分布规律、资源类型差别很大,但在每个领域资源又都各有独特的、内在的规律。

从信息传播和信息交流方式看,信息的传递和反馈快速、传播范围广,具有主动性、参与性、互动性和操作性特点。其既有诸如网站、数据库、网页新闻等正式信息发布方式,也有电子邮件、网络论坛、讨论组、即时通信群等非正式信息发布方式。

从信息发布的主体看,包括各种机构实体、协会组织或个人等,呈现广泛分布、规模不等、组织管理能力不同的特点。

2.2.2 网络科技信息资源

2.2.2.1 科技信息资源概念

科技信息资源是国家科技发展与科技创新的重要支撑和基础保障条件。它反映了前人所

---

① 郑燕华. 网络信息资源及信息检索能力的培养[J]. 情报理论与实践, 1998, 21(1): 55-58.
② 梁平, 陈红勤. 网络信息资源理论与实践研究[M]. 北京: 中国书籍出版社, 2013.

取得的科研成果，汇集和保存人类精神财富，是供后人继承、借鉴、分享的知识宝库。科技信息资源是记录和传播科技信息的主要手段，是科学技术再发展的重要基础，也是帮助人们记录科研活动、探索客观世界、积累科技知识、传播科技思想等的重要媒介资源。其广义概念是指人类在科学技术活动过程中积累下来的信息及信息生产者、信息系统等信息生产要素的集合，是科技资源的重要组成部分；其狭义概念是指人类在科学技术活动中所产生的基本科学技术数据、资料，以及面向不同需求加工整理形成的各种科学数据产品和载体中的科技图书、期刊、报告、论文、专利等科技文献[1]。

在网络环境下，科技信息资源概念和外延将随着社会发展、科技进步而不断发展，内容也将更宽泛，已突破过去科技文献领域的概念范畴，它包括数字化的科技文献信息、数据化的科学数据、信息化的科研实物的信息资源及各种网络科技信息等内容。

2.2.2.2 网络科技信息资源概念

在网络环境下，科技信息资源的获取和传播变得更加便捷和广泛，其内涵也得到极大丰富，外延也突破了传统科技信息所定义的范畴，与其他正式科技文献的分界线越来越模糊，难以清晰界定[2]。宁文晖等[3]认为网络科技信息资源是指利用网络这一传媒形式将科技信息生产、加工、存储、转换、分配，使用户进行开发利用，为社会创造一定价值的一种社会资源。其既包括传统正式出版的科技文献信息的数字化、网络化版本（如科技图书、科技期刊、科技报告、科技成果、专利文献、标准文献等），也包括大量电子化的科学数据资源（如科学观测、探测、调查和试验产生的数据）、事实型的科技信息（如年鉴、手册等各类参考工具信息；科技快报等各类实时传播信息；专业技术图片、视听音像等各类型内部科技资料等），以及网上传播的网络灰色科技信息（如科研机构在网上发布的科技政策、科技新闻、产品信息等，技术人员发布的个人科技观点、书信、手稿等，并扩展到专题网站、博客、微博、事实动态、个人网页、BBS材料等）[4]。

2.2.2.3 网络科技信息资源的特点

网络科技信息资源除了具有一般科技信息特点（如科学性、客观性、增值性等）及一般网络信息特点（如发布及时、灵活，传播广泛、迅速，获取便捷、及时）外，还具有一些独有的特征，即专业性（科技信息的内容表述及资源建设需要具有一定深度的专业知识）、原始性（多来自最原始、最基层的科研一线的研究进展、新技术、新成果、新方法、新动态）、前沿性（及时反映最新的应用技术、科技推广经验、科技成果信息及其他前沿信息）、多媒体传播（不仅有文字、视频、音频等多种传播形式和手段，而且可以互动沟通交

---

[1] 中华人民共和国国务院. 国家中长期科学和技术发展规划纲要（2006—2020年）[EB/OL]. [2017-10-25]. http://www.gov.cn/jrzg/2006-02/09/content_183787.htm.
[2] 宋立荣，齐娜. 我国网络科技信息资源开发中的问题及对策思考[J]. 中国基础科学，2012，14（2）：39-44.
[3] 宁文晖，杨颖，宁方，等. 网络科技信息资源利用浅谈[J]. 情报杂志，2009（增刊）：303-304.
[4] 宋立荣，李思经. 我国农业科技信息中灰色文献开发利用存在的问题及对策建议[C]//中国农学会科技情报分会，中国农学会农业图书馆分会，中国农学会计算机农业应用分会. 中国农业信息科技创新与学科发展大会论文汇编，2007：91-95.

流、双向传播,甚至可以定制个性化的信息服务内容)等特点①。

总之,网络科技信息资源具有独特的及时传播、评价、追溯、检索、预测、反馈及经济潜在增值功能,明显具有传统纸质科技信息资源所达不到的传播效果,这使其成为进行科研、科普宣传、学术交流的重要资源,成为促进科技创新的重要战略性资源之一。

但同时,由于网络具有自由、开放、来源众多、发布途径分散等不确定特性,而科技信息具有专业性、科学性等,这增加了内容审核和控制方面的困难,普遍缺乏严格的质量审查使得网络科技信息质量参差不齐,可信度不高。

另外,网络科技信息形式多样、类型复杂,这使得信息检索面临很大的问题。通过传统的基于关键词相关性的检索方式检索得到的大量可信度不高的信息,很难满足高质量的信息需求。即使是一些专业的科技数据库,用户也很难在短时间内查找到真正所需要的信息②。但是,目前还没有一种有效的检索与控制这些信息的工具。

2.2.2.4 网络科技信息资源的类型

在网络环境下,信息技术实现了科技信息资源的"可见、可得、可用",信息的获得更加便捷和高效。这也使得科技信息内容和形式更加多样繁杂,内涵也更加丰富,其外延已突破了传统概念范畴。

按信息呈现形态分,有文本信息、数据信息、图形图像信息、音频视频信息等;按信息利用性质分,有开放式信息、注册式信息、交流式信息等;按内容范围分,有科普教育信息、健康信息等;按信息发布形式分,有书目信息、电子书刊信息、网络数据库信息及文件文档信息(含书籍全文、计算机软件、科研论文、硕士博士论文、字典等)。

在本项目中,收集整理了期刊论文、科学数据、科技实物信息资源、网页等十几种网络科技信息资源类型的元数据规范,大致可分为以下4类。

(1) 科技文献信息,包括科技图书、科技期刊、科技报告、专利文献、标准文献等基本文献信息,以及基于不同专题、需求(如科技管理、科技推广服务等)而进行二次加工的文献信息,如科研条件数据、在研项目、科技动态等信息。

(2) 科学数据资源,是指通过观测、探测、调查、试验和实验所直接获取的科学数据、资料及相关信息资源③,包括观测数据、探测数据、实验数据、调查数据、考察数据、遥感数据、统计数据、研究数据、图形图像数据等。

(3) 实物信息资源,主要指的是大型科学仪器与设备、人类遗传资源样本、自然科技资源等科研实物信息资源的数字化、信息化。

(4) 网页科技信息资源,是指经过处理、加工、组织的网页科技信息资源。其主要包括以下几类:①科技领域的政策、新闻、制度等网络发布的网页信息;②新兴科研领域、交叉领域的专题信息,如网络健康信息、网络农业科技信息等;③科技未来发展预测或科技动

---

① 宋立荣,齐娜.我国网络科技信息资源开发中的问题及对策思考[J].中国基础科学,2012,14(2):39-44.
② 唐迪,王云.网络科技信息资源评价综述[J].科技情报开发与经济,2008,18(33):71-72.
③ 黄鼎成,郭增艳.科学数据共享管理研究[M].北京:中国科学技术出版社,2002.

态；④科技实用技术或使用推广技术信息；⑤科技经验介绍或科技评价；⑥诸如科学网、微博等新媒体上发布的科技言论及大量原创的网络科技信息资源等。

2.3 质量

2.3.1 质量概念

随着互联网络及知识经济的到来，质量管理研究进入一个新的发展阶段，大家对质量概念也有新的理解和认识。比如，从强调"符合性"质量逐渐转向强调"适用性"质量，从关注"产品"本身质量拓展到连同"产品"相关环境因素一起考虑，从物理实体的质量研究延伸到信息质量等方面，从侧重"产品"的自然属性延伸到其相关社会属性方面。ISO 9000：2015《质量管理体系 基础和术语》中对质量的定义为"一组固有特性满足要求的程度"，强调将需求分解为具体的、特有的、能够测量的质量特征。特性是指客体所特有的性质，它反映了客体满足需要的能力[①]。因此，"需要"应转化为特性，所以产品的质量需要根据"需要"而展开为具体的特性，产品的质量应是特性的综合体，是经过一系列环节、特性综合平衡和转换的结果。产品的质量特性是指构成产品质量的一切外在的特征和内在的特性。所有这些外在特征和内在特性的各方面总和构成产品的"适用性"和"符合规格"。质量以一组特性来衡量，只能仅仅是接近反映产品满足需要的程度。之后，随着社会变化，人们的需求也发生变化。质量"特性"不仅仅是指产品质量本身的"符合性""适用性"等特征要求，也已延伸到过程、组织、组织活动及它们之间的结合等，质量派生出产品质量、服务质量、过程质量等"全面性"特征要求。费根鲍姆（A. V. Feigenbaum）在《全面质量管理》中提出"全面质量管理"（Total Quality Management，TQM），认为质量应该是营销、设计、制造、维修中各种特性的综合体，借助于这一综合体，产品和服务在使用中就能满足顾客的期望，衡量质量的主要目的就在于确定和评价产品或服务接近这一综合体的程度或水平。

2.3.2 质量的特点

（1）质量有广义和狭义之分。广义的质量是从制造者和社会的角度全面考虑，而狭义的质量是仅从用户角度去看，把质量看成技术问题，目标包含在产品生产的过程中。从质量概念认识来看，质量逐渐趋向广义层面的质量认识。

（2）质量具有系统性。质量是一个系统的涉及全生命周期过程的概念，不仅涉及系统内的各个环节，而且涉及包括外部环境在内的诸多影响因素，是一个全面性、综合性的管理系统。

（3）质量是相对的概念。质量是基于用户需求的具体特征实现。但不同阶段、不同需

---

① 宋立荣. 农业科技信息共享中信息质量管理研究［M］. 北京：中国农业科学技术出版社，2009.

求对质量"特性"的要求也不同,造成其固有质量特性和赋予质量特性的概念是相对的,而不是绝对对立的。主要原因是:①社会因素(如法规、环境、目标等)发生变化,对质量要求改变;②科技应用使一些原来无法检测的质量特征有了新的更精确的测量和客观评判的可能;③涉及时间方面的质量特征(如时效性、及时性等)可能会随着使用过程发生变化而影响用户对质量的评价;④用户需求的变化使质量特征发生变化,如要求更加精细、更加个性化等。

通常,对质量特征的认识主要是根据使用者需求对其的影响程度分级来把握的。其主要包括关键质量特征(直接影响产品安全性或导致产品整体性能丧失的质量特性)、重要质量特性(缺失会造成产品部分功能丧失的质量特性)、次要质量特性(缺失会在以后逐渐影响产品功能)[1]。在传统质量管理中,大部分是通过"反对称质量特征"(如质量缺陷)来测量质量的,在信息资源质量管理中,则是通过关键和重要的质量特征的综合评价(如进行质量维度的筛选)来了解其质量。

2.4 信息质量

2.4.1 信息概念

从质量管理角度看,信息(数据)与实物(物理产品)的质量特征有着明显区别,如表2-1所示。最大的不同在于信息无实体性、无损耗性、可复制性、易被篡改和删除等。因此,对其质量管理难度将比物理产品质量管理更加复杂。只有清楚认识信息质量特征才能更准确地把握信息的质量及其管理。

表2-1 信息(数据)与实物(物理产品)的区别

序号	项目	实物(物理产品)	信息(数据)
1	实体性	有	无,数据记录存储在一些媒质上,使之成为有形体
2	不可消耗性	有	无,甚至可以无限次重复使用
3	共享性	无	有
4	可复制性	无	有
5	可传递性	无	有,数据传输速度快,传输成本低且效率高
6	脆弱性	无	有,数据记录经常被无意或有意覆盖、删除,造成大量数据丢失
7	多用途性	无	有,同一数据可以服务于不同用户及不同目的
8	可更新性	慢	快

---

[1] 宋立荣. 农业科技信息共享中信息质量管理研究 [M]. 北京:中国农业科学技术出版社,2009.

续表

序号	项目	实物（物理产品）	信息（数据）
9	可存储性	存储成本高	有，数据本身可通过计算机进行直接存取，存储的成本低
10	价值	市场交换	难以测量，常用信息效用来度量
11	来源	在企业外部生成	既有内部来源，也有外部来源
12	不可替换性	有替换资源	无
13	失效性	慢	信息对消费者的效用可能随着时间推移而减少

资料来源：宋立荣. 农业科技信息共享中信息质量管理研究 [M]. 北京：中国农业科学技术出版社，2009.

2.4.2　信息的质量特征

信息作为特殊的产品具有自然属性和社会属性双重属性。其自然属性是通过信息的语法特征（如适用性、可靠性、新颖性、完整性、经济性等）进行质量测量，常依据一些国家标准、行业标准或合同等来加以约定[1]。也可以通过一些反质量特征进行质量测量，如一般质量缺陷（如信息格式不规范、元素不齐全、使用说明不符合要求等）和严重质量缺陷（如虚假信息、不正确信息等）。但目前对信息的社会属性较难进行准确判定，缺乏通过绝对值进行信息质量程度判断的方法，而多是通过相对值比较进行判断，尤其是一些难以直接测量的特征，如涉及内容质量方面的"准确性""正确性"等，常借用替代特征来间接判定。比如，"及时性"等多采用比率表示，而不宜用反质量特征来度量。

同时，信息也具有服务特性。一般，信息质量对用户来讲是综合性特征，并不能区别自然属性和社会属性。信息质量还受到服务系统、服务流程等服务环节活动的影响。信息的服务特性决定了需关注信息在使用过程中如何访问、如何了解信息背景、如何对信息质量进行判断等。

上述特质在对信息进行质量控制方面也有不同。比如，信息具有产品特性，可以像管理物理产品一样，根据信息和物理产品二者之间的相似特征和共同数据源进行质量控制，但是其质量控制不能完全采用传统物理产品过程质量控制中采用的那种质量检验方法。这是因为信息在生产过程中，一些质量特征难以测量，采取人工检测成本较高、收效较差，效果差别很大。此外，信息的质量特征在不同类型、不同环节中把握的核心质量维度也是不同的，而且不同用户对信息的判断标准不同，关注的核心质量特征也不一样，因而很难采取一致的质量标准进行检验。

因此，对信息的有效质量控制应提前就确定好标准，实现事前控制，而不是事后控制。为此，常用一些软件技术方法来解决海量信息的质量控制问题。

---

[1] 宋立荣. 我国科技信息资源共享中信息质量管理成熟度研究 [C] //中国科学技术信息研究所博士后工作报告. 北京：中国科学技术信息研究所，2011.

总之，信息的质量控制也存在管理成本最优化问题。要利用合理的成本获得相关的、准确的、及时的信息，而忽略对信息的质量控制及缺乏必要技术手段引起质量问题的代价是巨大的。

2.4.3 信息质量概念

各个领域中信息类型差异较大，至今尚未有统一的、普遍认可的信息质量概念。本项目通过梳理大量研究信息质量中几个主要领域（管理信息系统、数据库、企业管理、会计与审计、信息管理）的文献注意到：国内外学者对信息质量内涵的认识主要基于3个方面——数据视角、用户视角、用户与数据融合视角[1]。

（1）从数据视角认识信息质量

早期是从数据质量角度看待信息的质量，认为信息质量是对信息真实性、准确性、一致性、完整性和集成性的综合描述[2]，关注的是信息的可测性，即语法层面的质量问题。在最初的研究中，学者们对信息质量的概念认识较为模糊，将信息质量与数据质量作为同一概念，运用模糊数学、神经网络、运筹学等理论研究，以信息本体论为基础，以管理信息系统、数据库、数据模型的数据质量为主要研究对象[1]。学者们基于不同研究视角、研究观点，使此问题呈现出不同特点。

比如，刘雁书等[3]指出信息质量就是指信息的真实性和准确性，其中，真实、准确的信息是高质量信息，虚假、不准确的信息就是低质量信息；R. Y. Wang 等[4]基于"数据"角度，认为如果数据是"合适的"，这也只能是相对的，因为"数据质量"在某些方面使用起来很方便，但是在其他方面则不具备足够属性；B. K. Kahn 等[5]从数据本身出发，认为信息质量是基于数据角度，认为是信息满足的规范性或需求性程度；M. J. Eppler[6] 则从数据质量属性角度加以阐释，认为信息质量是对信息的真实性、准确性、一致性、完整性和集成性的综合描述；周东[7]认为数据质量"是由从数据的一致性、准确性到相关性等一系列的参数决定的"；向上[8]认为高质量数据就是指那些适合用户使用的数据；D. M. Strong 等[9]认为数据质量就是"数据是适合使用的"。

---

① 刘冰. 网络环境中基于用户视角的信息质量评价研究［M］. 北京：中国社会科学出版社，2015.
② 陈远，罗琳，沈祥兴. 信息系统中的数据质量问题研究［J］. 中国图书馆学报，2004（1）：48 - 50.
③ 刘雁书，方平. 网络信息质量评价指标体系及可获取性研究［J］. 情报方法，2002（6）：10 - 12.
④ WANG R Y, STRONG D M. Beyond accuracy: what data quality means to data consumers［J］. Journal of management information systems, 1996, 12（4）: 5 - 33.
⑤ KAHN B K, STONG D M. Product and service performance model for information quality: an update［C］//Proceedings of the 1998 conference on information quality. Cambridge, MA: Massachusetts Institute of Technology, 1998.
⑥ EPPLER M J. The concept of information quality: an interdisciplinary evaluation of recent information quality frameworks［J］. Studies in communication sciences, 2001（1）: 167 - 182.
⑦ 周东. 数据质量应用系统的成功保障［J］. 中国信息界，2006（12）：39 - 40.
⑧ 向上. 信息系统中的数据质量评价方法研究［J］. 现代情报，2007（3）：67 - 68，71.
⑨ STRONG D M, LEE Y W, WANG R Y. Data quality in context［J］. Communications of the ACM, 1997, 40（5）: 103 - 110.

(2) 从用户视角认识信息质量

从用户的角度对信息质量进行研究始于 20 世纪 90 年代初。随着信息社会的飞速发展，信息已经成为一项事关社会发展的重要因素，人们不仅关注数据本身，更关注数据的语义内容。常常发现，即使在技术上提供符合标准的高质量数据，但用户仍无法获得有用的信息，即高质量的数据不一定是高质量的信息。信息质量是信息对信息消费者（用户）的适用性及满足程度[1]。可见，用户需求满足度是信息质量的核心内涵，用户满意是信息质量最重要的目标[2]。信息质量既体现在用户对信息产品或信息服务数量上的满足，也体现在用户对信息商品或信息服务的质量要求[3]。

(3) 从用户与数据融合视角认识信息质量

随着研究的深入，信息质量研究内容已经从单纯对数据、信息进行监测控制、质量评测发展到对数据、信息产生全过程进行质量管理和持续改进。例如，B. K. Kahn 等[4]将质量好的信息定义为符合规格和要求的信息，其前提条件是满足或超越用户预期的信息特征。信息质量关键在于信息对信息消费者的适用性，而数据是否具有适用性最终是由信息用户判断信息产品是否适用所决定的[2]。之后，大家对质量特征的认识也在不断深化，重视了"信息"本身的多样性、多面体特征，从其产生的全过程，多维度、多视角来把握其信息质量。有学者根据众多质量维度的选择和标准判断把握信息质量多维度的特征。例如，曹瑞昌等[5]提出信息质量四元结构（内容质量、集合质量、表达质量、效用质量）；M. J. Eppler[6] 提出信息的内容质量（完整性、准确性、清晰度、简洁性、一致性、正确性等）和形式质量（方便性、及时性、安全性、可获得性等）两方面；Y. Wand 等[7]则从用户有用视角总结出固有信息质量（包括正确性、客观性、可信性、可靠性）、关联信息质量（包括相关性、增值性、及时性、完整性、适量性）、表达信息质量（包括可释性、易懂性、简洁性、一致性）和访问信息质量（包括可访问性、安全性）4 类共 15 个特征；贾君枝[8]从价值、系统、用户 3 个角度分析与把握信息质量基本内涵。

再如，J. O. Brien[9] 从信息效用角度对信息质量进行分析与阐释，将信息质量定义为：信息的内容、形式、时间特性为其具体的最终用户所带来的价值效用程度。还有学者从功能、

---

[1] WANG R Y, STRONG D M. Beyond accuracy: what data quality means to data consumers [J]. Journal of management information systems, 1996, 12 (4): 5 – 33.

[2] 高智勇, 高建民, 陈富民. 数字化制造中的信息质量问题研究 [J]. 计算机集成制造系统, 2005, 11 (7): 981 – 985.

[3] 周毅. 用户信息需要与信息质量控制 [J]. 情报理论与实践, 1999, 22 (4): 238 – 242.

[4] KAHN B K, STONG D M. Product and service performance model for information quality: an update [C] //Proceedings of the 1998 conference on information quality. Cambridge, MA: Massachusetts Institute of Technology, 1998.

[5] 曹瑞昌, 吴建明. 信息质量及其评价指标体系 [J]. 情报探索, 2002, 84 (4): 6 – 8.

[6] EPPLER M J. Management information quality: increasing the valve of information in knowledge – intensive products and processes [M]. New York: Springer, 2006.

[7] WAND Y, WANG R Y. Anchoring data quality dimensions in ontological foundations [J]. Communications of the ACM, 1996, 39 (11): 86 – 95.

[8] 贾君枝. 企业数据与数据质量 [J]. 情报理论与实践, 2003, 26 (1): 55 – 58.

[9] BRIEN J O. Introduction to information systems in business management [M]. 6th ed. Boston: Irwin, 1991.

技术、认知和审美方面①阐释信息质量，认为信息质量就是满足信息生产者、管理者、消费者和专家的信息需求。

从上面的各种定义来看，对信息质量的概念认识分别参照了传统方法、主观经验判断及文献汇总分析等，目前通用的定义是"信息质量就是信息用户使用的满足程度"，为最终用户提供信息、满足其需求是一致看法。用户需求不同，其信息质量标准程度也有差别。总体来看，信息质量是一个相对的概念，用户使用需求不同，对信息质量的侧重点也不同。故信息质量与用户需求密切联系。为此，需要基于不同主体、不同使用者来建立一个质量测评体系来评估信息的价值。正如刘冰②提出的，需要深入剖析信息资源质量和用户信息需求的内在联系，针对不同时期的不同用户需求设计出具有层次性、动态的信息质量评估体系。

2.5 信息资源质量概念

2.5.1 信息资源质量

国际标准化组织界定的质量是指提供的产品或服务表现在现实和潜在需求所能达到的整体性状态与特性③。信息资源的质量则是满足用户对信息集合的整体上的需求所能达到的程度和体现出来的价值④。

网络环境下，信息资源主体包括信息提供者、信息使用者和信息管理者。信息提供者是各种网站、网络数据库、各种内容提供商及各种网络信息资源上传个人等；信息使用者是通过网络获得信息的所有个人和团体；信息管理者是对信息提供者和信息使用者起到一定审核、管理作用的组织、机构或个人。

信息资源质量问题是网络环境下如何保证用户高效利用信息的重要问题，是网络发展中必须解决的问题。通常情况下，人们只是简单地将信息资源分为优劣信息，认为高质量信息就是具有价值性、新颖性、真实性特征的信息资源，而劣质信息资源就是那些虚假、低俗、有要素缺陷、不完整、不准确、重复度高的信息资源。实际上，信息资源的好坏不能以单一信息的优劣来判断。由于存在信息质量的"柠檬效应"，尽管在信息资源中绝大多数信息是优质的，但是只要存在个别劣质信息，则对信息资源整体的质量都有影响。

另外，从用户使用的视角看，个别用户对一两条信息的使用态度不足以决定整个信息资源的优劣，而且对信息资源整体而言，不同用户对不同信息优劣的判断标准是不同的。对信息资源质量的判断需要有一定数量的总体反映，而且信息资源是后体验式产品，信息的优劣

---

① EPPLER M J. The concept of information quality: an interdisciplinary evaluation of recent information quality frameworks [J]. Studies in communication sciences, 2001 (1): 167-182.
② 刘冰. 网络环境中基于用户视角的信息质量评价研究 [M]. 北京：中国社会科学出版社，2015.
③ International organization for standardization [EB/OL]. (2013-12-10) [2015-01-13]. http://www.iso.org/iso/home.html.
④ 李婧. 元数据在信息资源描述和组织中的应用 [J]. 图书馆学刊，2014 (12): 52-54.

常常在使用后才能做出判断,这为识别信息资源质量带来困难。

实际上,质量问题是一个主观现象,也是一个相对概念。不同的角色会对信息资源的质量提出不同的需求。就信息资源整体而言,众多用户对信息质量的合力方向,反映一个趋势或程度。因此,判断和把握信息资源质量,更多的是通过广泛调查用户的需求来掌握整体质量的需求和状态。

2.5.2 对网络科技信息资源质量概念的理解

网络科技信息资源的质量则是满足用户对网络科技信息资源的需求所能达到的程度和体现出来的价值。有较多专家认为可从两种角度来理解:一是网络科技信息资源满足用户需求、达到用户满意的程度;二是将网络科技信息资源看作一种信息产品,从其客观属性来认识信息质量,如及时性、完整性、真实性、可获取性等。从质量控制流程来看,网络科技信息资源的质量可以概括为3个层次,分别是普通信息层面的质量、专业层面的质量及效益层面的质量。同时,不同层次的质量又具有多维性。从质量特征分类来看,其有科技信息资源的形式、内容及效用层面的质量。从资源类型分析来看,不同的科技信息资源特点,体现不同的质量特点。裴雷等[①]认为诸如科技报告之类的科技信息资源质量是"非精确评估、具有综合性"的概念,很难被精确定义,因此提出"最小质量准则"和"最大质量保证"的概念。前者要求信息资源提供者必须满足最基础的质量要素要求;后者要求信息资源提供者或资助者尽最大可能来保证信息资源质量。这些都说明目前对网络科技信息资源质量尚缺乏一致的看法。

作为科技信息的集合,网络科技信息资源也可以被看作特殊的信息产品,与单条信息质量特征一样,既具有有形产品的特性,又具有无形服务的特性。因此,网络科技信息资源的质量具有双重属性,即自然属性和社会属性。它的自然属性是指其客观性能,它的社会属性是指网络科技信息资源满足不同用户的程度。

国内外相关研究多是基于将信息看作信息产品的视角来认识这两个特性的。网络科技信息资源具有产品特性,决定了可以从自然属性视角处理网络科技信息资源,加强对网络科技信息资源质量的控制。比如可以像管理物理产品一样,根据二者的相似特征和共同数据源进行质量控制,如可以通过诸如国家标准、行业标准或约束规范等进行质量控制。如果在自然属性上有一般质量缺陷(如网络科技信息资源在某些环节上不符合要求,如数据格式质量、使用说明,不足以影响其使用价值的实现)和严重质量缺陷(如提供的元数据是虚假的、元数据的来源是错误的等),则较容易判断。这方面的质量特征通过人工或软件依据一定标准较容易识别测评。

但难点在于目前网络科技信息资源类型多样,来源广泛,提交加工环节多样,导致信息资源形式不一,用户不能以统一格式来获取相关有价值信息,导致进行信息处理时,在类型及格式上所花费的时间、精力成本增加。

---

① 裴雷,孙建军.中国科技报告质量评价体系与推进策略[J].情报学报,2014(8):813–823.

另外，网络科技信息资源又具有社会属性，反映信息满足用户需求的程度。由于用户需求具有不确定的特点，因此对网络科技信息资源内容质量较难准确判定。例如，大家常常将"准确性"作为网络科技信息资源的固有特性之一，但是专业内容的"准确性"不能够直接测量，更多的是借助专家评估或专业人员打分的方法进行，很少能够实现自动计量、测量判断，有些借用其他"代用特性"进行间接测量，有些采用相对比较方法进行对比评价、分析判断信息质量的相对水平。

在很多文献中，很多学者对信息资源质量的研究都是基于信息资源的这两个特性展开的。在网络环境下，考虑到科技信息资源的产品和服务特性，可以从工程视角处理信息，加强对其质量的控制，运用过程质量管理思想进行信息资源质量管理，而对网络科技信息资源的社会属性则难以进行客观、准确的测量。目前多采取专家评估法、同行评议法或人工专业审查法来测评网络科技信息资源的内容质量。即使这样，由于网络科技信息资源又具有专业性、科学性、领域性特点，很难投入较多专业人员进行专业审核。

此外，网络科技信息资源还具有明确的服务特性，关键在于网络科技信息资源能否真正被用户所利用，实现其信息价值。因此，网络科技信息资源质量特征中的效用特征也很重要。目前在网络科技信息资源效用质量上，无论是网络科技信息资源整体效益的发挥方面，还是用户使用网络科技信息资源的质量诉求方面，都没有达到较好水平。在这一点上，目前主要通过一些替代质量特征间接反映其服务特性，如通过网络科技信息资源阅读量、下载量、引用量、用户评价及社会经济效益等方面的指标间接来反映网络科技信息资源受欢迎程度，但这并不完全准确说明网络科技信息资源的真正效用价值。

总之，更准确地说，网络信息资源质量的研究对象是广义上的"信息资源"，既要研究数据、信息的质量问题，也要研究数据库系统及构建于其上的数据集内容等方面的质量问题。因此，既要从整体层面抽取共性问题进行研究，又要深入各个信息资源对其"独特"方面进行扩展分析。对于网络科技信息资源质量，将从这两个层面进行综合分析。

2.5.3 对网络科技信息资源质量维度的认识

质量问题是一个主观现象，不同的角色会对系统的质量提出不同的需求，质量模型应该将这些需求用一致性的方式表达出来，所以必须按照决策者及用户的意见把层次结构的质量目标组织起来，这就是质量维度[①]。质量维度不仅包括网络科技信息资源本身质量方面的目标，而且包括对网络科技信息资源管理系统方面性能的要求[②]。

一般认为，质量维度是指产品满足用户要求和使用目的的基本质量特性。在物理产品中通常用性能、特征、可靠性、耐用性、符合性、维护性、美观和感知质量等8个质量维度来表征。

但关于信息资源的质量维度的概念，到目前为止，还没有统一的认识。在大量的文献

---

① 谢茂龙，郭禾，陈锋. 应用扩展元数据库方式解决数据仓库质量问题［J］. 计算机工程与应用，2002（18）：218－219，228.

② 同①.

中，信息资源的质量特性、信息质量要素或信息质量维度的名称并不统一，有的称为信息质量要素，有的称为信息质量维度，有的称为信息系统质量要素。严格意义上，它们是有所区别的①。

什么是信息质量要素？从技术角度讲，对信息资源整体质量影响最大的那些质量特性才能被看成质量要素；从商业角度讲，用户最关心的、对增值价值影响最大的质量特性才能被看成质量要素。

在本项目中将信息质量要素和质量维度视为同一概念，即本项目重点关注用户所关心的、对整体质量影响最大的那些质量特性，而不是所有的质量特性。

信息资源的质量特性很多，如正确性、精确性、可靠性等，据统计有上百种提法。面对那么多的质量特性，有必要对质量特性进行分类和整合。对于一个特定的信息资源而言，首先需要判断什么是质量要素，什么是关键质量要素，才能给出提高质量的具体措施，而不是把所有的质量特性都做好；否则，不仅做不好，还可能得不偿失。一般把精力用在对信息使用影响最大的质量要素上。简而言之，只有关键的质量要素才值得开发人员及管理人员下功夫去改善。

与实物的质量特性不同，如果有些质量特性并不具有可测性，则可以采取其他的质量特性替代，有些质量特性可以采用其反质量特性（如缺陷）来表示质量状况。

通过对众多文献资料及实践应用案例的分析可知：信息质量是一个多维度的概念，信息质量是许多质量特性的综合体现，它反映了信息的多维质量特征。各种质量特性反映了信息质量的方方面面。人们采用多维揭示原则组织和揭示信息质量，多层次、多方位地描述、揭示和分析信息资源，改善信息资源的各种质量特性，提高信息资源的整体质量。有时候则是基于直觉理解、行业领域、经验判断、文献综述，以及依赖信息的真实使用选择各种质量要素（维度），造成分析结论的适用范围没有普遍指导意义②。

由此可见，对于研究对象，不能仅仅停留在对文献特征的描述，而要深入到专业领域、主题背景和信息单元，明确指标的含义，减少信息指标歧义，使用户更易于识别、理解和掌握。

传统的质量维度是指数据的准确性、完整性、一致性、实时性和唯一性。但是这些指标太抽象，无法进行度量，更无从提供实质性的指导以提高信息质量。

R. Y. Wang 等③在研究中提出用 3 种方法研究信息质量，即直观法、理论法和实证法。其中，直观法是指通过研究者的经验和个案需求来获取信息质量维度，理论法是指通过基于数据产生过程中的基本数据缺陷来获取信息质量维度，实证法是指主要基于数据对用户的适

---

① 宋立荣. 我国科技信息资源共享中信息质量管理成熟度研究 [C] //中国科学技术信息研究所博士后工作报告. 北京：中国科学技术信息研究所，2011.

② LATIF AL - HAKIM. Information quality management: theory and applications [M]. London: IDEA GROUP publishing, 2006.

③ WANG R Y, STRONG D M. Beyond accuracy: what data quality means to data consumers [J]. Journal of management information systems, 1996, 12 (4): 5 - 33.

用性提出信息质量维度。

部分国际机构和国家政府部门也都从用户的角度对数据质量问题进行了划分。表 2-2 列出了部分国际机构和国家政府部门的数据质量要求[①]。

表 2-2 部分国际机构和国家政府部门的数据质量要求

机构和部门	信息质量要求
美国联邦政府	实用性、客观性（准确、可靠、清晰、完整、无歧义）、安全性
美国商务部	可比性、准确性、适用性
欧盟统计局	适用性、准确性、及时性、可获得性、衔接性、可比性、方法专业性或完善性
国际货币基金组织	准确性、适用性、可获得性、专业性或完全性
美国国防部	准确性、完整性、一致性、适时性、唯一性、有效性

刘冰教授构建的"网络环境中用户信息期望维度构成模型"对网络信息资源质量维度进行了梳理，如表 2-3 所示[②]。

表 2-3 网络环境中用户信息期望的信息资源质量维度

构成维度	指标名称	指标的基本内涵
信息表达与服务期望	交互性	对网站系统提供的各类与用户沟通交流服务的功能性、友好性、实时性的期望
	个性化	对网站系统能否提供个性化服务、定时服务及其水平的期望
	感官性	对网站整体设计和布局等的合理程度、界面色彩搭配美观性的期望
	多样化	对信息多种沟通渠道及表达形式多样化的期望
	技术性	对网站或系统及时采用最新技术提供服务的期望
信息获取与过程期望	安全性	对信息获取过程中安全性、时效性的期望
	简捷性	对信息获取过程中简便、易用、快捷程度的期望
	功效性	对信息获取过程中网站系统提供各类功能可用、延伸等性能的期望
	流畅性	对利用网络获取信息过程的顺畅、速度等程度的期望
	时效性	对网站系统能根据用户需求提供相应服务时及时、快速程度的期望

---

① 彭广亮. 基于元数据的领域数据编辑模型研究 [D]. 大庆：东北石油大学，2011.
② 刘冰. 网络环境中基于用户视角的信息质量评价研究 [M]. 北京：中国社会科学出版社，2015.

续表

构成维度	指标名称	指标的基本内涵
信息内容期望	真实可靠性	对所获信息内容真实、可靠、可信赖程度的期望
	完整性	对所获信息内容广度、深度、系统、完整等方面的期望
	准确性	对所获信息内容的准确程度的期望
	针对性	对所获信息内容与用户本身需求相关性、需要关联程度的期望
	可理解性	对所获信息内容便于理解、理解程度的期望

麻省理工学院的 R. Y. Wang 等[1]将 15 个信息质量要素进行了分类,如表 2-4 所示。

表 2-4 R. Y. Wang 等对信息质量要素的分类

序号	信息质量要素分类	信息质量要素	备注
1	固有信息质量	准确性、客观性、可信性、可靠性	关注信息本身,从内容层面展示
2	关联性信息质量	相关性、增值性、及时性、完整性、适量性	强调对用户的适应性,从效用层面说明
3	表示性信息质量	可释性、易懂性、简洁性、一致性	体现信息展现表达能力,从形式层面说明
4	可访问性信息质量	可访问性、安全性	强调用户能否获得信息,从信息安全层面说明

目前,对网络科技信息资源质量特征的把握多是通过对众多质量维度的识别和选择进行的,这有别于传统的质量管理办法。一般认为,质量维度是指信息产品满足用户要求和使用目的的基本质量特性。从技术角度讲,将对信息资源整体质量影响最大的那些质量特性总结提炼为质量维度;从用户角度看,将用户最关心的、对增值价值影响最大的质量特性提炼为质量维度。

目前有专家认为,可以采用多维揭示原则组织和揭示网络科技信息资源质量,可以多层次、多方位地描述、揭示和分析信息资源,从而保证其合理利用。与其他信息资源质量一样,网络科技信息资源质量也没有特定的、统一的标准,对不同的项目特征及不同的报告类型会有不同的质量要求。网络科技信息资源质量具有多维性且用户理解多元化,因此较为困难且没必要提出一个适用于所有研究领域的网络科技信息资源质量评价指标体系。

网络科技信息资源质量具有多层次及多维性,因此可以采取不同的层次及不同的维度,通过识别、筛选和选择关键质量维度来把握其质量。通常采用一组或一些描述网络科技信息

---

[1] WANG R Y, STRONG D M. Beyond accuracy: what data quality means to data consumers [J]. Journal of management information systems, 1996, 12 (4): 5-33.

资源某一质量特征的评价指标集中反映相应资源质量维度状况。例如，魏清风等[①]从信息内容（要求正确、合理、规范）、来源（要求可靠、权威）、时效性（要求更新及时、版权在有效期）、采集规范（要求规范完整）、字符和术语标准化（参照国际国内标准）、检查或抽样规则（确定随机抽样方案）等方面研究制定了一套信息质量控制方案。

当前研究表明，大多数研究人员在选择各种质量要素（维度）都是基于内部管理效率、直觉理解、行业领域、经验判断、文献综述以及依赖于信息的真实使用等方面进行分析的。

而且一般理论提到的质量维度（如一致性、实时性和唯一性等）指标太抽象，无法进行度量，不能提供实质性的指导，且不同阶段的网络科技信息资源质量与其所处的环境密切相关，所以需要建立可以反映网络科技信息资源阶段、可以度量网络科技信息资源质量的质量维度定义。

从前期对专家们的调研中注意到，专家们对影响网络科技信息资源质量的关键维度各抒己见。普遍认为，目前常用的、具有代表性的网络科技信息资源质量评价指标比较集中在真实性、易理解性、可达性、实用性、连贯性、通用性、完整性、交互性、安全性等方面。

准确性、完整性、创新性是首选的维度准则。由于网络科技信息资源质量具有相对性，除了一小部分属于"硬缺陷"（完全不符合形式和内容要求）外，很大一部分网络科技信息资源质量与评价和使用的用户有很大的相关性。不同用户需要网络科技信息资源的目的不同，那么对质量的评价也不一。本项目把与网络科技信息资源相关的用户分成3种，即信息管理者、信息使用者和信息提供者。质量维度可以从这3个用户视角来分类：信息管理者关注设计和管理质量，其可分为正确性、完整性、避免冗余、可追踪和元数据的演化等；信息使用者关注信息可用性质量，其可分为可访问性、可解释性、可用性、安全和认证等；信息提供者关注数据质量，其可分为完整性、可信性、准确性、一致性和可解释性等。

由此可见，不同的人群对于同一个网络科技信息资源表现出不同维度的质量需求，如有的人看重完整性，有的人看重时效性，有的人看重科学性等，因此过去统一采用的"符合性"质量检验标准在新的环境下不是很准确。总结而言，不同用户对不同网络科技信息资源类型的质量评价标准是不一致的。这与不同类型网络科技信息资源所具有的质量特征、不同层次用户的不同需求有一定的相关性。

为方便分析研究，本项目基于信息本身的三元结构，依据信息认识论方法把科技信息资源质量要素从形式、内容、效用方面进行分类，参考相关文献将相关质量维度进行如下划分：形式上的质量维度有完整性、一致性、可理解性和及时性等4项；内容上的质量维度有准确性、正确性、相关性、可信性、客观性和可靠性等6项；效用上的质量维度有适量性、有效性、可获得性、背景性解释和有用性等5项。主要质量维度及其含义如表2-5所示。

---

① 魏清风，贺立源，黄魏，等．网络农业信息资源元数据研究及其著录管理系统开发［J］．现代情报，2009，29（2）：52-56．

表 2-5 主要质量维度及其含义

类别	质量维度	含义解释
形式	完整性	内容要素未丢失，查到的网络科技信息资源内容是否全面广泛、记录是否完整、是否足够解决当前任务的程度
	一致性	指在一个信息集合内部、前后期信息之间，以及与其他主要信息来源之间，各信息元素的表达符号一致程度
	可理解性	网络科技信息资源符号必须能够让人理解且易于理解
	及时性	提供的网络科技信息资源是否及时
内容	准确性	网络科技信息资源所述状态对源事物真实状态的表达准确程度
	正确性	网络科技信息资源表述的内容符合事实或被认为正确的道理、某种公认的标准
	相关性	将一个网络科技信息资源提供给用户时，其信息集合内各个体信息之间应该具有较强的相关性
	可信性	网络科技信息资源被认为真实、可信的程度
	客观性	网络科技信息资源反映的事实总是某个客观事物（系统）某一方面的属性
	可靠性	网络科技信息资源来源的可靠程度
效用	适量性	网络科技信息资源信息量应该尽可能适当
	有效性	提供的信息能够有效地为用户所利用
	可获得性	网络科技信息资源以清楚的、可以理解的方式提供，或者检索简单、快速
	背景性解释	当将网络科技信息资源提供给用户时，为了更好地使用户理解和便于使用这些网络科技信息资源，应该将部分必要的背景性信息提供给用户
	有用性	网络科技信息资源信息是否对用户有用

由表 2-5 可以看出，网络科技信息资源的质量维度，不仅包括信息资源本身质量方面的目标，而且包括对信息资源所处软硬件系统性能的要求。这为进行网络科技信息资源的质量管理提出更高的要求，既要满足数量要求又要满足质量要求，既要满足其共性部分的质量要求又要满足个性化部分的质量要求。

由于质量维度不仅与信息资源有关，而且与资源环境有关，更重要的是与使用信息资源的用户密切相关，采取哪些质量维度则需要明确科技信息资源质量管理的目标和用户需求，确定基本共性的质量维度，继而进一步细化，提供更清晰、明确的质量维度。

可行的办法是根据用户的不同质量偏好对资源按质量优劣进行针对性排序，以便更好地满足用户对资源质量的检索要求。

2.6 网络科技信息资源的质量管理

2.6.1 传统质量管理的基本思想

近年来，随着质量管理的深入发展，质量管理由单一的产品质量管理活动上升为综合性的组织管理活动。质量管理在其发展过程中，不仅形成了一套完整的理论和方法，而且形成了一套科学的管理思想。例如，戴明（Deming）提出了 PDCA 质量循环改善思想；朱兰（Juran）提出了"朱兰三部曲"或"质量三元论"，即将质量管理分为质量策划、质量控制和质量改进等质量控制 10 个步骤；克劳斯比（Crosby）提出了"零缺陷"质量管理；石川馨（Ishikawa）提出了"质量圈"的持续改进思想；费根堡姆（Feigenbaum）提出了全面质量管理（Total Quality Management，TQM）思想。

质量管理传统定义是把控产品生产过程，保证产品符合质量要求。产品经过"过程"中的一系列质量控制使之达到用户使用要求，事先"策划"给出质量管理的标准，然后对照"标准"对"过程"进行监控和检测，以保证"过程"中的质量控制（Quality Control，QC）是有效的，再根据产品结果对"过程"进行调整，使其符合"过程"质量控制的要求，最后达到质量控制目标[1]。

由此可见，传统质量管理是在一个组织（企业）的"闭环"系统中进行的管理活动，是一种"内向型"管理活动，在这样的系统中质量管理的各个要素具有完全可控性，所有质量管理工作都是通过"过程"完成的，质量管理是通过对"过程"的监控来实现的，因此质量管理具有稳定性、延续性、递进性特点。这保证了质量管理体系的健全，质量方针、质量目标的逐步实现，并为实现预定的质量目标而进行质量策划、质量控制和质量改进。

基于以上管理思想，20 世纪 90 年代，美国麻省理工学院 R. Y. Wang 等[2]提出全面数据质量管理（Total Data Quality Management，TDQM）理论（也有人称之为全面信息质量管理理论），如图 2-1 所示。TDQM 理论就是将数据作为一种特殊的产品，借用管理物理产品质量的方法来管理数据，就是通过建立数据质量管理体系来系统地设计、管理和控制信息链。TDQM 理论强调为了改进和提高数据质量，必须实施源头治理和立足预防，从管理入手，从信息化建设的初始阶段直至全过程对数据运行进行全过程监控；必须认识到数据质量问题的普遍性和特殊性，分领域、分阶段、有计划、有步骤地深入研究提高数据质量的理论和方法。R. Y. Wang 等根据 PDCA 质量循环，将 TDQM 理论的循环定义为 DMAI，即 Define（定义）、Measure（测量）、Analyze（分析）、Improve（提高），利用 DMAI 循环不断提高信息质量。

在这一模式中，"定义"环节包括定义信息的特征（满足用户需求的功能、基本要素、组成部分及相互关系）、定义质量要求和定义信息生产系统；"测量"环节是根据确定的信

---

[1] 黄庚保. 基于流程的质量数据研究 [D]. 重庆：重庆大学，2002.
[2] WANG R Y. A product perspective on total data quality management [J]. Communications of the ACM, 1998, 41 (2): 58-65.

息质量指标对信息对象进行测度,如测度信息的完整性、及时性等;"分析"环节是根据测量结果、数据统计分析,找到质量问题的原因及其影响程度;"提高"环节是指采用有效管理手段、技术方法等措施消除产生质量问题的根源,进而改进信息资源质量。

由此可见,DMAI 是一类循环驱动的质量管理方法,通过"定义"明确新的信息质量标准和需求,然后通过"测量"评估和审查已有或即将采纳的信息质量,最后通过影响、可操作性、成本等综合分析,提出可行的改进策略,作为信息资源质量管理实施的目标。

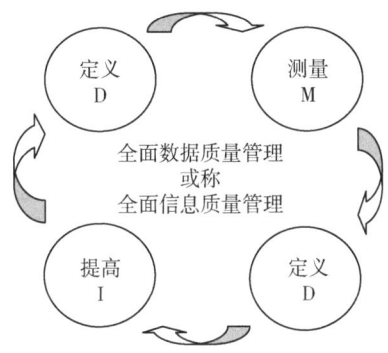

图 2-1　全面数据质量管理理论(全面信息质量管理理论)

但也应看到,将信息看成产品,在一定程度上可以借用传统质量管理的一些方法发现并解决质量问题,但若要普遍适用于开放的网络环境则有一定的使用局限性,若将其不加区别地从一个组织(企业)内部扩展到更广泛的外部环境中使用,也将有一定的局限性。

传统质量管理是在一个质量管理系统边界相对确定、控制因素相对稳定的组织中使用的"内向型"管理模式,是一种质量管理"闭环"方式,质量管理的主体、控制目标都相对明确,且受外界干扰少。但本项目研究的网络科技信息资源建设中的质量管理则突破了单一组织内部的质量管理。总体看它是一个宏观的、开放的多元主体参与的开放系统。这个系统是由众多微观组织共同构成的,而且网络信息的流动性、信息技术的高度渗透性使控制对象的不确定性增大,且使得微观组织中的质量管理在很大程度上受到外界因素的直接影响。

因此,将信息看成产品,容易在信息资源质量管理过程中过于注重信息的自然属性而忽视了信息的社会属性、过于注重信息的外部质量特征而忽视了其内在质量特征,从而缺乏对科技信息资源的全面认识。

2.6.2　网络环境下科技信息资源质量管理

网络环境下,科技信息资源质量问题比传统物理产品质量问题更加复杂。不仅要关注科技信息自然属性的质量要素,而且要关注其社会属性的质量要素;不仅要关注科技信息的形式质量,而且要关注其内容质量。因此,网络环境下的质量管理在质量特征、质量控制方式方面都和传统质量管理完全不同,会出现一些新的特点,也要求具有新的质量管理思路、方法和措施。

2.6.2.1 网络科技信息资源质量管理和传统质量管理的区别

表2-6罗列了传统质量管理和网络科技信息资源质量管理在目标、管理主体、对象等方面的区别。最大区别就是网络科技信息资源质量管理已突破传统质量管理在空间、时间和信息处理能力等方面的限制,是在一个开放的、去中心化的环境中进行的。其质量控制已突破原来质量的"闭环"系统管理模式,内外部联系更加紧密,且更易受外部网络环境的影响,而且网络信息资源变动频繁,网络中的信息存在形式、质量控制技术、质量管理模式与运行机制都要随着内外部因素与竞争环境的变化而不断调整,这对于网络环境下对科技信息资源的质量管理提出很大的挑战。因此,其质量管理环境不再是一成不变的固定模式,往往表现为处于持续变化过程中的动态系统。

表2-6 传统质量管理和网络科技信息资源质量管理的区别

类别	传统质量管理	网络科技信息资源质量管理
目标	减少失误,符合标准,用户满意	真实客观描述科研过程;满足用户使用要求
管理主体	企业	多元主体(责任主体、管理主体、保藏主体等)
对象	物理产品(服务过程)	网络科技信息
主要思想	实证、符合性、适用性、TQM	系统、可解释性、符合性、适用性
隐含假设	质量特征具有可测性 质量可以通过过程进行持续改善 可通过全员、全过程进行全面质量管理	可通过关键环节、关键质量维度划分质量等级,从而把握质量 部分质量特征难以测量 可以通过间接手段进行改善
最早发展时间	20世纪50年代以前	20世纪40年代以后
采用的工具和方法	质量屋(质量功能展开,QFD) 6σ、统计分析、质量环、审计、过程手册	政策制度规范指南、质量管理框架、专家同行评议、用户调查分析、工作流程分析、培训、元数据、监测软件、指导和标准、保密等级和使用范围说明等
管理周期	PDCA(计划—实施—检查—分析)	定义—测量—分析—提高
全生命周期	设计—试生产—批量生产—检验—使用	规划—采集—加工—审核—存储—服务等

由此可见,不能完全用传统质量管理的观念、思路、管理方法来解决网络科技信息资源的质量管理问题。第一,网络科技信息资源建设是一个复杂系统,涉及多方利益主体。同时,科技信息资源又具有多种类型,来源广泛,类型复杂,在对其进行质量控制过程中涉及不同的方法和侧重点、不同质控点。第二,科技信息资源专业性、科学性等特点,使得其质量管理过程往往不透明,有些质量控制难以实施,质量管理有许多不确定性。第三,网络科技信息资源质量还受到诸如政策、制度、经费、人员、知识产权等限制,这些决定了对其的

质量管理需采用一种复杂的管理方法。表2-7整理了传统质量管理和网络科技信息资源质量管理的区别和联系。

表2-7 传统质量管理和网络科技信息资源质量管理的区别和联系

类别	传统质量管理	网络科技信息资源质量管理
质量管理的环境的不同	时空不可改变,通常以时空为序进行质量管理	时空可逆,已不能成为质量管理的参照要素。外部联系更加紧密,是在一个动态的持续变化过程中把握质量管理、整体来考虑质量管理
追求目标不同	以较低的成本实现经济效益的最大化	实现信息资源效用最大化,实现信息价值
规模大小不同	多是对系统内部可控资源的管理控制,相对简单	网络信息资源的内容更加广泛,分散在各个主体中;数量多,类型复杂;既需要从宏观层次对信息资源进行管理和协调,也需要对各个参与主体内部进行质量管理
环节划分不同	以部门和职能来划分质量管理职责,以工序展开质量控制工作	网络环境下信息质量管理常结合信息生产过程划分关键环节来理解其增值性,使信息价值链上的分工与协作较为明确
管理方法不同	多是在一个组织内部,即一个"闭环"中进行质量管理,质量控制因素较易控制,质量管理体系稳定	属于一个微观组织的质量管理范畴,更易受到宏观因素的直接影响;采用去中心化、网络化运行方式,而且质量管理的重心不断外移。外部影响因素已成为质量管理必须考虑的因素,需要考虑信息资源社会属性的质量要素

因此,网络信息资源的质量管理核心在于保证网络信息资源的价值实现、信息效用最大化,即网络信息资源需满足特定用户群特定的与潜在的信息需求,故在进行质量管理时,必须考虑网络信息用户的差异,包括用户的知识差异、信息需求差异等。

2.6.2.2 网络环境下信息资源质量管理的特点

从表2-7看到,网络环境下信息资源质量管理表现出信息资源的自然属性,更多的是表现了信息资源的社会属性,即质量管理体现出的最大特征在于它的网络性、问题性和社会性,是三者的"综合性"[1]。主要表现在以下几方面。

(1) 网络信息资源质量控制是在一个开放的、动态变化的虚拟的时空环境中进行的。时空虚拟化、控制对象的不确定性造成"时间"已不能成为质量控制可追溯性的一个可靠依据,"时间"特征在网络上可调整,同样地,由于网络信息资源的可复制性,加上网络信息共享空间的无限开放性与不确定性,无法根据其所在存储空间确定其控制的立足点,这使得信息质量控制对象更加具有不确定性。

(2) 网络环境下的质量控制采用的是"去中心化"的开放协作的网络型控制模式。不同于传统质量管理那种以质量控制部门为中心的集中式质量控制方式,网络信息资源质量管

---

[1] 宋立荣. 农业科技信息共享中信息质量管理研究 [M]. 北京:中国农业科学技术出版社,2009.

理是一个多中心的"互联"网络体系,信息资源在几个点同时存在,同时各个机构又相互独立运作,采用的是开放的、网络化的管理方式,对其质量管理更多的是靠网络信息资源的宏观调控及网络环境下各个主体的自我约束、内部自我管理来共同维系的,更像是一种依靠法规、标准、技术等进行引导的管理方式,也就是说更多组织或人员参与信息质量维护、提高工作效率,通过相互协调,遵守共同约定,形成统一的信息标准和规范以确保用户利用网络信息和科技成果,提高网络信息的利用效率[①]。

(3) 网络环境下的质量控制对象、控制目的和控制手段具有多样性特点。在成熟的传统质量管理体系中,控制对象具有相对稳定性,控制目标一致,控制手段较固定,而在网络环境下存在控制对象的流动性与控制领域局限性的矛盾,信息技术的强渗透性产生了信息控制目的一致性与控制理念多样性的矛盾,还存在质量控制角色高度重合等,不仅有信息提供者和使用者,还有信息的管理者,共3个角色,同一个人可以轻易地兼具提供者与使用者的身份,致使质量控制手段具有多样性,意味着质量控制同时存在繁杂、多类型的特点。只有围绕网络信息生产的几个关键环节,即数据的采集、处理、存储、交换、共享、服务和应用,从技术和管理两个角度,形成完整的质量管理标准体系,才能形成基本行动规范。

(4) 技术手段是网络信息资源质量控制的主要方法,即利用信息技术对数据进行采集、清洗、标记、整合、存储、利用等。采取一些技术手段对网络信息进行质量控制的作用有以下几种:一是可以改善硬件环境,保证质量管理的实施基础;二是软件工具提供了对海量信息进行质量控制的可行性;三是技术方法应用提升质量控制的准确性、有效性、可得性。新技术的应用将使有效处理、分析、控制质量问题成为可能,质量管理将不断采用新技术使质量控制渗透在网络信息的采集、加工、整理、开发、利用等各个环节,达到对信息资源质量的有效控制,既提高效率,又降低运行成本。

(5) 把握用户质量需求是网络科技信息资源质量管理的重要标杆。网络科技信息资源的质量问题具有广泛的社会性影响,具有影响范围广、传播速度快、易变动、难以追溯根源等特点,使得传统质量控制作为"结果式控制"而非"预防式控制",无法适用。另外,网络科技信息资源的动态性给质量控制带来不确定性。另外,用户对信息质量的要求也在不断发生变化,这都使得质量管理必须有持续改进的思想,要不断改善、创新。故有效的质量管理必须实时把握用户质量需求的变化情况、规律、特征,调整质量管理重点方向、措施,才能提升信息资源的利用率。

(6) 抓住质量管理的整体性、共性问题是进行质量管理可行的方法。面对海量的科技信息资源,如果针对科技信息资源进行逐项质量控制既不现实也不可能,唯有从整体、共性的问题入手,抓住关键问题从而解决大部分问题,逐步改进质量。通常做法有两个。一是针对信息资源形成过程进行整体控制,通过系统集成实现对信息本身及其形成过程的质量控制,从而促进信息质量及其管理过程的改进。在这一过程中需要各个网络信息参与者相互协作,密切合作,发挥整体效益。二是在信息的整个生产过程中抽取共性的关键环节进行质量

---

① 宋立荣,褚军亮. 网络信息环境下信息质量管理的初步认识[J]. 现代情报,2009,29(10):53-56.

控制，将有限的组织管理资源集中到关键环节，以实现网络科技信息资源质量管理的分布性与集中式的统一。

总之，网络科技信息资源质量管理应该是一个宏观整体与微观组织管理相互配合协调、一致进行的管理方式，既要通过宏观层面的整体规划和管理、通过政策调控和法规体系的保障、应用现代信息技术等方法，引导网络科技信息资源的有序建设，又要约束、引导参与建设的科技信息资源主体能够积极完善其内部质量管理活动，共同提高科技信息资源质量。可以说，网络环境下的信息质量管理是用一个整体而相互协调的系统来保证网络信息的开放与共享，实现信息价值。

2.7 网络科技信息资源的过程质量管理

网络科技信息机构所提供的科技信息只是经过了简单的信息收集与传递，对网络科技信息资源进行有效的质量管理则需要在科技信息生产过程中采取系统、全面的质量管理措施。为此，有必要对过程质量管理有一个清晰的认识[①]。

2.7.1 过程质量管理

过程是为了达到给定目标所实施的一系列步骤。简单地说，过程就是做什么。过程把人、工具和规程集成在一起，过程就是人们使用相应的规程、方法、工具和设备将原始材料（输入）转化成面向用户的产品（输出）所做的事情。

TQM 理论认为"产品（服务）的质量依赖产品（服务）生产过程的质量。质量是过程能力的体现，稳定的过程能力可以预见过程产品的质量状况。对组织来说，控制过程是管理的核心和基础"。可见，质量管理都是通过过程的控制和管理来实现的，就是把控制对象质量特性值控制在一定范围内，使过程质量保持稳定状态而进行的一系列的作业技术和活动。为此，要明确职责，识别关键过程进行重点控制，理顺过程流程及规范，制定并执行过程质量控制，按主次进行过程控制，形成过程改进的"质量环"，达到质量水平的持续提高。

网络科技信息资源管理中必须重视过程管理。过程质量控制不仅要进行纠正性维护，还要注重流程改善和预防性控制，找出引起质量问题的根源，通过质量控制标准和规范，改进所采取的措施。以往单纯的只进行信息资源的数据清洗或环节的质量控制措施能对科技信息和数据缺陷不断纠正，而不能最终解决科技信息资源整体质量问题。只有从本质上改善科技信息产生流程，进行有计划的、不断的流程改善，才能保持稳定的质量状态。

很明显，对于没有过程管理的组织来说，管理依赖科技信息撰写人和信息提供者。在这样的管理下，科技信息资源质量很大程度上依赖各个主体的信息处理能力，其个别环节的增加不意味着整体质量管理经验的增加。

过程管理一般分为过程定义、过程控制、过程改进 3 个层次。

---

① 潘峰. 网络科技信息的开发与利用[J]. 数字技术与应用, 2014（1）：227.

2.7.1.1 过程定义

在国际标准 ISO 9000：2015 中这样定义过程：组织具有可被规定、测量和改进的过程，这些过程相互作用从而产生与组织的目标和跨部门职能相一致的结果。某些过程是关键的，另外则不是。过程具有内部相关的活动和输入，以提供输出。

过程管理的基础是过程定义。过程定义主要是对过程的特征进行描述，因为没有人可以预测或控制未经定义、不断变化的东西。通过过程定义，过程的输入、输出和内部的活动被确定下来，为以后的控制和改进提供了基础。

由于不同的科技信息资源建设机构、科研项目中有各种各样的过程，若不进行基本过程定义，其科技信息生产过程将是混乱和不稳定的。而通过过程定义，可以降低过程的变化程度，使过程稳定下来，从而为下一步的过程控制和过程改进提供一个坚实的基础。

过程定义的内容一般包括：明确过程的目的和目标、过程的输入和输出、过程的开始和结束条件、过程的活动、过程的管理职责、过程的资源要求。

但过程说明不是过程。只有当活动"执行了"或方法"使用了"，才能准确地说是一个过程；反之，如果没有使用标准和规程，则过程是混乱的。

2.7.1.2 过程控制

过程控制的目的是通过对过程的测量，发现并消除引起过程波动的特殊原因，来维持过程的稳定性和过程的有效性。它更注重过程的有效性。科技信息资源建设中的过程控制与传统产品制造管理有所不同，生产制造型过程管理是一种目标管理，在各个环节中都有一个投入到产出效率最优的过程，从成本、效率、产出等方面核算最合理的质量控制步骤、流程、方法，确保产品的持续稳定并及时反馈，不断改进，可以更有效地使用资源，既满足了用户的要求，又降低了成本，从而保证了质量和进度，使相关方受益[①]。信息机构中科技信息资源生产建设项目与制造型项目比较如表 2-8 所示。

表 2-8 信息机构中科技信息资源生产建设项目与制造型项目比较

类别	产品比较	过程比较	组织比较
制造（工程）型项目	其交付物是实物产品；其巨大的价值蕴含在其材料和结构之中	运用项目人员的体力和各种机械生产工具改变事物的形态和性质的过程	主要成员是非知识型员工，且成员较多；其组织架构更为正式和稳定
信息资源生产建设项目	产品是信息资源，其共同特点是"无形的"；主要价值集中蕴含在载体中，被信息用户利用而发挥其信息价值	属于知识型生产过程，数据生产过程与质量监控过程不可分，且过程不可视，主要通过技术和脑力劳动，运用信息技术手段实现新的信息价值	主要成员是项目组知识型员工，并且人数较少；其组织架构多采取部门或项目合作联盟方式，较为松散和扁平

而科技信息资源建设中信息生产的过程就是一个将杂乱无章的原始数据转换成有序精良

---

① 王清洲. 公路施工项目动态管理研究 [D]. 西安：长安大学，2006.

的信息的过程，是使原始的数据资源转变成有利用价值资源的加工转换过程，实质上，也是一个信息增值的过程，也是提高科技信息资源的利用率的有效手段。在这一过程中，就需要对每一个环节进行质量控制，筛选不合格信息，将不符合质量要求、不符合标准的数据和系统设计在其形成初期就彻底解决，避免造成重大的质量问题，有了各环节质量控制，最终才能产生高质量的数据。

2.7.1.3 过程改进

过程改进是通过过程度量的手段来量化过程、进行控制、进行预测，旨在提高过程效率和过程质量。进行过程改进的基础是建立稳定的质量控制过程、分析过程、改进过程。

不同于传统的 PDCA 循环方法，在信息资源质量管理研究领域，常采用美国麻省理工学院的 DMAI 循环，实现对信息资源质量的不断提高。实际上，这是一个纠偏过程。其过程改进的手段包括：筛选适宜的过程途径，把握过程运行的条件、关键点和方法，明确各个过程之间的相互联系并协调相互活动，筛选确定监测、测量评估、分析过程的方法和步骤，持续改善质量管理。

因此，必须实施源头治理并立足预防，从管理入手，对科技信息资源建设实行全过程监控，应从科技信息产生和扩散的关键环节入手，从信息获取到信息处理再到信息输出都要进行质量控制，必须强化全面过程质量管理的思想观念。

2.7.2 网络科技信息资源的质量管理过程

结合科技信息资源的质量特征，本项目认为科技信息资源建设中由于信息资源不同、共享领域不同、应用目的不同，以及应用的阶段不同，对科技信息资源关键质量特征的确定方法并不相同，而是各有侧重。为此，不能也没有必要确定一个能够被广泛接受的质量要素。在一定范围内（某一时间段或领域内）其关键质量特征具有相对稳定性，故在进行科技信息资源质量控制的研究中有必要明确各个关键环节的质量特征适用的前提条件。

对各类网络科技信息资源产出过程进行分析，抽取其共性的环节，发现根据科技信息资源形成的全过程，可以用5个时间点将其划分为4个关键环节。这4个关键生产过程环节分别为采集、加工、审核与存储、发布。

从图2-2可以看到，网络科技信息资源生产过程的质量控制呈现全流程管控，这意味着对网络科技信息资源进行全生命周期质量管理，但涉及不同主体、不同质控规范。根据网络科技信息资源规划—采集—加工—审核与存储—发布—服务的全流程控制原则，形成各阶段的质量控制体系，将质量管理目标逐层分解到各个部门、各个人员，并识别出为实现这些质量管理目标所需要的过程及实现这些过程所需的程序、资源等，并建立质量程序文件[①]。对质量管理的各个过程进行评价、控制，即确定过程的识别、职责的分配、程序的实施和保持及过程的有效性。

其过程质量控制示意如图2-3所示。

---

① 孙建军. 中国科技报告质量学术评价研究［R］. 南京：南京大学信息管理学院，2014.

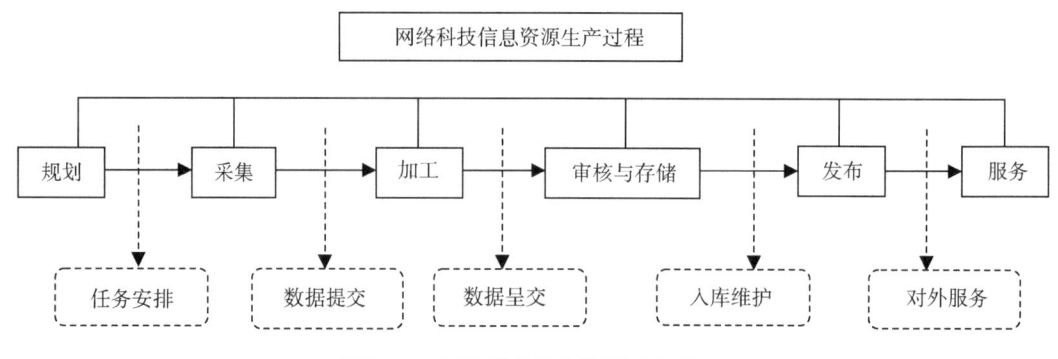

图2-2 网络科技信息资源过程管理

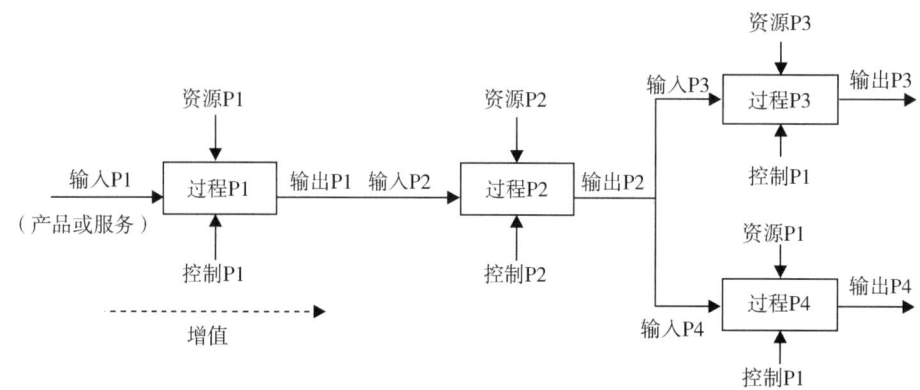

图2-3 网络科技信息资源过程质量控制示意

从图2-3可以看到,网络科技信息资源的过程质量控制不同于传统物理产品的过程质量控制,也不完全和一体化的信息资源生产质量管理过程一样,网络科技信息资源的质量管理、过程质量控制方式与前两者有所差别,出现一些新的特点,也要求具有新的质量管理思路、方法和措施。

以农业科技信息资源的质量控制流程为例,如图2-4所示。

从图2-4的质量控制流程可以看出,影响信息资源质量的因素是多阶段、多方面的,从数据获取到数据处理再到数据输出都会有数据误差的产生和扩散,都存在质量问题,都会对结果有影响。要控制信息质量,应从信息产生和扩散的所有过程和环节入手,分阶段和分层次进行,分别用一定的方法进行质量控制,也就是说质量管理应贯穿整个信息生产过程,相应的质量控制措施应分环节实施[①]。

从质量控制体系来看,网络科技信息资源过程质量控制突破单一机构内部相对"封闭"环境下进行质量控制的边界。其质量管理涉及多个管理主体,且不同主体所关注的质量要素、质量要求有所不同,所采取的质量控制手段和方法也不一样。例如,网络科技信息资源质量管

---

① 陈良玉. 农村科技信息共享技术与实践 [M]. 北京:中国农业科学技术出版社,2004.

第 2 章 网络科技信息资源基本概念及特点

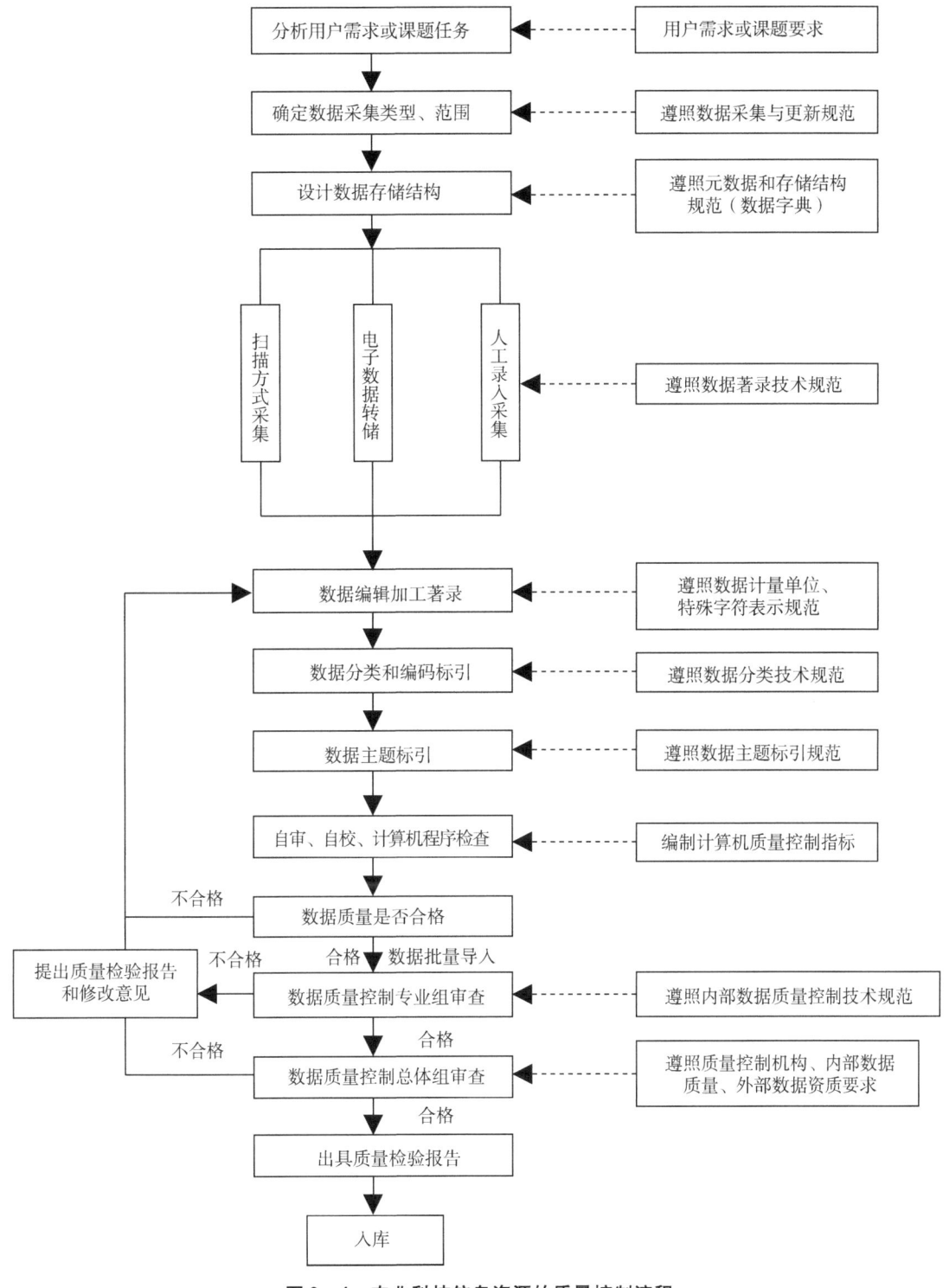

图 2-4 农业科技信息资源的质量控制流程

(资料来源：陈良玉．农村科技信息共享技术与实践［M］．北京：中国农业科学技术出版社，2004)

理不再是具有质量控制中心的管理机制,其运作和管理更多的是依靠网络政策、制度规范的宏观调控及各参与主体内部自我管理、自我规范,进行共同维系。这使得质量管理存在很大的不确定性。再如,各个管理主体对网络科技信息质量标准的把握、质量控制指标的理解、质量维度的取舍呈现多元化、多层次化,较难在具体操作上形成一致的控制尺度。为此,有必要进一步细化、明确质量管理规范和质控标准,分解、协调各管理主体的质量管理职责,防止出现由于管理主体的缺位或职责不到位、错位等情况引起网络科技信息资源质量参差不齐的问题。

从质量控制过程看,由于网络科技信息来源广泛、专业性较强,以及专业术语理解程度、知识产权约束等情况的客观存在,网络科技信息资源的全过程质量管理主要依托质量标准对关键环节的关键质量维度的把握,甚至有些质量维度借用元数据项指标间接反映网络科技信息质量,有些过程(环节)借助先进自动化检测(监测)软件工具来进行。从图2-4可以看出,网络科技信息资源的过程质量控制主要通过对一些关键环节(要素)来把握,并借助元数据信息等间接监测,而且数据处理的主体不同,上下主体质量约束不紧密,缺乏具体、明确的上下工序间质量验收标准,更多通过通用标准或制度约束相关主体的质量控制。

另外,网络科技信息资源具有服务性的社会属性,其质量在一定程度上体现为满足用户需求的能力。这要求在网络科技信息资源质量管理中也要关注网络科技信息来源过程、生产过程和影响质量的一些社会因素。这使得对网络科技信息资源质量采取的质量管理方法与过去传统方法有所不同。对于网络科技信息资源生产过程中关键环节质量要素的识别,首先要分解过程的关键环节,确定这个环节质量控制的目标和标准,只有判断出该环节需要哪些质量要素,哪些是关键质量要素,才能给出提高质量的具体措施,而不是要把所有的质量属性都做好,否则不仅做不好,还可能得不偿失。

如果某些质量要素不能产生显著的利用价值,则可以暂时忽略它们,而侧重于对信息使用影响最大的关键质量要素。

总之,基于以上分析可以看出网络科技信息资源生产过程,它其实包括3个过程的建设:首先是信息资源本身生产过程,从数据的采集、加工、录入、审核和输出到更新的数据流过程;其次是数据管理的过程,从调研、分析、设计、编程、调试、测定直至运行、跟踪、评价的过程;最后从质量控制的角度来看,它还是一个质量信息的收集、质量管理策划、质量控制、质量评估的管理过程。网络科技信息资源生产过程就是随着这3个过程信息生命周期的发展而逐步得到完善的。

2.8 用户对网络科技信息资源质量的理解和需求

2.8.1 用户对网络科技信息资源质量的理解和认识

随着科技的发展,用户对科技信息需求日益增加,对科技信息的需求呈现多样化、个性化、即时化等特点。在网络环境下,用户在获取科技信息时,除了对网络科技信息有数量的要求外,还需要所提供的网络科技信息服务具有全、新、快、精的特点,用户希望所能获取的科技信息的资料完整、覆盖面广,并且能够随时获取新的、有用的科技知识,反映了用户的信息需求不断变化,使得用户在需求上常常不够明确,需求变化频繁,这就提高了网络科技信息资源管理的难度,因此有必要对用户信息需求进行深入的分析,以掌握用户需求变化特征、规律[1]。

信息需求是指个人的内在认知与外在环境接触后所感觉到的差异、不足和不确定,试图找寻消除差异和不足。巢乃鹏[2]认为"信息需求是人们在从事各项实践活动过程中,为解决所遇到的问题而产生的对信息的不足感和求足感";刘冰[1]认为信息需求起源于不确定性状态的出现,是当人们感知到现有知识结构可能存在着不足或难以胜任当前任务状况时而产生的对信息的一种需要。

过去在对信息需求的研究中,经常是以信息建设角度来定义信息需求的,侧重于将用户分类后为其提供不同类信息的打包服务,用户服务质量是以提供科技信息资源数量来评价的,而不是以用户使用了多少来判断用户服务质量。过去那种认识导致对用户的需求经常是模糊不清的。而且,以往对用户信息需求的研究主要是从对信息用户归类进行群体分析来把握信息需求的。

刘冰[1]认为网络环境下用户不再仅重视对信息载体的获得,更强调对信息内容的有效吸收;陈成鑫则指出E - science环境下,科技人员需要网络化、专业化、个性化、知识化信息服务[3]。同时,科技人员还需要信息机构和其他机构将信息资源和服务有机融入科研过程,提供嵌入式信息服务,并希望从多途径、多渠道获取信息,实现与网络资源的有效互动。

孙林山[4]总结了知识经济和网络环境下用户信息需求具有以下特点:信息需求模式社会化、信息需求内容综合性、信息需求形态多样性、信息需求范围广泛性、信息需求类型多样化、信息用户类型多元化、信息需求模式集成化、信息需求效率高效化、信息需求不平衡性等。

颜端武等[5]认为网络环境的发展与变化促使用户信息需求无论从内容形式上,还是在物理空间上,都遵循跨领域、跨时空、表现形式多元化的发展规律。而在科技用户与决策用户方面,随着科学技术的积分化与微分化趋势和用户结构的变化,用户信息需求呈现出综合化与专门化相互矛盾的规律[6]。

基于以上学者研究可以看到:现有研究较少从用户信息质量需求进行分析,如用户信息需求质量的特点、与信息需求之间的关联、质量层次性对需求层次的影响等。也缺少从用户信息需求、用户认知、用户行为等方面对信息质量评价进行系统、全面的研究,缺少在协调用户、信息本身、信息过程三者间关系(主观、目标与过程间关系)方面对信息质量评价进行深入研究。而且,网络信息需求有一个很大的不同是信息使用者对劣质信息的使用具有

---

[1] 刘冰. 网络环境中基于用户视角的信息质量评价研究 [M]. 北京:中国社会科学出版社,2015.
[2] 巢乃鹏. 网络受众心理行为研究:一种信息查寻的研究范式 [M]. 北京:新华出版社,2002.
[3] 陈成鑫. E - science 环境下用户信息需求与信息服务研究 [J]. 情报科学,2009,27(1):108 - 112.
[4] 孙林山. 我国信息用户需求和信息行为分析研究综述 [J]. 图书馆论坛,2006(10):41 - 44.
[5] 颜端武,王曰芬. 信息获取与用户服务 [M]. 北京:科学出版社,2010.
[6] 王志梅. 网络环境下用户信息需求研究 [J]. 图书情报工作,2004,48(7):90 - 113.

"递进性"特点,即当用户感觉获取的信息质量难以达到自己的需要时,可能会搜索更多相关的信息来辨认这一信息真伪,而产生对信息的更多需求,这一特点使得过去那种仅靠使用程度判断信息需求的方法变得不适用。

为了更好地了解公众对科技信息资源的信息需求,中国科学技术信息研究所(简称"中信所")于2013年开始围绕"中国科技资源共享网"的建设和服务水平组织问卷调研,涉及对科技信息资源的一般需求、习惯、共享网资源、服务、页面设计等方面。统计汇总显示:①公众对科技信息资源获取方式的使用频率由高到低依次是谷歌、百度等网站(占39.25%),科技报刊(占25.72%),各类科技信息资源网站(占16.19%),科技资源论坛(占11.86%),平台门户(占44.55%),其他;②公众最感兴趣的3类科技资源依次是科普知识(占22.55%)、科技成果信息(占22.14%)、科学仪器与设备(占21.64%),这3类资源共计66.33%,其后为科技文献(占15.33%)、科学数据(占9.12%)、自然科技资源(占7.11%)和其他类科技资源(占2.1%);③公众获取资源的目的主要是进行"企业技术创新""一般了解""撰写论文",所占比例分别是44.75%、23.39%和23.22%。说明企业技术创新、社会科普等已经成为科技资源最大的需求,并且占有绝对的优势比例。

从对调研对象建议的分类汇总了解到:在资源建设方面,主要包括3点(表2-9),即资源本身质量、网站建设质量和服务质量。在资源本身质量方面,调研对象希望网络平台增加的内容包括视频、科普知识、国防科技、国外前沿、实时性信息、论文资料、科技文献,以及不仅限于政府出资的科技信息等;在网站建设质量方面,调研对象普遍希望精简页面,提高网页的快捷程度和访问速度等;在服务质量方面,调研对象希望能够增加在线帮助、个性化推荐、按行业划分的服务及与网站的互动等。在网站宣传方面,调研对象并没有提出具体的措施,但是表达了对网站宣传的重视。

表2-9 用户对科技信息资源本身质量、网站建设质量和服务质量的要求

资源本身质量要求	网站建设质量要求	服务质量要求
摘录实用知识 信息要实用 增加视频丰富性,建立长期联系,共享最新发布 增加更多的科技信息,永久免费,如与百姓生命质量相关的科普知识、其他实用的科普知识 拓展知识面,增加儿童科普内容,信息及时更新 提供更多资源 希望有尖端的国防科技内容 有更加及时的信息反馈,不仅限于政府出资的科技信息,打破常规和限制,多渠道收集 科技文献共享,增加信息量,专题信息分类 增加通俗易懂的内容,原内容专业性太强 提供国际上的各种科技资源及前沿的科学技术 提供更多论文资料 多增加一些国外的科技成果 多些实时性信息,加快资源更新	方便查询,能定期查看更新的信息,随时能查阅数据 更新更快,图片需少,页面需简化 对网站内容进行整合,删繁就简,建议参考淘宝模式 人机界面合理化、快捷 提高界面友好度、速度 列举重大科技信息排行,以便快速查阅 增加强大的索引功能	在线帮助 个性化推荐 提供更多服务,按行业划分 希望能和工作人员保持长期联系 提供更快捷的咨询服务 宣传科普知识,开展科技创新引导,定期举办科普知识讲座

资料来源:中国科学技术信息研究所"中国科技资源共享网"调查报告等相关资料。

第2章 网络科技信息资源基本概念及特点

从以上用户的需求调查分析可以看出，用户对网络科技信息资源的需求具有多元化特点，具体包括信息需求主体多元化、信息需求内容多元化、信息需求方式多元化和信息需求结构多元化[①]。

信息需求的个性化、多样化及需求的多变、不稳定性特点，很难通过用户群体归类来掌握信息需求特点。在网络环境下，通过不同用户需求的文献归类分析，可以将网络科技信息资源用户需求特点分为以下几种情况[②]。

（1）对科研机构的科技人员来讲：①所需信息的学科范围较窄，内容专深又呈现高度综合化的趋势；②对信息的需求具有系统性与准确性；③对信息的需求具有明显的阶段性；④获取信息的方式具有多样性；⑤信息需求因科研活动及阶段的不确定性而难以预见，不易表达清楚。

（2）对高等院校师生来讲：①所需信息的范围较广泛；②所需信息的学科、主题比较明确和固定，在本专业学科领域内，教师的信息需求表现为一定的阶段性；③十分重视信息的可靠性与成熟性；④教师在科研工作中的信息需求与科研人员的信息需求基本相同；⑤具有集中性、阶段性、多样性、实用性的特点。

（3）对科技中介机构来讲：①对业务服务的专题、业务方面的信息需求量大；②对诸如有关新品种、新技术、新设备等应用方面的需求多一些；③对信息的可靠性、准确性、时效性和新颖性要求高一些。

（4）对决策者、领导者及管理人员来讲：①所需信息的范围广；②着重需要围绕决策工作且经专人筛选、评价、整理的信息；③所需要的信息是客观的、准确的和可靠的；④所需要的信息尽可能完整；⑤信息需求具有明显的针对性；⑥需要的是明白易懂、内容可靠的实用信息；⑦主要通过信息服务人员提供信息和从正式渠道获取信息。

（5）对公众来讲：他们需要的是一些有针对性、实用性、易操作性、科普性的科技信息，强调信息的权威性、可信度、真实性等。

因此，在进行科技信息资源质量评价时既要评估网络科技信息资源共性的质量特征，还要考虑用户个性化的信息质量需求，并在资源、网站页面、服务和宣传等方面根据用户个性化的需求进行质量改进。

2.8.2 网络环境下用户信息质量需求研究

2.8.2.1 信息质量需求概念认识

信息质量需求是指信息用户对信息的需求主要体现在质量上的满足。可以说，信息质量是网络科技信息资源发展的前提，信息质量越高，内容越丰富，利用程度就越高。高质量的信息将成为网络环境下有效开展科技信息传播和服务、提高信息效用价值的先决条件。

从长远看，质量管理首先关注的是用户的需求，始终是以用户为中心来开展各项质量管

---

① 邓云发. 基于用户需求的信息可信度研究［D］. 成都：西南交通大学，2006.
② 宋立荣. 农业科技信息共享中信息质量管理研究［M］. 北京：中国农业科学技术出版社，2009.

理活动。信息用户更关心的是信息的价值，而不仅仅是数据。网络科技信息的管理从无序发展到有序，是以用户需求驱动的管理方式，最终要向用户提供的不仅仅是基础数据，而是包括在"一次开发"基础上的"二次开发、三次开发"的信息，其中信息资源质量将是实现信息有效利用的关键环节。为避免"信息资源充沛，而利用资源不足"问题，必须了解用户的信息质量需求，要以用户信息质量要求作为网络建设和评价的标准。

从质量角度看，信息网络平台系统作为信息管理者，是连接信息用户和信息生产者的中间环节，更是维系上下游信息传递的关键，网络设施（平台或网站）及其管理者其实起到"质量代理人""质量把关人"作用，即对用户信息质量需求进行把握，对收集到系统中的科技信息资源进行筛选、加工，进而向科技信息资源提供者提出质量规范和约束规则，保证信息资源建立在用户驱动的质量控制标准基础上。

2.8.2.2 科技信息质量需求的特点

基于以上认识，对网络科技信息资源质量的把握除了要了解用户信息需求的基本特点外，还需对用户信息质量需求的特点做进一步分析。

（1）信息质量需求的地域性特点。毕强等[①]认为信息质量需求的地域差异性体现在不同的地域环境所决定的不同地域的社会经济、政治、科学文化发展的不平衡现象和因此而形成的各地域社会对信息需求在质量水平上的不平衡、多层次性现象。这是由科技信息资源本身特点决定的，不同地域环境对科技信息具有不同的需求，一般倾向于适合本地区的科技信息资源。

（2）信息质量需求的专业性特点。网络科技信息是科研人员主要的科研参考信息来源，由于职业与研究专业、领域不同，以及使用目的不同，人们对科技信息资源需求表现出强烈的专业性特征。不同专业的质量需求也不同，如对科普、科研的专业性需求差别很大。同样，不同行业的生产部门、不同学科的科研部门及管理部门的信息质量需求各有其专业特点，这与其业务、服务对象等有着密切的联系。

（3）信息质量需求的阶段性特点。一方面，与用户认知过程有关，当用户具有大量的专业知识积累后信息需求日渐明确，对信息质量的要求也在不断提高；另一方面，与用户科研活动过程阶段有关。例如，在课题立项阶段，信息质量需求主要集中在科研项目的可行性和新颖性等方面；在研究开展阶段，信息质量需求则集中在信息的准确性、相关性和完整性等方面；在评审鉴定阶段，信息质量需求的重点是科技成果信息的有用性、新颖程度和有效性等方面。针对项目研究的不同步骤和阶段，应按照各个步骤和阶段基本信息质量需求的特点，系统地搜集、筛选信息，及时提供信息，保证研究工作的顺利开展。

（4）信息质量需求的多层次性特点。初期掌握科技信息量较少时，质量需求是可获得性等，而到掌握科技信息量较多时，则对信息质量提出更高的要求，如准确性、有用性等。用户的信息需求往往要经历由数量需求不断向质量需求发展的过程，并表现出一种由低质量

---

① 毕强，杨文样. 网络信息资源开发与利用［M］. 北京：科学出版社，2002.

需求向高质量需求上升的趋势[①]。

（5）信息质量需求的递进性特点。当用户感觉获取的信息质量难以达到自己的要求时，可能会搜索更多相关信息来辨认这一信息的真伪，而产生对信息的更多需求。这一特点使得过去那种仅靠使用程度判断信息需求的方法变得不适用。

（6）信息质量需求的社会性特点。用户的信息质量需求是与用户的社会需求、社会行为密切相关的。用户对与自己密切相关信息的质量需求要高于对其他信息的质量需求。用户通常在需求的强度、质量维度等方面提出具有明显方向性、导向性的质量要求。例如，用户对与自己所患疾病相关的科技信息的质量需求要比对其他健康信息的质量需求高很多，对与自己密切相关信息的准确性、时效性、有效性等的需求明显高于对日常其他信息的质量要求。再如，用户对一些社会重大事件、公共安全事件等信息的质量需求有明显的时效性、典型性、集中呈现等特点。

（7）信息质量需求的聚集特点。具有相似信息需求的用户群在信息质量需求上的整体表现具有趋同性。例如，在信息质量需求方面，科研人员较关注信息的准确性、及时性，技术推广人员强调信息的可靠性、准确性与新颖性，公众则强调信息的有用性、有效性。

2.8.3 网络环境下用户信息质量需求分析模型

不同的人群对于同一条信息表现出不同维度的质量需求，如有的人关注完整性，有的人关注时效性，还有的人关注科学性等。因此，在网络环境下仍采用过去统一的"符合性"质量检验标准则不是很贴切了。

在对信息需求的层次性进行分析时发现，不同层次的信息需求不同，质量要求层次也不一样，对质量维度的要求也明显不同。这反映出不同需求所体现出来的信息资源质量的多维性，说明信息资源质量具有相对性，除了一部分属于"硬缺陷"（完全不符合形式和内容要求）信息外，很大一部分信息资源质量的优劣和使用的用户相关。

因此，仅仅从用户分类来分析其信息质量需求还不能准确反映出网络环境下用户信息质量需求的变化。为了更好地揭示和反映用户信息质量需求的特点，本项目从用户在网络环境下获取信息资源的过程角度进一步抽取共性的特征进行分析。

从用户使用网络科技信息资源的行为过程来看，用户首先根据需求通过互联网浏览、查询等方式发现、打开相关网站（平台），然后通过检索界面查询相关元数据信息，之后通过许可权限获取全文，满足用户的需求。用户使用信息资源的流程如图 2-5 所示。这个过程反映了用户对信息资源质量需求由低到高的不同层次。

根据这个过程，可将其分为 3 个层次，即"可见""可得""可用"，三者构成用户信息质量需求分析基本模型，如图 2-6 所示。

在网络环境下，"可见性（Visibility）"—"可得性（Availability）"—"可用性（Usability）"模型（简称"VAU 模型"）具有普遍的指导意义，体现用户获取科技信息资源基本

---

① 周毅. 用户信息需要与信息质量控制 [J]. 情报理论与实践，1999，22（4）：238-242.

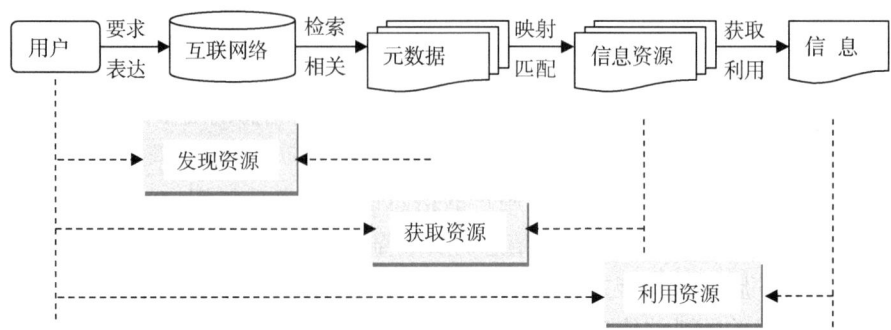

图 2-5 用户使用信息资源的流程

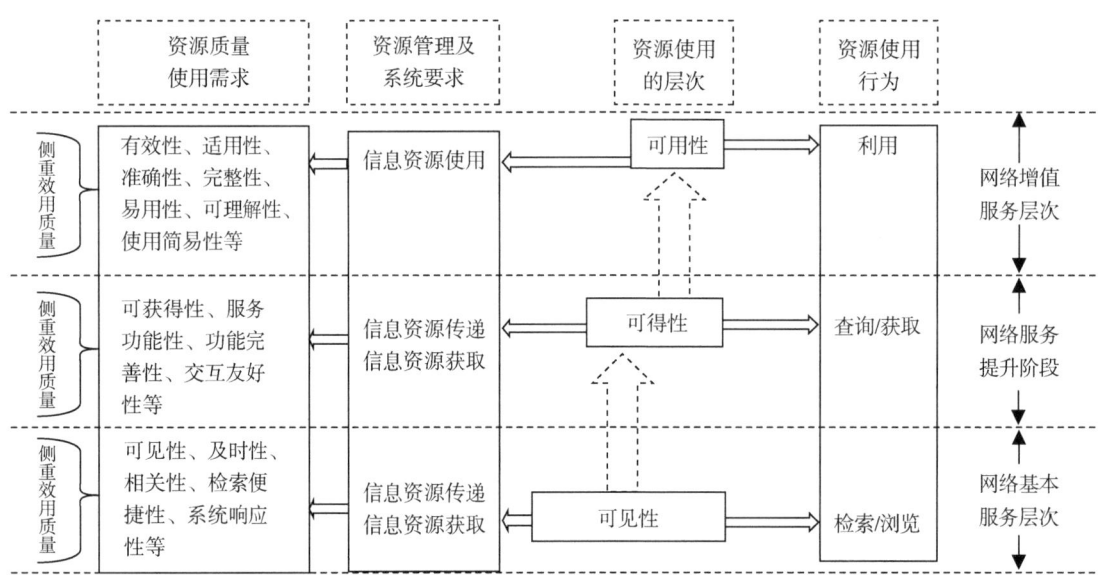

图 2-6 网络环境下用户使用信息资源的相关环节与信息质量需求的映射关系

行为过程和质量需求的层次性,也与科技信息资源组织建设的环节形成良好的映射对应关系。其中,用户对资源的可见性直接反映了资源建设和揭示情况,这是科技信息资源质量的基本需求;用户对资源的可得性反映了相关信息的传递和获取情况,反映了对资源可获得性方面的需求;资源是否具有可用性反映了用户对资源质量价值性的需求,能否被利用从而发挥科技信息资源的价值直接影响到资源内容的利用效率和效果。可以说,上述可见性、可得性和可用性信息正是科技信息资源拥有者和管理者所关注的,可以根据用户需求的层次性逐步实现对资源全方位的管理和约束,并有助于对其管理绩效进行有效反馈。

以下对这 3 个层次的含义分别进行阐述。

(1) 第一层次为可见性,对于互联网环境下的网络信息资源而言,其可见性指的是网络信息资源的属性信息及状态信息能够通过网络平台被用户方便地观察或发现,以此了解和掌握该信息资源的基本情况。这是网络信息共享公开层面，侧重于科技信息资源的形式质量需求。

这里的可见性强调的是纯粹的内容可见性和网站外的可见性，而将网站内搜索可见性和栏目与路径可见性等作为可得性的部分内容，认为这两项指标是促进信息资源可得的重要方面。可以说，当可见性高时，用户的感性认识会在很大程度上影响他们对科技资源网络服务的满意度；当可见性低时，科技资源信息的收集、加工、组织及利用就会存在困难。

考虑到实际评价中各项指标的可操作性，可从可见范围、可见程度和站外可见等方面对可见性进行判断评价。

①可见范围：考察网络信息资源应该公开共享的信息是否被完全公开（而不是部分公开），涉及信息资源的题名、关键词、类型、格式、使用情况，以及一些必要的背景信息等。

②可见程度：标明该信息的一些元数据对外公开的程度，主要涉及信息资源本身描述方面、信息实体的元数据项内容、资源情况（类型、资源量及覆盖范围）、使用权限范围说明等。

③站外可见：主要通过"网站访问量""外链"指标来间接反映评价对象是否被用户浏览及浏览的程度。

（2）第二层次为可得性，指的是获取或使用网络科技信息资源的容易程度，反映科技信息资源（服务）的可获得程度，即网络科技信息资源能够有效地被得到、被使用程度。通过网络的一些软件技术及功能设计可以加强资源需求用户的信息可获得程度，促进科技信息资源服务的提升。它属于科技信息资源公开共享促进层面，使用户能够"看得到""用得了"科技信息资源，侧重于科技信息资源的功能质量方面。

网络环境下科技信息资源的可得性可以从内容可得和功能可得两方面进行评估。

①内容可得：通过分析描述的信息质量（包括准确率、空缺率、可理解性等）来考察信息资源及其相关背景信息的内容是否被获得。

②功能可得：通过一些技术功能的可使用性反映网站信息构建、资源获取和技术性能等的优劣程度，是信息资源服务功能的具体体现，如资源组织（包括是否排版整洁、布局合理等）、资源导航（包括是否结合用户需求提供相关的指南、表格、咨询、申报、查询等服务）、资源获取（包括获取渠道、获取方式、获取费用等）、网站技术性能（包括首屏时间、DNS解析时间、检索速度、下载时间等），从网站功能上反映了用户通过平台对资源获取的便捷程度。

（3）第三层次为可用性，指的是网络科技信息资源是否最终被用户所利用，资源利用及服务是否满足用户需求等。它是网络科技信息资源价值链的最后环节，科技信息资源只有被用户真正充分使用才能实现网络信息公开共享的最终目的。从用户对资源使用的过程环节来看，首先用户能够使用资源，在此前提下进一步尽可能地提高用户对资源的利用程度，实现资源对用户的适用性，因此它侧重于对信息资源效用质量的需求。可用性可从以下两个维度进行考虑，即有用性和适用性。

①有用性：解决信息资源是否"用得了"的问题，主要从资源内容质量和服务功能两个方面进行考察。其中，前者侧重于科技信息资源本身是否完整、正确等方面，后者侧重于评价网站的服务保障（网站的可靠性和稳定性）及服务的互动效果情况，此外，还包括一些个性化信息服务功能。

②适用性：解决科技信息资源是否"用得好"的问题，主要体现在内容的适用性和数量的适用性两个方面。这主要借助于用户使用资源的效果评论、满意度（包括线上调查和线下调查）等替代指标展开间接评判，通过获取用户对资源适用结果的满意程度间接反映资源是否真正"用得好"。

以上仅仅从用户使用网络科技信息资源的过程抽取出共性的问题进行分析。在实际评价工作中，由于科技信息资源类型繁杂，不同类型的科技信息资源拥有不同的形态和用途，在不同的活动中表现出不同的属性，而且一些科技实物资源（如科学仪器资源信息、人类遗传资源样本信息等）往往会受到一定的地理空间和使用操作上的限制，而科技信息资源具有传播速度快、易复制等特征，因此，在网络环境下各类科技信息资源质量评价需要针对不同类型资源的特征和属性，分别构建差异性的评价指标体系，使评价更有针对性和有效性。

2.8.4 用户信息质量需求的管理

（1）信息质量需求的收集、文档化处理：将不同信息质量需求进行归类，提炼有针对性的信息质量需求，并进行文档化处理，以此调整网络科技信息资源建设的内容，以适应已文档化的用户需求。

（2）信息质量需求的变更管理：在网络环境下，当用户信息拥有量和信息储备严重不足时，用户的信息质量意识较为薄弱，其信息需求往往表现为数量需求。当用户自身有了一定的信息积累，信息质量意识得到提高时，用户的信息需求则更多地表现为对信息质量的需求。动态地看，其体现为由数量需求转向质量需求，由低质量需求转向高质量需求①。为此，要根据用户使用过程及信息质量需求的变化，加强对信息质量需求的变更管理。

（3）信息质量需求的反馈：要在网络信息资源建设过程中收集各项目成员、科研用户及有关专家对信息资源质量的意见反馈，及时进行改进，提高对用户信息质量需求的应变能力。

---

① 周毅. 用户信息需要与信息质量控制 [J]. 情报理论与实践, 1999, 22 (4): 238-242.

2.9 网络科技信息资源质量评价综述

2.9.1 网络科技信息资源质量评价研究概述

2.9.1.1 网络科技信息资源质量的评价

在国外,相关领域的信息资源质量评价研究主要体现在以下几个方面。

(1) 国家政府层面对信息资源质量较重视,从法规建设、制度完善、标准制定等方面制定约束规则。例如,美国联邦政府在其政府信息资源管理"信息质量法"(OMB 公法 106-554 第 515 部分,2001 年)中明确规定了信息资源质量的要素指标主要集中在客观性(关注内容方面)、实用性(关注效用方面)、完整性(关注集合方面)3 个方面,而不是要求信息质量特征面面俱到。其中,客观性侧重于被传播的信息是否以准确、清楚、完整及无偏见态度的方式表达,客观性涉及表达形式和实质内容两个方面;实用性指的是信息对有目的的用户是有用处的;完整性是指信息的安全性,主要指信息未经授权不能修改,以保护信息,保证信息没有被修改或弄虚作假而遭到损害[①]。

(2) 一些科研机构、协会组织或企业多从技术角度进行研究,涉及信息质量监测、质量控制、质量评估、质量改进及过程质量管理等方面,提出了一些信息资源管理方法。例如,国际货币基金组织(IMF)的数据质量评估框架中将质量特征确定为相关性、专业性、准确性、可靠性、适用性及数据的可获取性等方面。

(3) 从信息资源本身进行质量评价研究工作,针对某一领域(如健康信息、地理信息等)信息资源的属性特征展开质量评价。

在国内,在科技信息资源质量评价方面,对于实践中出现的科技信息资源质量问题仍是进行对策性分析或探索一套合理的评价方法,却很少系统全面地进行分析。在这方面,中国科学院相关研究较为深入、系统,先后发布了《化学数据库质量控制实例》《国际海洋数据质量研究》《栅格格网数据质量评价实例》《生物领域科学数据质量研究报告》等标准规范。在"数据质量评价过程""数据质量控制和评价框架体系""数据质量研究报告"中提出数据质量控制、数据质量评价框架及测试方法,这是科学数据资源方面综合、完整的研究成果,对我国科技信息资源共享建设中数据质量管理起到重要的参考作用。中国科学院计算机网络信息中心在 2010 年也提出了一套科技资源质量评价框架(图 2-7)。从图 2-7 可以看到,其主要关注科技资源形式质量方面的评价内容。

在综合性的科技信息资源网站资源质量评价制度建设方面,个别机构尽管有了一些资源质量评价规定,但大多都分散在各项信息共享管理的政策法规和行业管理规范中,或者简单采用传统质量评价方法、基于网站的评价方法、项目验收打分法及简单数据资源抽样检测评

---

① 美国白宫政府网站. 信息质量指南 [EB/OL]. [2013-11-04]. http://www.whitehouse.gov/omb/inforeg/agency_info_quality_links.html.

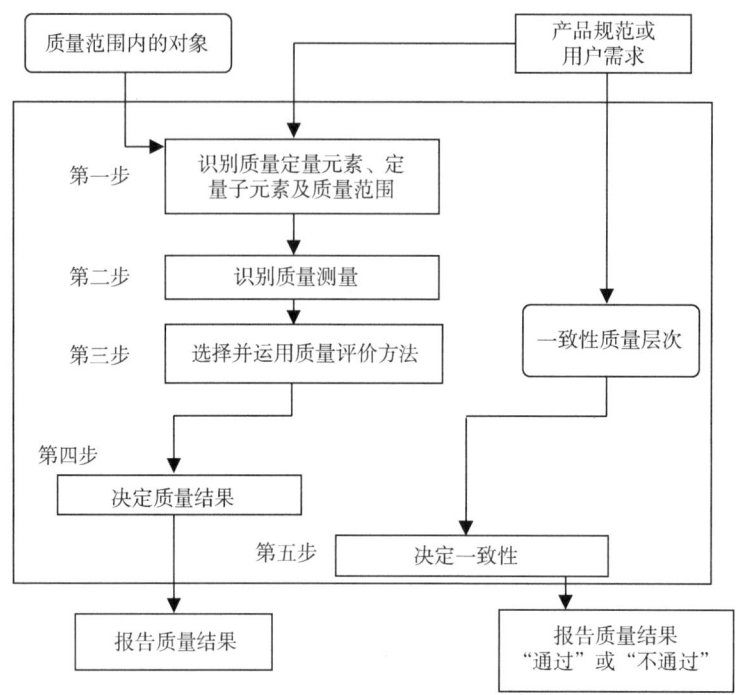

图 2-7 中国科学院计算机网络信息中心数据质量评价示意
(资料来源：中国科学院计算机网络信息中心《数据质量管理规范（TR－REC－063）》)

价方法，对资源质量的评价要求只是较简单的定性描述，存在评价体系不规范、方法单一、适用范围小等问题。这也使得很多进入互联网的科技信息资源、数据库等仍存在不少质量问题。尤其是，针对信息质量参差不齐的情况还缺乏对质量水平进行必要的分级及标识并加以区别、辨识，使用户检索到大量信息时因不能对其质量状况有所了解而对网络信息的利用率大打折扣。针对科技信息资源体系的质量评价，多是采取一些对策性分析方法，如检查、验收、缺陷判断、误差分析及改善等。

CALIS 曾就其网络资源导航质量提出了一个质量评价标准，即 CALIS 重点学科网络资源导航库（简称"CALIS 导航库"）的资源选择与评估标准。CALIS 导航库旨在向专业人员、学生和其他用户提供快速获取可访问的、有学术价值的网络科技信息资源的通道。根据 CA-LIS 导航库建设的具体要求，其将成为覆盖几乎所有教育部规定的重点一级学科的网络资源门户网站及其资源（网站、网页、文件等），项目基本完成后应对 CALIS 导航库从数据质量和软件系统两方面进行科学的水平评估。对数据质量的评估是对每一个一级学科的网络资源导航质量进行评估，内容涉及资源质量、资源数量、著录质量、分类合理性、用户对资源内容的满意度。对软件系统的评估则是从用户界面和系统平台的性能（包括使用方便性、系统功能完善性、系统能否提供稳定的服务等）两方面进行。

为此，确定采用定性与定量相结合的方法，为 CALIS 导航库制定以信息质量为导向的选择与评估标准体系。在对一级学科的网络资源导航质量进行评估时，应对其下属的二级学科的不同资源类型分别进行考察，综合各类型资源的考察结果，得出对二级学科的评估结果。对一级学科的评估结果由其下属的二级学科评估结果综合得出。在对 CALIS 导航库中的独立资源进行评估时，根据资源的内容、形式、时效和著录质量对 CALIS 导航库数据质量的影响程度不同为不同的考察方面赋予不同的权值。CALIS 导航库资源选择与评估标准如表2-10所示。

表2-10 CALIS 导航库资源选择与评估标准

资源内容			资源形式			资源时效			著录质量			综合得分
对象	分值范围	得分	对象	分值范围	得分	对象	分值范围	得分	对象	分值范围	得分	分值范围 0~180
适用性	0~10		内容形式	0~5					准确性	0~25		
权威性	0~10		使用便利性	0~5		时效性	0~20					
实用性	0~10		规范性	0~5					客观性	0~20		
准确性	0~10		美观性	0~5								
全面性	0~10		稳定性	0~5					完整性	0~15		
独特性	0~10		影响力	0~5								
客观性	0~10											
总计	0~70		总计	0~30		总计	0~20		总计	0~60		

资料来源：CALIS 重点学科网络资源导航门户，http://202.117.24.168/cm/。

从总体来看，在实践方面，目前国内对网络科技信息资源质量评价有很多机构在积极探索，但尚缺乏系统、全面的理论支撑，所提出的质量评价框架体系有待进一步提炼和完善，以适用于其他的应用领域。

2.9.1.2 网络科技信息资源质量评价存在的问题

网络科技信息资源发展非常快，尤其网络技术的快速发展使得各种类型的信息资源借助网络渠道向用户提供服务，这也使得无论是资源评价还是资源质量评价都面临严峻的挑战，主要表现在以下几个方面。

（1）评价目标不一致。目前我国在科技信息资源网络传播管理方面还没有明确的质量导向，都是各机构出于各自建设目的进行评价，尚缺乏国家层面的总体质量要求，正如美国"信息质量法"规定其联邦政府范围内信息资源质量遵守客观性、实用性、完整性质量要求，而不是要求信息质量特征面面俱到。目前我国政府在信息公开制度中尚没有制定严格的评价目标。虽然科技部等管理部门近年来也在积极研究探索开展国家层面科技资源共享利用与评价工作，并且颁布了关于开展科技资源共享服务活动的相关规定，但目前在国家层面主要是以项目财务审计和项目验收的形式开展评估，评价指标还不够系统、全面，网络科技信息资源质量宏观调控管理机制较为薄弱。从信息发布的各个机构层面来看，所开展的资源质量评估无论从理论上还是从实践操作上都还没有形成完整的体系。各个机构对资源本身的质量评价目标不一致,很多都是机构自己的内部评价,其目的是满足机构内部自我发展的绩效评估需要。

(2) 缺乏国家对互联网科技信息资源质量的统一规划和有效执行。由于缺乏"顶层设计"和"统一规划",缺乏全过程质量管理观念,执行中和完成后缺乏宏观管理角度的规范评价和监督,因此质量管理运行的有效性和效率还有待提高。

(3) 评价的信息基础较为薄弱,公开透明性不够,用户了解和参与监督程度较低,主要表现在信息质量不高(如信息内容少且零散、信息不规范等),网络科技信息质量管理评价多是信息主体实施而很少从用户角度考虑,信息利用不充分、用户评价和使用感受差,运行管理信息与评价缺少有机结合和联系。

(4) 评估机构的发展尚不完善。忽视了用户的使用体验,忽视了对第三方评估机构的引入和对科技中介机构发展环境的培育。

(5) 评估指标设置不合理。现行的资源质量评估方法,使评估结果与部门利益、绩效考核发生了直接联系,并未与后期质量改进建立关联,仍然存在质量问题。

2.9.2 网络信息资源质量评价理论研究综述

网络信息资源的特殊性带来分析的复杂性,信息技术飞速发展不断地拓宽了质量管理的涉及范围。到目前为止,尽管有许多学者从不同角度提出各种理论和方法,但普遍缺乏通用性,缺乏理论研究的系统性。目前,相关的研究文献主要集中在针对网络信息资源质量的综合性评价方面,涉及评价主体、评价指标、评价方法,以及一些专门领域信息资源质量建设的绩效评价等方面。涉及质量方面的评价是其中比较重要的评级指标内容,但是其"质量"的概念相对宽泛,不仅仅限于信息资源本身的质量评价方面,也包括网络硬件设施建设、网站(平台)功能、服务质量等多方面指标。尽管如此,国内外学者关于网络信息资源质量评价的研究也已取得了一定的成果,提出了许多关于网络信息资源的评价准则,对网络信息资源质量进行评价,实现了对网络信息资源的质量管理。相关的研究主要包括网络信息资源评价主客体、评价指标及其框架体系、评价方法及其评价软件工具等。

2.9.2.1 网络信息资源评价主客体的选择

(1) 网络信息资源评价的主体。网络信息资源评价主体,主要是指能够对评价对象的质量做出判定的评价者,即可以对网络信息资源进行评价的机构、组织、个人的总称[1],既包括正式评价主体,也包括大量非正式的评价主体(如个人、团队、兴趣小组等)。

梁平等[1]认为一个正式的网络信息资源评价主体应是经过政府有关主管部门审批的、专业性的评价机构、组织和个人,或者是被公认的、权威的专业评价机构、组织和个人,或者是权威部门指定的专门从事评价工作的机构、组织和个人,而且具备丰富的信息专业服务能力等。只有具备了上述条件的评价主体,才有可能正确地了解和掌握互联网上的信息资源与各学科、专业、主题领域内的信息资源的分布情况及质量水平,确保所选信息资源具有较高

---

[1] 梁平,陈红勤.网络信息资源理论与实践研究[M].北京:中国书籍出版社,2013.

的权威性、价值性和可靠性，为有关信息的取舍提供判断依据，帮助用户在最短的时间内和以最快的速度选择或直接为其提供具有针对性和有价值的信息。

目前，国内已有一批优秀的发展成熟的综合性网站、学科专业门户网站及大学图书情报部门等评价主体，其对网络信息资源的评价和选择的结果已得到用户的认可。同时，一些专门的商业机构、非营利组织和个人等评价主体也纷纷涌现出来，原来的一些媒体也加入了网络媒体的评价行列，这些评价主体以各种方式与方法开展了网络信息资源评价的研究和实践工作。

（2）网络信息资源评价的客体。针对网络信息资源整体进行评价的文献不多，较多的文献都是针对某一类信息资源或某一领域信息资源展开具体的评价分析，常见的主要是针对科技学术网站的综合评价，或者是网页信息评价、数据平台（数据库）资源评价，或者是针对网络学术载体资源的评价，而不仅仅限于质量评价。

一是在科技学术网站的综合评价方面。学术网站主要发布某一领域的机构或专家发表的一些专业性的科技信息，包括学科进展、会议信息、学术观点，以及互动讨论内容等，是一个科研用户学习、交流的网络平台。国外对于学术网站信息资源的评价主要在于内容的权威性、准确性等方面。例如，美国科学信息研究所（Institute for Scientific Information，ISI）创办的 Current Web Contents 网站提出其网站信息资源评价标准是权威性、准确性、通用性、导航设计、适用性和内容、范围、用户层次、写作质量、评论等[1]。国内学者从不同的侧重方面构建了各种学术网站评价指标体系。例如，陈斌等[2]从信息内容（置信度、准确性、涵盖面、客观性、时效性、精练性、独特性）、信息易用性（传输速率、稳定性、检索功能、网站可持续性、网站可链接性）、编排设计（导航系统、互动性、美感度）、信息安全与道德、费用成本等5个方面考虑，对学术网站进行评价；阮建海[3]从质量控制的角度认为纯网络杂志的评价标准应包括版式设计、内容结构安排、编辑标准、内容质量评价标准及传播质量等；秦金聚[4]提出的纯网络电子期刊的质量评价指标体系包括基本质量评价（包括稳定性、规范性、编校性等）、内容质量评价（包括权威性、连续性、适用性、参考性、时效性等）、传播质量评价（包括访问量、易用性、检索性、订阅发行、使用许可等）3个一级指标。

二是在科技信息共享平台（数据库）资源评价方面。目前对网络数据库的评价多是从数据库内容、系统性能、操作流程、界面设计、服务项目等方面进行，也涉及使用效果、质量控制、经济效益等方面内容。但网络数据库种类繁多，系统差别很大，服务对象和存储资源各有不同，这些都使得对网络数据库资源评价指标的选取不同且评价侧重点也不一样[5]。

---

[1] 魏琼. 安徽省属高校网站评价研究 [D]. 合肥：安徽大学，2009.
[2] 陈斌. 网站学术资源的评价方法研究 [J]. 情报探索，2004（3）：34－36.
[3] 阮建海. 纯网络杂志质量控制探讨 [J]. 图书情报知识，2004（1）：2－6.
[4] 秦金聚. 纯网络电子期刊质量评价研究 [J]. 情报探索，2007（8）：13－16.
[5] 李诗苗. 我国数据库评价研究现状与发展趋势 [J]. 图书馆学研究，2013（16）：2－9.

例如,范佳佳[1]对科技网站信息质量提出形式评价作为内容与效用评价的补充,可以将内容评价指标作为形式评价标准,将主题特征度、权威度、新颖度、准确度、热度等单一指标作为形式评价指标,以简化指标体系、优化评价模型;杨立新[2]以科技信息资源共享平台门户网站建设为例,从信息内容与表现方式两个途径着手,引用信息质量认知方法,通过定性和定量两个方面构建科技信息资源共享平台门户网站质量的评价指标体系,提出评价的标准及等级。定性评价(有17个指标)包括信息内容与信息表现方式两个方面,定量评价(有7个指标)包括成本、引用次数、链接情况、访问次数与评价次数等方面。

三是在网络学术载体资源本身评价方面。从各种文献资料中可以看到,网络学术信息资源的评价标准及指标选择上有一定的共性和个性指标。共性指标包括内容质量、学术质量、使用质量等方面,而且以不同资源、不同评价视角所搭建的评价指标权重、内容明显不同。例如,邱进友[3]通过Delphi专家咨询法对网络信息资源质量评价指标(初稿)进行了两轮调查,获得了包括内容指标、形式指标、学术影响力指标和网络计量学指标在内的4个一级指标、28个二级指标的网络信息资源质量评价指标体系;蒋颖[4]从高效利用学术资源的角度探讨了网络学术资源评价的标准和方法,提出网络信息资源评价标准包括信息质量(学术水平、可信度、时效性、内容的连续性)、范围(信息的广度和深度)、易用性(链接速度快、无空链、无死链)和稳定性等;许芳[5]提出网络学术信息资源评价指标包括信息内容(准确性、权威性、广度和深度、目的性、客观性、原创性、时效性)、编排设计(媒体效果、兼容性、互动性、助记性)、易用程度(导航设计、传输速度和质量、可检索性、稳定性、可浏览性、成本、计算机硬件要求)、其他指标(被引用次数、链接情况、访问情况)等;李洋[6]提出网络学术信息质量评价指标主要由学术新颖性、信息客观性、信息完整性、信息受关注度和学科覆盖度等方面构成。因此,在评价时应针对资源的评价领域、目的建立合适的、可行的评价方案。

四是在特色专业领域网络信息资源评价方面。互联网的快速发展,为诸如网络健康信息、农业科技信息等专业领域科技信息资源的传播提供有效的途径,但其质量参差不齐。为此,很多学者对此展开质量评价研究,对网络科技信息质量进行评价。一方面,为用户辨别信息真伪、选择有用的科技信息做参考;另一方面,提高科技信息质量,增强信息的高效利用率。例如,邓胜利等[7]对目前国外网络健康信息质量评价进行综合分析,认为网站的评价指标分为基于网站内容和基于网站设计两大类,其中,内容质量大多用相关性、及时性、可信度和易读性4个一级指标进行评价,而网站的设计质量用易用性、可访问性、美观性、导

---

[1] 范佳佳. 科技网站信息质量形式评价理论模型研究[J]. 图书馆论坛,2016,36(10):41-48.
[2] 杨立新. 科技信息资源共享平台网站质量评价研究[J]. 中国科技资源导刊,2010,42(1):11-16.
[3] 邱进友. 基于Delphi法的网络信息资源质量评价指标筛选[J]. 河南图书馆学刊,2015(2):86-88.
[4] 蒋颖. 因特网学术资源评价:标准和方法[J]. 图书情报工作,1998(11):27-31.
[5] 许芳. 网络学术信息资源评价的理论与方法研究[D]. 上海:华中师范大学,2003.
[6] 李洋. 网上学术信息质量评价研究[D]. 长春:吉林大学,2010.
[7] 邓胜利,赵海平. 国外网络健康信息质量评价:指标、工具及结果研究综述[J]. 情报资料工作,2017(1):67-74.

航性、交互性和隐私保护6个一级指标进行评价，且认为目前网络健康信息质量有待规范和提高，不同医学领域和网站之间质量差别悬殊，总体健康信息质量有待提高，而搜索引擎提供的搜索结果中夹杂大量无用信息，严重影响了用户获取准确、有用的健康信息；郝丽芸等[1]综合分析了几个网上医学信息网站评价，认为多数评价指标集中在网站可信度的判断标准、内容准确性及时效性，以及网站结构、功能、影响等方面，并认为应制定长期有效的、普遍认可的"黄金标准"全面评价网上医学信息质量；刘艳丽[2]提出了网络用户健康信息质量评价模型，分为结构评价（包括方法解释、方法有效性、信息时效性）和绩效评价（包括内容全面性、内容准确性和用户满意度）两部分，其中前者有9个指标，后者有6个指标；张会会等[3]对网络健康信息质量评估研究进行综合分析，认为质量评价具有一定的内在主观性，加上网络信息动态性特点，使得网络健康信息质量评价并不存在"黄金标准"，需要结合实际情况进行调整。

2.9.2.2 网络信息资源质量评价框架体系的研究

信息资源质量评价框架是组织内用来评价质量的工具，不仅仅是评价，还要提供一个分析、解决质量问题的方案。评价框架反映了在某一领域、某一专业中较成熟、普遍被引用（应用）的评价体系。在实践中也有很多是借用传统质量评价方法进行部分调整和改进，套用在网络科技信息资源中。这些评价框架往往脱离具体实际背景情况，缺乏可操作性，而且往往是脱离用户需求标准进行的基于规定标准的技术评价。M. J. Eppler[4]总结了约20种较有影响的质量评价框架体系，发现现有的数据质量框架都是针对某一个特定的领域，或者只是强调了主观测量和客观测量中的其中一种，还没有一个框架是两者同时强调的。总体来看，目前还没有一个取得普遍认可的信息资源质量评价框架体系。

由于信息的特殊性，对于不同的行业和应用领域，信息资源质量评价框架体系是不同的。从国际信息质量研究方向来看，已从单纯要求准确性转为从生产者、提供者和用户多个角度来衡量了。因此，要把满足用户需求程度作为评价信息资源质量的重要标准之一。

2.9.2.3 网络信息资源质量评价指标的研究

网络信息资源质量评价指标包括网络信息资源综合评价指标及网络信息资源质量评价指标两部分。

（1）网络信息资源综合评价指标综述。本项目对众多文献进行梳理，注意到相关研究多是围绕网络信息资源的内容、版面设计、标准使用、范围及使用者、指标等展开评价研究的，有的还补充扩展了个性化指标，如表2-11所示。但每一个指标下包括的二级、三级指标的归类并不相同，有交叉，有合并、融合。

---

[1] 郝丽芸，王连纪，赵建平，等. 因特网上医学信息质量评价和控制的初步探讨[J]. 医学情报工作，2002（4）：216-217，223.

[2] 刘艳丽. 网络用户健康信息质量评价模型研究[D]. 长沙：中南大学，2008.

[3] 张会会，马敬东，邱金平. 网络健康信息质量评估研究综述[J]. 医学信息学杂志，2014，35（3）：1-5.

[4] EPPLER M J. Management information quality：increasing the valve of information in knowledge - intensive products and processes[M]. New York：Springer，2006.

表 2-11 网络信息资源综合评价指标汇总

序号	作者,时间	评价指标
1	Betsy Richmond,1991	内容、可信度、批判性思考、版权、引文、连贯性、审查制度、可连续性、可比性和范围
2	General Wilkinson	11 个类别,共 125 个评价指标,包括可检索性和可用性、信息资源的识别和验证、作者身份的鉴别、作者的权威性、信息结构与设计、信息内容相关性和范围、内容的正确性、内容的准确性与公正性、导航系统、链接质量和美观与效果
3	D. Stoker 等①,2005	权威性、信息来源、范围及论述（目的、学科范围、读者对象、修订方法、时效性及准确性等）、文本格式、信息组织方式、技术因素、价格和可获取性、用户支持系统
4	R. Harris②,2005	8 个指标:有无质量控制的措施,读者对象和目的,时间性,合理性,有无诸如不实之词、观点矛盾等,客观性（作者的观点是受到控制还是能够自由表达）,世界观,引证或书目
5	J. Kapoun③,1998	准确性、权威性、客观性、时效性、全面性
6	A. G. Smith④,1998	信息的覆盖范围（深度、广度、时间、格式等）、信息内容（准确性、权威性、通用性、独特性、链接情况及文本质量）、图形和多媒体设计、目的与用户对象、相关评论、便利性、成本费用等
7	左艺等⑤,1999	范围（广度、深度、时效及格式）、内容（准确性、权威性、时效性、独特性、精炼性）、可使用性（用户友好性、可检索性、可浏览性、组织方式及链接稳定性）、图形和多媒体设计、目的及对象、评论
8	董晓英⑥,2000	准确性、发布者的权威性、信息的广度和深度、主页中的链接是否可靠和有效、版面设计质量、时效性、读者对象、独特性、主页的可操作性
9	黄奇等⑦,2000	内容（正确性、权威性、独特性、内容更新速度、目的及目标用户、文字表达）、设计（结构、版面编排、使用界面、交互性、视觉设计）、可用性和可获得性（链接、硬件环境需要、传输速度、检索功能）、安全、其他评价

---

① STOKER D, COOKE A. Evaluation of networked information sources [EB/OL]. (2015-07-09) [2016-12-13]. http://biome.ac.uk/sage/essen.htmI.

② HARRIS R. Evaluating research sources [EB/OL]. (2015-12-13) [2016-12-13]. http://www.sccu.edu/faculty/R-Harris/evalu8it.htm23/8/ 1997.

③ KAPOUN J. Teaching undergrads web evaluation: a guide for library instruction [EB/OL]. (2015-08-23) [2016-12-13]. http://www.ala.org/acrl/undwebev.html.

④ SMITH A G. Testing the surf: criteria for evaluation information resources [EB/OL]. (2015-11-13) [2016-12-13]. http://info.lib.uh.edu/pr/v8/n3/smit8n3.html.

⑤ 左艺,魏良,赵玉虹.国际互联网上信息资源优选与评价研究方法初探 [J].情报学报,1999,18 (4): 340-343.

⑥ 董晓英.网络环境下信息资源的管理与信息服务 [M].北京: 中国对外翻译出版公司,2000.

⑦ 黄奇,郭晓苗. Internet 网站资源的评价 [J].情报科学,2000 (4): 350-352, 354.

续表

序号	作者,时间	评价指标
10	罗春荣等[1],2001	内容(实用性、全面性、准确性、权威性、新颖性、独特性、稳定性)、操作使用(导航设计、信息资源组织、用户界面、检索功能、连通性)、成本(技术支持、连通成本)
11	粟慧[2],2001	内容(准确性、权威性、客观性、可靠性、独特性、新颖性、针对性、范围方面和写作水平等)、设计(界面友好性、浏览和检索难易程度、信息组织的科学性、页面设计的艺术性和适用性等)、运营(有信息保障性、可存取性、链接的可达到性、设备兼容性及费用)
12	田菁[3],2001	内容(网络信息的主题重点)、学术水平(作者的学术水平、作品结构的合理性、创造性、参考性、搜索引擎对信息的收录情况)、取用方式(使用的限制、费用)、站点及信息的连续性和稳定性
13	李爱国[4],2002	覆盖范围(宽度、深度、时间、格式)、内容(准确性、权威性、通用性、唯一性和文本质量)、图形和多媒体设计、目的与用户群、评论、便利性(用户友好性、需要的计算机环境、检索、浏览和组织、互动性、连通性等)
14	陈雅等[5],2002	信息内容(内容范围、时效性、稳定性、新颖性、独特性、完整性、有序性)、网站概况(网址、网站性质、面向的用户、安全管理与维护)、网页设计(结构与层次、用户界面、版面编排)、操作使用(可访问性、链接的质量、计算机环境需求)、网站开放度(提供服务的数量、主动性、交互性)等
15	范小华等[6],2008	提出一种图书馆数字资源评价指标体系。体系分为一级指标(包括性能指标、状态指标、响应指标3个)和二级指标
16	梁平等[7],2013	内容指标(网页设计、用户界面、导航系统、信息组织、目的性、权威性、全面性、正确可靠性、新颖独特性、实用适用性、准确性、稳定性、时效性、检索性、链接性、交互性、获得性)、其他指标(安全性、免费性)、定量指标(核心定量、参考定量)

(2)网络信息资源质量评价指标综述。对网络信息资源质量评价指标的研究以国外研究较多,涉及领域也很广泛。国内在这方面的研究不多,也不系统。本项目对众多文献及其综述文献进行了整理,如表2-12所示。

---

[1] 罗春荣,曹树金.因特网的信息资源评价[J].中国图书馆学报,2001(3):45-47.
[2] 粟慧.网络信息资源评价:评价标准及元数据和CORC系统的应用[J].情报学报,2001,21(3):295-300.
[3] 田菁.网络信息与网络信息的评价标准[J].图书馆工作与研究,2001(3):29-30.
[4] 李爱国.Internet信息资源的评价[J].东南大学学报(哲学社会科学版),2002,4(1A):24-26.
[5] 陈雅,郑建明.网站评价指标体系研究[J].中国图书馆学报,2002(5):57-60.
[6] 范小华,谢德体,龙立霞.图书馆数字资源评价指标体系研究[J].图书情报工作网刊,2008(10):74-77.
[7] 梁平,陈红勤.网络信息资源理论与实践研究[M].北京:中国书籍出版社,2013.

表2-12 网络信息资源质量评价指标汇总

序号	作者,时间	评价指标
1	Reva Basch,1990	针对数据库,覆盖面和范围、时效性、准确/误差率、易用性、连贯一致性、全面性、文本格式、用户支持与培训、成本绩效比
2	David Stoker 等,1995	权威性、信息来源、范围和论述、文本格式、信息组织方式、技术因素、价格和可获取性、用户支持系统
3	Rich Wand,1996	4类,共15个维度:固有质量(正确性、客观性、可信性、声誉)、可访问性质量(可访问性、访问安全)、语境质量(相关性、增值性、及时性、全面性、数据量)、表达质量(可解释性、易理解性、简明性、一致性)
4	Elizabeth E. Kirk,1996	信息来源、网站主办者、客观性、引证与参考、可验证性、传播性、不同类型信息的区分机制、确定信息来源、出版商、网络传播效果的机制
5	Zeist R H J 等,1996	6个Web数据特征、32个子特征:功能性特征(适宜性、正确性、互用性、灵活性、安全、可追溯性)、可靠性特征(成熟度、可恢复性、可用性、可降解性、容错)、效率特征(时间行为、资源行为)、合用性特征(可理解性、可学习性、可操作性、乐趣、清晰性、帮助性、直率性、习俗化、用户友好)、维护特征(可分析性、可改变性、稳定性、可测试性、可管理性、可复用性)、可移植性特征(适应性、一致性、可替代性、可安装性)
6	Gene L. Wilkin-son,1997	11大类,共125个子项:可检索性和易用性、信息来源鉴别、作者身份鉴别、作者权威性、信息结构和设计、内容相关性及覆盖范围、内容真实性、内容准确性和公正性、导航系统、链接质量、外观效果
7	Robert Harris,1998	CARS体系:可信性、准确性、合理性和支持度
8	Kapoun Jim,1998	Web信息(源)评价的5条标准:准确性(联系方式、文献的写作目的、作者的资格)、权威性(出版机构的性质)、客观性(目的、偏向性、广告的目的、作者的观点)、传播性(写作时间、更新时间、链接的可靠性)、覆盖面
9	Alexander J E 等,1999	6个Web数据质量标准:权威、正确性、客观性、流通、定位、导向
10	Katerattanakul P 等,1999	4类Web质量维度:固有质量(准确性、可用性、相关超级链接)、语境质量、表达质量(组织、视觉效果、版面特点、一致性、活泼有吸引力、内容混乱)、可访问性质量(导航工具)
11	Shanks G 等,1999	以符号学为基础建立4个符号学层次,共11个质量维度:句法层次的维度是良好定义或正规的句法,语义层次的维度包括易理解、明确、有意味、恰当,语用层次的维度包括适时、简明、易于访问、声誉好,社会层次的维度包括获知、明白差异。每个维度都有具体的改进策略
12	Naumann F 等,2000	3类共22个评估标准:主观类(可信性、简明表达、可解释性、相关性、声誉、可理解性、增值)、客观类(完全性、客户支持、文档、客观性、价格、可靠性、安全、适时性、可验证性)、过程类(精确性、数据量、可用性、表达一致性、等待时间、响应时间)

续表

序号	作者，时间	评价指标
13	Hope Tillman，2000	信息内容选取标准、作者权威性、与同类信息资源的可比较性、稳定性、是否采用恰当格式、软件/硬件/多媒体支持
14	Zhu X，2000	Web 数据检索的质量度量：流通、可用性、信噪比、权威、流行、内聚性
15	Eppler M 等，2002	2 种 4 类共 16 个 Web 数据质量维度：理解、正确、清晰、适用、简明、一致、恰当、流通、方便、适时、可追溯、交互、可访问、安全、可维护、快捷
16	ISI Web of Knowledge 系统，1995	针对学术、研究网站，权威性、准确性、及时性、导航系统和页面设计、内容和实用性、范围、读者群水平、文字水平
17	Choice 杂志（美国图书馆协会），2013	内容质量及可靠性、作者/信息生产者权威性、信息范围、信息更新、网站设计/导航设计/下载速度、指向外部网站及珍贵文献资源的链接、信息独特性、信息用户/信息目的
18	美国国防部数据质量描述框架，2004	准确度、完整性、一致性、现势性、主题唯一性及值域的有效性
19	马慧敏等，2004	数据质量度量指标：准确性、完整性、一致性、相关性、时间性、唯一性、有效性
20	中国科学院，2005	一些常用数据元素：准确性、可访问性、友好性、可服务性、可获取性、客观性、可信度、相关度、完整性、好评度、简练表示、安全度、一致性表示、时间性、易用度、可理解性、正确度、增值性、可解释性

综合表 2 – 12 众多评价指标，可以看出网络信息资源质量评价指标体系的特点及趋势[①]。

一是评价主体多元化。主体构成丰富，既包括专家学者，又包括著名学术研究型机构、营利性公司，各主体发挥各自人力、技术、资金优势，共同推动网络信息资源质量评价研究深入开展。

二是评价对象多样化。评价对象大致可分为网页、网站、网络信息资源、网络数据库、搜索引擎等几类，有部分研究的评价对象为特定类型网站，如学术网站、医学网站，其针对性、指向性更强。

三是评价标准全面化。不难看出，随着研究的深入，网络信息资源评价指标也在不断扩展、发展和细化，并由初期的重内容属性到后期内容、格式、技术标准兼顾，由信息导向逐渐转为用户导向，越来越注重导航系统设计、易用性等用户体验方面的评价。

但是，目前网络信息资源质量评价指标体系宽泛，缺乏足够的实践来源的数据支撑和实践价值，其评价指标选取的内在机制还未明晰，很多指标来自所谓"专家"或少数"用户"调查结果，缺乏严谨清晰的内部逻辑和体例结构，导致部分指标含义模糊，易引起误解，可获取性和实际操作性不强。其结果未能真正、客观公正地反映事物的发展变化，不能为评价

---

① 李丽娜. 网络信息资源质量评价研究综述 [J]. 图书情报工作，2011，55（15）：62 – 66.

组织者、决策者所信服和接受。

2.9.2.4 网络信息资源质量评价方法的研究

目前在网络信息资源质量评价方法差异较大。评价方法的设计会影响质量评价的复杂性。例如,有的沿用传统文献信息资源质量方法,有的则是对传统评价方法进行修改以适应网络信息资源质量评价。概括起来目前常用的方法有用户主观评价法、标准认证法、指标体系法、缺陷扣分法、项目管理评价法、第三方评价法、同行评议法、访问或链接量统计法等。表2-13总结了一些常用网络信息资源质量评价方法的特点[①]。其基本有3类:一是借助于用户或专家的评价方法,如用户评价法、层次分析法;二是对信息资源本身的评价方法,如缺陷扣分法、质量监测评估法、神经网络算法等;三是借助于工具或技术进行的间接评价法,如元数据法、访问链接法、第三方评价法等。

从实际运行的情况看,有些评价方法由于侧重理论探索性,脱离具体实际背景情况,缺乏可操作性,而且有些评价方法是脱离用户需求标准来进行的基于规定标准的技术评价,仅仅适用于内部资源建设方面。

表2-13 常用的网络信息资源质量评价方法

序号	常用评价方法	特点	优点	缺点
1	层次分析法（AHP）	是对评价对象进行指标优劣排序、评价和选择,从而为评价主体提供定量形式的评价依据	简明、应用广泛,适用于结构较为复杂、评价准则较多且不易量化的问题	人的主观判断、选择及偏好对于结果的影响较大。方法的可移植性差,评价结果滞后
2	缺陷扣分法	是通过把握评价对象（如数据或信息）的结构缺陷（分为严重缺陷、重缺陷、轻缺陷三类）严重程度进行判断的方法	操作简便,对缺陷的反应灵敏,缺陷值易于量化,且方便对产品质量进行分等定级	存在重缺陷与轻缺陷扣分值跳跃太大、不方便使用等问题,其评价结果比较粗糙,对缺陷的认定过于绝对,这使得其结论经常显得偏激
3	第三方评价法	是由第三方根据特定的信息需求,建立符合特定信息需求的信息质量评价指标体系,按照一定的评价程序或步骤,得出信息质量评价结论	定性评价为主,通过选择合理和科学的评价指标体系保证评价的客观性、公正性、合理性和科学性	评价主观性强,存在网络信息的动态性和易变性与第三方评价法的静止性和方法单一性的矛盾,应变性差
4	用户评价法	由有关专业评价机构向用户提供相关的评价指标体系和方法,由用户从中选择符合要求的评价指标体系和方法来评价	根据用户需求选择和评价信息资源,满足用户多样化、个性化需求	增加了用户的负担,且不同用户因其信息素质不同导致评价不一致,容易产生偏差

---

① 宋立荣. 网络信息资源中信息质量评价研究述评[J]. 科技管理研究, 2012, 32 (22): 51-56.

续表

序号	常用评价方法	特点	优点	缺点
5	同行评议法	通常是指由给定科学领域的若干专家组成的评判委员会来评价科学活动或其结果的一个过程	专家代替了"科学外行",拥有了对学术问题的决策权	调查成本高,周期长,操作复杂
6	访问量统计	基于网络用户对网络信息系统中各数据库、各网页的登录、访问情况,依据网络流量对其网页进行评价	一定程度上可间接反映网页受欢迎程度	难以真实准确地反映网络信息的质量,不适合对专业性强、学术类的网络科技信息资源进行评价
7	元数据法	利用评价性元数据发现、描述、分类及评价网络资源,它提供了一种在XML、RDF框架下元数据处理方式①	采用统一的元数据规范对网络信息资源进行评价、分级,以标签(label)标示网络资源的适用对象、权威性、可信性等特征,实现海量信息资源评价的可能性	元数据本身质量影响评价结果;评价信息资源质量的元数据项的不足也会影响最终评价结果
8	问卷调查法	利用问卷将各个维度细化为一些具体的问题选项或数值,再对照实际对选项符合程度进行打分,然后对问卷调查的打分结果进行定性或定量的统计分析	一般对静态质量评价比较有效	不适用于对动态信息质量的评价,难以对信息加工、更新等动态信息进行实时跟踪、描述和评价,无法做到质量的可追溯性。它是一种事后评价方法

总之,目前对质量评价方法的研究比较多,但还缺乏一种广泛接受的方法,尤其还没有一种很好方法能够解决质量评价指标间的相互影响及其冲突,以及动态信息的质量评价问题。质量评价方法的差异性是影响质量评价复杂性、准确性的重要因素。

2.9.2.5 网络科技信息资源质量评价软件工具系统

由于质量是一个相对的概念,对其评估有一定的主观判断性,很大程度上取决于用户的特性、偏好及所需信息的类型②。对网络科技信息资源的质量评估很难有一个绝对的、统一的标准,很多都是结合具体"场景",采取各种质量评价方法或工具。

目前,针对网络科技信息资源质量评价的工具有很多。一部分是从资源建设者的角度来搭建的,也制定了一些需要遵守的评价规则和判断标准。由于网络环境下缺少强有力的质量约束,系统内部中的评价效果明显,但一旦超出边界,则适应性大打折扣,仅仅依靠信息资

---

① 王巍. 基于B/S结构的网络学术信息资源评价系统的研究与实现[D]. 大连:大连交通大学,2009.
② 张会会,马敬东,邱金平. 网络健康信息质量评估研究综述[J]. 医学信息学杂志,2014,35(3):1-5.

源建设者对一些约束规则的自觉自愿遵守,很难形成一致的质量状态。另一部分是基于用户参与进行评价计算的,这在很大程度上取决于用户的信息素质、使用体验和正确、完整的认识,否则很难对相关评价准则和方法取得大样本的一致性结果,偏差较大,且评价成本较高。还有一部分是委托第三方认证评估,就是由第三方调查评价对象是否符合质量标准,但第三方在利用评价标准对网络信息资源进行评价时,需要获取资源的元数据或相关指标,但因为不具有信息资源,第三方很难从外部获取到完整的元数据,这限制了第三方充分利用相关先进方法或工具对其进行评价。

对信息资源质量评价软件工具的应用为本项目研究带来启示,即可借助一些网上的评价工具作为评价的参考指标或辅助指标,以增加一些评价的客观性[①]。其原因是:①许多搜索引擎根据信息资源的重要性对其进行评价分级,标注质量标签,表示各信息资源质量的优劣;②按多种形式制定海量网络科技信息资源质量得分排行榜,如按总质量的名次、各维度的名次和各机构的质量名次等;③定期或不定期进行互联网络科技信息资源质量优劣的调查统计公布,可起到引导作用;④一些专门机构进行网络科技信息资源的质量评价,发现和推荐高质量的信息资源,提供总质量名次、各维度质量名次;⑤常有某一学科领域的专家在互联网上介绍本专业优秀的、高质量的网络科技信息资源等。

2.9.3 网络信息资源质量评价研究存在的问题

综合各种文献分析,尽管国内外在网络信息资源质量评价研究方面进行了大量的尝试与探索,并取得了一定的研究成果,但仍不能满足现实的需要。一方面,国内关于网络信息资源质量评价的研究较国外晚,国外研究成果的介绍、评价方法和评价指标体系方面理论研究较多,实证研究较少;另一方面,大多研究主要针对某一专题或特定主题领域的网络信息资源质量进行评价研究,网络信息资源质量评价的一些术语不规范,也不统一,在很大程度上影响了学者之间的交流和探讨,难以集中力量在某一点上进行深入研究。

总体来看,国内在网络信息资源质量评价方面存在以下不足[②]。

(1)评价术语不规范、不统一。网络信息资源质量评价尚缺乏规范、统一的专业术语,相关标准存在概念重叠、意思相近的不同术语混用的问题,如在一些文献中出现诸如"Internet 信息资源""因特网信息质量""Web 资源""评估""质量评价""资源评价"等词。不规范的术语实际上也影响到学者之间进行交流和切磋。因此,网络信息资源质量评价应在理论上建立完善的评价体系,并在术语上实现规范和统一。在实践上应注重评价管理、评价过程和评价方法的研究。

(2)评价体系不完整,有待进一步健全。目前,针对网络信息资源质量评价,其指标体系仍处于探索阶段,尚未形成广泛认可的、比较完善的评价指标体系。有些评价体系尚不能形成系统的、完整的指标体系,不能看作完成的"标准体系",有些缺乏规范、科学的度

---

① 梁平,陈红勤. 网络信息资源理论与实践研究 [M]. 北京:中国书籍出版社,2013.
② 宋立荣. 网络信息资源中信息质量评价研究述评 [J]. 科技管理研究,2012,32 (22):51-56.

量标准，很难制定一个统一标准适用于所有类型科技信息。这主要是因为有些评价指标比较分散和琐碎，缺整体框架，各评价指标的筛选来自不同视角，没有用一致的角度看问题，造成指标体系具有较大的差异。另外，有些指标不够完整、合理，缺乏科学和逻辑推理的基础，对指标层次、指标类型和指标赋值等方面筛选依据不充分，不能反映网络信息资源、内容和形成特征，有些则是凭个人对信息的了解和主观认识来确定评价指标。

（3）评价指标选择、确定得不科学。目前，在选择和确定网络信息资源质量评价指标的过程中，存在着不同程度的问题。①简单把质量维度理解为评价指标。实际上很多质量维度并不具有可测量性、质量的反特征对称性，不具有可操作性，有的指标看似合理，但其具体测度和运用难度较大，指标的可获取性差，有的甚至根本无法获取。②指标具有歧义性。一些同义词或紧密相关的术语同时出现，如"可用性"与"实用性"、"正确性"与"准确性"等，会使两者歧义性大。③指标间上下位关系错乱。有些指标明显是上下位关系，不能放在同一级的指标中，或者有些指标分属于另外上位词指标。④指标间相互冲突。有些指标在操作上相互矛盾，难以同时实现，如要达到高分值的"准确性"，则在"及时性"得分上就相对差一点。⑤指标含义模糊不清。要明确每一个指标的详细含义，但常出现指标含义阐释不清晰、前后不一致，或者表达晦涩、难以理解的情况。⑥指标适用对象不明确。有的指标是针对学术资源整体，有的指标是针对数据库，有的指标是针对单条信息，故需要在使用中明确其测评的对象和范围。⑦容易将一些本应用于信息资源评价的指标运用到质量评价中，有些并不反映信息质量属性，如将一些原本用于评价信息系统、服务质量的指标列入质量评价指标。

（4）评价方法的研究欠深入。评价方法的研究是信息资源质量评价研究的重点和热点，但目前国内的研究还处于不断探索阶段。就评价方法本身而言，存在的主要问题是：①许多方法是对国外研究成果的介绍，国内尚缺乏实际操作性和指导性。对国外很多质量评价方法的探讨缺乏深度，这在一定程度上影响了评价方法的深入应用和评估结果的可靠性[①]。②目前很多研究都是宏观的、资源整体层面的，评价方法的分析研究尚不够深入具体，研究的深度、适用范围拓展性不够，尤其对专题、某一领域的案例评价方法提炼不够，对整体的评价过程和过程中的评价方法分析甚少。③定性评价方法虽然越来越细化，逐渐符合主题和学科领域的差异及用户的特定要求，但在降低人为干扰、评价结果滞后、评价实时性等方面仍显不足。④定量评价方法是发展的趋势，但针对海量信息资源质量评价仍处于实验和探索中，指标的自动评判、监测打分方法和算法等方面的问题尚未有效解决，不确定因素较多。很多的评价方法（工具）复杂多样，且缺乏统一规范的专业术语，相关指标存在概念重复或意义相近等问题。

（5）理论与实际相结合的内容较少。目前的研究普遍重理论探讨而轻实证研究。不论是评价指标体系，还是评价方法，以及对国外研究成果的介绍，多数都重理论探讨，侧重于评价指标体系的建立、评价过程的完善，而缺乏对质量评价机制、指标设置的合理性、内涵

---

① 张会会，马敬东，邱金平．网络健康信息质量评估研究综述［J］．医学信息学杂志，2014，35（3）：1-5.

等方面的深度分析,使人们对评价结果缺乏理解、信任和认同。另外,有些理论研究建立的评价指标体系评价的针对性不强,不能根据复杂的网络信息资源的不同类型、领域采取有所侧重的方式或按类型进行分类评价的方式,使信息资源质量评价有一个更为客观、更为公正的评价结果。

总体上来看,目前国内外在此方面的研究仍处于探索阶段,尚未形成系统的信息资源质量管理思想、理论和方法。网络信息资源质量管理理论研究一直是滞后于实践发展的,往往是社会实践在推动其理论的发展。大多数的研究仍在尝试依据传统质量管理思想、理论、方法来研究新出现的不断发展的信息质量问题,尤其是对近十几年兴起的网络环境下的信息资源质量问题缺乏必要的理论认识。这既易造成对网络环境下信息资源质量的错误理解和模糊认识,也在某种程度上阻碍了信息共享实践的可持续发展。

2.9.4　网络科技信息资源质量评价认识

2.9.4.1　网络科技信息资源质量评价的特殊性

在网络环境下,网络科技信息资源具有传统印刷型信息所不具有的一些特点,如发布自由、缺乏质量审核、信息格式多样、动态变化、多地存储等,因此对网络科技信息资源质量的评价很难采用传统质量评价方法,也不可能采取单一质量评价模型对其建立评价体系,必须从更加抽象的层次来描述信息资源质量。这需要在确定共性指标的同时根据不同的具体评价目的和评价服务对象(用户群)将评价指标划分为不同的层次,筛选评价指标,决定评价的深度并选择相应的评价方法,还要注意网络科技信息资源质量评价的主体、对象、维度、指标、方法等多样性问题。

(1) 需明确"网络信息资源评价"与"网络信息资源质量评价"之间的区别和联系。两者既不是等同的关系,也不是包含与被包含的关系,而是从不同的立场和视角采取不同评价指标来认识"网络信息资源"这一特殊的研究对象。区别在于:前者主要关注信息资源体系的状况、功能、效益、质量及其作用的发挥情况,评价内容包括对信息资源数量、结构、利用、组织加工水平、共享能力、使用成本、质量和网络信息资源的评价;后者主要以质量管理的立场评判信息资源,通常以用户的满意度和需求为导向验证信息资源是否能满足用户需要,具有一定程度主观价值取向的质量测评[①]。

(2) 网络信息的多样性、离散性等决定了无法也没有必要寻求一个适用于所有网络信息的标准化评价指标体系和评价方法,但是可以确定基本评价思路,建立基本评价方法流程,以及通过把握网络信息基本共性质量特征来制定适合所有网络信息的基本评价指标,在具体评价时可以在这些基本评价指标基础上根据具体评价目的,通过指标选择构建适用于特定领域、满足特定网络资源用户需求的评价指标体系。

(3) 建立评价指标是信息资源质量评价的基础,尽管质量评价的评价指标和信息资源质量维度有很大的重合度,但并不完全一致。

---

① 周毅.用户信息需要与信息质量控制[J].情报理论与实践,1999,22(4):238-242.

网络信息资源质量是一个多维度、多特征的概念，但是这些质量维度太抽象，无法进行度量，更无从提供实质性的指导以提高网络信息资源质量。因此，对质量维度认识通常是通过评价指标分解进行的。有的从信息的质量问题分类角度进行分解，有的从产品和服务角度进行分析，有的从用户利用信息的角度进行分类，有的从信息利用的目标团体角度进行分析，还有的从整合信息的角度进行分析。但是，不同学者、不同领域及基于不同目的所选择的评价指标差异很大。由于网络信息资源质量的多维性，对质量评价很难且没必要提出一个适用于所有研究领域的质量评价指标体系。吴胜等[1]认为信息质量评价的侧重点不同，评价对象会有差异，且在评价不同的对象时，考察的维度也不尽相同。常用的具有代表性的信息资源质量评价指标主要集中在评价真实性、易理解性、可达性、实用性、连贯性、通用性、完整性、交互性、安全性等方面。信息质量维度的数量会影响到质量评价的复杂性，故可以采用一些"代用质量特征"的指标作为评价指标。通过标准化、评价关键要素、计算机辅助评价等方法可以降低质量评价的复杂性。在质量评价的起始阶段应该选用意思明确、易理解、易操作、适用的指标，而且指标数量不宜太多。另外，信息资源质量评价得到的是一个综合性的结果，运用的是一个兼顾各个方面的统一的评价指标体系，而不限于对质量维度的测度。

（4）信息资源质量与信息需求相关联，评价的核心在于评价信息的效用问题，即网络信息资源是否满足特定用户群特定的、潜在的信息需求。在评价网络信息资源质量时，必须考虑信息用户需求的差异，包括用户的知识差异、信息质量需求差异等。这在一定程度上限制了用统一的质量指标或标准进行网络信息资源质量评价。因而，在评价网络科技信息资源质量时，最好能够灵活反映出用户的个性化需求。

（5）网络信息处于不断变化的动态之中，其自身质量和水平也在不断变化，其信息资源质量评价也应是一个动态的过程。因此，必须保持质量评价的经常性和连续性，要根据实际情况调整评价指标体系，坚持日常监测和定期评价相结合，将目前质量最高的和最优秀的精品数据资源提供给用户使用。

（6）可信的评价结果需依据来自网络信息资源过程生产的背景信息，以及信息提供者或管理者自身对信息资源的评价和描述。这就需要加入网络科技信息资源的背景信息及可能影响这个信息资源质量因素的描述说明等可表征信息资源质量高低的元数据信息内容。

（7）采用定性与定量相结合的方法是目前一致认同的处理网络信息资源质量评价的方法，用定量评价法的客观性克服定性评价法的主观性，用定性评价法的便于操作性克服定量评价法不易获取数据的不足，从而将对网络信息资源质量的科学评价变得可操作。无论采取何种质量评价方法，都既要适应海量信息资源的自动化评估，又要把握准确、客观的指标尺度，准确反映出评价对象的质量问题或特征，需要在评价主体、维度、评判标准等方面进一步细化，筛选合格的方法、工具及算法。另外，应重视用户的质量需求和反馈，在评价中尽量满足用户的个性化需求，收集用户反馈的意见，修正和完善定性评价指标，只有克服定性

---

[1] 吴胜，张智光，周早弘，等. 对信息质量评价复杂性的研究[J]. 图书馆学刊，2008（4）：3-5.

评价法的主观性缺陷,解决定量评价法的可测性、科学性,才能提升质量评价结果的实用性,得出客观、真实的评价结果①。

基于以上分析,可以看到目前尚无一种评价方法能够满足网络科技信息资源质量评价的要求。由于网络科技信息资源具有来源分散、类型众多、内容繁杂、生产方式各异、数据管理方式多样、数据储存分布式集成、信息需求多元化、需求时效性强、专业性要求高等特点,难以利用现有评价方法解决上述问题。

2.9.4.2 网络科技信息资源质量评价的趋势分析

在对信息资源质量评价框架、评价方法、指标维度、评价分析与控制方法进行研究的基础上,本项目组归纳总结了未来亟待解决的以下几个主要问题。

(1) 质量评价的基础理论认识。主要探讨信息资源质量评价理论和方法在网络环境下的实际有效应用。关于网络信息资源质量研究,目前尚未形成成熟的理论体系,还处于初步探索阶段,大多研究人员也多是基于某些特殊背景、目的,从不同角度提出各种质量评价的理论和方法。网络科技信息资源使过去一些质量评价理论和方法缺乏有效性,难以推广,还需要在此方面进行深入研究。

(2) 质量评价方法的总结概括。主要尝试解决目前科技信息资源质量状况没有评价标识及难以判断、识别的问题,有助于提高科技信息资源生产质量,满足用户对信息资源质量上的需求。通过质量评价,把握目前网络信息资源的分布及质量水平状况,以便为用户提供高质量信息,促进信息供应、管理部门改进和提高网络科技信息质量。同时,有助于用户充分认识、掌握和利用优质的信息资源。同时,评价活动对于各类网络提供商、服务商在经验积累、工作改善、决策参考、责任约束、公众反馈等方面具有重要的参考作用。

(3) 质量评价的技术应用创新。主要探索信息技术在质量评价中的创新应用,提高质量评价的有效性和处理复杂评价体系的能力。信息技术在其发展过程中所具有的弹性特征,决定了它在质量管理中具有一定的控制优势,是质量管理起主导作用的基本管理手段。为此,针对网络科技信息资源质量评价的主体、对象、维度、指标、方法等的多样性造成的评价复杂性问题,探索采取计算机软件辅助评价等方法,以实现质量评价工作的动态化、自动化和实时性,并可相对降低网络质量评价实现的难度。

在网络科技信息资源建设中,需要充分利用网络信息技术、计算机技术及数据库技术,设计开发信息资源质量评价软件工具,实现把信息资源质量评价与资源开发利用结合起来,整合多源科技信息,建立基于信息需求的网络科技信息资源集成服务平台,为用户提供具有针对性的科技信息检索服务。同时,网络科技信息资源评价系统的管理工作要实现对信息资源的实时有效监测,保证网络信息资源健康、安全、稳定地运行②。以往对科研过程中生成的各种科技信息资源进行收集与管理这个过程是与科研过程、资源生产过程相分离的,但在网络环境下,可以通过建立规范、工具和方法等设计程序使在资源生成过程中于后台进行自

---

① 潘峰. 网络科技信息资源评价综述 [J]. 无线互联科技, 2014 (1): 32.
② 同①.

动收集，使科研人员能够自觉规范化提交存储、生产的资源，而无须人工干预。可以通过程序提醒科研人员按质量规范进行提交，或者在提交时由质量控制软件协助判断其是否符合质量规范，否则将不能进行后续的工作。

（4）元数据广泛应用于网络科技信息资源的质量评价。目前网络信息资源评价方法除了基于传统环境下的信息评价方法的扩展或创新外，还有以网络链接分析为主的定量评价法，尽管目前这种方法仍以理论探索为主，一些工具、方法只起到借鉴意义。另外，在国内外已有专家尝试利用评价性元数据开展网络信息评价研究。有专家已在个别领域（如 Med-CERTAIN、MedCIRCLE 项目用于医学信息评价）运用这种方法进行网络信息评价服务[①]，提升网络信息评价质量，满足用户需求。

利用评价性元数据开展网络信息评价提供了一种元数据处理方式，是由独立的第三方评价机构依据相关标准对网络信息资源进行评价、分级，以标签（Label）标示网络信息资源的适用对象、权威性、可信性等特征，即资源创建者或第三方权威机构将含有内容描述、价值判断、评估等级等元素的元数据通过 XML/RDF 框架等描述平台加入网络信息资源，用户利用客户端软件读取评价性元数据，过滤掉低质量的或不良的信息，提取能够满足用户要求的信息。孔志军[①]提出评价性元数据方法以元数据规范为评价基础，以合作与互操作为运行保障机制，以质量等级划分为评价导向。

评价性元数据方法可采用同一个元数据规范，通过用户端软件过滤方式解决用户个性化质量需求，以及多中心评价问题，使海量网络科技信息资源质量评价成为可能。

以元数据为基础的网络信息资源评价，涉及丰富、准确的资源描述方案、完善的评价标准等难题，且其是否成功在很大程度上依赖信息提供者能否主动参与认证和用户对认证机构、评价标准、认证结果的信赖程度[②]。因此，利用元数据评价网络信息资源质量方面的研究仍处于不断探索的过程之中，在理论和实践中也存在一些问题。主要存在的问题是：目前网络信息资源所提供的元数据项不足以支撑此方法对信息资源进行完整评价和描述，缺乏信息资源加工过程的背景信息，需要信息提供者补充一些能够表征信息资源质量优劣的元数据项内容，如审核标准规范、适用用户、创建者背景信息等。但实际上，无论从精力、成本还是效率上很难建立如此完善的元信息内容，而且不同信息提供者发布信息的目的不同，对元数据内容有修改、篡改的可能。这都将影响元数据质量评价的真实性、可靠性。

另外，尽管目前元数据已广泛应用到诸如数字图书馆、政府信息公开、科技信息资源共享等领域，但是附着在信息资源实体上的元数据库并不是实时与信息资源实体建立关联的，尤其涉及频繁更新的动态性的网络科技信息资源，很难实现元数据的实时更新。这在一定程度上决定了难以对所有内容进行实时评价，仍有一定的滞后性。

元数据本身质量也是决定这一方法能否有效的关键问题。采用评价性元数据方法的一个前提假设是元数据质量评价能够反映出信息资源本身质量。但如果元数据内容质量不高，或者元

---

① 孔志军. 评价性元数据方法在网络信息评价中的应用 [J]. 情报探索，2015（7）：12-14.
② 李丽娜. 网络信息资源质量评价研究综述 [J]. 图书情报工作，2011，55（15）：62-66.

数据内容质量评估不合理,结果失真、偏差太大,将很难保证其真实、准确反映信息资源质量。因此,元数据项的建立是否合理及元数据内容质量是进行元数据评价的前提条件。

综合分析,如何建立元数据项及其质量与网络科技信息资源质量之间的映射关系,是发挥评价性元数据作用的关键问题之一。

第3章 元数据在科技信息资源建设中的应用

3.1 概述

近年来,元数据在数据共享、资源发现及信息组织等方面的作用日渐受到重视[1]。元数据是信息组织和加工处理的基本工具,是用来规范描述数字化信息资源并确保其能够被计算机自动辨析、分解、提取、分析、归纳的一种框架或一套编码体系[2]。尤其在网络环境下,科技信息资源呈蓬勃发展的趋势,表现出多类型、多媒体、非规范、跨地理、跨语种的特点,包括科学数据、学术论文、图书、科技计划项目、科技人才、科技成果、科技报告等各种信息,几乎涵盖了各种类型,除大量数字化文本信息外,还包括各类非文本信息,如图形、图像、声音信息等。如何快速、有效地开发与利用科技信息资源,提升科技信息资源的应用服务水平,是各级各类科技信息资源拥有单位的首要职责[3]。元数据的产生和应用可以为科技信息资源的组织开发提供手段。使用元数据的目的在于更好地揭示科技资源特征内容,使科技信息资源的管理维护者和使用者可通过元数据更方便地了解、辨别,进而管理和利用资源。可以说,科技信息资源利用效率的高低与其元数据密不可分。

目前,国内外元数据在科技信息资源方面的研究主要集中在信息资源描述(如对数据本身、数据生产过程、相关的系统及环境信息描述)[4]、元数据技术应用[5]、元数据标准[6]、管理机制[7]、数据管理模型[8]、元数据工作流程、特定领域元数据元素集、元数据在系统中的实现、元数据质量审核等方面。通过元数据对数据资源(可看成数据实体)进行管理已成为许多科技信息资源建设项目所采用的基本技术控制手段,纷纷制定了相应的专业元数据规范及标准来指导资源建设,如在国家科技资源共享平台中的各专业领域资源项目都完成了本领域的专用元数据基本框架和规范,促进了数据资源的规范化建设。但由于各种信息资源加工标准不统一,元数据规范、数据库及资源格式不兼容,造成新的数字标准壁垒,影响了各类资源的统一整合、集成和服务。目前还特别缺少对构建方法和互操作的统筹研究,缺乏

---

[1] 胡永健. 科技资源信息元数据质量审核方法研究[J]. 技术创新管理, 2011(1): 41-47.
[2] 张晓林. 分布式学科信息门户中网络信息导航系统的规范建设[J]. 大学图书馆学报, 2002(5): 28-33, 43.
[3] 张英杰. 科技信息资源集成应用元数据体系框架研究[D]. 北京: 中国科学技术信息研究所, 2013.
[4] 张晓林. 网络环境下的信息组织: 新问题和新方向[J]. 图书馆杂志(1998理论学术年刊), 1998.
[5] 王国复, 涂勇, 王卷乐, 等. 科学数据共享中的元数据技术研究[J]. 中国科技资源导刊, 2008(1): 30-36.
[6] 李劼, 张根保, 宋寒, 等. 企业质量元数据标准研究与制定[J]. 现代制造工程, 2007(3): 11-14.
[7] 辜寄蓉, 苗放, 王成善, 等. 基于元数据的信息共享机制研究[J]. 物探化探计算技术, 2006(1): 76-79.
[8] 牛晓琳, 季民, 赵志刚, 等. 基于元数据管理的数据共享研究[J]. 舰船电子工程, 2006(1): 71-74.

对元数据应用环境和评价机制的研究。只有很少的学者介绍了元数据在质量管理方面的应用。例如，李劼等[①]对企业质量领域元数据进行研究，刘莉[②]提到 Web 资源的元数据质量评价，粟慧[③]介绍了在网络资源合作编目系统中评价元数据的应用，于千城[④]探讨了元数据质量控制的可行性、依赖关系。从这些研究看，目前元数据在质量管理方面的研究尚处于探索阶段，对资源质量的定性描述尚不能全面揭示信息资源在网络化建设中的质量状况，用户也不能对信息资源分布、加工及质量水平有全面的了解，从而增加了检索、筛选、使用有用信息的难度。

本项目分析后认为：将元数据应用到质量管理中，通过筛选、提炼与质量有关的元数据作为"质量元数据"，可实现对信息资源质量的把握和认识，元数据的还原性、结构性、跟踪性和系统性特点使其具备定位、描述、搜索、评估和选择等功能，可实现资源质量的可追溯性、证据记录，保证了从过程去发现、评估信息资源质量的可能性。就如同传统物理产品（此处对应信息资源）生产中利用质量控制信息（此处对应质量元数据信息）进行质量状态揭示和质量改进工作。

但进行质量改进的一个基本前提就是具有统一、公认的质量管理标准，以确认质量状态的稳定性、质量问题的优劣状态。若缺乏公正、合理的元数据标准规范将难以有效地进行质量管理。

网络科技信息资源类型繁杂，每类信息资源都会产生各自的元数据标准规范。网络技术快速发展，各行业部门、各地方纷纷参照国外的相关元数据标准，制定相应的专业元数据规范，指导各自的资源建设实践。一方面，促进了各领域的数字资源建设；另一方面，造成了一系列数字标准壁垒，影响到了各类资源的集成、共享和服务。为此，急需构建一套能够指导科技信息资源全流程建设的元数据标准框架体系，界定相关资源属性，支持异构系统和资源的开放性互操作，丰富科技资源应用。总之，科技信息资源质量控制和改进的基本前提是能够将海量科技信息资源按照统一的标准进行有序组织，发挥各种资源的最佳使用效益。

鉴于此，有必要对各类科技信息资源常用的元数据标准进行梳理和分析。本章将主要对科技信息资源中常见的元数据标准进行梳理分析。

3.2 元数据的基本认识

3.2.1 元数据的概念

3.2.1.1 元数据的定义

元数据在英文中的单词是 Metadata。"Meta"来自希腊文，是有序、规范的意思，早期的书写形式有"Meta data""Meta - data"，后期统一为"Metadata"。磁盘标签、图书卡片、

---

① 李劼，张根保，宋寒，等. 企业质量元数据标准研究与制定 [J]. 现代制造工程，2007 (3)：11 - 14.
② 刘莉. Web 资源质量元数据的获取与管理技术的研究与实现 [D]. 成都：西南交通大学，2010.
③ 粟慧. 元数据、HTML 和都柏林核心集：关于 Web 网页的编目 [J]. 情报科学，2001，19 (12)：1272 - 1274，1279.
④ 于千城. 用元数据来控制数据仓库的信息质量 [J]. 四川理工学院学报（自然科学版），2008 (6)：53 - 55.

歌曲目录等传统意义上的概念都可看作元数据。

"元数据"概念最早出现于1968年的计算机/信息科学领域，最早的元数据主要用于实现数据的有用性，而不关注数据的内容和结构。在互联网时代，元数据最早是在地理信息系统（GIS）开始使用的。20世纪90年代，空间地理信息领域应用元数据来实现地理数据的有效再利用。在图书馆领域，元数据通常被认为能够帮助实现数据产品的发现和获取，标示数据的起源和实现数据的管理。

迄今为止，对元数据还没有完全统一的定义。根据对相关文献的梳理，有很多研究者、机构从不同视角对其进行定义。关于元数据的几种比较有代表性的定义如表3-1所示。

表3-1 关于元数据的几种比较有代表性的定义

分类	研究者/机构/文件	有代表性的定义	优缺点
对数据的结构化特点进行描述定义	王丹等	关于数据的结构化数据[1]	突出了数据结构化的特征，使得可以用元数据将信息或数据组织整理成结构化形式的记录，便于机器可读或可理解
	FGDC（美国联邦地理数据委员会）	关于数据的数据，它描述数据的内容、质量、状况和其他特征的背景信息[2]	
	UKOLN	关于数字及非数字资源的结构化数据，并支持对这些资源的广泛操作，包括资源描述、发现、管理及长期的存储[3]	
	Lenz	关于宏数据和基本数据的数据，它没有标准属性，即没有固定格式（统计数据库）[4]	
	Bethesda	用于描述、解释、定位或检索、使用、管理其他资源的结构化信息[5]	
从强调数据服务对象方面来定义	王丹等	与对象相关的数据，此数据支持计算机或人对其对象的各种操作，如数据存取、数据检索与交换等[1]	强调了元数据的面向对象性，指出元数据能使潜在的用户不必预先具备有关这些对象的存在或特征方面的完整知识，但可以支持与对象有关的各种操作
	Scott Jensen	关于相关文件或数据库的语义信息[6]（E-science）	
	刘嘉	与对象相关的数据[7]	
	Gilliland	信息专家创建的增值信息，用于安排、描述、跟踪，或者促进获取信息对象及与这些对象相关的物理收藏[8]	

---

[1] 王丹，王文生，刘俊华，等. 基于农村科技数据共享的元数据规范研究[J]. 农业网络信息，2004（8）：26-29.
[2] Metadata Ad Hoc Working Group, Federal Geographic Data Committee. Content standard for digital geospatial metadata, 1998 [EB/OL]. [2014-06-02]. http://www.fgdc.gov/.
[3] 刘海学. 基于语义标注的元数据自动构建及其相关技术研究[D]. 上海：华东师范大学，2010.
[4] 李劼. 质量元数据及其管理系统的研究与应用[D]. 重庆：重庆大学，2007.
[5] 刘春燕. 资源共享视角下的科技计划项目元数据框架构建研究[D]. 北京：中国人民大学，2016.
[6] 曾茜. 网络科技资源元数据的研究与应用[D]. 北京：北京师范大学，2009.
[7] 赵庆峰，鞠英杰. 国内元数据研究综述[J]. 现代情报，2003（11）：42-45.
[8] GILLILAND S, ANNE J. Introduction to metadata: setting the stage [EB/OL]. (2014-06-02) [2016-11-30]. http://www.slis.kent.edu/~mzeng/metadata/Gilland.pdf.

续表

分类	研究者/机构/文件	有代表性的定义	优缺点
从数据使用目的来定义	杨艳丽	对信息包裹的编码描述，提供一个中间级别的描述①	使人们据此就可以做出选择，确定想要浏览或检索的信息包，而无须检索大量不相关的全文文本
	刘嘉	对信息包（Information Package）的编码描述②	
从描述对象的主要内容方面来定义	王丹等	描述信息对象的内容、结构、特征和位置的数据元素集（信息主题元素集）③	描述数据的内容、质量、条件和其他特征，具有定位、发现、证明、评估、选择等功能，促进了网络环境下信息对象的发现和检索
	国际标准化组织地理信息技术委员会（ISO/TC211）	关于数据内容、质量、条件及其他特征的数据④	
	USGS（美国地质调查局）	描述数据的内容、质量、条件和其他特征，帮助人们定位数据和理解数据⑤	
	欧洲标准化委员会（CEN/TC287）	描述地理数据集的内容、空间参考系、质量和管理信息的数据⑥	
	国际图书馆协会联合会（IFLA）	描述资料的资料，是指可用来协助对网络电子资源进行辨识、描述及指示其位置的任何资料⑦	
	CIESIN（美国国际地球科学信息网络中心）	关于数据和信息资源的描述信息，它们描述、指向或补充与之相关的信息的内容⑧	
	Dempsey	描述资源特性的数据	
从描述信息来源及运行过程特征方面来定义	ISO 15489-1：2010	描述文件的背景、内容、结构及其管理过程的数据	贯穿于文件的整个生命周期
	《信息与文献——文件管理：第1部分：通则》（ISO 15489-1：2001）	自始至终描述文件背景、内容和结构及其管理的数据	
	Berners-Lee	元数据可嵌入文献，或者以单独文档的形式存在，或者随文献的运动而转移②	
	戴维·比尔曼	有关文件结构和背景信息的数据⑨	
	张晓林	描述信息资源等对象的数据，用于识别资源、评价资源、追踪资源在使用过程中的变化，实现信息资源的有效发现、查找、组织和管理⑦	

① 杨艳丽．元数据与网络信息资源的管理［D］．太原：太原理工大学，2003．
② 刘春燕．资源共享视角下的科技计划项目元数据框架构建研究［D］．北京：中国人民大学，2016．
③ 王丹，王文生，刘俊华，等．基于农村科技数据共享的元数据规范研究［J］．农业网络信息，2004（8）：26-29．
④ 李劼．质量元数据及其管理系统的研究与应用［D］．重庆：重庆大学，2007．
⑤ 滕连泽．地理空间元数据管理的研究［J］．农业网络信息，2005（8）：39-41．
⑥ Cen/TC287 Secretariar. CEN/TC287 Geographic information［EB/OL］．［2015-04-12］．http://www.statkat.no/sk/standard/cen.
⑦ 刘海学．基于语义标注的元数据自动构建及其相关技术研究［D］．上海：华东师范大学，2010．
⑧ 陈克强，高振家，赵洪伟．关于数字地质图元数据编制方法若干问题的讨论［J］．中国区域地质，2001，20（4）：434-443．
⑨ 徐维．元数据：电子文件管理的关键所在［J］．山西档案，2000（4）：11-14．

续表

分类	研究者/机构/文件	有代表性的定义	优缺点
基于不同领域对元数据定义的扩充和深化	李毅博（政府电子文件领域）	用于描述政府电子文件内容、结构、背景3个方面特征的数据集①	描述了关于信息的标准化表示，为信息系统各个层次的内容提供规范的定义、描述、交换和解析机制；为计算机智能地识别、处理、集成各种信息内容、信息过程和信息系统提供工具
	谭珍培（地理界）	由表示数据特性的信息组成，用于为数据产品提供文献，如各种地图中的图例内容、图名、数据源、比例尺、精度、生产者、各种符号、航海注意事项，以及其他所有可以在地图上找到的标识信息②	有关构成文献的数据的人物、事件、时间、地点、原因及途径等
	谭珍培（政府信息领域）	构成政府信息定位服务（GILS），体系分布式信息资源目录的基本构建要素②	用来描述信息资源的内容、位置、服务方式、存取方法等
	真溱（图书馆）	结构化的编码数据，用于描述载有信息实体的特征，以便标识、发现、评价和管理被描述的这些实体③	描述信息资源或数据本身的特征和属性，规定数字化信息的组织，具有定位、发现、证明、评估、选择等功能
	林海青（数字图书馆）	描述数字化信息资源，特别是网络信息资源的基本特征及其相互关系，从而确保这些数字化信息资源能够被计算机及其网络系统自动辨析、分解、提取和分析归纳的一整套编码体系③	—
	澳大利亚国家档案馆	有关文件背景信息的著录元素④	—
	英国国家档案馆	关于文件或文件集合的信息⑤	—

---

① 李毅博. 政府电子文件元数据管理及其标准构建研究 [D]. 南京：南京理工大学，2007.
② 谭珍培. 元数据的内涵、特点及其他元数据研究之一 [J]. 浙江档案，2002（2）：6-8.
③ 赵庆峰，鞠英杰. 国内元数据研究综述 [J]. 现代情报，2003（11）：42-45.
④ 何宝梅. 电子文件管理中元数据问题的研究述评 [J]. 秘书，2003（6）：31-35.
⑤ 徐维. 元数据：电子文件管理的关键所在 [J]. 山西档案，2000（4）：11-14.

续表

分类	研究者/机构/文件	有代表性的定义	优缺点
其他定义	赵庆峰等①	关于数据的数据	定义过于简洁，无法清晰地反映元数据的内涵
	IEEE会议（1993年8月）	关于现存数据的实体信息、管理信息和使用信息的总和②	—
	Shelleg	元数据是一种机制，用来说明数据集成其他形式的信息存在的描述③	—
	美国的Getty Research Institute	与信息系统或信息对象相关的数据，这种数据可达到描述、管理、法律规范、使用及保存等目的④	—
	孙岩岩	面向某种特定应用的用于描述资源属性的机器可理解的信息⑤	通过规范语法结构和语义结构，机器能够无二义性地表现和获取信息
	王丹等	用来描述数字化信息资源并确保这些数字化信息资源能够被计算机自动辨析、分解、提取、分析、归纳的一种框架或一套编码体系⑥	—

从表3-1可以看到，尽管不同视角、不同专业领域对元数据的定义有所不同，但其本质上都将它看成一种信息资源组织和管理的手段和工具，是一种编码体系，对数据单元进行详细、全面的著录描述⑦，支持用户对资源的存储、检索、使用、管理等。

（1）元数据的目标是描述或揭示资源实体的基本特征，既包括诸如主题、标题、作者等基本描述元素，还包括对描述对象的使用环境、生产加工过程、保存和使用背景信息的描述、记录。其具有内容、背景、结构3个特征。内容是指描述对象包括什么、关于什么，揭示了描述对象的内在本质；背景是指与描述对象的创建相关的谁、什么、为什么、在哪里、如何等方面信息，揭示了描述对象的外部信息；结构是指描述对象内部或信息对象之间的存在形式和相互关系，可以指描述对象的内部结构，也可以指描述对象的外部结构。因此，元数据是用于描述任何网络数据和资源，促进网络信息资源组织和获取的数据⑧⑨。

---

① 赵庆峰，鞠英杰.国内元数据研究综述[J].现代情报，2003（11）：42-45.
② 陈克强，高振家，赵洪伟.关于数字地质图元数据编制方法若干问题的讨论[J].中国区域地质，2001，20（4）：434-443.
③ 刘春燕.资源共享视角下的科技计划项目元数据框架构建研究[D].北京：中国人民大学，2016.
④ 刘海学.基于语义标注的元数据自动构建及其相关技术研究[D].上海：华东师范大学，2010.
⑤ 孙岩岩.省域高校数字图书馆关键技术研究[D].秦皇岛：燕山大学，2006.
⑥ 王丹，王文生，刘俊华，等.基于农村科技数据共享的元数据规范研究[J].农业网络信息，2004（8）：26-29.
⑦ 谭玎培.元数据的内涵、特点及其他元数据研究之一[J].浙江档案，2002（2）：6-8.
⑧ 赖洪波.面向政府信息资源的数据仓库元数据研究[D].大连：大连理工大学，2005.
⑨ 黄迪.基于元数据的轻量级工作流管理系统的设计与实现[D].长春：吉林大学，2006.

（2）元数据不一定以数字形式存在。之前的图书馆卡片、歌曲目录、MARC 记录等都可看成元数据，其存在是多样式的，只不过随着网络大数据的快速发展，越来越多的用户期望将海量信息生成能够为计算机识别和采用的数字式元数据，并将原有的元数据集成到数字信息系统之中[1]。

（3）元数据其实是一种标准规范格式，不同的资源有不同的规范格式（元素和语法都有标准化），以便于系统内部或系统之间的交流和互操作。

（4）元数据的产生本身就是由人设计的，可以由人来提供，或者由机器（计算机自动生成，或者通过一项资源与另一项资源的相关关系导出）生成。元数据的质量状况时时受到元数据来源质量的影响，因此对元数据进行质量控制是十分必要的。

（5）元数据使用前提是保证机器的可理解，以便于计算机系统能够自动解析、分解、提取、检索和发现资源实体的基本特征。这为采用相关计算机工具软件进行元数据管理提供很好的应用。不同的应用对于同一事物的特征描述，可能采用不同的描述方法和抽象级别，因此应该针对应用需求来研究元数据[2]。

3.2.1.2 元数据的概念理解

从以上定义可以看出：元数据的本质含义是关于数据的数据，它用来描述原始数据的特征和属性。元数据的引入，其实是用一种规范的方式对各种数据化、非数据化信息资源的特征进行描述，并使这些描述信息能够被计算机自动辨析、分解、提取、分析、归纳为一种框架或一套编码体系[3]，起到描述数据、管理数据、提供对数据的查询和检索方法、帮助数据交换和传输及促进数据共享的作用。其具有定位、描述、搜索、评估和选择等功能，即通过识别资源、评估资源、追踪资源在使用过程中的变化，利用机器自动处理，实现简单高效地管理海量网络信息，实现对数据资源的有效发现、查找、一体化组织，以及对使用资源的有效管理，并可实现信息质量的可追溯性，提供了从源头控制质量问题的可能性[3]。可以说，元数据为分布的、由多种数字化资源有机构成的信息体系提供整合的工具与纽带，也为各种形态的数字化信息单元和资源集合提供规范、普遍的描述方法和检索工具[4]。

总之，在网络环境下，元数据是为了有效地解决网络科技信息资源有序化、结构化及更好地提升信息资源检索、发现和利用的效率而产生的。把元数据看成描述资源对象属性的、机器可识别的结构化数据，较以往更加精准地描述网络信息资源的语义，以方便实现信息资源的标识、集成、交换、检索等[5]。元数据能够提高针对网络信息资源的检索能力，特别是搜索的精确度，以及资源整合、互操作、对信息资源的控制和管理能力。它使网络信息存在

---

[1] 周莉. 网络信息资源知识组织与揭示研究 [D]. 长春：东北师范大学，2006.
[2] 刘春燕. 资源共享视角下的科技计划项目元数据框架构建研究 [D]. 北京：中国人民大学，2016.
[3] 王丹，王文生，刘俊华，等. 基于农村科技数据共享的元数据规范研究 [J]. 农业网络信息，2004（8）：26-29.
[4] 张晓林. 分布式学科信息门户中网络信息导航系统的规范建设 [J]. 大学图书馆学报，2002（5）：28-33，43.
[5] 刘莉. Web 资源质量元数据的获取与管理技术的研究与实现 [D]. 成都：西南交通大学，2010.

多种有序化组织方式,使其更像一个图书馆内整齐有序的文献,而不是一堆满地乱扔的书籍①。通过这种方式,可以表示内容的属性与结构信息,还可以通过对围绕 HTML 和 XML 环境产生的一系列元数据规范记录数据项的业务来描述信息的元数据,能够帮助用户使用数据。

另外,由于有些信息资源存在格式和控制方法多样性问题,较难直接梳理相关信息内容,而通过元数据则能支持用户进一步了解信息资源。例如,它包含的数据元素集可以用来描述信息对象的内容和位置,以便能在网络中方便地查找和检索。

本项目认同在 1993 年 8 月 IEEE(Institute of Electrical and Electronics Engineers)关于(数据)元数据研讨会的定义:(数据)元数据是关于现存数据的实体信息、管理信息和使用信息的总和②。其中,实体信息包括数据的内容和意义、分类和编码、数据实体间的关系、数据格式和数据类型、相关数据导出/派生信息等;管理信息包括数据存放位置和名称、访问时间和访问方法等;使用信息包括使用机制、使用方法和历史记录等。

3.2.2 元数据的特征

3.2.2.1 元数据的基本特征

在引入元数据概念时,最初对其基本特征的认识主要集中在描述性、动态性、整体性、层次性、多样性、支撑性、共享性等方面(表3-2)。

表3-2 元数据的基本特征

序号	基本特征	含义
1	描述性	元数据是描述数据的数据,它通过按一种约定俗成的规则来描述对象的手段来组织和管理信息资源
2	动态性	元数据随着所描述对象的变化而变化,其语义表达要求高度灵活,并要求支持高可扩展性
3	整体性	元数据一般不单独使用,往往需要多个元数据相互配合去完成某项工作,其共同作用才能构成完备的描述体系。一个系统中的元数据通常都是相互兼容和匹配的
4	层次性	一方面是由元数据所描述对象的多层次性决定的;另一方面是由元数据使用对象的多层次性决定的
5	多样性	指元数据的类型多样。一个描述对象的元数据会有各方面特征,从不同的角度对其进行划分会产生不同的结果
6	支撑性	从某种程度来说,元数据相对内容而言处于次要的地位,但又是必不可少的,起支撑的作用,它有效地维护所描述对象的原始性和完整性。另外,元数据的支撑性还表现在它与所描述对象的共存,能保证资源的长期使用③

---

① 沈凤善. 元数据在数字图书馆中的应用[J]. 牡丹江师范学院学报(哲学社会科学版),2005(1):122-123.
② 陈克强,高振家,赵洪伟. 关于数字地质图元数据编制方法若干问题的讨论[J]. 中国区域地质,2001,20(4):434-443.
③ 孙源鹏. 电子政务信息资源目录服务的研究与应用[D]. 上海:东华大学,2010.

续表

序号	基本特征	含义
7	共享性	元数据作为对数据的描述，即便是在特定的应用领域也会有许多不同的设计方式和应用模式，为了保证充分发挥元数据的作用，同时不会为未来的发展造成潜在的阻碍①，其共享性一直通过各种标准保证

但随着其应用日渐广泛，对其认识也在不断地深化，且转向对元数据其他诸特征的探索，如元数据的适用范围、元数据标准与类型、元数据的功能与作用等方面。按照徐维②的观点，元数据还具有以下几个特征。

（1）元数据的还原性。元数据记录了这个信息实体的原始性特征信息，即将著录信息的原始性信息映射到了这个信息实体的元数据记录中，当利用这个信息时，元数据也就同时反映了这个信息的原始性③。

从图3-1可以看出，元数据记录中的元数据与所著录信息中的内容、背景、结构信息构成了一一对应的映射关系。基于这一关系，具有元数据记录信息的元数据就能完整地记录这个文件的原始状态。因此，元数据能够还原信息，进而还原历史记录，使这个信息具有凭证性、可追溯性。

科技信息
核心元数据　　　　　　　　　　　　著录信息示例

农业科技信息资源名称	胡锦涛指示第三批先进性教育活动围绕建设社会主义新农村主题
农业科技信息资源URI	http://www.cast.net.cn/AgriNews AgriNewsText.as? Mdid = 13887
信息资源提供者	新华网
存储量	8561字节
创建时间	2005 - 11 - 29
数据格式	ASP文档
收集策略	免费
…	…

图3-1　利用农业科技信息核心元数据对具体信息进行著录的示例

（2）元数据的结构性。元数据作为高度结构化的数据，表现在整体上就是元数据之间的关系是经过精心构造的，表现在个体上就是对元数据构成建立了统一规则，从而使各项元数据信息显示得清清楚楚，既便于识别又没有歧义，这不仅包括整体构成上信息实体的原始

---

① 吉文杰. 基于元数据的数据中心管理系统的设计与实现 [D]. 上海：东华大学，2011.
② 徐维. 对元数据功能与性质的深层解析 [J]. 兰台世界，2005（7）：20-22.
③ 卢涛. 行业元数据分析和版面化检索研究 [D]. 天津：南开大学，2007.

结构排列顺序，也包括从元素上规范记录每一项活动的背景信息。

（3）元数据的跟踪性。元数据动态记录信息实体整个生命周期过程中各种基本特征及其相互关系，起到发现、查找、一体化组织、评价、管理等作用，可实现背景信息的可追溯，保证了从源头上去发现、理解信息的可能性[①]。

（4）元数据的系统性。元数据反映了信息的多维结构，对其基本内容、结构、背景及其过程活动管理等都记录下来，体现了一整套的编码体系。它从整体上系统反映这个信息实体所处的内外"场景"，是按照一定的标准规范由这个信息实体的各项特征描述构成的信息集合，具有规范性、准确性、完备性、系统性描述特点。

综上所述，元数据具有上述特点，也就是说，抓住了元数据就抓住了这条信息，抓住了这一信息背景，进而抓住了数据的信息质量。

3.2.2.2 网络环境下元数据的新特征

网络环境下，元数据又被赋予新的特征和用途，如共享性和链接性。元数据是对网络信息的描述，元数据的数量、多样性、语义复杂性与网络信息的种类及复杂性是密切相关的。因此，网络环境下，元数据在描述信息资源实体时将面临以下几个挑战。

一是网络信息资源中几乎各个领域的数据都呈现形式多样、数量巨大的特点，而直接从HTML文档中精确、高效地抽取元数据是很困难的，具备共性"最大公约数"下的元数据项很少。

网络环境下海量数据存在的最大问题是利用元数据对海量信息资源发现、检索的问题。由于全文检索的速度很慢，效率较低，信息检索仅是基于"关键词"查询的[②]，而关于此信息的全文知识点、背景信息等用户所关心的与需求密切相关的项目则很难查到，更无法展示信息资源的质量状态情况。为此，有学者提出用元数据标签方法显示信息资源质量状况。

实际上，从HTML 2.0开始，历经HTML 3.0、HTML 3.2、HTML 4.0，W3C（World Wide Web Consortium）关于HTML的规定草案中都有关于使用元数据标签的说明部分[③]。HTML文件中包括一些描述文件内容、结构等特征的元数据标签，就可以保证文件的可被检索性，即为网络中的每一类数据建立一个网络对象元数据标签，使网络信息结构化。例如，利用XML技术给网络信息建立标签，XML是一种完全面向数据语义的标记语言，是数据的容器，它不关心数据的显示样式与布局效果，只是突出展示了数据的语义与元素结构描述能力。从HTML文档中抽取元数据可分为两个步骤：首先用XML转换器将HTML文档转换成结构良好的XML文档，然后用元数据抽取器从XML文档中检查超链各个属性并抽取出相应

---

① 王丹，王文生，刘俊华，等. 基于农村科技数据共享的元数据规范研究［J］. 农业网络信息，2004（8）：26-29.
② 于志敏，谢丽聪，韩晓芸. Web元数据信息提取技术的研究［J］. 微计算机信息（管控一体化），2008，24(33)：232-233.
③ 伯琼，赵小燕，张丽红. 自动抓取元数据标签中DC元数据的模块设计［J］. 重庆教育学院学报，2010，23(3)：9-13.

的元数据①。

元数据标签结果简单，形式灵活，包容性强，很容易掌握和使用，因此可以将为一些特定网络信息资源对象建立的元数据标准引入标签。标签可以满足网络用户的简单查询需求，也可以作为某些专门机构建立更为详细的网络资源编目记录的基础，节省编目加工的人力、物力和时间。目前，都是在 HTML 语言的头部打元数据标签，但是在 HTML 文件头部可以使用哪些元数据标签、如何使用等问题还没有公认的国际规范②。

由于目前网络中网页展示的信息大多是用 HTML 书写的，因此很多文献专注于 HTML 文档范围。文字链接、图像链接和视框链接是 HTML 文档中 3 种基本的超链接，其中文字链接是最常用的网页链接，其主要属性包括 Name、Title、On – Mouse – Over、Tref、Anchor Text 等，这类描述超链属性或超链周围的文字的数据被称为超链元数据①。为了充分利用超链所提供的信息，超链周围的文字（Surrounding Text）也被作为元数据的信息来源来处理，其中包括属性标记符所包含的文字及属性标记符上层标志所包含的文字。要充分利用元数据在定题信息采集的作用①，必须对超链属性中的元数据进行有效抽取①。

二是元数据标签与 DC 元数据相结合，建立与 DC 元数据项之间的映射关联。这种做法是在 HTML 的元数据标签部分采用诸如 DC 那样统一的专门描述网页资源的元数据标准，可准确描述网页资源特征，搜索引擎就能够在读懂网页语义的基础上，从元数据标签里面获取 DC 元数据信息，并对网页进行基于语义的分析和处理。传统搜索引擎大多只提供关键词途径，输入一个或多个关键词进行检索，检索结果为原文中含有关键词的部分内容节选，检索用户无法依据显示的检索结果里面的一段文字来快速判断这个网页的具体内容②。

采用元数据来描述网络信息资源，需要从语义上定义基本的描述元素，并采用一定的格式进行存储。由于元数据的标准很多，结合网络信息资源特点及网络信息的应用，部分资源采用 DC 元数据标准来描述网络信息资源内容。DC 包含 15 个核心元素，每个元素代表了网络信息资源一个特点的属性或特征，所有的元素组合在一起涵盖了描述网络信息所必需的各个方面，构成了网络信息的元数据模式。根据描述信息类型的不同，这些元素大致可以分为与内容相关的元素（如 Title）、与知识产权相关的元素（如 Creator）和与实例相关的元素（如 Language）3 组③。

由此可见，网络环境下，元数据可实现对网络信息资源和其集合的背景及相互关系的结构化描述，构建编码体系。

网络信息资源集管理信息资源和元数据于一体，通过元数据反映信息实体的质量情况而无须采取另外的单独系统将信息实体与元数据联系起来。

---

① 宗校军，沈轶，廖晓昕. 定题 Web 信息采集中的元数据处理［J］. 华中科技大学学报（自然科学版），2006，34（10）：37 – 40.

② 伯琼，赵小燕，张丽红. 自动抓取元数据标签中 DC 元数据的模块设计［J］. 重庆教育学院学报，2010，23（3）：9 – 13.

③ 于志敏，谢丽聪，韩晓芸. Web 元数据信息提取技术的研究［J］. 微计算机信息（管控一体化），2008，24（33）：232 – 233.

由此可见，尽管 XML、RDF 和 HTML 标签从形式到实现方式都存在很大的不同，但是，将它们应用到网络信息资源描述中，能使用户认识到一份完整、真实、可读的网络信息应是信息实体和元数据的集合体，两者在物理上可能互相独立，也可能密不可分①。

3.2.3 元数据的分类

由于网络信息资源的创建、管理、发布、利用涉及的领域不同，或者网络科技信息资源的类型不同，会出现各种元数据形式或标准，因此，针对种类繁多的元数据，有必要建立一致、统一的元数据分类标准，使人们能对各类元数据有清晰的认识。

总体来看，一般对网络信息资源的元数据格式有以下几种分类方法。根据结构性和完整性将元数据划分为简单格式、结构化格式、复杂格式3个级别。其中，简单格式只描述信息的位置特征，不支持对字段的检索，用户查询准确率较低；结构化格式由结构化的数据项组成，具有严格的数据结构，支持字段检索；复杂格式具有严格的语义规则和完整的信息描述手段，有严格的格式规定和详尽的字段，能够精确、完整地描述信息资源②。

根据元数据所描述的数据对象的层次，可以将元数据划分为6个层次③，如表3-3所示。

表3-3 不同层次数据对象对应的元数据类型

类别	第一层	第二层	第三层	第四层	第五层	第六层
名称	信息内容格式元数据（对组成各类对象的内存结构进行描述）	内容对象元数据	资源集合元数据	组织与管理机制元数据	信息系统过程与信息模式元数据	宏元数据（对描述元数据的标记语言、格式语言、复用共享机制、转换机制等进行描述）
举例	SVG MathML SMIK	MARC DC VRA Core	RSLP CDS	Voc ML XTM PICS	WSDL WSPL BPSS	XML XML Namespace RDF

资料来源：赖洪波. 面向政府信息资源的数据仓库元数据研究 [D]. 大连：大连理工大学，2005.

按元数据描述对象的不同，将元数据分为描述元数据、技术元数据、业务元数据和管理元数据等4类④。其中，描述元数据是对信息资源实体本身外在基本特征的描述，如主题、题名等；技术元数据主要是用来描述信息实体和信息处理过程中的技术细节与处理规则，如表结构、ETL 映射关系、维护信息等；业务元数据则是对信息实体和信息处理的业务化描述，如业务规则、业务术语、处理指令、信息分类等；管理元数据是对信息资源实体进行项

---

① 刘越男. 电子文件管理元数据从认识到应用 [J]. 档案与建设，2003（1）：18-21.
② 赵俊岭. 基于元数据的软件体系结构及其应用 [D]. 北京：北京邮电大学，2005.
③ 赖洪波. 面向政府信息资源的数据仓库元数据研究 [D]. 大连：大连理工大学，2005.
④ 曾华实. 湖南烟草商业元数据系统分析与设计 [D]. 北京：北京工业大学，2010.

目管理、人员配置等相关信息的描述。

另外，一些专家基于不同研究领域、研究对象，对元数据进行更具体的分类。有的从使用目的出发，将元数据分为网络查询工具、以发现为目的的元数据和以详细记录为目的的元数据3类[1]；有的从功能视角出发，将元数据分为以检索文献资源为目的的元数据和以详细描述文献资源为目的的元数据[2]；有的从内部结构、应用领域、编码标记方式、开发设计角度、通信协议等方面进行分类[2]。

美国印第安纳大学电子文件项目研究小组认为电子文件元数据可分为标识元数据、背景元数据、内容元数据、期限与条件元数据、处置元数据、结构元数据、保护历史元数据等7个部分[2]。

刘春燕[3]将科技计划项目元数据分为7大类：定义元数据、数据质量、定位元数据、过程元数据、审计元数据、使用元数据和评论。

S. Gilliland 等[4]将元数据分为5类：管理型、描述型、保存型、使用型和技术型。元数据主要根据信息资源的3个主要特征而创建：内容（对象的内在方面）、上下文环境（外部方面）、结构（对象与其他对象相关的内在和外在方面）。

1998年，美国格蒂信息研究所（Getty Information Institute）对元数据进行专项研究，提出按功能将元数据划分为管理型元数据、描述型元数据、保存型元数据、技术型元数据和使用型元数据5种类型[5]（表3-4）。

表3-4 元数据的类型及功能

类型	定义	举例
管理型元数据	用于管理和控制信息资源的元数据	采购信息 版权及复制记录 获取权力控制（密级） 馆藏信息 数字化的选择标准 版本控制
描述型元数据	用来描述或识别信息资源的元数据，一般为手工制作的元数据	编目记录 查找帮助 专门索引 资源之间的超链接 用户的注解

---

[1] 许永涛. 基于E-R-P建模体系的政务信息资源元数据模型与应用研究[D]. 大连：大连理工大学，2008.
[2] 吴显义. 我国元数据研究现状分析[J]. 情报科学，2004，22（1）：55-58.
[3] 刘春燕. 资源共享视角下的科技计划项目元数据框架构建研究[D]. 北京：中国人民大学，2016.
[4] GILLILAND S, ANNE J. Introduction to metadata: setting the stage [EB/OL]. (2014-06-02) [2016-11-30]. http://www.slis.kent.edu/~mzeng/metadata/Gilland.pdf.
[5] 赖洪波. 面向政府信息资源的数据仓库元数据研究[D]. 大连：大连理工大学，2005.

续表

类型	定义	举例
保存型元数据	与信息资源的保存管理相关的信息	资源的物理状态描述文件 有关保存资源的物理或数字化描述 版本的描述文档，如数字的更新和迁移
技术型元数据	与系统功能相关的元数据或元数据行为模式	硬件和软件支持 数字化信息，如对格式、压缩比例、缩放比例、常规系统响应时间的记录 许可和安全数据，如密码、口令
使用型元数据	与信息资源利用的等级和类型相关的元数据	展出记录 用户及利用记录 内容再利用和多版本的信息

3.2.4 元数据的结构

在网络环境下，元数据被赋予了很多功能和内容，使得元数据结构变得越来越复杂。这体现为元数据结构的多维性、多层性。元数据结构一般包括内容结构、句法结构和语义结构[1]。

（1）内容结构。内容结构是对元数据的构成元素及其定义标准进行描述，主要包括描述性元素（如题名、作者、分类、主题等）、技术性元素（如文件类型、保存格式、大小、压缩方法、使用软件等）、管理性元素（如有效期限、使用权限等）、复用元素和结构性元素。

（2）句法结构。用来定义元数据的整体格式结构及如何描述这种结构，如元素结构描述方法（如 XML Schema、RDF 等）、结构语句描述语言、元素的分区分段结构组织、元素选取使用规则等。句法结构还可定义元数据与被描述数据对象的捆绑方式，如判断元数据是否与数据对象捆绑在一起，或者元数据是否以一定形式与数据对象链接[1]。

（3）语义结构。定义了元素语义的具体描述方法，包括元素定义、元素内容编码规则定义和元素语义概念关系等 3 个层次。一般做法是：每个元数据规范的框架结构包括范围、编制目的、规范性引用文件、术语和定义、元数据元素框架、元数据元素描述方法、元数据元素的描述、附录方案，以及附件元数据著录规则[2]等要素，在相应的元数据著录规则中对每个元素的著录都进行了细致的说明和举例，说明元素与其他概念的关系，并与规范配合使用，便于工作人员操作。

---

[1] 赵悦. 数字图书馆元数据应用研究 [D]. 武汉：武汉大学，2005.
[2] 邵燧星. 汶川地震信息资料库元数据规范编制 [J]. 档案学研究，2010（6）：82-85.

3.2.5 元数据的元素

元数据元素是元数据最基本的单元,它描述原始数据某一个特征,如 Dublin Core(DC)元数据的 15 个内容元素。元素还可以进一步细分为子元素、修饰词(限定词),还有对元素、子元素、修饰词的取值加以规范的编码体系[1]。

在 ISO/IEC l1179《信息技术—元数据注册》标准中规定了定义以下元数据元素的 10 个属性[2]。名称(Name):元素名称;标识(Identifier):元素的唯一标识;版本(Version):该元素所属的元数据版本;注册机构(Registration Authority):注册元素的授权机构;语种(Language):元素说明的语种;定义(Definition):对元素概念与内涵的说明;必备性(Obligation):说明元素是必备的还是可选的;数据类型(Datatype):元素值中所表现的数据类型;最大使用频率(Maximum Occurrence):元素的最大使用次数;注释(Comment):元素应用注释;版本:1.0;注册机构:中国标准技术研究院;语种:中文。

这个标准还规定了 6 个功能领域(管理和标识、名称和定义、分类、数据元素概念、概念域和值域、数据元素)的元数据模型,定义了 9 类 45 个基本属性,为各专业元数据的建立提供了良好的研究理念和基础[3]。

《澳大利亚政府文件保管元数据标准》2.0 版本(2008 年 7 月颁布)在遵循 ISO 23081 的基础上,对 5 个单独的实体(文件、责任者、业务、法规和关联)进行描述,并且定义了一套 26 个基本的元数据元素和 44 个附加的限定元素来描述这些实体[4]。

王绍平[1]研究认为:元数据的元素集存在一定的语义关系,元数据本身很难表现信息资源之间错综复杂的关系,如元素之间的相关关系及通过这种相关关系体现的元数据所描述的对象与相关机制之间的复杂关系,则需要借助外部的程序来实现,元数据本身是无法解决的。

3.2.6 元数据的功能

所谓的"功能"是指一定结构的系统在某一特定环境下所能发挥的作用和能力。元数据的功能就是指元数据系统在电子文件管理计算机系统中所能发挥的作用和能力[5]。

元数据是信息资源组织与管理的基础和保障,是信息资源描述、定位、检索的重要工具,不同专家基于不同视角,对元数据功能的看法是不同的。当前关于元数据的功能和应用的主要观点如表 3-5 所示。

---

[1] 王绍平. 组织数字信息资源的元数据方法和 Ontology 方法 [J]. 上海高校图书情报工作研究,2005(4):10-13.
[2] 何嘉荪,金更达. 电子文件管理元数据规范 [J]. 浙江档案,2005(4):12-14.
[3] 徐维,曹洪欣,邱君瑞. 电子病历用于临床研究的元数据概念及语义建构 [J]. 情报学报,2011,30(6):668-672.
[4] 邵熠星. 汶川地震信息资料库元数据规范编制 [J]. 档案学研究,2010(6):82-85.
[5] 徐维. 对元数据功能与性质的深层解析 [J]. 兰台世界,2005(7):20-22.

表3-5 关于元数据的功能和应用的主要观点

主要观点	作者/机构	元数据的功能
元数据的数据功能观点	孙晓菲	具有描述、发现、定位、选择、导航、评估、服务、管理功能[①]
	Queensland Government	具有发现、评估、使用功能
	D. Lorcan	具有定位、发现、记录、评估、选择及其他功能[②]
	NISO	具有资源发现、组织电子资源、促进互操作、数字化标识、存档与保存功能[③]
元数据的数据应用观点	孙晓菲	具有描述与发现、组织与管理、保护与保存、建模与执行等功能[①]
	Queensland Government	具有获取、检索、管理、导航和使用信息功能
	王霞	具有描述信息资源的内容及特征，记录信息资源的建立、结构、维护等方面的信息，消除数据资源之间的语义独立性和异构性，以及对网络信息资源进行访问及管理功能[④]
	陈淑君	具有编目、资源发现、电子商务、内容分级、知识产权管理、隐私管理功能[⑤]

通过对上述一些观点的梳理和归类，本项目发现有些是通用性功能，有些则是针对特殊资源的功能。

（1）元数据的通用性功能。目前元数据在各领域所起的作用各不相同，刘海学[⑥]、程红福等[⑦]、姚小乐[⑧]对共性的功能进行了归纳总结（表3-6）。

表3-6 元数据的通用性功能

序号	功能	定义	所起的作用
1	描述功能	对信息对象的内容、属性、位置等基本属性的描述	信息的管理、检索、利用等
2	定位功能	通过一些诸如DOI、URL、URN的元数据标示符，明确网络信息资源的位置	促进网络中信息对象的发现和检索

---

① 刘春燕. 基于ISO 23081的科技计划项目档案元数据构建研究[R]. 北京：中国科学技术信息研究所，2012.
② LORCAN D. A review of metadata: a survey of current resource description formats [EB/OL]. (2015-10-29) [2016-12-13]. http://www.ukoln.ac.uk/metadata/desire/overview/rev_09.htm.
③ NISO. Understanding metadata [M]. Bethesda, MD: NISO Press, 2004: 1-2.
④ 王霞. 卫生统计调查元数据概念模型的研究[D]. 西安：第四军医大学，2006.
⑤ 陈淑君. Metadata理论与实务. 数位典藏国家型科技计划资料室 [EB/OL]. (2013-06-07) [2016-12-13]. http://www.sinica.edu.tw/~ndaplib/channels/dlm91_92.htm#MD.
⑥ 刘海学. 基于语义标注的元数据自动构建及其相关技术研究[D]. 上海：华东师范大学，2010.
⑦ 程红福，孙婷婷，明晓乐. 网络图书资源元数据框架研究[J]. 信息技术，2014 (11)：141-145.
⑧ 姚小乐. 新加坡框架下的元数据服务研究[D]. 上海：华东师范大学，2010.

续表

序号	功能	定义	所起的作用
3	检索功能	将信息对象中的重要信息抽出，加以组织，赋予语意，对资源对象重要的特征、属性进行组织，并描述其关系，为用户提供多层次、多途径的检索体系	帮助用户快速、准确地找到真正需要的信息
4	评估功能	根据元数据对信息资源对象基本属性的描述（如名称、内容、作者、格式、日期等），使用户对资源对象有基本的了解认识	能够使用信息进行价值评估
5	管理功能	保存资源对象的权限、修改、加工、结构等信息记录	完成对资源对象的管理
6	选择功能	借助于元数据对资源对象做出的评估，选择自己所需的资源对象	—
7	交互功能	建立在用户需求调研基础上，允许用户自行设定、调整元素，建立不同元素间的关系，设定检索点，构造规范文档；同时不断吸取用户的反馈意见，调整自己的元数据标准	—

表 3-6 显示出元数据在不同领域中可以发挥的基本作用，但具体到每个特定的领域或特定的应用时，元数据起到的作用又各不相同。为此，本项目将在后面进一步分析元数据在网络科技信息资源领域的作用。

在一定程度上说，网络科技信息资源质量管理的目的就是通过元数据的功能来实现的。在网络环境下，元数据是解决信息资源骤增所带来的诸多资源质量问题的关键。这些问题可以概括为以下3点[①]：一是海量网络科技信息资源如何有效组织的问题；二是用户如何在海量信息资源中准确而又快速地检索到所需信息，克服目前仅靠搜索引擎带来大量无用信息的问题，从知识检索、质量检索方面满足用户要求；三是如何实现网络信息资源的高效利用，主要体现在信息资源内容的描述，提供方便的检索方式，维护、补充和更新原来的信息，从而有利于信息资源的存取、利用和共享。围绕这三大任务，元数据的功能已不再仅仅限于最初的描述、发现、定位、检索等功能，而是有所突破和拓展。

（2）元数据在网络科技信信资源领域的作用。对于海量的网络科技信息资源而言，如果缺乏足够的描述信息，人们就很难获得科技信息资源的价值而加以利用，元数据是一种可以提供发现信息资源的服务机制。元数据的价值就体现在其能够为科技信息资源的服务提供一种可行方法，这种方法能够引导用户提高快速发现资源的能力。

由于元数据提供了对网络科技信息资源的各种属性的描述，因而可以看成是"资源"的替代品。比如，通过描述元数据来揭示信息资源本身特征，通过管理元数据来反映管理资源状态情况，通过技术元数据维护来保证信息资源的连贯性和支撑作用，通过应用元数据来保证用户更好地检索到信息资源。因此，元数据有利于网络科技信息资源的组织和管理、持久保存，提高网络科技信息资源的检索效率，促进资源的共享和使用。

---

① 袁小一，苏智星. 浅谈特色数据库元数据的建立 [J]. 晋图学刊，2005（5）：28-30，35.

由此可见，元数据通过描述、分解和定义网络科技信息资源的信息组成结构，提供科技信息资源在生产、存储、分类、内容、交换等方面的信息，以及揭示各个要素之间的关系，帮助人们更好地理解不同来源的科技信息资源，协助用户就信息的内容和质量是否满足需要做出判断。同时，元数据还是实现跨资源库语义互操作的基础[①]。

（3）元数据在网络科技信息资源质量建设中的作用。元数据在网络科技信息资源质量改善上起到独特的作用。比如，元数据是保证信息质量的关键，数据库或数据集建设完成后，使用者在使用的时候，由于对有些科技信息不了解，对其背景不清楚，或者底层的数据对于用户来说是不"透明"的，常常会对这个信息产生怀疑。而借助元数据管理系统，最终的使用者会很方便地得到各个信息资源的来龙去脉及数据复用、抽取和转换的规则，这样使用户对这些信息有更多的了解，也可更加直观、方便地发现信息资源中存在的质量问题[②]。同时，元数据提供了一种结构化的描述规范，可通过元数据管理有效地管理转换规则，可以使存量和增量信息资源的数据抽取保持转换规则的一致性，克服信息资源集成、互操作及数据抽取的转换困难，而且能够动态地跟踪转换规则变更的踪迹质量状态变化情况，以及元数据库和数据库之间的映射历史、信息资源的过程控制情况等，保障在网络环境下的科技信息资源是高质量的信息资源，甚至国外有学者还在元数据模型的基础上引入质量维[②]，从更高的角度上来解决这一问题。

总之，元数据对网络科技信息资源的特征进行揭示，使管理、维护、使用人员全面地了解信息资源，进而有效地组织、管理和利用信息资源。其在上述信息资源的描述与发现、质量评价、数据交换、长期保存等方面具有重要作用。元数据在网络科技信息资源质量改善方面的作用可以分为总体作用与局部作用。

第一，元数据的总体作用。为保证网络科技信息资源在整个生命周期中的不同阶段发挥不同的作用，元数据的总体功能有以下几点[③]。

一是元数据提供了对网络科技信息资源的全面描述。这是元数据最基本的作用，是使其作用得以发挥的基础。

二是元数据可以保障网络科技信息资源的真实性。真实性主要反映的是在这一阶段信息资源的质量状态，以及传递的方式和保存的方式等真实的处理情况[④]，元数据完整地记录了网络科技信息资源的形成过程、技术措施（如数字签名、密钥、密码）和管理过程，根据这些记录可以确认其真实性。元数据真实地反映科技信息资源处理活动的实际过程，元数据系统在信息资源的现行阶段就具有能保证其真实性的作用和能力。

三是元数据可以保护网络科技信息资源的完整性。一般地，元数据能够在两个层次上保证网络科技信息资源的完整性：在单条信息的层次上，某些结构、背景方面的元数据与网络科技信息资源内容相对分散，保存这些元数据，并在元数据与信息实体之间建立有效的联

---

① 张超林．文本分类技术在数字图书馆中的应用与研究［D］．北京：首都师范大学，2007．
② 杜永友．构建基于工作流引擎和元数据驱动的数据仓库 ETL 工具［D］．成都：四川大学，2004．
③ 李毅博．政府电子文件元数据管理及其标准构建研究［D］．南京：南京理工大学，2007．
④ 徐维．对元数据功能与性质的深层解析［J］．兰台世界，2005（7）：20－22．

系，是维护信息完整性的必备手段；在信息资源集合的层次上，元数据记录了信息资源（有时通过数据集或数据库描述）之间的有机联系，从而保证了信息资源整体记录的完整性[①]。

四是元数据可以保证网络科技信息资源的可读性。元数据记录了网络科技信息资源形成、迁移后的技术环境，为保证其长期可读性提供了必要的信息。

五是元数据能够支持网络科技信息资源的全程控制。利用元数据，可以实现对网络科技信息资源生命周期全过程的有效控制，包括通过各个关键工序活动捕获的元数据来控制网络科技信息资源的质量状态记录，通过访问权限元数据来控制网络科技信息资源的存取，通过追踪网络科技信息资源形成、管理和利用过程中形成的元数据进行质量控制等，从而有效规范网络科技信息资源管理。

第二，元数据阶段性的局部作用。元数据阶段性的局部作用则是网络科技信息资源各过程关键环节中各个元数据组合或个体所发挥的具体作用。它是总体作用在某一部分的具体化。

一是在创建科技信息时，元数据能保证信息的创建、保存，将科技信息字段项获取并登记于元数据管理系统。元数据系统不仅包括一份涵盖内容本身的网络科技信息，而且能通过描述证明科技信息采集、加工等处理过程描述活动必需的结构和背景信息的完整性，使用户通过阅读科技信息生产各环节处理的这些背景信息及和其他相关环节的联系描述能进一步正确地理解该网络科技信息。

二是在科技信息资源的加工、审核过程中，元数据能保证科技信息的完整性、准确性，使其能够反映一条科技信息生产过程完整的一系列的处理活动，准确地反映科技信息内容及其活动的情况，满足管理者和用户使用的要求[①]。

三是在科技信息资源的应用服务阶段，元数据能保证科技信息的使用性、可理解性和安全性。当需要科技信息时，元数据能保证这条信息是可确认的、可检索的、可利用的和可获得的，使用户在使用前能够了解这条信息。

由此可见，元数据是使网络科技信息资源充分发挥作用的重要技术，是解决网络科技信息资源管理问题不可缺少的工具。它可以用于许多方面，包括科技信息建立、发布、浏览、转换等。元数据对于促进科技信息的管理、使用和共享均有重要的作用。可以说，如果没有元数据，就难以有效地管理和使用网络科技信息资源。

3.3 元数据标准

3.3.1 元数据标准概念

网络科技信息资源覆盖不同领域，资源类型的多样性、多层次性等，使不同资源类型的

---

① 徐维．对元数据功能与性质的深层解析［J］．兰台世界，2005（7）：20–22.

应用需求产生很大的差别。此外，对于数据字典、资源库的建立与数据的注册和术语的统一尚无法进行基本约束来保证数据库建库质量。要使数据加工达到规范化、标准化，实现数据交流与共享，其前提就是规范元数据标准。如果没有一个统一的、规范的元数据标准，就会对网络信息资源集成、利用产生很大的障碍。尤其在质量管理中需要制定统一的元数据标准，以使信息提供者和用户统一处理有关元数据交换、共享和管理的问题，提高质量控制的效率。

为此，有必要在现有的一些元数据标准基础上进一步规范元数据内容，以从质量维度层面进一步抽象为统一的元数据质量维度标准，按照一定标准，从信息资源中抽取相应的质量特征，组成一组共性的质量特征元素集合。这种规范化描述可以准确和完备地说明网络科技信息资源共有的特征。质量规范有利于促进各种网络信息实现规范化共享，提高网络信息资源利用效率，减少重复建设，大幅降低信息化的成本。元数据标准不仅可以为各类网络信息系统的数据采集、存储、归档、编目、查询提供基础规范，而且可以指导有关部门、组织和个人向社会发布规范化的元数据。

元数据标准主要用于数据发布、数据集编目、数据交换、网络查询服务等，同时是数据集整理、建库、汇编、发布的依据。元数据标准能够使某一特定领域内的数据生产者和相应的数据使用者相互配合，共同处理相关的元数据采集、交换、共享及管理维护等相关问题。

从质量管理来讲，元数据标准对网络信息资源质量管理所起到的作用主要有以下几点[1]。

（1）适应网络环境下数据管理和数据使用的需要。随着信息技术发展，尤其在网络环境下，面对众多分布在不同网络节点上的、多种内容、多种类型的数据库，通过建立不同等级的、与数据资源实体链接的元数据库，可以规范数据管理，使数据具有继承性，达到管理数据、说明数据、了解数据和获得数据的目的，从而使信息资源网络传播成为可能。

（2）元数据标准使网络环境下不同类型信息资源能建立统一的、规范化的元数据库，保证用户在理解水平上一致，有利于数据交换和互操作。

（3）元数据标准便于开发适用于不同数据库和多种信息资源操作系统的元数据操作工具，简化元数据的输入、编辑与维护，方便数据查询与检索。

（4）维护数据的版权。元数据不仅为用户使用数据提供了方便，而且使数据拥有者的利益得到保护。

由此可见，元数据标准是描述某一领域内网络信息具体的某一类或某一种对象时使用的所有描述规则的集合。不同种类或不同领域的信息资源一般都会有各自领域内相应的元数据标准[2]。

3.3.2 网络科技信息资源的元数据标准构成

一般将元数据标准分为核心元数据标准和专业元数据标准两种类型[3]。

---

[1] 赵改善，曹邦功. 元数据：勘探开发数据管理的一种新工具[J]. 石油物探，2002，41（2）：236-242.
[2] 张燕. 虚拟筛选元数据管理系统的研究[D]. 兰州：兰州大学，2013.
[3] 杨金莹. 科技资源数据库元数据注册与使用[D]. 石家庄：石家庄铁道学院，2009.

（1）核心元数据标准。本项目对众多专业领域的元数据标准进行梳理后发现，大多都包含一些相同的元素。杨金莹[①]设想把这些共性的元数据提取出来，结合元数据用途筛选确定一些作为核心的元数据标准，并重新统一命名、标识，形成一个词汇表或元素集，方便在专业元数据中广泛引用，提供元素的权威声明，指明元素间的语义关系，给定元素的唯一标识。它可由一个注册机构管理和维护。

按照这一思路，对于科技信息资源，由于其资源的特殊性，目前没有相应的国际标准可以直接应用于所有科技信息资源数据系统，因此需要根据科技资源的数据特点，及其元数据的应用继承性原则，考虑以DC元数据标准为基础制定科技资源核心元数据标准，使其在科技资源数据共享和互操作中具有很强的通用性。

核心元数据标准是由数据集元数据做主要部分。数据集元数据定义了一组通用的元数据模块和元素。一般核心元数据标准包括数据集描述信息、数据质量信息、数据集分发信息、元数据参考信息、服务参考信息及结构描述信息等6个主要复合元素模块[①]。此外，地理领域等还可将范围信息和联系信息列入核心模块。

（2）专业元数据标准。在网络环境下，不同专业、不同类型科技信息资源的应用需求差别很大，必然要根据实际情况去制定设计元数据标准，采用组合、匹配、定义拓展（专有）元素的方法产生的元数据标准，被称为专业元数据标准[②]。它是由多个元数据元素组成的标准，是针对一个特殊信息资源的应用，从一个或多个核心元数据中选取元素，经过制定优化生成的。专业元数据标准是对元数据标准的使用声明，是核心元数据标准中元素的重用，可能取自多个命名空间中的元素，因此可能对应多个注册机构。

但过多的专业标准规范如果同时存在，但又不统一，也会使各个著录项名称、要素、规则、取值范围等有所差别。这不仅使得互操作困难，而且存在认识理解的不一致性，从而使科技信息资源难以实现真正的网络共享。

3.3.3 国际上科技信息资源领域主要通用的元数据标准概述

网络科技信息资源除了遵循网络信息资源的XML、HTML、RDF等技术描述规范外，还根据各自的专业领域制定了各种元数据标准。

目前，国际上应用最广泛的有影响的跨领域元数据标准就是DC标准，目前已被翻译成30多种语言，成为美国、欧洲等国家和地区的国家标准，并于2003年成为国际标准（ISO 15836：2003）。

除DC标准外，国外有关各类数字资源对象的元数据标准规范主要分为以下几种：文献资料（如MARC DTD系列、MODS、Z39.50 Profile、ONIX、ETD – MS）、藏品（如CDWA、VRAcore、REACH元素集）、教育资源（如DC – Education、ADL/SCOM、IEEE LOM、GEM元数据）、网络资源（如ROADS、RDF）、音视频资料（如MusicBrainz Metadata Initiative）

---

① 杨德婷．科学数据库元数据标准体系设计 [J]．微电子学与计算机，2003，20 (7)：1 – 4.
② 赵仁铃．基于非技术途径的元数据互操作研究 [J]．图书情报研究，2010 (3)：3.

等。同时，还有一些用于数字信息长期保存的元数据标准，或者可在数字图书馆系统中使用的对象元数据编码方案。

此外，在科技资源领域还有如下几类专门的元数据标准框架规范。

（1）RSLP 资源集合描述（RSLP Collection Description）标准。RSLP 资源集合描述项目是英国研究支持图书馆计划（Research Support Libraries Programme，RSLP）资助的一个项目（http：//www.ukoln.ac.uk/metadata/rslp/），目标是使得 RSLP 资助的所有项目能够以一致且机器可读的方式描述资源集合。经过分析，这个项目组提出了一个资源集合元数据描述模型，如图 3-2 所示。

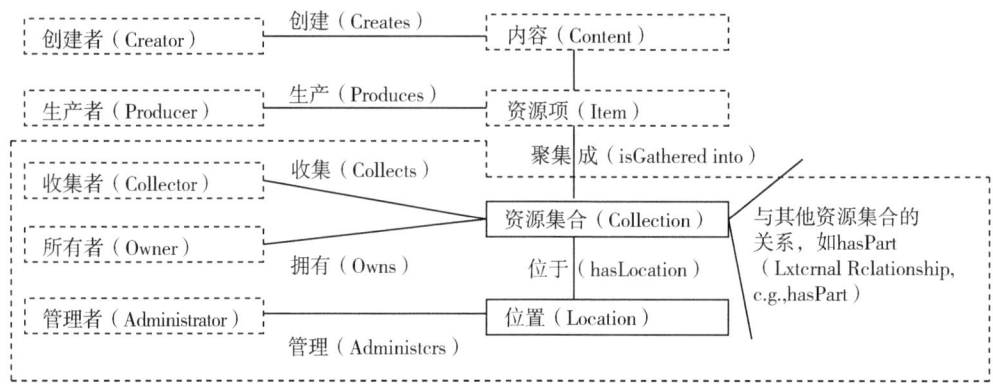

图 3-2 RSLP 资源集合元数据描述模型

（资料来源：李建生．图像元数据特征提取及其在检索中的应用［D］．南京：南京师范大学，2006）

这个项目组提出了一个由源集合（Collection）、资源集合位置（Location）及代理（Agent）3 个元素区构成的描述资源集合的元数据标准，其中代理（Agent）包括与资源集合的收集、管理等相关的个人和机构。这个模型使用了 DC、VCard（电子商务卡片）元数据标准中一些相关元素，并自定义了若干集合层描述元数据元素，在语法结构上采用了 RDF/XML 来对标准进行编码。

（2）PREMIS 数字资源长期保存元数据框架。美国联网计算机图书馆中心（Online Computer Library Center，OCLC）和美国研究图书馆协会（RLG）联合开发的数字资源长期保存元数据框架（PREMIS），可适用于各类数字对象及数字保存活动和机构。PREMIS 把资源实体分成 5 类：objects（对象）、intellectual entities（知识实体）、events（事件）、agents（代理）、rights（权限）。PREMIS 数字资源长期保存元数据框架如图 3-3 所示。

（3）网络电子文档元数据架构。Moura 等提出了一个描述网络电子文档的元数据架构①。在这个概念框架中将电子文档看成一个 5 级的相互联系、逐级提升的层次结构，在每一层中通过使用元数据类型揭示和展示这个文档，并在不同层面形成一个立体的元数据框架

---

① MOURA A M D C, CAMPOS M L M, BARRETO C M. A metadata architecture to represent electronic documents on the web [C]. 3rd IEEE Metadata Conference NIH Campus, Bethesda, Maryland, U.S.A, 1999.

第3章 元数据在科技信息资源建设中的应用

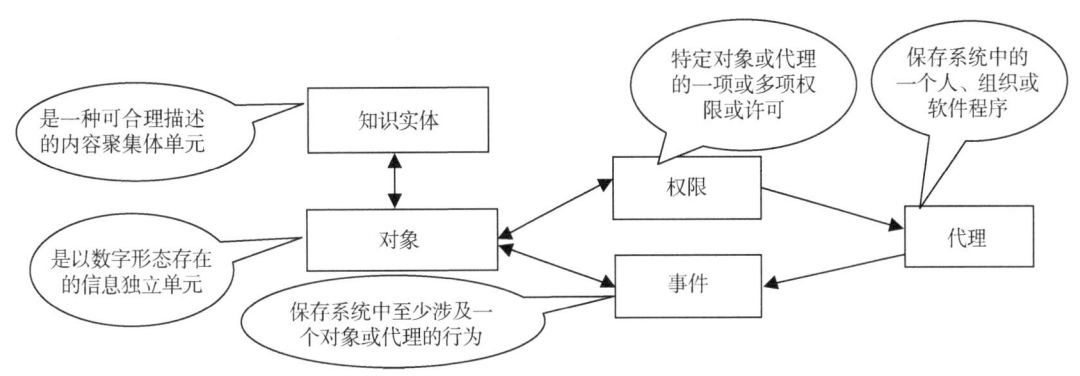

图3-3 PREMIS数字资源长期保存元数据框架

结构，如图3-4所示。

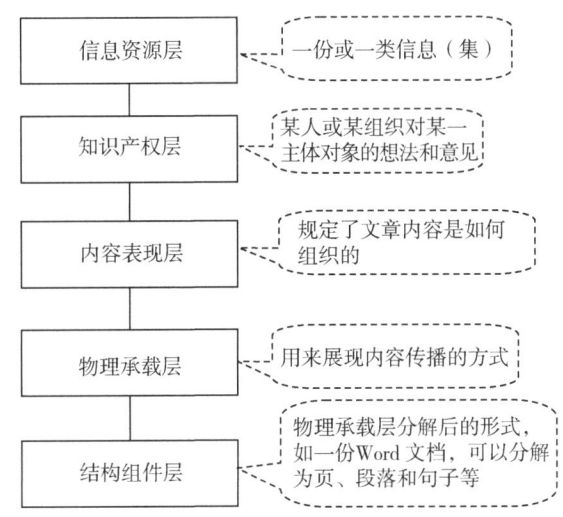

图3-4 网络电子文档元数据架构

通过对国外有代表性的元数据框架的分析，可以看出上述几个元数据框架普遍关注元数据的描述和如何更好地进行资源集成与整合的数据管理的完整框架，有些侧重于从业务视角来总结关键实体要素及相互关系。但在实际运行中也能发现其不足，就是对用户的关注不够，不能很好地将用户的意愿与元数据描述内容建立关联，形成匹配。实际上，有些用户很难达到信息"专家"级别的信息识别能力，故有必要从模型构建、功能设置、实体要素等方面充分考虑信息资源使用者的现实情况和需求。

3.3.4 国内科技信息资源领域主要的元数据标准概述

随着国外元数据理论和应用的发展，国内对于信息资源元数据标准的研究也非常活跃。尽管相关研究起步较晚，但发展很快，已在各个领域建立了各自的元数据标准，以指导实践工作。比如，在各类项目实践中，2000年，进行的"中文元数据标准研究及其示范数据库"

项目初步提出了文献资源的中文元数据标准框架[1]；2002年，在科技部重大基础课题"我国数字图书馆标准规范建设"项目研究基础上制定了我国数字图书馆标准规范发展战略与标准规范框架，制定了一系列相关核心标准规范体系与开放应用机制；2009年，国家图书馆启动的"古籍、拓片、舆图专门元数据规范"项目，相继出台了一系列相关元数据标准规范，对元数据标准不断地进行拓展和完善[2]。

与此同时，针对非文献类信息资源的元数据标准框架研究也迅速发展。例如，针对科学数据，中国科学院制定了科学数据库元数据框架，为科学数据库各学科数据集资源建立了统一的描述框架和通用的描述元素集合[3]；科技部国家科技基础条件平台中心专门制定了一系列科技资源元数据标准，包括《科技平台　资源核心元数据》（GB/T 30523—2014）、《科技平台　标准化工作指南》（GB/Z 30525—2014）、《科技平台　元数据注册与管理》（GB/T 30524—2014）、《科技平台元数据标准化基本原则与方法》（GB/T 30522—2014）。此外，农业、林业、气象、海洋数据、测绘数据等方面也都提出了各自的元数据应用框架。

3.4 网络环境下主要科技信息资源领域的元数据标准框架

针对各种网络科技信息资源，包括传统型科技信息和其数字产品，以及数字化科技信息，分别制定适当的元数据标准，为其发现、获取与管理提供一种实际而简便的方法，是网络科技信息资源建设中首先要开展的工作。为了既能兼顾不同资源的特性又能最大限度地实现各类资源在发现和获取方法上的一致性，体现出网络科技信息资源的整体性，各元数据标准应当从功能、数据结构、格式、语义、语法等诸多方面保持一致[4]。这种一致性和整体性也便于在更大范围内实现不同网络科技信息资源或不同系统间的集成融合和数据共享。

考虑网络环境下科技信息资源类型极其丰富，分类复杂，为更清晰地梳理其元数据标准建设情况，本项目将科技信息资源元数据标准分为条件资源类元数据标准、项目资源类元数据标准及文件资源类元数据标准。其中，条件资源类元数据标准主要集中在科技文献、科技人才、大型科学仪器等条件下；项目资源类元数据标准主要集中在科技报告、科学数据和非实物科技信息等类别上；文件资源类元数据标准主要集中在电子文件元数据标准等类别。

以下重点以科技期刊文献、科技报告、科学数据等为例展开深入讨论。

3.4.1 网络环境下科技期刊文献资源的主要元数据标准框架

在信息技术的推动下，针对传统科技期刊文献资源及其数字化信息文献资源分别制定了各类元数据标准，尤其以数字图书馆元数据标准建设规范最为系统，使得科技文献信息能够

---

[1] 赵悦. 数字图书馆元数据应用研究 [D]. 武汉：武汉大学, 2005.
[2] 国家图书馆. 中文元数据方案 [C]. 北京：国家图书馆, 2002.
[3] 胡良霖，黎建辉，王闰强，等. 科学数据库元数据互操作的类OAI模型 [C]. 第七届科学数据库与信息技术学术讨论会，丽江：中国科学院科学数据库办公室，2004.
[4] 肖珑，陈凌，冯项云，等. 中文元数据标准框架及其应用 [J]. 大学图书馆学报，2001, 19 (5)：29-35, 91.

实现网络集成共享使用。

在国外数字图书馆建设的进程中,有关元数据应用的研究已有了一定的进展,如澳大利亚国家图书馆 PANDORA 项目的元数据标准规范、美国国会图书馆 NDIIPP 项目的元数据标准规范、DCMI 维护的 DC 元数据标准规范、英国国家图书馆 CEDARS 项目的元数据标准规范,以及欧洲版本图书馆 NEDLIB 项目的元数据标准规范[①]等。

我国在科技期刊文献数字资源建设中,对元数据方案的研制也高度重视,在吸收、引进国外元数据理论与方法的同时,针对中文信息资源的特点,进行了有益的探索与实践。这方面的研究主要是在图书馆领域,围绕数字图书馆建设过程中的信息资源保存和管理开展的框架研究,资源对象主要是各类科技文献。

(1)国家图书馆的《中文元数据方案》。2000年6月,在北京香山召开了第一次中文文献资源共建共享合作会议,由国家图书馆牵头制定《中文元数据方案》。内容包括中文核心元数据结构框架(图3-5)、中文核心元数据集(有25项元素)和著录规则、中文元数据基本扩展集和著录规则、中文元数据集细分规则、中文元数据应用方案、评估方案及改进措施[②]。

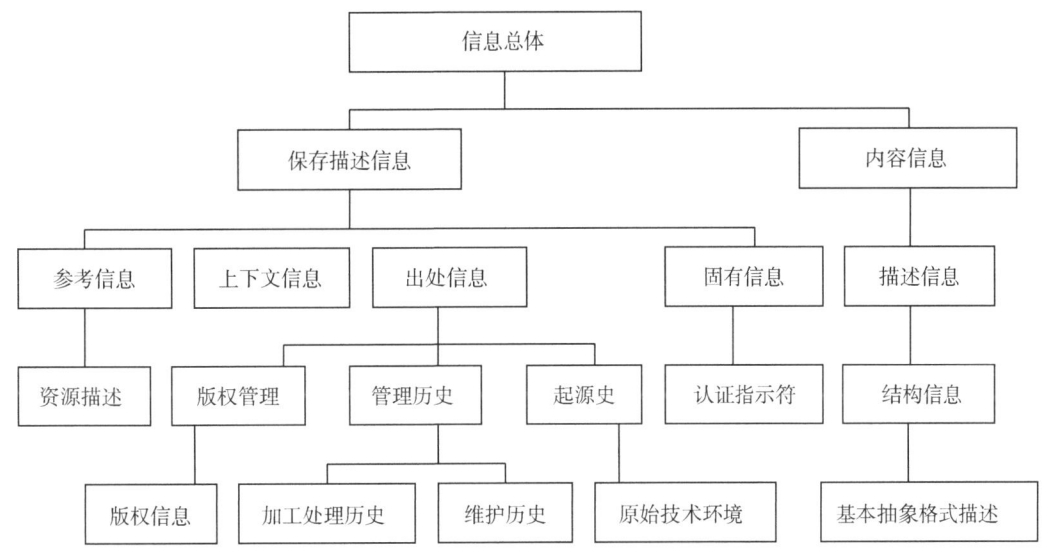

图3-5 《中文元数据方案》之中文核心元数据结构框架

(资料来源:赵悦. 数字图书馆元数据应用研究[D]. 武汉:武汉大学,2005)

最终确定的科技文献元数据标准草案如表3-7所示。

---

① 赵悦. 数字图书馆元数据应用研究[D]. 武汉:武汉大学,2005.
② 同①.

表 3-7 科技文献元数据标准草案

元素	限定符			说明
	Type	Lang	Scheme	
Title	—	cn/zh（英文/中文）	—	标题
Creator	Name	cn/zh	—	作者名称
	Affiliation	cn/zh	—	作者机构
Subject	Class	—	CLC（中国图书馆分类法）	主题类别
	Keyword	cn/zh	—	关键词
Description	—	cn/zh	—	描述（摘要）
Publisher	—	cn/zh	—	出版者
Date	—	—	ISO 8601	日期
Type	—	—	DCRT	类型
Format	—	—	MIME	格式
Identifier	—	—	URI	标识符
Source	Collection	cn/zh	—	期刊
	Year	—	—	年
	Volume	—	—	卷
	Number	—	—	期
	Start-page	—	—	起始页码
	End-page	—	—	结束页码
Language	—	—	ISO 639	文档语言
Reference	—	cn/zh	—	引文
Size	—	—	—	文档大小/byte

资料来源：赵悦的《数字图书馆元数据应用研究》及相关资料。

（2）上海图书馆的数字图书馆元数据方案。其主要采用以 DC 作为核心集、多种元数据标准并存的方法，并使用 XML 结构的 RDF 资源描述体系将多种元数据封装在一起，既可满足不同资源的元数据描述需要，又可充分利用原来的元数据资源（主要指 CNMARC 记录），保证了元数据的完整性与互操作能力[①]，实现了元数据的继承性、扩展性要求。

---

① 赵悦．数字图书馆元数据应用研究［D］．武汉：武汉大学，2005．

(3) 清华大学建筑数字图书馆的元数据标准及保存方案。其主要针对特殊资源（如专著、论文、汇刊、照片、图纸、测稿、音频、动画）提出以复用 DC 的 15 个元素为核心元数据，并增加了两个元素（本地信息和生存期技术环境），利用 DC 的元素及修饰词建立了与其他元数据标准的映射，方便互操作与资源整合。这一标准由描述、结构、管理 3 类共 17 个元素组成。其侧重于描述元数据（描述语言采用 XML），但也包含管理元数据、保存元数据和结构元数据的内容，满足用户发现、评价、选择、检索资源，以及数字化流程管理与保存的需求①。

(4) 清华大学图书馆保存元数据方案。这是在 DC 的基础上确定了 12 个通用的元素作为核心元数据，包括描述 MD、技术 MD、权限 MD、来源 MD 和数字化过程 MD 等 5 个部分。其中，只有描述 MD 是必备的，如图 3-6 所示。这一元数据方案不仅是一个完整的保存元数据框架，提供了实际标引时的标引机制及元数据的编码方案，还提供了表达资源结构的机制，制定了一个通用的资源结构。按照这个结构从上而下地标引资源，记录每个层次对象的特征，以及各层之间的关系。这就避免了采用相同的元数据方案却使用不同的资源结构表达机制的混乱现象①。因此，这一元数据方案不仅适用于数学资源，而且适用于各种资源。当资源类型发生变化时，只要改动其中的描述性元数据模块就可以了，其他模块保持不变。尤其是按资源的发展阶段组织元数据，可以清楚地反映资源的发展过程①。

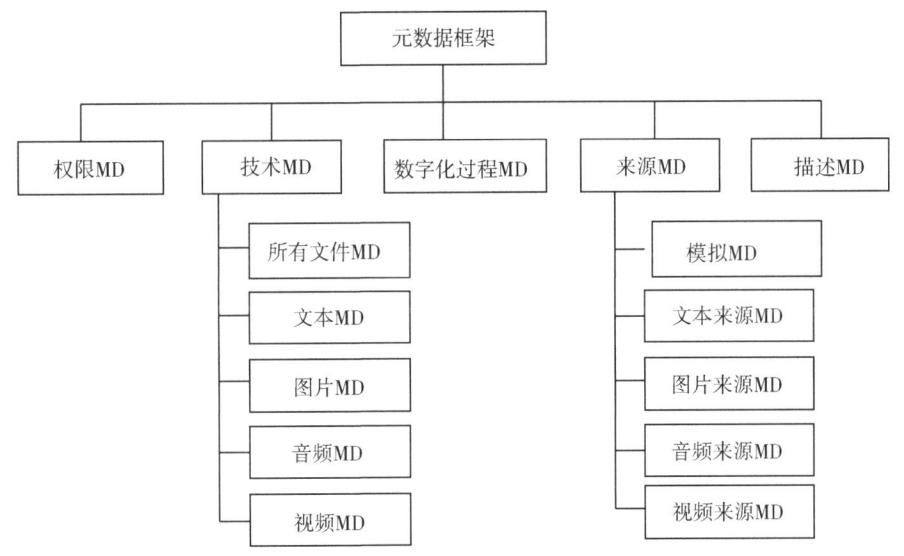

图 3-6　清华大学图书馆保存元数据方案

（资料来源：赵悦. 数字图书馆元数据应用研究 [D]. 武汉：武汉大学，2005）

(5) 信息资源基础管理性元数据框架。王绍平等①在上海图书馆资源建设基础上提出了

---

① 王绍平，郑巧英，孙华，等. 信息资源基础管理性元数据框架的数据模型 [J]. 情报杂志，2008，27（3）：93-95，98.

一个基于信息资源生命周期的管理元数据框架。这个框架对数字图书馆的各个层面、各运行环节的管理机制进行了详细的分解，参照通行的与信息资源管理相关的数据模型，通过对实体、关系的分析，进一步加以抽象与归并，划分出代理、事件、信息资源、政策、权限、合同、订单等基本数据模型的构成要素，如图3-7所示。

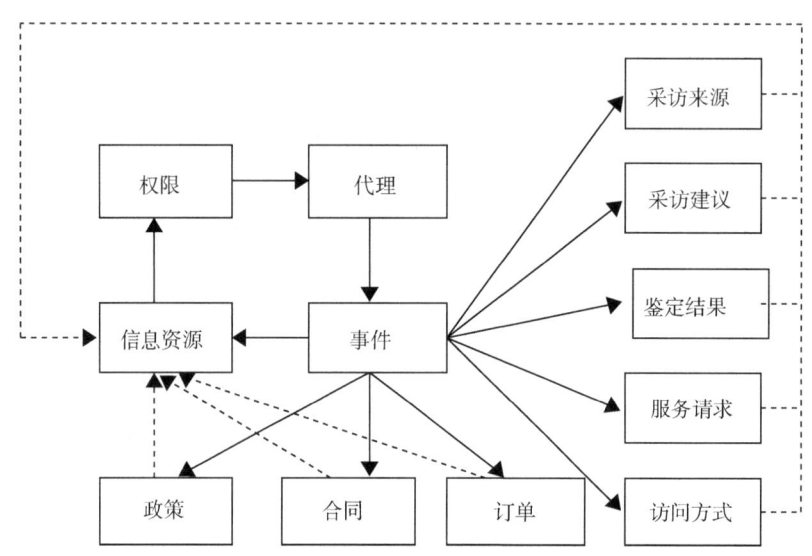

图3-7 信息资源基础管理性元数据框架

（资料来源：王绍平，郑巧英，孙华，等. 信息资源基础管理性元数据框架的数据模型［J］. 情报杂志，2008，27（3）：93-95，98）

其中，用户、服务者、加工者、采集者、鉴定者、供应者等实体具有相同或类似的属性，都在信息资源产生的过程中起到一定作用，可归为"元素代理"；将代理、信息资源及其与其他实体发生的关系（如查询、采集、履行等关系），抽象为"事件"，用以描述信息资源生产过程中的任何有意义的行动或事情；将实体与数字化信息资源（含元数据资源及数据库等资源组织形式）统称为"信息资源"；将采访政策、加工规则、服务政策等归并为"政策"；将"权限"作为与代理、事件、信息资源密切联系的元素单独提取出来；代理通过事件与信息资源、政策、合同、订单、采访来源、采访建议、鉴定结果、服务请求、访问方式等发生联系，并享有相关的权限。代理也可以通过事件与权限关联，如代理间"洽谈"许可权利等。

另外，政策、合同、订单及采访来源、采访建议、鉴定结果、服务请求、访问方式均与特定的信息资源相关。

（6）北京大学图书馆制定的《中文元数据标准框架》。这个标准框架提出了元数据标准制定的原则、方法和流程，并规定以 XML/RDF 为标准描述元数据。其将元数据划分为描述型元数据（描述或标识对象内容和外观特征的元数据）、管理型元数据（用于管理复合对象的元数据）、应用型元数据（为特定的应用而设立的元数据）。其中，描述型元数据的核心元素采用了 DC 的大部分元素，并增加了3个本馆核心元素（版本、物理特征、出版项），以及适用于具体对象的个别元素；管理型元数据由上下文信息（如创建内容的理由、与其他相关资源对象的关系等）、出处信息（如出处、变更历史、保管历史等）、验证信息和评价信息等 4 个方面的元素组成；应用型元数据根据具体应用资源而定，如地理信息元数据新增"空间项""时间项" 2 个特殊元素①。

总之，从以上各类科技期刊文献的元数据标准规范来看，基本能够就其资源特点参考国外标准搭建各自的元数据标准。从中可以看到，尽管有些名字标准不同，但都可以与 DC 标准的元数据要素建立起对应的映射关系②。但与国际标准相比，国内元数据发展略有不同。比如，国内目前多侧重于描述型元数据，而对管理型元数据和结构型元数据关注较少，尚缺乏系统、完整的通用型元数据体系①。

同时，也注意到以上各种元数据标准在实施中存在不足。第一，元数据著录规则不一致，由于各个数据库有自己的著录规则，这使整合、互操作过程中存在差异；第二，每类信息资源的元数据颗粒度细化程度差异明显，有的科技文献资源提供出版商、出版时间、题目、主题、版权、ISBN 号、版权、语言等，而有的科技文献资源仅包含出版商、出版时间、类别、语言等字段，无法就此判断这个文献资源的信息价值；第三，元数据质量参差不齐，资源本身质量、信息资源维护更新能力、网络数据管理水平、网络功能完善程度等都有所不同；第四，以上各个标准规范多是基于描述资源的元数据项，而对 DC 标准以外的元数据方案关注程度不够，尤其对技术元数据、知识产权元数据、来源记录元数据研究较少。这为制定、完善质量规范提出很大的挑战。

3.4.2 网络环境下科技报告资源的主要元数据标准框架

元数据是科技报告资源建设的基础，科技报告资源的发现、组织、利用和管理都需要元数据的参与。元数据质量的高低直接影响到用户对科技报告资源的利用效率。

2014 年 3 月 1 日，国家科技报告服务系统（National Science and Technology Report Service，NSTRS）正式开通运行。截至 2023 年 4 月末，国家科技报告服务系统共收录各类科技报告 41 万余份，网页点击量达 1 亿余次③。NSTRS 主要通过用户分类，以元数据项进行检索获取相关科技报告资源。

科技报告元数据主要用于对科技报告的文献特征信息和项目来源基本信息进行描述、组织和管理，包括内容、载体、位置与获取方式、制作与利用方法及项目信息等④。科技报告元数据的主要作用是支持科技报告基本信息在计算机信息系统中的存储、管理、定位、调用等功能，帮助用户检索、识别和确认所需要的科技报告。

作为科技报告资源的一份通用标准，《科技报告元数据规范》（GB/T 30535—2014）规

---

① 赵悦. 数字图书馆元数据应用研究 [D]. 武汉：武汉大学，2005.
② 葛梦蕊. 学位论文资源发现系统构建方法研究 [D]. 北京：中国科学技术信息研究所，2017.
③ 国家科技报告服务系统. 国家科技报告服务相关数据 [EB/OL]. [2015-09-16]. http://www.nstrs.cn/Login.aspx?type=1.
④ 杨小芳. 面向用户的科技报告元数据质量评价研究 [D]. 北京：中国科学技术信息研究所，2016.

定了基本的著录描述指导规范元素集,并详细定义了元素及其修饰词,由 13 个元素、27 个元素修饰词、8 个编码体系修饰词构成(表 3-8)。

表 3-8 科技报告元数据规范元素集

元素		元素修饰词			编码体系修饰词
题名	报告类型	交替题名	摘要	辑要页密级	中国图书馆分类法
作者	科技项目	作者单位	特别声明	科技报告密级	汉语主题词表
主题	馆藏信息	责任者说明	资助机构	计划名称	W3C - DTF
描述		责任者顺序	参考文献	项目/课题名称及编号	URI
日期		分类号	起止日期	项目/课题承担单位	CRN
格式		主题词	完成日期	收藏日期	IMT
标识符		关键词	提交日期	馆藏号	ISO 639 - 2
语种		目次	范围		IFC 4646
关联		图表清单	页码		
权限		符号说明	权限声明		

资料来源:国家标准《科技报告元数据规范》及相关材料。

按照功能不同,元数据可以分为描述文献特征的元数据(如题名、作者、报告类型、日期、摘要、分类号、关键词等)、描述项目信息的元数据(如计划名称、项目/课题名称及编号、项目/课题承担单位等)、管理元数据(如项目/课题名称及编号、科技报告密级、特别声明、馆藏号、收藏日期等)[1]。而后期对存储的科技报告加工标准为科技报告资源的描述和识别、互操作和共享服务提供统一的元数据规范、数据交换标准和应用服务协议标准。

科技报告元数据记录了科技报告特征及其管理状况,描述了科技报告的背景、内容、结构及整个管理过程,保证了科技报告的真实性、可靠性、完整性、可用性、凭证性、有效性。对于因为涉密而无法查看原文的科技报告,元数据对揭示相关信息有很大的作用。

国外的研究比较系统,很多政府部门已经将科技报告收集工作纳入科研管理程序,实现制度化与常规化。例如,美国政府科技报告体系特点之一是科技报告的编写加工有较为严格的规范要求,科技报告需要具备完整的元数据信息,包括科技报告描述信息、载体信息及发布权限管理信息等[2]。美国四大科技报告分别都有各自详细规定,对科技报告的完整性、质量、标准、密级制定管理细则。比如,美国国家航空航天局(National Aeronautics and Space

---

[1] 宋立荣. 基层科技报告资源建设中元数据质量评估研究:以中国科学技术信息研究所为例 [J]. 中国科技资源导刊, 2016, 48 (1): 57-66.

[2] 胡红亮,周萍,等. 中国科技报告体系建设研究 [R]. 北京:中国科学技术信息研究所, 2007: 9-15.

Administration，NASA）对其科技报告出版发行的目标、政策、选择、标准、审核、批准都有详细的规定[①]。美国国家科技报告原文元数据项包括报告日期、作者、摘要、关键词、执行机构及地址、基金号、报告类型、资助机构等。

总体来看，由于科技报告本身多样性、异构性和复杂性的特点，加上其元数据的加工单位、应用单位很多，基层单位所采取的元数据标准、分类、资源标识等标准不一，造成各类科技报告标准并不完全一致，没有完全反映出科技报告生产全生命周期过程中各个环节的质量状态，尚缺乏一些管理元数据。目前，元数据填写质量参差不齐，元数据质量评价尚缺乏统一的规定，从而加大了资源整合、对外开放服务的难度。

目前，尚未发现有专门研究科技报告资源中元数据质量的文献。在实践上，我国已制定了国家标准《科技报告元数据规范》（GB/T 30535—2014），以及通用的《电子文件管理元数据规范》。其中部分内容涉及元数据制定规范问题，其元数据规范尚未细化到具体各个环节的元数据项要求。

3.4.3 网络环境下科学数据的主要元数据标准框架

科学数据是一种高度结构化、规范化的科研资源，一般是指通过科技活动或其他方式所获取到的反映客观世界本质、特征、变化规律等的原始数据，以及根据不同科技活动需要进行系统加工整理的各类数据集，用于支撑科研活动的科学数据的集合[②]。尽管不同学科领域的数据在存储、格式、数据处理方法和数据需求上存在很大的区别，但其来源规范、内容、组织和结构都已结构化，遵循一定的约束规则，且具有潜在的存储和使用价值，成为继科技文献资源之后又一重要的科学研究资源。

自 2002 年国家启动"科学数据共享工程"项目以来，我国科学数据领域元数据发展很快。很多领域都在最初的"科学数据共享元数据标准"基础上相继建立了各自领域的元数据标准框架或规范，包括农业、气象、地球等领域，尤其是中国科学院科学数据中心，其在建设庞大的上百个科学数据库时研究制定了十几项元数据标准，内容涵盖了标识信息、数据质量信息、内容信息、分发信息和元数据参考信息等多个方面。这些内容所属模块有所不同。此外，除了这些必要模块外，在不同的标准中，元数据内容还依据学科领域的不同进行了一定的扩展。

尤其近年来，元数据在科学数据管理中的应用也逐渐成为研究的热点问题。元数据已经从一种数据描述与索引方法扩展成为包括数据发现、数据转换、数据管理和数据使用的整个网络信息过程中不可或缺的工具和方法之一。科学数据元数据的描述层次，一般包括科学数据的一般描述、背景环境描述、处理过程的记录及数据更多不断细化的详细记录。赵华等[③]把科学数据元数据描述划分为 7 个大类：管理类（元数据自身信息和数据存档信息）、情境类（包括与数据集相关的研究项目、数据收集方法、设备等信息）、描述类（体现数据来

---

① 张爱霞，沈玉兰. 美国政府科技报告体系建设现状分析［J］. 情报学报，2007，26（4）：496 – 502.
② 赵华，周国民，王健. 基于元数据的数据发现和数据评价［J］. 现代情报，2015，35（4）：65 – 68.
③ 赵华，王健. 国内外科学数据元数据标准及内容分析［J］. 情报探索，2015（2）：21 – 24.

源、发布、空间地理等的相关信息)、通用信息(便于用户识别数据的标识符和名称等)、语义信息(用于描述数据内容的术语和主题分类信息)、时间信息(包括数据内容覆盖的时间信息、数据加工处理的时间信息)和技术类信息(描述数据格式及使用的参数、模型和测量方法等信息)。

赵华等[①]对国内外几个科学数据元数据标准内容进行了比较,如表3-9、表3-10所示。

表3-9 国内几个科学数据元数据标准内容比较

中国科学院科学数据库核心元数据标准	国土资源信息核心元数据标准	生态科学数据元数据	地球系统科学数据共享元数据标准	气象数据集核心元数据	医药卫生科学数据共享元数据标准
数据集描述信息	标识信息	标识信息	标识信息	元数据实体信息(标识、责任方等)	元数据标识信息
数据质量信息	数据质量信息	数据质量信息	数据质量信息	数据集内容信息(摘要分类、关键词、参考系等)	数据集标识信息
数据分发信息	空间参照系统信息	方法信息	空间数据表示信息	数据集知识产权信息(法律、使用、安全限制等)	内容信息
元数据参考信息	内容信息	场地信息	空间参照系统信息	数据集外形描述信息(标识、格式、语种等)	分发信息
服务参考信息	分发信息	项目信息	内容信息	—	数据质量信息
指示信息	元数据参考信息	分发信息	分发信息	—	限制信息
结构描述信息	—	元数据参考信息	元数据参考信息	—	维护信息
范围信息	—	实体信息	—	—	引用信息
联系信息	—	空间参照系信息	—	—	—
—	—	空间表示信息	—	—	—

---

① 赵华,周国民,王健.基于元数据的数据发现和数据评价[J].现代情报,2015,35(4):65-68.

表 3-10 国外几个科学数据元数据标准内容比较

ISO/TC 211	FGDC 标准	Darwin Core 标准	EML 标准	CF 标准	DDI 标准
标识信息	标识信息	标识信息	基本信息（关键词、摘要责任者、使用限制等）	维度描述（时间、空间、数量等）	文档描述信息
数据质量信息	数据质量信息	事件信息	地理信息	变量描述	研究描述信息
数据志信息	空间数据组织信息	生物发现信息	时间信息	坐标描述	数据文件描述
空间数据表示信息	空间参照系统信息	生物分类信息	分类信息	数据描述	变量描述信息
参照系统信息	实体和属性信息	地质环境信息	方法信息（抽样设计、测量方法、质量控制等）	整体属性描述（数据集标题、责任机构、数据来源、参考信息、加工历史、评论信息等）	其他相关材料
要素分类信息	—	位置信息	结构信息	—	描述信息
分发信息	分发信息	资源关系信息	其他相关信息（数据引文等）	—	—
元数据参考信息	元数据参考信息	参考信息	—	—	—

基于国内外科学数据元数据标准，本项目调研发现目前各个学科领域的元数据标准在核心元素、格式、组织方式、表达等方面有很大的差别，这使得不同资源之间难以统一集成、整合和服务，而目前主要是依靠复杂的映射转换模式实现相关的集成检索和互操作。尽管多数标准都考虑了以 DC 为元数据映射参考标准，但 DC 的要素数量有限，不能满足科学数据集中管理与服务的需求。

元数据描述通常包括科学数据集和元数据两方面，但重点关注的是数据集基本信息描述、数据内容描述、数据质量描述、数据分发与使用限制描述，以及与数据相关的其他信息描述。其主要通过元数据揭示是什么科学数据、有哪些数据、数据的质量如何、存储方式怎么样、如何获取和使用等，为用户发现数据、评价数据、选择数据提供参考[①]。

从大多数元数据标准来看，其描述的内容基本上都包含了科学数据集标识信息、内容信息、人员和权利信息、技术性信息、关联信息和生命周期信息，其中有核心描述项，如名称、摘要、关键词、来源、作者等标识信息，还有一部分扩展、补充的描述项，如对科学数据详细特征的描述（学科背景描述、数据产生背景、产生过程及数据使用情况）。可以说，元数据描述内容涉及科学数据的来源、目的、数据采集与加工过程、数据存储与组织、数据

---

① 赵华，王健. 国内外科学数据元数据标准及内容分析 [J]. 情报探索，2015 (2)：21-24.

使用情况①。

基于现有的对学科领域元数据标准的总结分析，本项目考虑利用大量元数据标准的统计梳理方法，设计一套能与大多数据标准相互映射的通用化管理的元数据最佳实践——"通用中间映射格式的元数据标准"，便于实现科学数据的规范化管理与集中服务。这种元数据标准基于 DC 标准进一步扩展管理、技术、应用元数据，以便更深入地表达科学数据的特征与关系。

为此，本项目有必要采取分级元数据标准框架，将元数据分为核心元数据和专业元数据（图 3-8）。其中，核心元数据服务于数据集层次，目标是为科技数据库数据集资源提供一套通用的描述元素和规范，为服务提供一套通用的描述模型和规范，从而在不同层面上为科技资源数据库信息资源的检索、整合、交换及其他应用提供支持；专业元数据服务于特定学科。各专业元数据基于共同的核心元数据和扩展规则，实现良好的互操作。

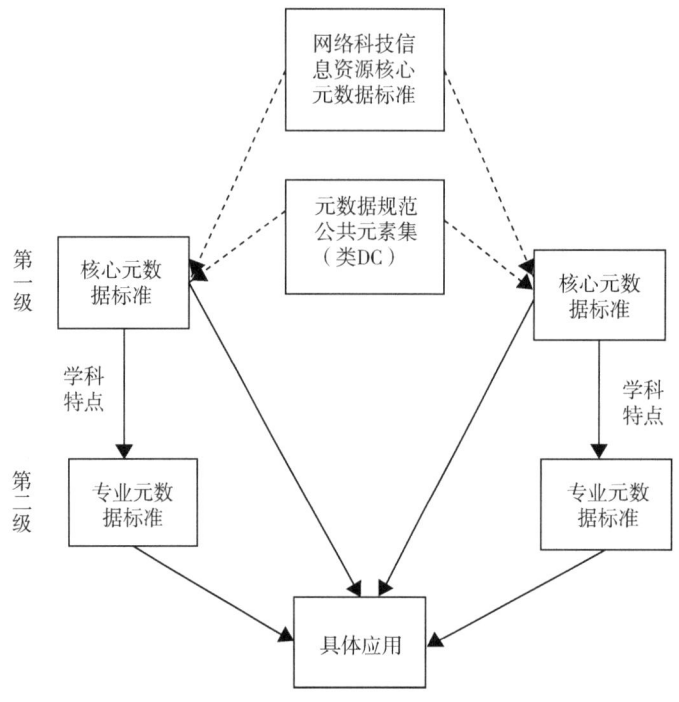

图 3-8　科学数据分级元数据标准框架

（资料来源：中国科学院科学数据元数据标准框架等相关标准）

第一级为核心元数据标准，在 DC 标准基础上依据科学数据资源特点进行补充和完善②；第二级为专业元数据标准，依据各个学科特点进行扩展定义。其中，第一级核心元数据标准有数据集描述信息、数据质量信息、数据集分发信息、元数据参考信息、服务参考信息及结

---

① 赵华，王健. 国内外科学数据元数据标准及内容分析 [J]. 情报探索，2015（2）：21-24.
② 王奕. 元数据技术在科技资源数据库查询中的应用研究 [D]. 石家庄：石家庄铁道学院，2008.

构描述信息等6个主要复合元素模块,还包括范围信息和联系信息两个辅助模块。第二级专业元数据标准按照学科特点对资源进行分类,并为某类特定学科的资源建立一套用以描述特殊资源信息的元素集合。专业元数据标准为专业数据的检索提供了合理的检索点。

3.5 现有元数据标准框架在科技信息资源建设中的不足

（1）元数据对科技信息资源的描述集中在3个方面：物理特性描述、信息内容描述、科技信息背景情境描述。其中，物理特性描述是指信息资源的题目、作者、状态、存储位置、使用限制、安全限制等方面信息；信息内容描述是指主题、术语、摘要、格式、知识产权、所属领域、处理方式等方面信息；科技信息背景情境描述是指信息实体来源、科研项目信息、科技成果关联信息等。有些元数据项可能会根据信息资源实体类型、存储环境和使用上的差异，有所扩展或适当删减。

（2）目前元数据多是基于资源本身构建的，现有元数据标准不能灵活反映用户的"适用性"要求，而是依据信息资源建设目标制定"符合性"要求。由于资源类型复杂，构建的各类元数据框架纷繁复杂，促进了各领域的数字资源建设，但也造成了一系列数字标准壁垒，即使搭建类似"一站式"科技资源共享平台，也因各类繁杂元数据格式而难以实现各类资源的有效集成、共享和服务。

（3）过多地从资源建设角度考虑构建系统、完善的元数据规范，并尝试实现对所有信息资源的最大描述覆盖框架，使得在建设中增加很多成本，也造成系统存储的巨大冗余，而众多的元数据项及内容填写项并不是用户所需要的，有必要根据用户的需求确定基本核心元数据项及扩展的内容项。

（4）描述科技信息资源的元数据元素大多参照 DC 标准设计。例如，Qin Jian 等[①]调查16个标准9个大类的4400余个元数据元素发现，大多是描述类元素，且复用 DC 元素较多，而且存在大量的、多样的元数据标准，差异很大，限制了统一、规范描述框架的形成，并认为元数据描述框架比元数据内容标准的指导性和框架性作用更强，不被特定领域的术语系统限制，但以现有的一个元数据标准来对所有科技信息资源实体进行统一描述也不太可能实现。

（5）众多文献或标准仅是对最终"成品"科技信息的描述规范，较少收集、汇总和反映科技信息生产过程中的状况及背景信息，这为使用科技信息资源增加了很多不确定性。

（6）现有元数据项中描述科技信息资源的内容不足以系统揭示科技信息资源建设过程中的基本状况，尤其是资源动态变化特征。网络科技信息资源发布的即时性、传播的广泛性、复制的便捷性、表述的专业性等特点，使得信息在加工、传递过程中有可能表述失真，难以保证最终科技信息资源的可信度，为此有必要在科技信息资源的全生命周期利用元数据

---

① QIN J, LI K. How portable are the metadata standards for scientific data? a proposal for a metadata infrastructure [C] // Proc. Int'l Conf. on Doblin Core and metadata applications, 2013.

来维系、记录、识别、处理和组织科技信息资源的背景信息。

（7）现有对元数据的研究多是将元数据仅看作描述科技信息背景、内容、结构及其管理过程的数据或工具，很少将其看作一种特殊的信息目录资源。而通过元数据进行科技信息资源目录聚合可实现科技信息加工的知识要素及关联信息资源的映射关联，保证用户可以快速检索获取多源相关信息资源。

（8）目前几乎所有元数据标准都是基于科技信息资源建设提出的，目前元数据框架多是基于资源本身构建的，而很少关注用户使用需求。依据信息资源建设目标制定的"符合性"要求，不能灵活反映用户的"适用性"要求。一方面，不断扩展的元数据项没有实现对所有信息资源的最大描述覆盖，而是造成了更多的系列标准壁垒，难以实现各类资源的有效集成；另一方面，有些元数据项并不是用户所需要的，这无疑增加了建设成本，也造成系统存储的巨大冗余。故有必要根据用户的需求筛选出基本核心元数据项，减少不必要的元数据项。

在实际工作中，多采取"关键词"等元数据项或元数据元素的组合形式为用户提供所需信息实体，起到帮助用户发现和评价信息的作用。因此，能否提高用户发现信息和利用信息的效率，取决于科技信息资源元数据的合理性，而目前这些领域元数据在实际应用中仍存在不足之处。一是用户很容易检索到元数据，但难以理解元数据内容，更难以通过元数据认识科技信息，进而无法评价和选择信息；二是用户很容易理解元数据的内容，但用户最为关注的科技信息资源属性描述却没有在元数据内容上体现出来，或者元数据对这个属性的描述力度不够，导致用户还是无法通过元数据内容评价和选择科技信息。这两种情况都说明了元数据内容的设置上存在缺陷[1]。

赵华等[1]总结认为目前诸如科学数据等科技信息资源的元数据在满足用户需求方面存在不足。如对于科学数据属性的描述不够全面，并不是在所有的标准中都涉及数据集使用信息，有的标准只是提到了使用限制和使用方法。其实在用户对数据集可用与否做出判断时，还会参考数据的使用历史和引用信息等[2]。

（9）现有元数据标准缺乏评价类元数据内容。现有的元数据项标准的筛选确定多是由专业人员或信息资源管理专家来完成，或者由信息资源提供者来扩展完善，都是从资源建设角度考虑的，较少考虑使用/服务过程中对资源使用效果的反馈，包括同行专家对信息资源的评价、用户使用信息后的反馈与评价信息等，即缺少评价类元数据内容，而用户在浏览和选择信息资源时通常需要借助于这些评价类元数据内容（有的文献称之为注释类元数据，有的叫作第三方元数据）。

（10）部分元数据标准中没有包含数据加工过程中各环节对数据处理措施的描述，有的标准提到了"数据日志"方式或"数据集摘要描述"等，但也不是必选项，这就使得用户在对海量信息的检索、使用过程中难以从过程中的质量控制判断这个信息的可信度、背景可

---

① 赵华，王健. 国内外科学数据元数据标准及内容分析[J]. 情报探索，2015（2）：21-24.
② 赵华，周国民，王健. 基于元数据的数据发现和数据评价[J]. 现代情报，2015，35（4）：65-68.

靠性等。

（11）由于科技信息资源含有多种资源，不同资源间的某些相似内容可能被定义在同一字段中，例如，期刊单篇文章所在的页码范围和图书的页码可能均被归于数据库中的"页码"字段，会议举办时间和图书的出版时间可能均被归于数据库中的"时间"字段。

（12）字段内容可能不标准。很多科技信息资源元数据中的字段内容难以按统一的标准定义，而是按各数据库自身特点定义，这样势必造成一些字段的内容与元数据现有标准的冲突。例如，期刊的出版年份与卷期数可能被归于同一字段，年代的划分可能没有按《中国图书馆分类法》第四版的标准进行。

（13）数据库中的某些字段在元数据标准中可能没有定义。由于科技信息资源具有明显的学科特色，某些字段的定义可能与特定的学科有关，而并不符合通用的元数据标准。同时，现有的元数据标准都是针对初始文献，而对于非一次文献（如二次开发）的某些字段则无法定义。

3.6 科技信息资源建设中元数据标准框架总结

随着科技信息资源的快速增加，不同类型资源纷纷搭建自己的元数据标准框架，促进了各领域的数字资源建设，但也造成了一系列数字标准壁垒，影响到了各类资源的集成、共享和服务。为此，急需一套能够指导科技信息资源全流程建设的元数据标准框架体系，界定相关资源属性，支持异构系统和资源的开放性互操作，丰富科技资源应用。总之，科技信息资源集成应用元数据标准框架的建立能将海量科技信息资源按照统一的标准有序组织，发挥各种资源的最佳使用效益。

（1）元数据标准规范已从简单描述信息的框架发展成为信息利用、信息挖掘、知识提炼和关联的有效工具或手段，元数据标准框架体系的设计已从传统的事物—属性—属性值的过程范式转向面向对象或关系的R－R设计范式[①]。

（2）从元数据的应用对象来看，已从文本网络信息资源扩展到科学数据、多媒体信息、视频等类型资源，应用对象不断扩展，元数据标准正在从抽象向具体应用发展。

（3）从元数据标准的应用阶段来看，各类元数据标准已从仅用于对信息资源实体的资源描述性、保存性描述，扩展到面向主题性、关系型、网络性的发展趋势，尤其在语义技术、人工智能、物联网等的应用推动下，元数据标准将延伸到记录信息资源实体对象的全生命周期各个阶段。不同元数据标准也面临如何有效实现互操作、资源整合等实践方面的问题。

（4）从数据标准的设计方法来看，大部分标准都采用跨系统、跨行业、跨领域的国内外共同合作标准制定机制。随着大数据的发展，资源合作领域越来越多，资源类型越来越复杂，很难达成一个适用于所有部门、行业的元数据标准框架。因此，有学者提出在整合异构

---

① 张英杰. 科技信息资源集成应用元数据体系框架研究[D]. 北京：中国科学技术信息研究所，2013.

资源类型时坚持模块化、可扩展性和互操作性的基本原则,保持了不同元数据标准的复用和兼容[①]。

(5)目前我国学术界对科技信息资源元数据的相关研究,主要侧重于从技术和文献资源层面进行构建、分析和运用,从管理角度和科技资源网络共享服务角度对网络科技信息资源元数据的综合性分析研究还比较少。在实践层面,多年来,多数元数据标准要求信息提供者提供元数据,但一直忽略或忽视了实施的具体措施,导致当前科技信息资源领域元数据实施成效不一,元数据标准构建后很难实现设计时的各项功能。另外,当前我国关于科技信息资源的元数据及其结构都是异构的,分布在众多网页和特定项目存储中,相互之间几乎没有语义关联。

总之,在数字化、网络化环境下,元数据已从信息组织、揭示、管理、保存和检索等工具性作用向多元化用途发展,成为一种解决方案,成为一种资源目录聚类的工作规范和行为方式。面对不断拓展应用的大数据、人工智能、物联网等,服务于网络科技信息资源的元数据标准将不再仅仅局限于提供用户需要的信息资源,而是不断提升用户所需信息资源的质量,满足用户的知识需求,这就需要有新的思路、新的突破。

---

① 张英杰,彭洁. 国内外科技信息资源元数据框架比对研究[J]. 数字图书馆论坛,2013(3):39-45.

第4章 元数据质量评估研究

4.1 概述

元数据是科技信息描述的基础,它的质量影响着科技信息的准确检索和利用效率。一般好的元数据质量常常有助于信息的发现、理解、保管和利用。

元数据自身的质量是检索功能与作用发挥的前提和基础。用户在对网络环境下的信息资源进行访问时,用户体验的关键因素就是检索信息资源质量。而检索质量的高低则是通过元数据来间接反映的,这也是网络科技信息资源建设是否成功的关键。可以说,对元数据的质量控制可以显著提高检索效果,提升网络环境中信息资源的检索质量。高质量的元数据使用户在浏览检索元数据时对科技信息资源有可追溯性认识。反之,元数据质量差,则会降低检索的质量。从目前网络信息资源使用情况看,质量较差或缺失元数据的信息往往会使科技信息再利用情况较差,使用户不能完全信任该信息。

近十几年来,学术界对元数据质量理论的研究极大地推动了它在信息资源环境中的应用。国外对元数据的研究较早,涉及元数据互操作、元数据的质量控制、元数据在各领域的应用、数据描述和数据管理、元数据的标准化等方面。其中,关于元数据质量的研究主要集中在元数据质量的概念剖析、元数据质量控制策略与评估、评估的方法和体系、探究质量问题的根源、元数据质量评估建模,以及不同资源项目的元数据质量管理实践(多采用问卷调查、实证研究分析方法,探讨元数据质量管理与控制的策略,并致力于开发质量管理的可视化软件等)方面。在此后的研究中,研究者们根据评估目标、对象、方法等的不同,提出了多种元数据评估的方案、模型、体系。

国内元数据研究起步较晚,但发展很快,多集中在信息资源描述[①]、元数据技术应用[②]、元数据标准[③]等方面。但关注元数据质量的文献较少,不多的文献研究主要集中在对元数据质量概念的认识、元数据的质量控制措施与元数据的质量评估等方面。其中,对元数据的质量评估核心指标研究与对元数据质量控制体系的构建研究是未来元数据质量控制研究的一个发展趋势[④]。

[①] 张晓林. 分布式学科信息门户中网络信息导航系统的规范建设 [J]. 大学图书馆学报, 2002 (5): 28–33, 43.
[②] 王国复, 涂勇, 王卷乐, 等. 科学数据共享中的元数据技术研究 [J]. 中国科技资源导刊, 2008 (1): 30–36.
[③] 张晓林. 网络环境下信息资源组织与控制的新问题和新方向 [J]. 图书馆杂志 (1998 理论学术年刊): 1–8.
[④] 黄莺, 李建阳. 元数据质量评估方法及模型研究 [J]. 图书馆学研究, 2013 (12): 52–56.

4.2 元数据质量概念

由于信息质量具有多维性特点，不同用户对信息资源的质量需求和理解认识是不一致的，对描述信息资源的元数据质量要求也不相同。这进一步加大了元数据质量评估方法和评估指标筛选的差异。国内外对元数据质量目前还没有统一的定义。常见的是美国学者 B. R. Thomas 等[1]的观点，其认为元数据质量为元数据满足某个特定需求和目标的程度。换言之，元数据的质量高低与其能在多大程度上方便用户发现、确认、选择和使用信息资源密切相关[1]，即高质量的元数据必须满足资源管理和利用的需求，以达到预期的应用目标和效果[2]。

国内学者认为元数据质量是其表达描述对象时达到的准确、一致、完整的程度，如黄莺等[3]认为元数据质量是通过评估方法或模型来过滤、改善自身的过程。

刘家真等[4]认为元数据的质量是指元数据在表达需要说明的对象时，能够达到的准确性、一致性与完整性的程度。

在早期的元数据质量研究中，能够满足"为用户任务查找、识别、选择和获取"[5] 基本需求的元数据为好质量元数据。但在新的网络环境下，不同来源的信息资源数据库的建立，需要解决多源数据的集成、融合问题，这就需要不同来源的元数据之间可以兼容、整合和集成。这也对元数据质量提出新的要求，如信息资源采集来源可靠、获取权限、密级受控等[2]。所以，在这样日益复杂的资源环境下，高质量元数据还需要满足更多的功能需求[6]。

很多人从用户使用的角度认为，元数据应该满足的基本功能需求是，在新的网络环境下，在不同来源的信息资源数据库建立时，既要解决多源数据的集成、融合问题，也要采用互操作的、动态的、可扩展性强的元数据进行规范、整合，实现异构资源库的集成。

黄莺等[3]认为元数据质量概念需要具备以下 3 点，才可能在资源库中实现真正的元数据质量控制，继而发挥元数据在资源库中的诸多核心功能：一是对"元数据质量"的明确认识；二是有可靠、可行的元数据质量评估方法和模型；三是有基于衡量结果来过滤低质量元数据、改善元数据质量的途径和应用平台。

随着各类网络信息资源的大量增加，不同类型信息及其元数据呈现多样化趋势，元数据应用和技术操作变得越来越复杂，且对元数据质量的概念也在不断地更新和拓展，过去那种

---

[1] THOMAS B R, DIANE I H. The continuum of metadata quality: defining, expressing, exploiting [M] //DIANE I H, ELAINE L W. Metadata in practice. Chicago: American Library As - sociation, 2004: 238 - 256.

[2] 曹月珍，马建玲. 国内外元数据质量控制的研究进展与发展趋势 [J]. 图书与情报, 2013 (6): 101 - 103.

[3] 黄莺，李建阳. 元数据质量评估方法及模型研究 [J]. 图书馆学研究, 2013 (12): 52 - 56.

[4] 刘家真，廖茹. 电子文件管理元数据的质量控制与管理 [J]. 图书情报知识, 2009 (6): 91 - 96.

[5] PARK J R, TOSAKA Y. Metadata quality control in digital repositories and collections: criteria, semantics, and mechanisms [J/OL]. Cataloging & classification quarterly, 2010, 48 (8): 696 - 715 [2015 - 08 - 15]. http://www.tandfonline.com/doi/abs/10.1080/01639374.2010.508711.

[6] NISO Framework Working GROUP. A framework of guidance for building good digital co ections [EB/OL]. (2013 - 08 - 15) [2017 - 01 - 13]. http://www.niso.org/publications/rp/framework3.Pdf.

"查找、识别、选择和获取"的功能已不能完全满足元数据质量应用要求。因此,元数据质量的概念认识和管理将是一个与时俱进、不断发展的重要研究主题。

4.3 元数据的质量控制

元数据质量是元数据管理中的关键环节,对信息资源的质量有着至关重要的影响。做好元数据质量控制有助于促进元数据与资源实体间的配合,提高对资源内容的管理效率。元数据不仅实现了传统的著录功能,而且是全程跟踪记录与描述信息资源。学术界和相关产业界从各个方面对元数据质量控制问题开展了研究和探索:一是探索有效的、统一的元数据质量相关标准,保证元数据项的规范性和一致性;二是改进和完善元数据构建及管理办法,以提高元数据质量,包括元数据模式探索、元数据项标准、模式转换、管理机制等;三是利用元数据质量评估来改进元数据质量,包括评估指标体系、评估方法及评估用例等方面[①]。

4.3.1 元数据质量问题产生的原因

于振宽[②]认为元数据质量低下的主要原因有以下两点:一是在系统设计时考虑不足,以及对元数据标准认识不正确,致使系统编码设计运行不正常;二是人为性失误,如让很多信息提供者始终以一致的方式完成元数据的操作和检索的字段项本身就很难保证质量的稳定性。信息提供者在提供元数据时常犯的错误主要为不正确参考、关键词使用不一致及拼写、日期格式、外来标点符号、缩写词使用、主题描述符不正确或不一致等[③]。在人工输入时有很大的概率会发生字符录入错误,给元数据管理与检索带来不便,导致检准率降低。另外,元数据项设计得不合理,导致设置太多而造成冗余,无形中增加了元数据采集、加工、存储的成本[②]。

为应对上述问题,有学者建议尽可能地利用机器系统自动识别、录入元数据、自动校对,以提高效率,减少人为的失误[④]。还有学者提出在信息生命周期的关键环节中增加一些管理元数据来标注数据来源和信息加工方式,以保证元数据及时被捕获,且来源可追溯[④]。

4.3.2 元数据质量控制的原则

建立统一的、广泛适用的元数据标准可保证元数据的一致性和可互操作性,并实现不同资源的融合与集成。这就需要提前制定元数据标准及质量控制基本规范。除了参考国内外标准外,还要注意各类信息资源元数据间的互操作性,保持一定的兼容性和系统稳定性[②]。正

---

① 刘海学. 基于语义标注的元数据自动构建及其相关技术研究 [D]. 上海:华东师范大学,2010.
② 于振宽. 中国档案界对元数据的认识过程 [D]. 沈阳:辽宁大学,2012.
③ 黄如花,刘贵玉. 开放存取资源元数据管理的对策 [J]. 情报理论与实践,2009,32 (10):5-8.
④ 刘家真,廖茹. 电子文件管理元数据的质量控制与管理 [J]. 图书情报知识,2009 (6):91-96.

如马玲玲等①提出元数据质量控制标准应该是支持互操作、保证元数据的完整性与准确性、确保数据能够被有效识别等。

美国国家信息标准组织（National Information Standards Organization. NISO）在其数字馆藏指南框架中提出6项标准原则。这6项原则为：适合馆藏资料和用户需求，支持互操作；使用标准的受控词表；有对数字对象的使用条件和期限的明确表述；具有档案性、持久性、唯一认证性等特点；权威和可证实；支持馆藏对象的长期管理②。

马玲玲在文中介绍 Bruce 等学者从可达性、完全性、期望一致性、时效性、逻辑一致性、相关性和精确性等7个方面确保元数据质量①。

刘家真等③针对电子文件元数据质量控制提出应从元数据描述的程度（对实体的来源、结构、内容、过程处理等情况进行准确、全面的描述）、描述的精度（要求尽可能真实、详尽地描述）和数据的现时性（元数据更新的时间和频度、精度要求）3个方面严格要求。

4.3.3 元数据质量控制的基本要求

基于以上原则，有学者提出一些具体的元数据质量控制办法。比如，马玲玲等①结合学校机构知识库建设提出控制元数据质量的建议：完善元数据收割协议标准，满足互操作性；减少元数据的空值项，提高完整性；采取可选项输入方式，减少人工输入错误。

刘家真等③针对电子文件管理元数据质量控制总结了几个方法：尽量采用元数据管理软件工具等，减少人工输入错误，并开发、优化软件应用功能和软件互操作性程序；培训信息提供者，并尽量采用受控词表等；编写用户指南；等等。

还有很多学者从元数据的模式发现、模式转换、控制策略、管理机制等不同角度来进行探索④，但多是从元数据创建者的角度考虑如何更好地改进、完善元数据构建及质量管理方法。这在一定程度上取决于元数据创建者的认识层次和业务能力，也将导致元数据质量控制办法存在巨大差别。

但是，没有学者从元数据使用者的角度考虑如何更好地提升使用者的使用体验，更好地满足用户的需求。如果元数据创建者和使用者对元数据质量控制产生认知上的"鸿沟"，用户将无法有效地利用元数据服务来查询获取需要的信息④。为此，要考虑用户的使用需求，进一步提出元数据质量控制要求。

4.3.4 元数据质量控制发展趋势

邹志远⑤认为元数据质量控制发展趋势有以下3个方面。

---

① 马玲玲，卞艺杰，梅俊. 高校机构知识库元数据质量控制问题研究[J]. 计算机技术与发展，2014，24（1）：31-34，38.

② NISO Framework Working GROUP. A framework of guidance for building good digital co uections [EB/OL]. (2013-08-15) [2017-01-12]. http://www.niso.org/publications/rp/framework3.Pdf.

③ 刘家真，廖茹. 电子文件管理元数据的质量控制与管理[J]. 图书情报知识，2009（6）：91-96.

④ 刘海学. 基于语义标注的元数据自动构建及其相关技术研究[D]. 上海：华东师范大学，2010.

⑤ 邹志远. 元数据质量控制措施研究[J]. 技术与市场，2017（1）：167.

（1）由全面评估转向聚焦核心指标的评估。以往都是建立全面、系统的评估体系，而新的评估体系则聚焦在对核心指标的把握上，以保证评估体系的可操作性。

（2）从关注单个环节转向对整体过程进行全面评估，使评估更全面、完整、一致。

（3）探索自动化评估来解决海量信息资源质量的处理效率问题，由人工控制向自动化方向发展。在新的技术环境下，自动化评估和控制技术在各方面都显示出人工无法比拟的优势，如评价的实时性、结果展示的多样性、计算效率和成本的最优化等。因此，未来元数据质量控制也必将朝着自动化处理方向发展。目前，很多研究都在此方面进行探索，以提升自动化评估的精准度、自适应能力和可信度。

4.4 元数据质量评估研究综述

国内外对元数据质量评估的研究多是从不同角度进行深入探讨。有的基于评估的对象，从元数据的内容和结构出发研究评估的方法和体系[1]；有的基于评估目的，重点关注质量问题的根源探索；有的探索元数据质量评估方法，侧重从元数据质量维度的视角进行评估分析；还有的提炼元数据评估模型，提出基本框架。但是，其大多是基于不同的实证或研究背景。背景不同，数据类型不同，质量评估所选用的元数据也不相同[2]。但从整体看，国内外对元数据质量评估的研究尚处于实证研究阶段[2]，探索不同场景下的元数据质量评估方法、指标体系等，尚无成熟的完整体系能直接应用于网络科技信息资源管理实践。

通过文献梳理发现，关于元数据质量评估的研究内容涉及元数据质量概念、元数据质量评估方法、元数据质量维度确定、元数据质量评估函数算法和元数据质量评估体系（模型）等方面。

4.4.1 元数据质量评估方法

元数据质量水平需要用科学评估方法来检测。对于元数据质量的评估方法，按评估结果呈现方式划分为定性评估、定量评估和定性定量相结合；按评估过程划分为人工评估和统计评估。

采用人工方式或运用统计方法对元数据质量评估方法进行了整理，整理结果如表4-1所示。元数据质量评估方法包括7种人工评估及3种统计评估方法。例如，Hughes 计算了样本自动因素（完整性、词表使用等），Bui 等统计了超过104万个样本的完整性，Najjar 等对元数据产生领域和元数据检索应用领域进行了比较，提供了元数据质量的 ARIADNE 评估案例。从表4-1直观地发现，采用人工方式和运用统计方法对元数据质量进行评估的能力相距甚远，完全不在一个数量级上。随着信息技术的发展，运用统计方法对信息资源进行质量评估能充分体现出计算机辅助评估的优势。

---

[1] THOMAS R B, DIANE I H. The continuum of metadata quality: defining, expressing, exploiting [M] //DIANE I H, ELAINE L W. Metadata in practice. Chicago: American Library Association, 2004: 238 – 256.

[2] 黄莺，李建阳. 元数据质量评估研究现状剖析 [J]. 中国电子商务，2013（4）: 164 – 165.

表4-1 不同元数据质量评估方法

研究者	评价方法	评估数据	评估视角
Greenberg等	人工	11	非专家定义的元数据
Moen等	人工	80	所有实例质量
Wilson	人工	100	非专家定义的元数据
Shreeves等	人工	140	所有实例质量
Stvilia等	人工	150	标识质量问题
宋立荣等	人工	150	用户服务需求
喻乒乒等	人工	—	书目数据质量
Najjar等	统计	3700	元数据标准的使用
Hughes	统计	27 000	实例完整性
Bui等	统计	1 040 034	实例完整性

资料来源：根据 Xavier Ochoa 和 Erick Duva 及其他相关文献资料综合整理。

最早的元数据全面质量评价多采用人工方式。人工评估方法通常由专家根据评估对象数据资源库的功能、目标搭建评估体系，或者基于已有的评估体系实施策略，然后再由专家或专业人员对元数据抽样打分评估。这种方法主要是通过专家或遵循规范指标进行手工评估，但已不能满足网络环境下对元数据质量的评估要求。其主要原因在于抽样评估结果的时效性已不能满足实时性的动态检索要求，如果抽样数据不完整，则没有代表性，不能准确地反映这类资源的元数据质量状况，而且抽样结果也只是样本元数据质量评估的平均状况，不能反映每一个资源的个性化情况。这种方法也完全依靠专家人工进行样本元数据的评估，结果是成本高、效率低、准确性差。由此可见，通过专家或遵循规范指标等传统的人工方式进行元数据质量评估已不适合大数据网络信息资源环境下信息资源管理的需求。

随着开放环境下数字资源的高速增长，过去那种依靠领域专家或专业目标标注方式的评价方法已不能满足对海量网络信息的元数据处理，必须借助于自动化元数据标注技术。因此，元数据质量评估需考虑增加两个特征——可扩展性（当数据发生变动时能自动进行计算）和有意义（提供一个可用的质量测量方法）。

比如，X. Ochoa 等[1][2]通过相关性回归分析提出评估元数据质量的可计量维度，便于电

---

[1] OCHOA X, DUVAL E. Towards automatic evaluation of learning object metadata quality [M]. RODDICK J F, BENJAMINS V R, CHERFI S S, et al. Advances in conceptual modeling – theory and practice. Berlin Heidelberg：Springer, 2006：372-381.

[2] OCHOA X, DUVAL E. Automatic evaluation of metadata quality in digital repositories [J]. International journal on digital libraries, 2009, 10 (2/3)：67-91.

子存储以加强数据管理；R. Tolosana – Calasanz 等[1]通过领域专家生成地理信息质量准则后挑选元数据记录集进行统计分析来发现元数据集特征；H. Manguinhas 等[2]通过监督控制 UNIMARC 记录自动形成质量控制过程并描述了支持工具；Ü. Yoldas 等[3]介绍了一种基于语义使用抽取本体信息自动产生语义元数据的方法，即用本体启发式规则提升元数据质量。

胡永健等[4]从科技资源信息整合的需求出发，研究提出了元数据规格符合性审核和抽样审核的元数据质量审核方法，采用基于 J2EE 的三层架构体系设计了能够有效审核元数据质量的系统模型。其主要以形式检查和抽样审核方式进行，前者是通过程序自动检查整合的元数据规格是否符合相关要求，后者则由领域专家审核元数据具体内容，如是否涉密（属于哪个密级）、内容是否准确等。

还有用软件工具和方法对元数据的语法和结构（如相关字段的必备性、语法错误、链接是否可用等）进行辅助检查。这种方法是采用统计软件对元数据质量进行简单统计、自动评估，是以通过现状调查研究得出的区分元数据质量高低的主要特征为基础，设计能满足元数据评估要求的质量评估体系。这个体系的内容应该包括评估的目的、内容、质量维度及评估实施的流程、评估结果的应用。比如，国内的 CALLS 开发的数据质量检查工具（DC checker）通过检查 DC 元数据记录、协议、规则的正确性[5]来反映数据质量。再如，B. Yun 等[6]对 NSDL（National Science Digital Library）评估检查了超过 100 万条元数据记录的完整性。尽管自动化评估方法在效率、成本、作用等方面都优于人工评估，却受制于一个根本性的问题，即缺乏可靠、科学、应用范围广的评估模型。从目前已有的自动化评估软件成果来看，自动化评估目前主要是对诸如"完整性"这样基本的、易于实现的形式上的质量维度进行评估，评估实践对象并不包含元数据主要内容质量因素，只评估了影响元数据质量的某些方面，尚无法实现全面评估。

目前已开发了一批元数据质量校验工具，如国内的 CALLS 针对特色数据库导入元数据的规范性和必备性设计的数据质量检查工具，也可将自动与人工相结合来提升评估的可操作性及有效性。目前通常要综合多种方法，人工与自动相结合的方法是最具操作性和有效性的方法。林爱群[7]参考国外的 Bruce 和 Hillman 模型对机构知识库自动生成的元数据进行质量

---

[1] TOLOSANA – CALASANZ R, ÁLVAREZ – ROBLES J A, LACASTA J, et al. On the problem of identifying the quality of geographic metadata [M]//GONZALO J, THANOS C, VERDEJO M F, et al. Research and advanced technology for digital libraries. Berlin Heidelberg：Springer, 2006：232 – 243.

[2] MANGUINHAS H, BORBINHA J. Quality control of metadata：a case with UNIMARC [M]//JULIO G, COSTANTINO T, VERDEJO M F, et al. Research and advanced technology for digital libraries. Berlin Heidelberg：Springer, 2006：244 – 255.

[3] YOLDAS Ü, NAGYPÁL G. Ontology supported automatic generation of high – quality semantic metadata [M]//MEERSMAN R, TARI Z. On the move to meaningful internet systems 2006：CoopIS, DOA, GADA, and ODBASE. Berlin Heidelberg：Springer, 2006：791 – 806.

[4] 胡永健, 周寄中. 科技资源信息元数据质量审核方法研究 [J]. 管理评论, 2011, 23 (1)：41 – 47.

[5] 曹月珍, 马建玲. 国内外元数据质量控制的研究进展与发展趋势 [J]. 图书与情报, 2013 (6)：101 – 103.

[6] YUN B, PARK J R. An assessment of metadata quality：a case study of the national science digital library metadata repository [EB/OL]. (2012 – 07 – 13) [2016 – 12 – 13]. http：//idea. 1library. drexe1. edu/bitstream/1860/1600/1/2007021006. pdf.

[7] 林爱群. 机构知识库元数据的自动生成与评估研究 [J]. 图书馆学研究, 2009 (7)：10, 21 – 23.

控制，提出了完整性 Qc 和精确性 Qaccu 两个评估指标，但其研究没有涉及评估的目的、方法，有且仅有两个指标的评估体系也不够完整；黄莺等[①]将信息熵、信息检索向量空间模型、逆文献频率加权法等理论应用于评估指标，提出具体的定量评估计算公式，并认为在当前技术和资源都快速发展的情况下，元数据质量评估方法和模型必须具备可扩展性（能适应新元素加入后的质量评估）和实用性（能围绕元数据质量的多个维度进行全面评估）的特点；曹月珍等[②]全面分析了人工及社会评估、人工与自动相结合的评估方式。

4.4.2 元数据质量维度确定

由于元数据质量具有多维性，对其质量评估的关键是对质量维度的确定。不同专家或评级人员、不同评价资源、不同评价方法对元数据质量维度的筛选是不一样的。表4-2主要梳理了有代表性的专家对元数据质量维度的选择。比如，刘春燕[③]提出科技计划项目元数据框架评价指标体系主要从概念框架视角（如领域覆盖、定义清楚、完整性、基础性、兼容性、关联性、稳定性、来源性）、元数据质量（如准确性、完整性、一致性、及时性）、互操作（如恰当性、易于解释性、标准化、显示一致性、语义一致性、结构一致性、灵活性）、应用效益（如合理使用性、与设定目标一致性、投资回报率）等4个维度进行分析。

评价目标和适用场景不同，所采用的评价指标及其数量差异较大。由此看到，质量维度的选择，要根据评估目的及内容、元数据资源情况、元数据获取方式等进行综合考虑，找出共性的质量特征。Y. Tosaka 等[④]在2008年对美国303名目录学、元数据管理方面的工作者进行了为期两个月的在线问卷调查，并分析了各种元数据质量评估中经常重合的一些标准和指标，发现准确性、一致性和完整性是衡量元数据质量时最常用的标准。

表4-2 有代表性的专家对元数据质量维度的选择

学者	适用资源对象	选取的质量维度
Qin Jian[⑤]	单个记录或单个资源集合	选取资源集合、记录与元素3个不同层次的正确性、完整性、重复性及一致性等指标
Moen E. Willian 等[⑥]	美国政府 GILS 元数据	选取准确性、可获取性、浓缩性、综合性、内容、一致性、成本、数据结构等23个指标，后又增加了可用性指标

---

① 黄莺，李建阳. 元数据质量评估研究现状剖析 [J]. 中国电子商务，2013 (4)：164-165.
② 曹月珍，马建玲. 国内外元数据质量控制的研究进展与发展趋势 [J]. 图书与情报，2013 (6)：101-103.
③ 刘春燕. 面向共享的科技计划项目元数据框架 [M]. 北京：科学技术文献出版社，2022.
④ TOSAKA Y, PARK J R. Metadata quality control in digital repositories and collections: criteria, semantics, and mechanisms [J/OL]. Cataloging & classification quarterly, 2010 (48): 696-715 [2015-08-15]. http://www.tandfonline.com/doi/abs/10.1080/01639374.2010.508711.
⑤ QIN J, MARCIA L Z. Metadata [M]. New York: Neal Sehuman Publisher, Inc, 2004: 247-249.
⑥ WILLIAN M E, STEWART E L, MCCLURE C R. Assessing metadata quality: findings and methodological considerations from an evaluation of the US Government Information Locator Service (GILS): IEEE forum on reasearch and technology advances in digital libraries [C]. IEEE Adl98, Santa Barbara, California, USA, 1998.

续表

学者	适用资源对象	选取的质量维度
L. Gasser 等[1]	数据资源的元数据	选取描述对象本身的指标、相关性指标及元数据提供者等 3 类共 32 个指标,并根据情况又补充准确性、逼真度等指标
T. R. Bruce 等[2]	信息资源	选取完整性、准确性、来源、一致性、连贯性、时效性、可获得性等 7 个指标
黄莺等[3]	信息资源	选取"双层四核心",内层有完整性、准确性、一致性和期望满足度;外层有时效性、安全性、可获取性、易用性等
刘春燕[4]	科技计划项目元数据	选取概念框架、元数据质量、互操作、应用效益等 4 个指标
林爱群[5]	机构知识库	选取完整性 Qc 和精确性 Qaccu 两个评价指标
程颖[6]	数字资源元数据	选取完整性、准确性、规范性、唯一性、一致性、及时性、有效性、适用性、可维护性、关联性等指标
Y. Tosaka 等[7]	信息资源	选取准确性、一致性和完整性指标

资料来源:刘春燕. 资源共享视角下的科技计划项目元数据框架构建研究[D]. 北京:中国人民大学,2016。

O. Xavier[8] 对 Margritopoulos、Bruce 和 Hillman、Stvilia 和 Gasset 提出的 3 类元数据质量评价指标进行了比较分析,并进行了相互映射[9],如图 4-1 所示。

---

[1] GASSER L, TWIDALE M, STVILIA B, et al. Metadata quality for federated collections [C] //Proceedings of ICIQ04—9th International Conference on Information Quality. Cambridge, MA., 2004: 111-125.

[2] BRUCE T R, HILLMAN D I. The continuum of metadata quality: defining, expressing, exploiting [M] //DIANE I H, ELAINE L W. Metadata in practice. Chicago: American Library Association, 2004: 238-256.

[3] 黄莺,李建阳. 元数据质量评估研究现状剖析[J]. 中国电子商务,2013(4):164-165.

[4] 刘春燕. 资源共享视角下的科技计划项目元数据框架构建研究[D]. 北京:中国人民大学,2016.

[5] 林爱群. 机构知识库元数据的自动生成与评估研究[J]. 图书馆学研究,2009(7):21-23.

[6] 程颖. 数字资源元数据质量管理的研究与探索[J]. 图书馆,2015(7):66-69,104.

[7] TOSAKA Y, PARK J R. Metadata quality control in digital repositories and collections: criteria, semantics, and mechanisms [J/OL]. Cataloging & classification quarterly, 2010(48):696-715 [2015-08-15]. http://www.tandfonline.com/doi/abs/10.1080/01639374.2010.508711.

[8] XAVIER O. Metadata quality [M] //MIGUEL-ANGEL S. Handbook of metadata, semantics and ontologies. Singapore: World Scientific Publishing Co. Pte. Ltd, 2014:63-73.

[9] 刘春燕. 资源共享视角下的科技计划项目元数据框架构建研究[D]. 北京:中国人民大学,2016.

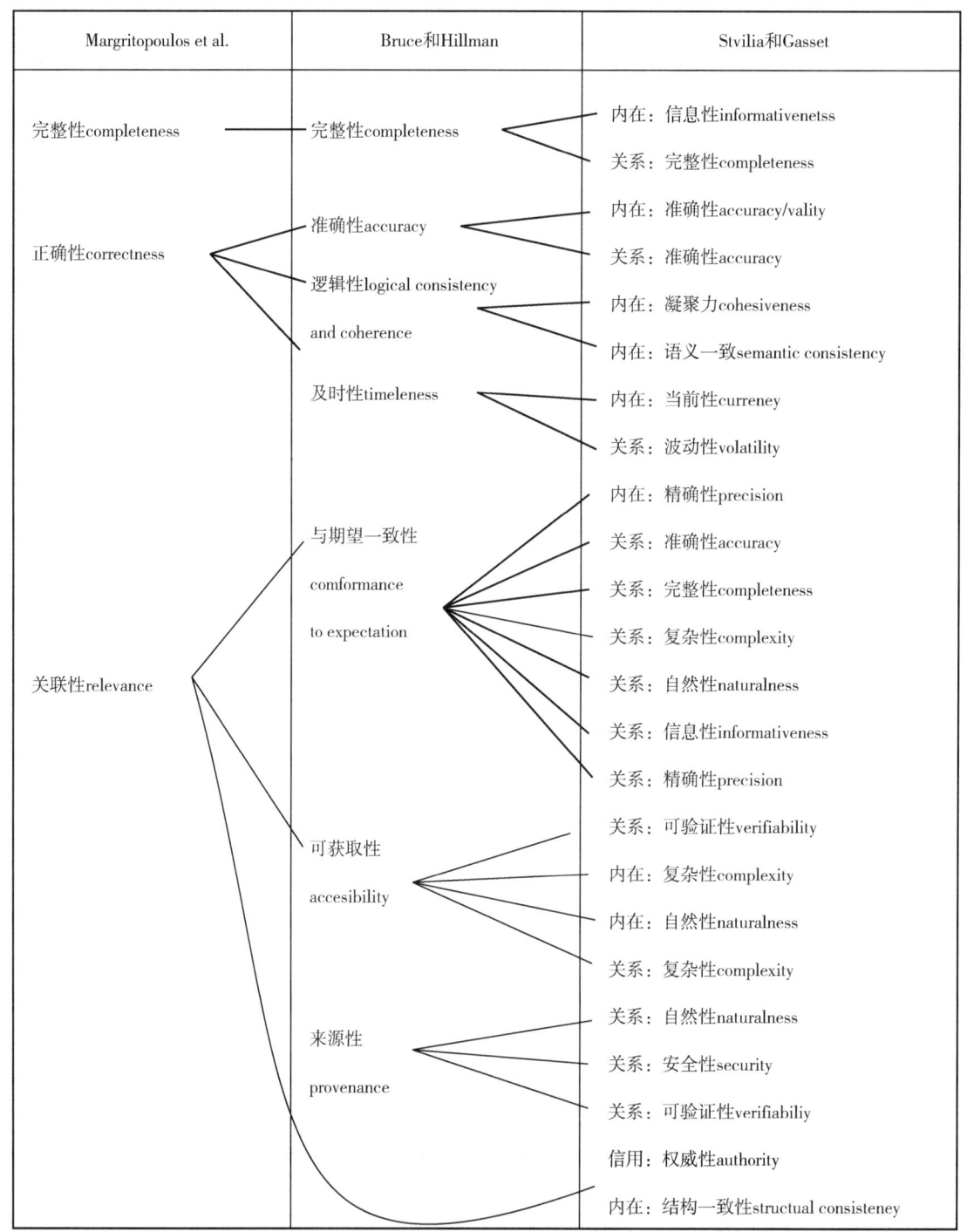

图4-1 元数据质量评价指标

(资料来源：刘春燕.资源共享视角下的科技计划项目元数据框架构建研究[D].北京：中国人民大学，2016)

综上所述，目前普遍认可完整性、准确性、一致性是评估元数据质量的必要维度。

4.4.3 常用的元数据质量维度指标的量化方法

元数据质量评估的关键就是明确定义主要质量维度的含义，尽量减少歧义，然后对其所涉及的评估指标进行量化计算，确定基本的"规范尺度"。不同的计算打分方法对元数据质量评估有不同的"结果"。对应到质量管理上，影响对照"规范尺度"进行改进的程度。每种量化方法在评估元数据质量时都会由于资源库的目标、功能不同及元数据规范、产生方式等不同而出现不同的统计结果。所以需要结合资源实体的元数据标准及其元数据项内容质量的现状分析和评估目的、目标确定适宜的评估指标体系及其量化计算方法，尤其要考虑这种量化计算方法在日趋复杂、开放、异构的网络环境下具有可扩展性、可操作性和自动化实现的可行性。

为此，本项目结合相关文献，对被一致认可的评估元数据质量的必要维度（完整性、准确性、一致性）的量化方法进行综述整理。另外，还有些质量维度指标也常被采用，如时效性、可获得性、数据来源、可用性等。

（1）完整性，指要求元数据项包含对目标资源全面的描述。对完整性的评价可用非空字段的多少来衡量。有时考虑不同属性字段的影响程度不同，可以对不同的元数据项赋权重，汇总计算信息综合的完整性程度。

（2）准确性，指元数据提供的内容能够正确、客观地反映被描述资源的程度。这项指标的传统量化方法是专家或专业人员对资源的准确性进行判断赋值或分级等，但网络环境下信息资源类型异常复杂，很难有全面的专业人员非常熟悉各领域信息资源及其专业知识，且人工评价的成本、准确性、打分一致性不能得到有效保证。因此，有专家对准确性的定量计算采取间接手段，希望通过自动计算实现间接评估。比如，基于距离的相似度计算、基于信息内容的语义相似度测度等方法都可以应用到这个维度的量化中[①]，但目前这种方法的准确程度、可信程度还有待提高。

（3）一致性，指元数据信息是否遵循元数据规范、应用指南、标准，以及按照规范、应用指南从受控词表取值的情况。对其评价打分方法通常是统计元数据记录违背提前约定的元数据规范和应用指南的频率。比如，若第 i 条记录遵循第 i 条规则的 N 种情况，取值为 1，否则为 0。N 为数字资源库所采用的元数据规范、应用指南中规则的条数或百分比。有学者注意到网络信息资源的元数据记录大多采用 XML 格式，为此也有像 Xerces 这样的 XML 语法解析器对元数据记录的语法进行解析，统计得出元数据记录违背元数据规范、应用规则的情况，统计结果近似地反映了元数据记录的一致性情况[①]。

（4）时效性，指元数据保持其价值的生命周期长度。其可从以下两个方面表达：一是及时性，元数据对目标资源改变的应对及时程度；二是元数据滞后于目标资源，不能根据目

---

① 黄莺. 元数据质量的定量评估方法综述 [J]. 图书情报工作, 2013, 57 (4): 143-148.

标资源的改变而改变的滞后程度。时效性是对这种滞后程度（Lag）的衡量[①]。

（5）可获得性，指对目标信息资源的描述信息的元数据项内容是否能够方便地得到，或者获得的时间、成本情况等。

（6）数据来源，指说明元数据产生的方式或出处，以帮助用户判断对这个信息的来源或出处的信任程度，即这个信息元数据是谁来创建的，基于什么方法、流程和规范被创建的，创建之后有没有经过转换或修改等。这一指标是用元数据所处集合的平均质量值来衡量的，即一个元数据集合的总体质量高低决定了其每个成员记录的来源值。

（7）可用性，指元数据记录能准确地被用户理解和使用的程度，主要是判断衡量元数据所包含的信息容易被获取并被理解使用的程度。其包含两层意思：一是一些元数据项及内容能够被用户理解，并用于判断信息资源能否利用；二是元数据评估的量化方法中一些指标能够被机器所理解、被自动语法识别，并被自动化处理[①]。

由此可见，不同评估目的、评估对象、评估方法，以及所确定的质量维度和计算方法都会对最终结果产生重要的影响。

4.4.4 元数据质量评估模型

元数据质量评估体系尚在深入探索阶段，研究者多侧重实证研究，从不同角度出发的评估方法、体系难以在整个数字资源领域有广泛深入的应用。以下总结了几个元数据质量评估模型。

（1）Moen 模型。W. E. Moen 等提出的模型[②]是基于 GILS 元数据的评估结果而非仅仅针对元数据质量，从技术、内容、用户、政策、标准 5 个方面展开，提出共 21 个指标的评估模型。评估指标包括：准确性、可获得性、可利用性、可理解性、内容质量、一致性、成本、数据结构、易创建性、完整性、易实用性、经济性、可适用性、可靠性、标准化、可用性等 21 个指标。这些指标有的是对元数据内容的评估，如准确性、可利用性、一致性等；有的是对元数据大纲、元数据生成和开发工具的评估，如易创建性、便捷性、经济性等。

Moen 模型尽管适用范围广、指标多，但评估成本高，程序复杂，评估不聚焦，难以进行更具体的量化指标分解和设计自动化评估程序。

（2）Stvilia 模型。B. Stvilia 等[③]提出的质量评价模型应用广泛，其模型框架如图 4 - 2 所示。

如图 4 - 2 所示，Stvilia 模型首先分析信息的活动类型，然后对信息质量影响因素归类，最后确定 9 个内在指标、12 个相关或环境指标和 1 个信誉指标作为衡量指标。第一，从信

---

① 黄莺. 元数据质量的定量评估方法综述［J］. 图书情报工作，2013，57（4）：143 - 148.
② MOEN W E, STEWART E L, MCCLURE C R. Assessing metadata quality：findings and methodological considerations from an evaluation of the US Government Information Locator Service（GILS）：IEEE forum on reasearch and technology advances in digital libraries［C］. IEEE Adl 98, Santa Barbara, California, USA, 1998.
③ STVILIA B, GASSER L, TWIDALE M B, et al. A framework for information quality assessment［J］. Journal of the association for information science and technology，2007，58（12）：1720 - 1733.

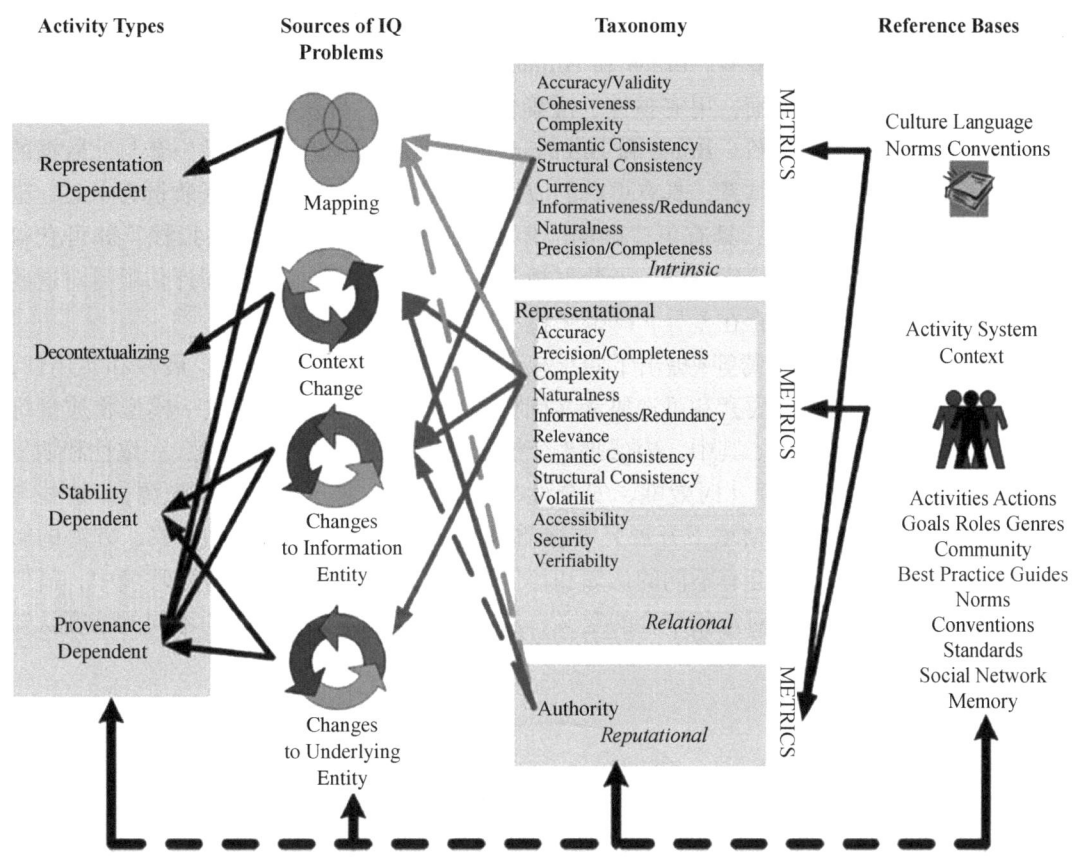

图 4-2　Stvilia 模型框架

（资料来源：黄莺，李建阳．元数据质量评估研究现状剖析［J］．中国电子商务，2013（4）：164-165）

息活动类型入手，将所有活动分为表述依赖、无上下文语境、稳定性依赖和溯源依赖4种类型；第二，分析了信息质量问题产生的根源，如映射过程尚未优化导致映射结果出现质量问题、上下文语境的改变导致数据脱离语境被错误理解、变更为信息实体或底层实体带来质量问题；第三，根据信息活动的类型，对质量问题来源进行关联，如映射问题会影响表述依赖和溯源依赖的信息活动，上下文语境的改变会影响无语境信息活动和溯源依赖的信息活动等。此外，基于文化语言规范约定和活动系统环境提出了评价指标，根据应用环境不同分为内在指标、关联指标和声誉指标3类，其后又将每类指标与质量问题来源进行了关联。

这一模型的不足表现在指标较多，有些指标衡量的内容存在重复和交叉，有的指标还有冲突，如内在指标和关联指标两种指标类别下存在同一名称的评价指标，而且指标含义在不同评价场景下有所不同，使得指标含义发生变化，影响到模型的推广和实用化。利用此模型开展元数据质量评估过程较为复杂，需要根据不同环境明确重复指标的不同含义，对于自动化评估也会产生相关限制。

总的来看，Stvilia模型为本项目的研究提供非常有利的模型搭建思路，即对与质量问题相关的环节进行分析后再对其进行组织和连接，使得各要素紧密相连，前后相互验证。

（3）Bruce 和 Hillmann 模型。Bruce 和 Hillmann 等[1]提出了更广泛的评估模型，侧重于元数据质量的功能性定义方面，用完整性、准确性、一致性、可获得性、可用性、时效性、数据来源等7个指标进行评价。Bruce 和 Hillmann 模型最大的特点在于它是一套与元数据的创建和应用环境无关的评估体系，具有更广的应用范围。这个模型以元数据质量为中心，围绕元数据质量的功能性定义，具有更广阔的应用前景。但这个模型的一些指标，如可获得性、时效性，难以完全脱离检索系统、元数据规范、应用环境的影响，不同评估项目对这些指标的理解、量化方法容易存在差异，降低了模型的可扩展性和实用性。

（4）四维核心模型。黄莺等[2]提出了四维核心模型。这个模型具有可扩展性和实用性，它由影响元数据质量的核心要素和可选要素共同构成，如图4-3所示。这一模型将质量维度分为内层和外围两个层次。其中，内层是4个核心指标（完整性、准确性、一致性和期望满足程度），外围是5个指标（时效性、安全性、可获取性、易用性、数据来源）。这些与外部环境密切相关，在不同情境下开展元数据质量评价，受到评估目的、对象、方法的影响。不同学者对于这些维度会有不同的认知和评价标准。因此，在不同的应用环境中，需要研究者给出这些维度与评价对象相结合的定义，从而避免在实施评价过程中不同的维度认知导致评价结果出现歧义。

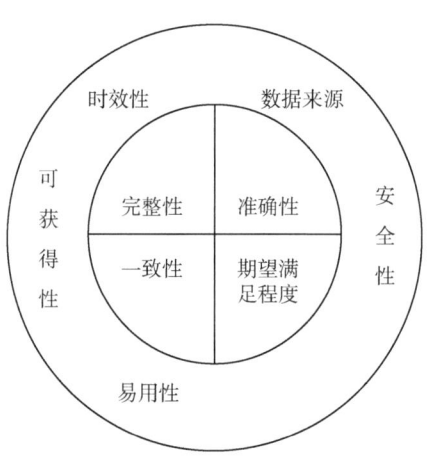

图4-3 四维核心模型

（资料来源：黄莺，李建阳. 元数据质量评估研究现状剖析 [J]. 中国电子商务，2013（4）：164-165）

总结目前的各种模型，能够发现一些变化趋势。目前，为了扩大元数据质量评估模型的使用范围，尽量剔除与元数据开发环境、应用环境相关的维度，仅保留评价元数据自身质量的维度，以使这个模型具有较高的适用性。另外，在运用到具体的领域中时，又可以通过扩

---

[1] BRUCE T R, HILLMANN D I. The continuum of metadata quality: defining, expressing, exploiting [J]. Metadata in practice, 2004 (1): 3-15.

[2] 黄莺，李建阳. 元数据质量评估研究现状剖析 [J]. 中国电子商务，2013 (4): 164-165.

展项提高模型的评价完整度。

4.4.5 元数据质量评估应用

在对国内外元数据质量的研究进行总结、对信息资源元数据质量进行研究等的过程中发现，单独介绍元数据质量评估问题的理论研究较少。这方面的研究侧重于和具体领域相结合进行实证分析。比如，在电子文件管理中，元数据质量可以归因于对元数据概念的理解和对元数据的获取及处理。刘家真等[1]提出了相应的解决方案，以及动态维护元数据的真实、完整与安全要求。另外，曹月珍等[2]、程颖[3]、蒋引娣[4]、宋立荣[5]、刘健[6]分别对图书情报领域的元数据质量管理进行了相关研究工作，姜艳媛等[7]、牛晓琳等[8]研究了地理空间信息领域的元数据应用和评估，提出元数据管理的设计方案，实现对元数据及其目标资源的管理。

4.5 元数据质量评估研究述评

从目前实践应用和文献成果看，国内对元数据质量评估的关注尚处于起步阶段。鉴于元数据质量的重要性，有必要将元数据质量评估作为一个系统进行研究，研究内容应包括元数据质量评估的方法、评估体系的设计，尤其是评估体系中各维度的具体量化方法和量化后评估结果的应用研究等方面。

通过对元数据质量评估相关研究的分析总结发现，这些研究成果都是针对不同研究目的、研究背景提出的，还缺乏普遍适用性。经过分析研究发现，在实际应用中主要存在以下几个方面的不足。

（1）这些研究多是从一些具体问题入手，针对某一领域展开，往往将元数据质量评估的重点放在关键维度、重要指标及出现问题的局部方面，较少文献是从资源的整体上系统宏观把握的，对一些质量维度之间的对立性及外部环境对质量维度的影响考虑不多。考虑到网络科技信息资源元数据质量管理更多面对的是一种开放式的、虚拟化的复杂环境，而不是过去那种单一主体、封闭的内部组织系统，因此不能直接利用上述研究成果对网络科技信息资源元数据质量进行评估，而是通过调研，在确定关键的元数据项、必要的质量维度及质量影响因素的基础上，再进行元数据质量评估。

（2）目前对元数据质量评估的方法仍主要以专业人员抽样检查为主，或者依据信息资

---

[1] 刘家真，廖茹.电子文件管理元数据的质量控制与管理[J].图书情报知识，2009（6）：91-96.
[2] 曹月珍，马建玲.国内外元数据质量控制的研究进展与发展趋势[J].图书与情报，2013（6）：101-103.
[3] 程颖.数字资源元数据质量管理的研究与探索[J].图书馆，2015（7）：66-69.
[4] 蒋引娣.基于价值的元数据质量评价研究评述[J].兰台世界，2009（14）：33-34.
[5] 宋立荣.基层科技报告资源建设中元数据质量评估研究：以中国科学技术信息研究所为例[J].中国科技资源导刊，2016，48（1）：57-66.
[6] 刘健.国外元数据研究前沿与热点可视化探讨[D].南京：南京大学，2013.
[7] 姜艳媛，郭健，王卉.元数据管理在空间信息共享中的应用[J].国土资源信息化，2005（6）：32-34.
[8] 牛晓琳，季民，赵志刚.基于元数据管理的数据共享研究[J].舰船电子工程，2006（1）：71-74.

源的功能、目标、应用前景建立评估指标进行人工评估[1]。这种评估方法的不足在于评估指标及调查数据处理方法透明性不够，烦琐复杂，操作上因人而异，难以达成一致的结果。

（3）元数据质量评估模型尚处于深入探索阶段，目前所提出的几种模型多是基于某个领域、某类资源的实证研究结果，尚缺乏普遍适用性。比如，Moen 模型侧重于信息系统质量的评估而非元数据质量评估；Stvilia 模型强调的是信息资源质量评估，而非元数据质量评估。目前元数据质量评估的模型很多，但差别很大，针对不同资源元数据的质量评估指标体系也差别很大[2]，甚至互相冲突，这使得对元数据质量的评估很难达到预期的效果。因此，黄莺等[3]认为目前对元数据质量评估指标体系构建的研究，将逐渐向核心指标体系构建研究方向发展，且随着数字资源数量的增长，描述资源的元数据数量也在剧增。单纯依靠人工审核实现元数据的质量控制已经不现实。未来的元数据质量控制研究将更加注重对自动化技术和方法的应用，如针对元数据质量评估指标设计自动算法等。而且，元数据质量控制将从元数据创建的全局考虑，贯穿元数据整个生命周期，从元数据标准的选取和制定、著录过程、后期互操作和集成到质量状况的评估和改善，实现全程控制，从根本上提高元数据质量[4]。

（4）这些研究忽视了评估后对元数据质量改善方法的研究，也忽视了后续工作中对质量（如信息资源质量高低、能否使用）、维护成本（如有无超出预算范围）和用户需求（如信息资源是否满足用户的实际需求）的要求。评估除了是对现有元数据的揭示，更主要的是提出改善的方法和对策，而目前研究较少将二者有机结合起来。

4.6 科技报告资源的元数据质量评估调查分析

由于科技报告具有保密性、专业性等特点，公众不能直接看到科技报告全文，更多的是通过元数据来间接获取科技报告相关信息。

科技报告元数据主要用于描述和揭示科技报告外部文献特征信息，以及其生产加工过程的状态信息或内容资源、载体、获取方式、存储方式、位置及项目信息等，以帮助用户检索、发现、定位、利用好科技报告的内容。因此，元数据对科技报告对外服务起到重要作用。故评价科技报告元数据质量将会促进科技报告加工服务阶段元数据质量建设工作的开展。元数据质量的高低直接影响到用户对科技报告资源的利用效率。对元数据质量的评估、审核和改善将有效促进科技报告元数据结构的补充与完善、元数据内容填写的规范性，从而为用户提供高质量服务。高质量的科技报告元数据也被要求具有较高的资源内容质量。

目前尚缺乏系统、全面的元数据质量评估体系，在核心元数据遴选、指标设置、权重分配、考核方式等方面尚缺少有力的理论支撑，有些单位内部建立的科技报告质量评估体系多是用于本系统内部管理考核，有些仅仅采用专家打分法进行评估，缺少可量化的、针对科技

---

[1] 黄莺，李建阳．元数据质量评估方法及模型研究 [J]．图书馆学研究，2013（12）：52-56.
[2] 黄莺．元数据质量的定量评估方法综述 [J]．图书情报工作，2013，57（4）：143-148.
[3] 黄莺，李建阳．元数据质量评估研究现状剖析 [J]．中国电子商务，2013（4）：164-165.
[4] 曹月珍，马建玲．国内外元数据质量控制的研究进展与发展趋势 [J]．图书与情报，2013（6）：101-103.

报告资源建立的较系统全面的元数据质量评估体系。

为此，本项目拟借助于科技报告资源元数据质量的调查间接地反映科技报告资源质量情况。本项目将从国家科技报告服务系统层面进行元数据质量评估调研。

4.6.1 国家科技报告元数据质量评价调查工作准备情况

4.6.1.1 调查背景

近年来，我国政府高度重视科技报告制度建设，2012年9月颁布的《中共中央 国务院关于深化科技体制改革加快国家创新体系建设的意见》[①] 明确要求对财政资金资助的科技项目和科研基础设施，加快建立统一的管理数据库和统一的科技报告制度，并依法向社会开放，还提出要实现科技报告规范产生、持续积累、集中收藏和开放共享等主要目标[②]。2014年8月31日颁布的《国务院办公厅转发科技部关于加快建立国家科技报告制度指导意见的通知》[③]，要求各级科研管理部门开展科技报告资源建设工作。2014年3月1日，国家科技报告服务系统（National Science and Technology Report Service，NSTRS）正式开通运行[④]。随着科技报告工作的深入开展，科技报告开放利用数量不断增加，由科技报告资源收藏管理转向为社会公众提供科技报告资源服务已成为新时期科技报告信息管理及服务机构的工作重点[⑤]。

鉴于科技报告的保密性、专业性及权限使用等特点，外部用户并不能直接获取科技报告全文，作为反映科技报告基本信息的元数据成为向用户提供科技报告资源查询检索服务的重要内容。社会公众更多的是通过元数据项描述来间接获取科技报告相关信息。因此，科技报告元数据质量控制成为科技报告资源建设质量管理的重要工作之一。而元数据质量评价手段是其中具有可操作性的重要手段和方法。一般可以通过对元数据质量的评价、审核和改善有效促进元数据结构的补充与完善、元数据内容填写的规范性，且研究元数据质量评估的方法对于元数据规范标准的制定也具有重要的意义。

总结国内外研究现状可以发现，在科技报告开发利用过程中，科技报告元数据质量直接影响着用户获取科技报告资源的效率，是科技报告资源价值是否得以发挥的关键。但现阶段涉及科技报告元数据质量的内容主要集中在科技报告描述性元数据标准规范方面[⑥]，侧重于科技报告内部建设环节如何评价、提升其元数据质量，而针对服务环节的科技报告元数据及如何保障服务阶段元数据质量方面的研究则偏少，因此可以借鉴其他领域已有的元数据质量

---

① 中央政府门户网站. 关于深化科技体制改革加快国家创新体系建设的意见 [EB/OL]. (2012-09-23) [2016-06-08]. http://www.gov.cn/jrzg/2012-09/23/content_2231494.htm.
② 王星，赵捷. 国家科技报告服务系统构建研究 [J]. 中国科技资源导刊，2015 (5): 26-34.
③ 中国政府网. 关于加快建立国家科技报告制度指导意见的通知 [EB/OL]. (2014-08-31) [2015-03-15]. http://www.gov.cn/zhengce/content/2014-09/10/content_9071.htm.
④ 国家科技报告服务系统. 国家科技报告服务相关数据 [EB/OL]. [2015-09-16]. http://www.nstrs.cn/Login.aspx?type=1.
⑤ 乔振. 我国科技报告研究进展与述评 [J]. 中国科技资源导刊，2016 (1): 19-25.
⑥ 张东. 国家科技报告管理体系分析及对策研究 [D]. 北京：中国科学技术信息研究所，2003.

评估的研究方法来探索研究为用户服务过程中如何评价、完善和加强科技报告元数据质量，间接推动科技报告资源质量的提升。此外，不同于科技报告正文因保密性而无法获取数据的情况，大部分科技报告元数据基本对外开放共享，因此面向用户的科技报告元数据作为基本开放信息具有评价分析的可行性。

元数据质量评价通常从数据质量特性满足需求的情况展开，它是根据主要质量特性来量化评价元数据质量的评分标准。通过用户调查确定面向用户的科技报告元数据核心需求要素。用户需求多样，要求科技报告元数据提供的功能多样，决定了科技报告元数据元素的取舍，作为数据形式存在的科技报告元数据也要满足数据质量标准的要求。因此，根据科技报告元数据用户需求延伸而来的科技报告元数据特性及决定质量特性的关键元数据的特性形成了面向用户的科技报告元数据质量影响因素。

本项目的调研主要基于元数据用户观和元数据质量观的理论，总结面向用户服务的科技报告元数据质量影响因素，通过用户问卷调查确定用户质量需求和关键质量影响因素，借助于专家调查形成了基本的科技报告元数据质量评价指标及权重，从而形成面向用户的科技报告元数据质量评价体系[①]。在此基础上，对国家科技报告服务系统中的200份科技报告元数据质量进行评价，将分析结果与用户调查结果进行分析比较并加以判断。同时，针对评价结果，分析现有科技报告元数据的质量情况，结合用户调查相关内容，提出改善科技报告元数据质量的对策依据，提出面向用户的科技报告元数据质量管理建议，有助于从用户视角认识目前的科技报告元数据质量现状，并对存在的问题提出解决对策与改善建议。

4.6.1.2 调查对象

根据调查目的，将对国家科技报告服务系统中的200份科技报告元数据质量进行评价，并根据评价结果，分析现有国家科技报告资源元数据质量状况，结合相关用户需求调查，提出面向用户的科技报告元数据质量管理建议。

4.6.1.3 科技报告元数据质量评价指标及权重的确定

科技报告元数据是用户获取科技报告资源的入口，对科技报告元数据质量进行评价，有利于提升科技报告服务工作质量，便于为科技报告用户提供优质科技资源[②]。首先通过问卷调查法收集、整理和筛选用户关心的关键元数据项目，其次通过专家调查法进行最终元数据质量评价指标及权重的确定。

（1）用户关心的关键元数据质量评价指标项的筛选、确认。本项目首先设计了科技报告用户调查问卷，并于2016年3—4月，面向国家科技报告服务系统的注册用户通过邮件形式进行问卷调查。问卷内容包括调查者基本信息、对现有科技报告元数据质量满意程度、科技报告关键元数据质量影响因素判断、用户对科技报告元数据的其他需求等。

从调查统计情况看，本次调查问卷共收集到174份。其中，受调查人员主要来自科研机

---

① 钟凯，宋立荣，杨小芳. 面向用户服务的国家科技报告资源质量调查分析研究［J］. 情报杂志，2017，36（2）：140－145.

② 杨小芳. 面向用户的科技报告元数据质量评价研究［D］. 北京：中国科学技术信息研究所，2016.

构（占53.2%）、企业（占30.4%）、信息服务机构（占6.4%）和高校（占5.8%）等，主要是科研人员（占59.9%）、管理人员（占23.3%）和高校师生（占15.1%）等。

第一，从受关注的核心质量维度出发，根据用户对元数据需求的特性获得各质量维度需求比重，再根据用户需求对各质量维度下的关键元数据进行统计，以判断影响各个质量维度的主要指标因素，如图4-4所示。经过数据处理、统计分析发现，用户对科技报告元数据质量总体评价较好，准确性、完整性为用户关心的核心质量特性，各个质量特性的平均比重是9.5%；根据最低质量标准与自由裁量和成本效益的评价指标体系构建原则，选取占比超过10%的规范性、权威性、关联性作为非核心质量特性。

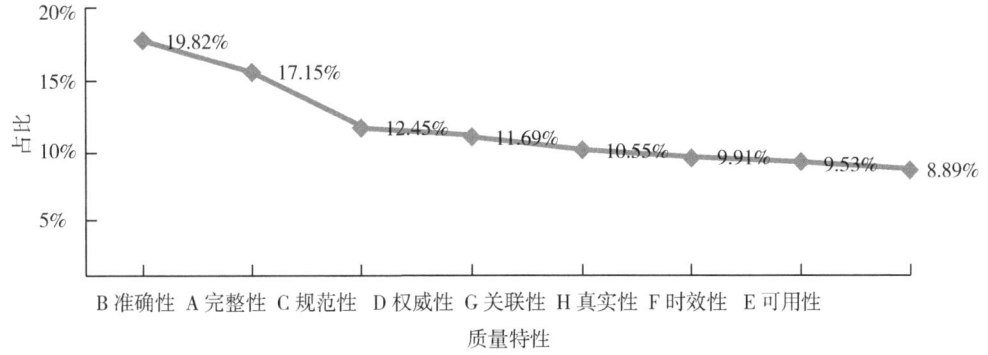

图4-4 用户对科技报告元数据质量特性需求情况

第二，调查用户对各个质量维度下的关键元数据项的关注程度，判断这项元数据影响各个质量维度的指标因素。调查结果如表4-3所示。

从表4-3可以看到，各个元数据项对每个质量维度的影响（贡献）程度是不同的。比如，在"完整性"指标中，用户关注重点依次为中文摘要、报告题名、项目/课题名称、报告作者及单位；在"准确性"指标中，用户关注重点依次为中文摘要、报告题名、报告作者及单位、中文关键词、项目/课题名称、报告类型；在"规范性"指标中，用户关注重点依次为中文摘要、中文关键词、报告题名、项目/课题名称、报告类型；在"权威性"指标中，用户关注重点依次为报告作者及单位、项目/课题名称、中文摘要、计划名称；在"关联性"指标中，用户关注重点依次为报告作者及单位、报告题名、中文摘要、项目/课题名称。

表4-3 科技报告元数据关键质量影响因素

元数据/维度	完整性	准确性	规范性	权威性	关联性	合计
报告题名	19%	15%	13%	12%	15%	14%
报告作者及单位	14%	12%	8%	16%	15%	12%
项目/课题名称	14%	9%	11%	14%	13%	11%
中文关键词	11%	11%	14%	7%	8%	11%

续表

元数据/维度	完整性	准确性	规范性	权威性	关联性	合计
中文摘要	22%	16%	18%	14%	14%	16%
英文关键词	5%	4%	7%	—	—	3%
英文摘要	6%	5%	6%	—	—	4%
计划名称	9%	5%	—	13%	11%	6%
报告类型	—	9%	11%	11%	10%	6%
公开范围	—	5%	5%	6%	6%	4%
立项/批准年	—	5%	—	8%	9%	6%
全文页数和图表数量	—	5%	6%	—	—	3%
编制日期	—	—	—	—	—	3%
馆藏号	—	—	—	—	—	1%
平均占比	13%	8%	10%	11%	11%	7%

假设各个质量维度具有相同重要性，可以统计分析出用户关心的各个元数据项的比重，如图4-5所示。依据平均占比7%，关键元数据项依次是中文摘要、报告题名、报告作者及单位、项目/课题名称、中文关键词5个因素。

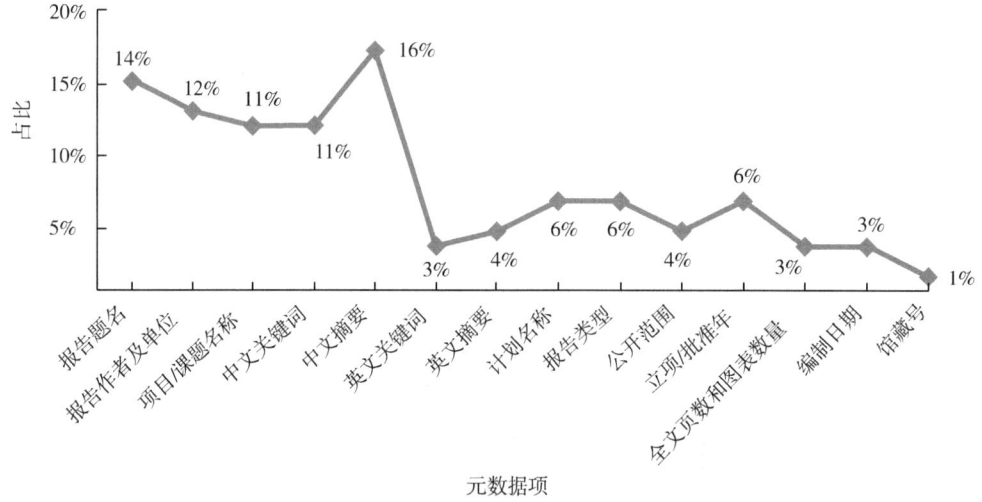

图4-5 用户关心的科技报告关键元数据项

通过统计分析发现，用户希望新增项目/课题承担单位、报告分类号、编制单位、项目/课题编号等4个现阶段中暂不对用户开放的元数据；用户希望增加涉及作者影响力、报告被引情况、报告知识产权归属、项目成果等4个有关科技报告后续使用情况及对报告内容进行挖掘的元数据扩展信息。

（2）基于专家调查的元数据质量评价指标和权重的确定。在本次调查中注意到，用户对科技报告元数据质量各个指标的理解存在较大差异。为保障评价指标的合理性和科学性，本次研究还需要借助专家调查来确定最终评价指标。

首先，开展专家调查。此次主要是对长期从事科技报告管理服务工作的 10 位专家学者展开两轮调查。第一轮主要通过调查问卷判断由上文获取的面向用户的科技报告元数据质量各影响因素的重要程度；第二轮则是对通过第一轮专家调查且经过优化的评价指标进行两两比较打分，形成各个指标因素的重要性排序。问卷中对指标重要性划分为重要、比较重要、一般、略微重要、不重要 5 个等级，分别赋予 1～5 分的量化数值。利用 Excel、SPSS 量化计算各个指标的平均值和标准差。

其次，进行专家意见统计分析。根据各个质量维度下元数据指标项的均值及标准差，可以统计出经过第一轮专家调查优化后（选择均值以上的指标）面向用户的科技报告元数据质量影响因素。本书确定的科技报告数据质量评价指标及权重如表 4-4 所示。

由表 4-3 可得，各关键质量维度下的关键影响要素主要集中在报告题名、报告作者及单位、中文摘要、中文关键词、项目/课题相关信息方面，多是关于科技报告的描述性元数据，以及以科技报告作为项目/课题研究成果为描述特征的相关元数据信息。由此，经过优化得到 29 项元数据质量评价指标。

（3）元数据质量评价指标函数的确定。由于本项目的评价指标涉及定量和定性元素，本次面向用户的科技报告元数据质量最终得分的计算公式为

$$S = \sum_{i=1}^{m} W_i \times \sum_{j=1}^{n} (S_{ij} \times W_{ij})。 \tag{1}$$

式中，$i = 1, 2, \cdots, m$，m 为二级指标的个数 5；$j = 1, 2, \cdots, n$，n 为某二级指标下三级指标的个数；W_i 为第 i 个二级指标的权重；W_{ij} 为第 i 个二级指标下第 j 个三级指标的权重；S 为科技报告元数据质量的最终得分；S_{ij} 为第 i 个二级指标下第 j 个三级指标得分。三级指标的打分采取十分制。

调查对每一项指标根据其内容完善程度进行加分评估，主要根据分项检查指标的填写内容有无情况及元数据内容与科技报告资源描述的匹配度进行数据调查收集。

其中，对"完整性"，以元数据项是否为空值进行判断。

对"准确性"采取人工判断方法，抽样逐一对比判断关键元数据项记录内容与科技报告资源本身内容的准确度，打分采取"A—B—C"三级标度法。其中，"A"表示二者完全匹配，准确描述，8～10 分；"B"表示二者基本匹配，较为准确描述，6～7 分；"C"表示二者关联性弱"，略微准确描述，1～5 分。若字段描述错误，则分值为 0。

表4-4 科技报告元数据质量评价指标及权重

一级	二级	权重	三级	相对权重	绝对权重
面向用户的科技报告元数据质量（A）	完整性（B1）	0.1452	题名的完整（C1）	0.2799	0.0407
			中文关键词的完整（C2）	0.2180	0.0317
			中文摘要的完整（C3）	0.2455	0.0356
			作者及单位的完整（C4）	0.1343	0.0195
			项目/课题承担单位的完整（C5）	0.1223	0.0178
	准确性（B2）	0.3769	题名的准确（C6）	0.3534	0.1332
			中文摘要的准确（C7）	0.2716	0.1024
			作者及单位的准确（C8）	0.0904	0.0341
			中文关键词的准确（C9）	0.2151	0.0811
			项目/课题名称的准确（C10）	0.0695	0.0262
	规范性（B3）	0.1668	题名的规范（C11）	0.2412	0.0402
			作者及单位的规范（C12）	0.0822	0.0137
			项目/课题名称的规范（C13）	0.1252	0.0209
			中文关键词的规范（C14）	0.2016	0.0336
			中文摘要的规范（C15）	0.1907	0.0318
			项目/课题承担单位的规范（C16）	0.0841	0.0140
			项目/课题编号的规范（C17）	0.0750	0.0125
	权威性（B4）	0.2030	项目/课题名称的权威（C18）	0.2483	0.0504
			项目/课题承担单位的权威（C19）	0.1728	0.0351
			题名的权威（C20）	0.2441	0.0495
			项目/课题编号的权威（C21）	0.1615	0.0328
			作者及单位的权威（C22）	0.1733	0.0352
	关联性（B5）	0.1081	研究成果的关联（C23）	0.1859	0.0200
			项目/课题名称的关联（C24）	0.1287	0.0139
			中文关键词的关联（C25）	0.2067	0.0224
			题名的关联（C26）	0.1656	0.0179
			作者及单位的关联（C27）	0.1272	0.0138
			项目/课题承担单位的关联（C28）	0.0743	0.0080
			项目/课题编号的关联（C29）	0.1116	0.0120

对"规范性"进行量化计算的方法主要是判断各个元数据项是否遵循各项元数据质量规范。各项规范及其规范数量通常根据标准规范或评价前确定的标准来判定。调查中若都基本遵循各项规范，能够满足为 8~10 分，基本满足为 6~7 分，略微满足为 1~5 分。

对"权威性"进行量化计算的方法主要是主观判断 N 个元数据项遵循各项元数据内容的比例。对于公式中第 i 个字段：若判断该信息十分权威，打 8~10 分；若判断该信息较权威，打 6~7 分；若判断该信息略微权威打 1~5 分。N 为评价前列为权威性元数据项的数量。其中，第 i 个字段如果出现以下几种情况之一，则可判断其没有遵循第 i 条规则：①填写依据来源；②元数据设置依据；③元数据标准执行来源；④元数据撰写来源；⑤审核过程；⑥处理过程；⑦发布渠道。

对"关联性"进行量化计算的方法主要是评估 N 个元数据项有无规定元数据项的内容。若第 i 个元数据项为空，则 $P(i)$ 为 0；若第 i 个元数据项为非空，则 $P(i)$ 为 1。N 为筛选确定的相关元数据项的数量。

4.6.2 国家科技报告元数据质量评价结果分析

国家科技报告服务系统平台中提供给公众查阅的元数据主要包括报告题名、公开范围、项目成果、报告类型、报告作者及单位、编制日期、中文摘要、英文摘要、中文关键词、英文关键词、全文页数和图表数量、馆藏号、项目/课题名称、计划名称、立项/批准年等基本信息，并提供在线全文预览、原文推送等服务。

为检验面向用户的科技报告元数据质量评价体系的实用性，本项目从国家科技报告服务系统中按比例随机抽取 200 份科技报告开展元数据质量评价。

（1）综合质量分析。对所抽样的 200 份科技报告将各个质量维度中的三级指标分值相加，乘以相应的权重，可得到这批抽样数据不同质量维度的总体分值情况，如图 4-6 所示。

评分内容	满分	平均分	平均分占比
完整性（B1）	1.45	1.01	69%
准确性（B2）	3.77	2.45	65%
规范性（B3）	1.67	1.13	68%
权威性（B4）	2.03	1.32	65%
关联性（B5）	1.08	0.09	8%
总分	10.00	6.00	60%

图 4-6 元数据综合质量情况

图 4-6 的平均分占比可以说明，除关联性之外其余各个质量特性都达到了平均水平，但平均分占比都没有达到满分的 70%，说明现有面向用户的科技报告元数据质量基本满足了用户需求，但还未达到较高的质量水平。

（2）按照科技报告的资源类别进行质量分析。按照科技报告支撑的项目类别、报告种类聚类分析其在不同质量维度下的表现。由于是随机抽取科技报告,报告类型的份数非等量,因此按照平均分来统计分析,每项满分为10分。

如表4-5所示,国家科技支撑计划、国家科技重大专项、国家重点基础研究发展计划、国家高技术研究发展计划、国家重大科学仪器设备开发专项、国家重大科学研究计划等计划项目的总分平均分都较好。在完整性方面,除了标准研究项目、交通运输建设科技项目平均分较低外,其他计划项目的得分比较一致;其他质量维度的平均分差别不大。

表4-5 不同科技计划项目科技报告元数据质量情况

科技计划项目	总分平均分	完整性平均分	准确性平均分	规范性平均分	权威性平均分	关联性平均分
标准研究项目	5.47	0.51	2.49	1.16	1.22	0.09
国家高技术研究发展计划	6.11	1.02	2.45	1.20	1.35	0.09
国家国际科技合作专项	5.94	1.02	2.48	1.00	1.35	0.09
国家科技支撑计划	6.13	1.02	2.47	1.20	1.35	0.09
国家科技重大专项	6.13	1.02	2.46	1.21	1.35	0.09
国家重大科学研究计划	6.00	1.02	2.38	1.16	1.35	0.09
国家重大科学仪器设备开发专项	6.08	1.02	2.46	1.16	1.35	0.09
国家重点基础研究发展计划	6.13	1.02	2.49	1.18	1.35	0.09
国家科学技术进步奖	5.87	1.02	2.35	1.06	1.35	0.09
交通运输建设科技项目	5.11	0.51	2.24	1.05	1.22	0.09
面上项目	5.72	1.02	2.43	0.96	1.22	0.09
应用基础研究项目	5.99	1.02	2.51	1.15	1.22	0.09

如表4-6所示,科技部、国家自然科学基金委、交通运输部的科技报告元数据质量依次递减。其中,交通运输部的科技报告元数据项与标准规范相比,缺项较多,影响了其完整性和规范性指标。

表4-6 不同部门科技报告元数据质量情况

所属部门	总分平均分	完整性平均分	准确性平均分	规范性平均分	权威性平均分	关联性平均分
交通运输部	5.51	0.64	2.43	1.13	1.22	0.09
科技部	5.97	1.02	2.40	1.11	1.35	0.09
国家自然科学基金委员会	5.72	1.02	2.43	0.96	1.22	0.09

第4章 元数据质量评估研究

如表4-7所示,立项报告、进展报告、专题报告、获得2013年度国家技术发明奖、最终报告、获得2009年度国家科学技术进步奖、获得2013年度国家自然科学奖的科技报告元数据质量依次递减。其中,最终报告元数据项设置较多,在填写时空缺较多,影响最终质量的评价结果。

表4-7 不同报告类型科技报告元数据质量情况

科技报告类型	总分平均分	完整性平均分	准确性平均分	规范性平均分	权威性平均分	关联性平均分
获得2009年度国家科学技术进步奖	5.86	1.02	2.34	1.06	1.35	0.09
获得2013年度国家技术发明奖	5.96	1.02	2.44	1.06	1.35	0.09
获得2013年度国家自然科学奖	5.78	1.02	2.26	1.06	1.35	0.09
进展报告	6.11	1.02	2.46	1.19	1.35	0.09
立项报告	6.14	1.02	2.55	1.13	1.35	0.09
专题报告	5.99	1.02	2.34	1.19	1.35	0.09
最终报告	5.89	0.99	2.44	1.08	1.29	0.09

(3)评价结果的有效性检验。为验证本次设计的评价体系是否具有科学合理性,本项目将利用该评价体系对开展实证评价的元数据质量结果与之前用户调查问卷的质量评价结果进行对比分析,如图4-7所示。

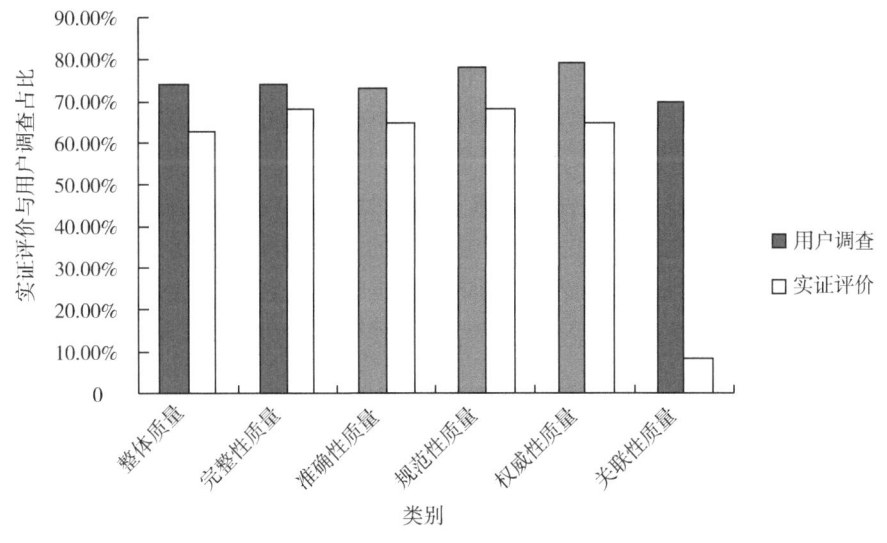

图4-7 实证评价与用户调查结果一致性分析

从整体质量评价来看,基于问卷调查结果,认为科技报告元数据质量达到较好以上水平的占比超过74.1%,而本次借助元数据质量评价指标进行的实证评价中,认为质量较好的总体得分占比约是60%，两个数值存在规范评价与实际用户感知之间的差异，但差距不大。

将各个质量维度进行对比分析，如表4-8所示。除了关联性外，其他各个质量维度的差距不大，这主要是因为现有科技报告元数据规范中几乎没有制定关于科技报告资源相关性方面的元数据项，也没有和产出成果、相关其他科技资源关联的填写内容，多由使用者自己归纳总结，致使在进行元数据质量评价时这项分值较低。

表4-8 国家科技报告资源质量的实证评价与用户调查结果比较

序号	质量维度	调查问卷结果	元数据质量评价结果	备注
1	完整性	74.7%	69%	
2	准确性	73.6%	65%	
3	规范性	78.2%	68%	
4	权威性	79.8%	65%	
5	关联性	70.7%	8%	差距较大

基于上述对比分析可以看出，本次制定的元数据质量评价体系在反映科技报告资源质量现状方面具有一定的合理性。

4.6.3 国家科技报告元数据质量的评价结论分析

4.6.3.1 基于国家科技报告元数据质量评价结果的基本结论

（1）通过上述统计结果分析可以看出，本次制定的元数据质量评价指标体系基本能够反映科技报告资源质量现状情况，将本次评价结果与之前对用户调查问卷的质量评价结果进行对比分析，除关联性外，其他4个质量指标差别不大，说明采取元数据质量评价指标体系在一定程度上是能够反映科技报告资源质量情况的。

（2）满足科技报告用户元数据使用需求方面的分析。本次研究除了对现有科技报告资源元数据质量现状进行评价外，将进一步分析现有的元数据项是否能够满足用户使用需求，以及元数据对用户使用产生多大程度上的影响。根据对用户调查问卷结果的分析可以看出，不同质量特性在满足不同服务项目需求方面有不同程度的差别，如表4-9所示。

表4-9 不同质量特性对用户需求的影响

需求/质量特性	完整性	准确性	规范性	权威性	关联性	合计	平均占比
A 方便检索、查询科技报告	24.5%	27.2%	17.2%	16.6%	14.6%	100.0%	20.0%
B 判断是否阅读全文	23.4%	26.6%	18.8%	20.3%	10.9%	100.0%	20.0%
C 统计分析科技报告信息	24.7%	23.3%	19.2%	15.1%	17.8%	100.0%	20.0%
D 了解相关项目研究水平	21.1%	31.7%	16.3%	14.6%	16.3%	100.0%	20.0%

由表 4-8 可以看出，5 个元数据质量维度特性平均占比都是 20%，说明服务用户的 4 类服务项目有相同的重要性。高于平均占比的主要是完整性和准确性，说明现有科技报告资源在完整性、准确性方面基本能够满足用户使用需求，但分值不高，说明还需要不断提升和改善。而另外"规范""关联"两个质量特性的得分低于 20% 的平均分，说明这方面尚不能对 4 类服务项目产生积极的贡献。

（3）对元数据质量具体问题的分析。通过对具体元数据质量问题的统计分析发现，面向用户服务的元数据检索项太少，不能完整揭示科技报告的背景信息，多为描述性元数据项，但填写的内容质量不高，在精准度、一致性方面质量波动较大；有些类型的元数据项未按照科技报告撰写规范等标准执行，描述方式多样，元数据项不完整；科技报告关联其他资源信息的程度不高，查询结果集成度不高，检索内容太宽泛，尚不能针对科技报告内容知识单元进行检索或知识挖掘。

另外，从元数据项内容质量方面看，其填写的质量差别较大，比如，"摘要"的内容描述不全面，内容有缺失；"题名"中出现把"课题三""科技报告"写入题名的情况；针对项目/课题等关联信息缺失，无相关的内容链接；等等。

4.6.3.2 基于国家科技报告元数据质量评价发现的质量问题分析

通过上述调查分析，结合实践走访调查，本项目就科技报告存在的质量问题进行总结分析[①]。

（1）对科技报告对外服务重视程度不够。一些科研机构仅将其看成项目结项验收的材料，忽视科研过程管理，使提交的科技报告缺乏必要的内容要素；在对外服务方面仅提供报告全文和基本元数据信息的查询服务，且只是科技报告本身检索，缺乏与项目成果、资助基金、参与人员等方面的关联集成，缺乏对科技报告知识要素、全文内容的多途径检索和知识关联等服务项目，缺乏对科技报告资源服务模式的探索创新，因此应增加一些诸如推送专题等增值服务项目，拓展科技报告资源增值服务内容。

（2）科技报告规范不完善、标准执行尺度不一致，尤其在内容要素的规范方面尚缺乏统一的规范要求。比如，在内容规范方面，表现在科技报告编写与提交不规范、标准不统一等；在管理规范方面，目前没有具体的有关各环节的系列管理标准规范，对标准把握尺度不一致造成最终科技报告质量差异很大。

（3）不同责任主体间就质量问题尚缺乏有效的协调工作机制。缺乏有效的合作、监督和质量信息协调机制，缺乏沟通渠道和交流平台，缺乏全过程的整体规划和统一部署，对科技报告提交、质量管理等方面的要求程度也不尽一致，在管理什么资源、如何审核呈交和如何共享这些资源等方面也缺少相互衔接、系统连贯、具体、专用及可操作的实施细则，不利于科技报告的产生、提交和利用。

（4）机构内部管理制度有待完善，质量把关人缺失，缺少传统科技文献发表前一系列

---

① 钟凯，宋立荣，杨小芳. 面向用户服务的国家科技报告资源质量调查分析研究［J］. 情报杂志，2017，36（2）：140-145.

的格式审查、专家评审、责任编辑校对等严格质量控制程序。科技报告撰写的自由度和随意性较大，使其质量控制具有更高的不确定性，并且缺乏对科技报告贡献者必要的、合理的补偿或利益分配机制①，存在不愿提供高质量科技报告的情况。

总体来看，目前尚缺乏对国家科技报告资源质量管理体系完整、系统的研究，缺乏对全过程中信息资源质量管理和保证机制的具体指导性规范。

4.7 科学数据的元数据质量现状调查

由于科学数据类型复杂，资源众多，本次调查将以国家人口与健康科学数据共享平台元数据质量评估为例进行分析②。

4.7.1 国家人口与健康科学数据共享平台元数据质量调查工作准备情况

4.7.1.1 调查背景

开展科学数据资源对外开放共享、促进科技资源的创新发展是目前很多国家和国际组织不断推动的重要科研活动。2002年，科技部启动了"科学数据共享工程"，以期面向全社会推动科学数据共享服务体系，将分散在科学家手中及机构或项目组中的科学数据进行收集、共享。其总体目标是坚持资源公开与共用，以基地建设的思路，构建结构合理、面向全社会的网络化、智能化科学数据管理与共享服务体系，完善共享政策、法规体系和管理体系建设，建立健全共享机制，培养一批适应社会信息化的高素质科学数据共享管理、技术人才，使科学数据资源的积累与共享基本满足科技创新和国家发展的需求，提高国家科技创新能力和竞争力③，最大限度地发挥投入产出效益。

截至目前，除了中国科学院独立完成近百个科学数据库项目外，国家科技基础条件平台中心也先后在农业、医学健康、林业、海洋、气象、地理遥感等多个领域建立了各自的科学数据共享平台门户网站，到2017年初已经建立了近200个不同学科和专业的数据中心或网络平台。其中，国家人口与健康科学数据中心（National Population Health Data Center, NPHDC，后改为国家人口与健康科学数据共享平台）成立于2004年（图4-8）。中国医学科学院是牵头单位，经过近20年的发展，已集成涉及生物医学、基础医学、临床医学、药学、公共卫生、中医药学、人口与生殖健康等多方面的科学数据资源，还建立了10余项特色专题服务，为用户提供全方位、立体化的共享服务，为国家科技创新、政府管理决策、医疗卫生事业发展、创新型人才培养和健康产业发展等提供了条件支撑。

NPHDC包括1个平台（总中心）、6个科学数据中心和平台节点3层运行服务架构。其物理上合理分布，逻辑上高度统一，建立起一个数据分布式存储、集中管理和多点服务的平

---

① 张新民. 国家科技报告服务系统构建中相关问题的探讨［J］. 中国科技资源导刊，2014，46（1）：9-13，27.
② 此部分研究内容由项目成员赵伟及其团队承担完成，此处仅提供其研究结论部分。
③ 刘润达. 科学数据门户及其构建实践研究：以地球系统科学数据共享网为例［D］. 北京：中国科学院地理科学与资源研究所，2009.

第4章 元数据质量评估研究

图4-8 国家人口与健康科学数据共享平台

(资料来源：http://220.113.4.42/yysjgx/index.jsp)

台架构。

在标准和规范建设方面，其成立了医药卫生科学数据共享的元数据标准、分类标准和数据模式标准课题组，制定了3个标准和1个技术规范。

这个共享平台还在整个医药卫生科学数据共享网范畴内建立了一套对建设质量、服务效果、组织管理、标准规范、人才队伍等方面的综合评价体系，定期进行平台项目评价工作。

4.7.1.2 调查对象资源建设情况

（1）NPHDC的数据资源建设情况。NPHDC按医学领域划分，目前共分为基础医学、临床医学、公共卫生、中医药学、药学、人口与生殖健康分中心及地方节点等分中心。每个分中心组织了数目不等的主题数据库。每个分中心有一定数目的主体数据库，这些主体数据库是物理数据库，在每个主体数据库下，又有若干主题数据库，如基础医学下有4个主题数据库。临床医学的疾病主体数据库下，又有肿瘤子主题数据库、心血管疾病子主题数据库等若干主题数据库，它们是元数据所要描述的对象。

针对NPHDC的数据资源内容及类型，如果按用途划分，可以分为科学数据文献和描述型文献，后者有的是相关法律、规范、标准，有的是对相关书籍、手册的数字化，还有的是以网页的形式描述医学科普知识等；如果按数据类型的表现形式划分，可以将人口与健康数据分为文本数据（包括数据记录和统计数据）和多媒体数据（包括图片、视频，以及其他复合型数据）。目前，NPHDC的数据格式多种多样，不同的数据格式所占比重相差很大。其中，文本数据是最主要的数据格式，而多媒体数据格式占比很小。如果按照数据的加工形态划分，基础数据等占到近一半。由此可以看出，目前NPHDC上的数据以文本数据、基础数据为主。

（2）国家人口与健康科学数据共享平台的元数据建设情况。第一，用户网页检索的元数据项。对于国家人口与健康科学数据共享平台，其数据资源一般是通过元数据的方式进行

· 133 ·

描述，同时提供一定的搜索功能。因此，元数据及检索是其主要功能。

顶层主菜单可以按照表4-9最后一行所归纳的分为元数据目录，数据搜索，政策、标准、法规，其他功能，其他资源，交互共6类。另外，各个分中心的主菜单内容也有差别，造成了易用性的降低。整体上，主菜单的功能层次不是很清晰，没有体现出核心资源。

各个分中心主菜单上提供的检索不尽相同，检索的层次也不相同，如有些主要是对元数据的检索，有些则提供了对数据库内部数据的检索。表4-10所示为各中心网站主菜单功能分类。

总中心的两个主要栏目是元数据服务和跨库检索。元数据服务是元数据的分类列表，跨库检索则是对元数据内容的检索。

基础医学的"数据库检索"将其提供的数据库列出，让用户先选择一个数据库，而后对库内资源进行检索。临床医学的"数据搜索"是对元数据信息的搜索。公共卫生的"元数据"提供了一个查询结果条目列表，具体的数据转到数据库检索或外部站点，如国家实验细胞资源共享平台。中医药学的"数据资源"对资源进行了列举，跳转到了中医药在线，"元数据"栏目目前无法访问。药学的"元数据"会导航跳回到主网站上的元数据条目，其"数据查询"会使用户直接登录到自己平台上做的一个查询库。人口与生殖健康的"数据资源"下只是一些介绍性的文字；"学习资源"则会跳转到中国计划生育生殖健康远程培训平台，上面还有一些电子读物。整体上，这个网站处于建设阶段，上面的数据内容比较少，其上面的数据资源并没有链接到总中心。

进入具体的数据库，记录分析每个数据库的功能，如数据是否只是简单地列出、供下载，还是提供检索功能。对于描述型文献和下载后可查看的科学数据，都没有提供检索功能。对于一些在线的科学数据，有近1/3的数据库（集）不能实现检索。大部分数据库可提供检索功能，且大多可提供多种检索方式，如简单检索、高级检索、关键字检索等。

表4-10　NPHDC各分中心网站主菜单功能分类

名称	主菜单及分类					
类别	元数据目录	数据搜索	政策、标准、法规	其他功能	其他资源	交互
总中心	元数据服务	跨库检索	标准规范，政策法规		网站简介、资料下载、工作简报	
基础医学	数据库检索	元数据查询	标准规范	在线分析工具、登录/注册	资料中心、关于平台	
临床医学		数据搜索	标准规范	数据汇交	临床教学、诊疗路径、临床动态、关于本站	
公共卫生	元数据	导航	政策法规	共享申请	资源调查	
中医药学	元数据	数据资源	政策法规		获奖成果、新闻公告、研究进展、项目简介	论坛专区

续表

名称	主菜单及类型分类					
类别	元数据目录	数据搜索	政策、标准、法规	其他功能	其他资源	交互
药学	元数据	数据查询	政策法规、共享政策、标准规划	管理平台	药学资源、工作动态、项目简介、药品相关知识	留言
人口与生殖健康	数据资源	数据服务	技术服务		学习资源	联系我们

第二，数据库（集）及数据本身的元数据项。国家人口与健康科学数据共享平台上众多数据库（集）的元数据格式不一致，所列入的元数据项也不相同，主要是因为这些资源来自不同机构、领域，而且不同专业所采取的元数据项的标准也不一样。例如，药学分中心的神经系统用药数据库，记录的是药品的所属类别、药物名称、英文名称等，如点击"查看"会显示详细信息，包括药物中文别名、英文别名、制剂、规格、成分、化学结构、药理作用、药动学、适应证、用法用量、不良反应、相互作用、疗效评价等内容。

4.7.1.3 元数据质量评价指标体系

（1）元数据质量评价指标的确定。国家人口与健康科学数据共享平台的元数据质量评价指标体系①如图 4-9 所示。

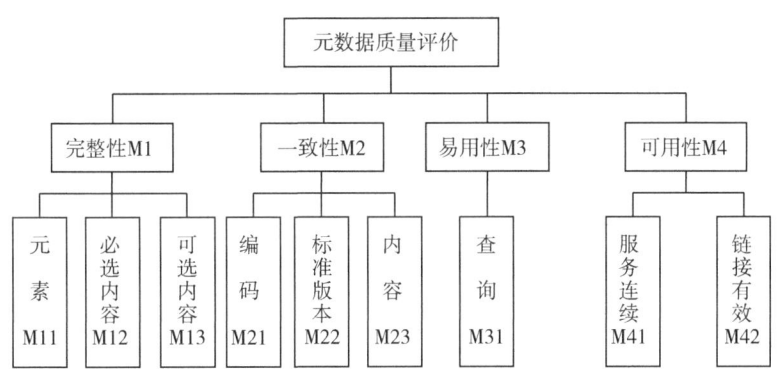

图 4-9 国家人口与健康科学数据共享平台的元数据质量评价指标体系

通过查阅以往的相关文献和其他机构数据质量评价的实践，制定评价指标，各个指标情况如表 4-11 所示。

采用层次分析法确定指标权重。首先，通过调查使用者的意见，比较各评价指标之间的重要性，得出判断矩阵；其次，使用 Matlab 软件计算指标重要性，判断矩阵相对权重，并对其进行一致性检验，对于不一致的矩阵进行修改直至 CR < 0.1（表 4-11）。

---

① 此部分研究内容由项目成员赵伟、苏颖负责完成，此处仅提供其研究结论部分作为项目重要参考内容。

表 4-11　国家人口与健康科学数据共享平台元数据质量评价结果

目标	一级指标	相对权重	二级指标	相对权重	指标描述
元数据质量评价 74.03	完整性 M1 72.547	0.0822	元素遗漏 M11 44.35	0.1000	元数据元素与标准相比是否有遗漏
			必选内容 M12 80.60	0.6000	必选元素内容填写的完整情况
			可选内容 M13 65.84	0.3000	可选元素内容填写的完整情况
	一致性 M2 95.492	0.5564	编码 M21 93.58	0.1468	元数据元素值是否符合编码设置
			元素顺序 M22 81.04	0.0840	元数据元素顺序是否一致
			内容 M23 96.78	0.7692	元数据的内容是否与所对应的数据库内容一致
	易用性 M3 40	0.1347	查询 M31 40	1	元数据检索方式是否灵活,是否支持多条件查询,是否可以对查询的结果进行排序
	可用性 M4 73.7303	0.5564	服务连续 M41 85	0.6700	元数据服务是否提供不间断服务
			链接有效 M42 50.91	0.3300	元数据中的数据链接是否能打开,数据库是否能展现给用户

（2）调查样本量及指标评价函数的确定。本项目采用统计抽样的方法抽样后进行评价。抽样方案是：如果子类的抽样数大于 5，则采用等距抽样，反之采用随机抽样；如果子类的抽样数小于等于 1，则随机抽取 1 条；如果子类的抽样数大于 1 但小于等于 5，则采用四舍五入的方法选择抽样数。本项目共抽取 55 个元数据样本，确保每个单位所提供的元数据都有机会被抽到，从而保证了抽样不仅覆盖每个子类，而且覆盖每家单位，因而提高了评价的准确性和代表性。

打分采用的是百分制的评分标准。对各项指标的评价打分主要采用简单比率法，以反映某些方面数据质量的好坏程度，是我们期望的结果（E）与总值（T）的比率。在通常情况下，对于错误值的测量用"$1-A/T$"来表示，其中 A 表示错误的个数。这个方法的结果越接近 1，表明反映的质量情况越好。由于本书采用的是百分制，因而在此基础上扩大了 100 倍，其结果越接近 100，表示这个指标的质量情况越好。

①一致性的比率评价。这个指标是定量指标，主要从元素值编码、标准版本、内容一致性及各子平台的兼容性等角度来考察元数据的一致性问题，这不仅反映了平台内部的一致性，而且反映了与原始数据的一致性。对该指标采用比率法评价。假设用 A 来表示元数据元素值编码和内容相应的不一致数量，T 表示相应的元数据总数，则可以用 $100\times(1-A/T)$ 来衡量元数据的一致性。对于标准版本可以用 $100\times(S-X)/(S-1)$ 来表示。其中，S

表示调查的元数据样本总数，X 表示本次调查的元数据标准版本数。这个公式是简单比例法的变形。

②完整性的比率评价。这个指标也属于定量指标，它通常包括元数据元素和元素值的完整性。A 表示与元数据标准相比缺失或多余的数量，T 表示相应的元数据总数。因而可以用 $100 \times (1-A/T)$ 来评价元数据完整性的情况。

③易用性的比率评价，易用性是定性指标，但是其评分条件是查询条件实用性强、可支持有效的多条件查询、查询结果可排序、查询结果可二次查询、显示查询结果的个数等5个，E 代表满足条件个数，T 代表总的条件个数5，因而可以用 $100 \times (E/T)$ 来表示易用性。

④可用性的比率评价。服务连续指标的评分方法为：在一个月时间内随机地对平台元数据进行访问，统计访问失效的数量，A 代表访问失效的数量，T 代表总访问数量，则可以用 $100 \times (1-A/T)$ 来衡量元数据的服务连续性。链接有效指标的评分方法为：对所有的元数据进行抽样检查，抽取一定比例的元数据，对其里面数据库的相关链接进行测试，统计失败链接的个数，其具体的评分函数与服务连续性相似。

本书采用加权平均法对各项指标评分加总计算，即 $X = \lambda_1 X_1 + \lambda_2 X_2 + \lambda_3 X_3 + \cdots + \lambda_n X_n$。其中，$X_n$ 表示各项指标的评分，λ_n 表示各项指标的权重。

4.7.2 国家人口与健康科学数据共享平台元数据质量调查结果分析

通过对国家人口与健康科学数据共享平台元数据质量进行抽样调查分析，根据样本调查和指标计算方法可得国家人口与健康科学数据共享平台元数据质量评价结果，如表4-11所示。

通过调查统计分析可以看到，国家人口与健康科学数据共享平台已基本完成了资源建设、平台搭建、元数据底层数据库设计，逐步转向应用服务阶段。与其他科学数据共享平台相比较，这个平台的元数据质量总体较好，属于中等水平。

本次元数据质量评价基本能够反映出国家人口与健康科学数据共享平台数据资源质量及平台建设存在的一些问题。

（1）从收录科学数据资源来看，该平台在过去的几年内收录了大量的医学领域科学数据，但真正意义上的科学数据量很少，不能涵盖医学领域所有的共享数据资源。很多资源属于二次或三次信息，原始性的一次信息较少。描述性文献数量占比较大，但仍然不够丰富。其中很多科学数据的元数据存在字段内容不完整、数据更新时间缓慢等情况。

（2）各分中心和总中心的数据在逻辑上还未达到高度统一。例如，在各分中心和总中心发布的元数据数目并不完全一致，有些名称描述也不一致，分中心网站首页显示的数据库数目或名称，与总中心发布的元数据也不完全一致；各个分中心发布的元数据字段内容也有所差别，没有统一规范的格式；有些数据集仅仅有元数据目录，常常不能直接通过链接获取数据，而是指向外网协议单位的网站，并不能获取数据资源。

（3）数据资源组织方面，数据资源构建的层次不是很分明，数据检索及数据目录功能不是很完善；首页没有标准、规范的格式，导航不是很清晰，尤其对一些内部数据资源和来自外部链接的数字资源没有清晰界定，给查询、获取带来不便；在访问总中心及各分中心网站的各个具体数据库时，很多站点稳定性较差，元数据链接经常出现无法访问的情况。

（4）在数据资源质量方面，该平台元数据内容准确性和一致性上存在一定的问题。例如，部分元数据和相应数据库填写说明的错误率较高。因此，该平台需加大对元数据内容的审核力度，确保其内容准确无误。

（5）标准的一致性较差。虽然该平台已经制定了相应的元数据标准，但分属于不同行政机构各子平台执行的标准各不相同，甚至子平台内部的各个元数据标准仍存在差异。该平台并没有较好地实现各子平台标准的一致化。这也间接导致了一些核心元数据的遗漏和欠缺。

总之，目前国家人口与健康科学数据共享平台尽管基本完成平台和基本结构框架搭建，但在数据资源质量控制方面并不完善，还有待提升，要注意以服务为导向开展数据资源和网站的建设，以用户需求为目标进行数据资源的整合、集成和组织，完善相应的服务功能，最大限度地提高共享信息资源的使用价值。

4.8 基于元数据质量评估调查的思考

元数据作为一种手段或工具，描述和揭示信息资源及其背景信息，也是信息资源管理中一项必要的信息组织方式，既是对信息的二次加工，也能方便、引导用户更好地使用目标资源，这有助于将信息资源的相关内容逐项呈现给用户，使用户通过检查、查询、关联等方式进一步了解、掌握、使用科技信息资源。

鉴于科技信息资源的专业性、科学性、表述规范，为保证真实、客观、准确地向用户提供信息资源的背景信息，有必要对元数据质量提出更高的要求。高质量的元数据内容被看成科技信息资源质量控制的基础，就像传统物理产品生产过程中质量管理信息一样，能够实时、有效地把握信息产品生产过程中质量控制状态和产品质量水平。

以往对元数据质量的研究仅限于元数据内容本身，主要从信息组织、元数据内容管理角度探索如何采取人工审核或人工与自动评价相结合等方法来保证元数据内容的质量。而很少有人从用户质量需求视角来考虑元数据质量及其质量控制规范，以及如何基于元数据质量评价间接反映科技信息资源质量状态，以此达到对科技信息资源的质量保障，间接提升科技信息资源本身的整体质量。

4.8.1 元数据质量评估间接反映网络科技信息资源质量状况

（1）元数据质量评估有助于通过对元数据质量的改善进一步提高用户信息资源的检索有效性和利用率。学术界和实践应用领域对元数据质量评价及改善提出不同的应对方法，如从元数据模式发现、模式转换、控制策略和管理机制等不同角度进行尝试①，或者从评估指标体系、评估方法及评估用例等方面进行改进。

本项目对已有研究成果及其应用领域、使用情况进行比较分析发现，很多研究成果是针对具体场景或应用领域探索如何建立一个合理有效的评价体系，而一旦离开这一场景，其应用成果的适用性将大打折扣，缺乏通用性。还有研究成果是从探索元数据评估工具/方法入手考虑元数据创建工具的便利性和有效性、元数据自动评价的使用，在使用过程中考虑借助于对元数据项、数据集内容具有深入透彻理解的专业人员。一旦由普通的用户来操作，其专业背景知识、元数据项认知差异会导致对元数据评价工具的评价误差。因此，好的元数据质量评价一定是针对普通使用者的，能保证用户理解元数据的含义，准确理解创建者的原意，缩小创建者和使用者之间认知上的"鸿沟"①。

（2）元数据质量评估能够侧面反映网络科技信息资源质量状况。从以上几种案例实证分析结果来看，设计合理的元数据质量评估体系能够间接反映信息资源本身的质量状态，尤其是能够实时反映科技信息资源形式方面的质量状态，这为管理人员进行质量控制提供有效的手段和方法。例如，对资源创建者而言，元数据质量评估有助于细化信息资源的质量控制，发现一些常见问题，这是检验质量控制效果的"标尺"，对人员培训、完善元数据创建指南、改进质量控制方法、提高资源检索效率等都具有重要的指导意义；元数据质量评估有助于用户对信息资源进行检索、筛选，提供参考信息，帮助用户获取和使用有价值的信息资源。

可以说，元数据质量评估是间接进行网络科技信息资源质量评估的一项新的必不可少的方法，它将采取新的视角、方法来揭示科技信息资源的质量状态，是对传统科技信息资源质量管理方法的一项重要补充。因此，元数据质量评估能够侧面反映网络科技信息资源质量状况，能够有针对性地制定并有效实施对网络科技信息资源的质量管控。这有利于对网络科技信息资源生产过程及其科研活动进行过程监督和规范管理，加强撰写、著录、传播和收录等环节的质量改进，增加信息资源过程管理工作的透明性，为过程质量控制和改善提供具有可操作性的评估方法。

（3）元数据质量评估为实现海量科技信息资源质量状态实时评估提供工具和途径。以往更多的是通过随机抽样、专家或用户打分方法对科技信息资源的质量进行定性评估，评估周期长，评估滞后，评估结果的适用范围有限，这严重影响着对网络科技信息资源进行科学、客观的评价。而且，随着科研活动范围的日趋扩大，科技信息资源的类型日渐增多，用户对网络科技信息资源及其元数据信息有了新的要求，原来方法已不能满足网络环境下海量信息资源实时性、可视化等方面的要求。管理不仅对结果的显示度有新的要求，如实时性、准确性、实用性等，而且对其产生过程、管理背景信息、质量状态等方面的关注更多，这导致对网络科技信息资源的要求越来越高，要求网络科技信息资源能够客观、全面、及时地反映信息资源质量状态的各个方面，以满足对网络科技信息资源完整性、准确性、有用性等多

---

① 向礼花. 归档网络信息价值的元数据描述［D］. 湘潭：湘潭大学，2013.

维度要求。元数据质量评估将采取自动化评估方法，实现对海量科技信息资源的全范围、关键过程覆盖，达到实时反馈、可视化展示等要求，从而更有效地为科技信息资源质量改善提供可行的方法。建立评价系统，给满足这种多层次、多维度要求提供了基本保证，主要体现在评估指标的及时更新、评估方法的自动化等方面。

总之，元数据质量评估有助于对科技信息资源生产过程的全面揭示和测量，从中发现质量问题。对元数据质量状况进行评估后，针对具体的问题和出现的原因，采取相应的方法和措施，有利于促进网络科技信息资源元数据质量的提升，为用户服务管理工作提供借鉴与参考，解决或改善元数据的状况。所以，元数据质量评估无论是对资源自身的开发利用，还是对元数据生成的自动化工具都有重要的意义。

4.8.2 元数据质量评估反映网络科技信息资源质量适用性分析

尽管元数据质量评估并不是针对信息资源本身质量进行的，但如能将元数据质量评估作为一种评价科技信息资源质量状况综合能力的工具，提供一种间接参照标准，也能帮助用户和管理者发现问题，提供筛选参考，找准改进方向，进行质量改进，对于提高科技信息资源质量管理水平有着积极的意义。因此，应用元数据质量评估的关键在于科技信息资源质量管理活动是否与元数据质量控制具有基本一致的过程。

从本质上讲，二者是存在许多共同特征的，即具有相同的目标特征、过程特征、组织管理特征等，正是这些特征使得元数据质量评估反映网络科技信息资源质量成为可能。

4.8.2.1 目标特征

科技信息生产交付物是科技信息产品，其信息生成的过程是其元数据不断完善的过程。实现这一过程的主体都是信息提供者，产出的科技信息资源的独特价值是在信息生产过程中形成的，又在科研应用中得以实现。促进其价值实现的则主要是高质量的元数据信息。

这种特殊信息产品的重要特征是价值实现具有间接性，即它不像实物产品，可以通过明确的指标对其使用价值进行度量，其价值是在应用中得到验证。

科技信息价值实现的间接性决定了科技信息质量管理的目标具有如下特征。

（1）多目标性。科技信息资源质量管理体系是一个复杂的系统，一个系统追求的往往是多目标，而目标的属性又是多种多样的，如形式质量目标、内容及效用质量目标等，因此质量优劣的评价准则是会随着使用者立场、应用时期及使用目的的不同而有所变化和发展的。但这和元数据质量控制目标是密不可分的，分类精细、设置合理的元数据项能间接地反映科技信息资源的形式、内容及效用质量。

（2）目标的模糊性。信息资源属于后体验新产品，之前无法准确感知信息资源质量特征及质量需求。所以在信息检索时通常借助于查询元数据项内容，将用户需求转换成信息资源可测量的质量性能指标。但由于转换人员能力的差异性，对用户需求的理解不足，其转换过程往往不可能达到对用户需求的完全映射，尤其在内容方面，资源质量难以直接反映出来。用户对自身需求表述具有模糊性，科技信息资源检索目标也具有不明确性、模糊性。

（3）目标的多变性。由于科研用户在前期对信息难以把握，对自身信息需求表述具有模糊性，对用户需求认识也具有模糊性，用户在检索相关元数据项及对信息辨识或不断使用过程中，通过确认或联想字段项内容之间的关系来对科技信息进行收集、吸收、积累，进一步修订自身信息需求表达的准确程度，提出更准确的检索要求。

4.8.2.2 过程特征

（1）具有全过程的综合性管理。科技信息资源生产具有一个采集、录入、加工、汇交、存储及使用的完整生命周期过程，这个生命周期过程，既是质量控制水平不断提升的过程，也是质量管理不断提升的过程。利用"持续改进"的思想对这个过程加以控制和管理，通过对信息各个阶段的控制，能更好地提升信息资源质量、满足信息使用要求，同时这一过程也是元数据从搭建、录入、丰富到验收、入库等的一个完整生命周期过程，是一个有机成长的过程，各阶段有明显界限，又有机衔接、不间断，这就决定了科技信息资源质量管理也是科技信息资源元数据质量控制的生命周期全过程的管理。

（2）过程的敏捷性。成功的质量管理都是在过程中坚持与用户不断沟通，听取用户反馈，及时进行改进，以满足用户需求。

（3）过程管理的突变性。突变是科技信息资源与内外环境相互适应的过程，用户需求、系统变化或外界环境变化造成科技信息资源产生过程发生改变。这些变化影响到科技信息资源质量，如数据库系统的调整、需求质量的提升等，也影响到元数据结构和内容，只有做到及时调整或对元数据粒度及项目补充完善，才能达到对突变性的适应。

（4）管理的简约化。一般，元数据越细越丰富，越有利于科技信息资源的检索、利用。过多的元数据项会产生大量管理成本，效率降低，无法达到过程的敏捷性和管理灵活性。因此，信息资源质量管理过程的一个特征是管理的简约化，即进行必要的控制，对烦琐的管理程序进行"裁剪"，抓住关键工作要点、关键质量环节。元数据项的筛选也是一样的。

4.8.2.3 组织管理特性

科技信息生产过程管理和其元数据产生的过程管理是一体的，二者相互促进，管理主体一致，目标也基本相同。

可见，科技信息资源质量管理与元数据质量控制过程具有很多相似性，故借助于元数据质量评估间接地对科技信息资源质量状态进行把握。

4.8.3 元数据质量评估反映网络科技信息资源质量的基础条件

将元数据质量评估引入科技信息资源质量评估，为改进质量管理提供了一个可操作、规范化的评估方法。把握元数据质量可以间接地对科技信息资源进行客观、及时、全面的认识和评价，克服以前信息资源质量评估的滞后性、片面性问题。

元数据质量评估主要达到以下目的：通过内部的纵向比较、评价，找出科技信息资源生产过程中质量改进的方向；通过外部的横向比较，使用户发现科技信息资源质量上的差异，从而为使用信息提供更多的判断依据；通过评价、改进，提升整体信息资源质量；通过利用元数据质量评估工具，实现对信息资源的自动化、全资源的实时评估。

有效的元数据质量评估必须具备以下几个基础条件。

（1）有明确的质量管理目标，指明了科技信息资源质量管理努力的方向，起到"活动指南"作用，同时检验了其是否满足具体质量管理活动要求。

（2）有完整、稳定的信息资源管理组织机构及团队，这是完成元数据质量评估工作的人的集合，要求相互协作、共同完成必要的质量评估，因此，完整、稳定的成员组织结构是科技信息资源质量能够稳定、持续提升的基本保障。

（3）有较完整的生产管理过程和工作程序，随着信息资源建设深入推进，必要的工作流程、管理制度、工作程序是引入元数据质量评估并能顺利实施的有力保证。有效的质量管理过程应得到实际执行。

（4）有明确的质量维度，对每个维度的理解能够达成共识。

（5）信息资源生产过程能够受到督促检查并被记录。生产过程只有在不断的督促检查、发现问题并及时得到纠正的情况下才能持续下来。

（6）生产过程关键环节的质量状态能被测量，具有可操性。通过测量可取得过程运行的数据，以此作为检查监督的依据。要对过程实施情况进行测量，收集过程实施的反馈意见。

（7）有可行的评估方法，尤其是对海量科技信息资源有一套自动化评估工具来检验元数据质量，以满足在海量科技信息资源不同客户端、不同环节端口进行元数据采集、评估的基本要求。

（8）把对质量管理过程改善措施与过程目标的实现结合起来；以解决实际过程中的质量问题为绩效管理导向，质量管理的活动必须与过程目标一致。

（9）元数据质量评估能够得到技术的适当支持。如有条件最好选用适合的技术性基础设施和工具等对元数据质量评估给予支持，使其更为有效。

（10）吸收用户及专家的反馈意见。可以采用调查表和提问单等多种方式取得反馈意见，收集在信息生产过程运行中发现的质量问题，并及时校正参数使评估更准确地反映出科技信息资源质量。

第5章 基于网络科技信息资源生产过程的关键元数据项分析

5.1 概述

为了总体把握质量元数据的特征,需要借助信息生命周期来了解科技信息资源创建、传递、转换、利用的运动过程。

信息生命周期理论认为,信息是一个运动概念,总是处于持续不断的进程的某一阶段。与信息生命周期链状单一维度的理论认识不同,"文件连续体"和"信息连续体"理论认为信息是时间/空间二维演变的螺旋式"韵律",包括信息的形成创建过程、记录信息的捕获过程,以及在竞争领域的组织和集成过程[①]。比如,"信息连续体"的"连续"主要侧重于记录信息的自然过程,认为其是一个资源配置的过程,在过程的活动中需要共享和使用相关信息,而"文件连续体"的"连续"则认为记录信息的过程是管理资源的过程,一些信息的创建和维护不仅依赖内容,还依赖过程方式。

"文件连续体"和"信息连续体"理论及其模型表明,信息在其整个生命周期的运动具有整体性、连续性,同时与之相关的形成记录的活动也具有整体性和连续性。整体性决定了对信息记录的管理必然是一个连续的过程,构成同一个连续体或系统工程,实现信息的可持续价值。根据这种价值观念,必须对信息进行过程管理,确保并且证明信息对象的真实性、完整性、可靠性和长期有效性(可读性、可理解性等),使记录有可能用作证据和可追溯检查的依据。

"文件连续体"理论描述的是文件过程管理规律和管理模式,它以文件的形成、捕获、组织、合成4个管理步骤为主线,运用多种研究方法全方位地考察文件从最小保管单位直到最大保管单位的运动和管理过程,研究文件保管形式与业务活动和业务环境的互动[①]。

连续体视角下元数据的主要特征是新的元数据可以进行组合而创建,可称为其他元数据的一部分。在这种方式下,元数据可以在另一个应用环境进行再利用,并在人类社会活动中进行再生产。按此认识,科技信息资源元数据框架应能且必须与科技信息资源产生过程相关联。

通过前期大量调研实践及对国内外元数据标准体系的研究,本项目认为元数据的生产应该能够和网络科技信息资源生产同步进行。由科技信息生产环节中的各部门或责任主体分别

---

① 刘春燕. 资源共享视角下的科技计划项目元数据框架构建研究[D]. 北京:中国人民大学,2016.

维护不同的元数据项,既包括描述科技信息的描述字段,也包括反映管理过程及措施的管理元数据,同时,随着系统流转还有一些附着的技术性元数据信息。这样,元数据信息将始终存在于科技信息生产流程的各个环节,并发挥质量控制的作用,反之则可以通过元数据实现对生产过程的管理,这对目前的网络科技信息资源生产有着十分重要的现实意义[①]。

当然,在科技信息资源生产的整个过程中,由于描述性元数据在不同环节相同的部分很多,因此能够被复用表达。但最大的不同之处在于各环节的管理、技术和应用的元数据项方面。每个环节有相应的管理机制与管理政策,都可以用元数据进行描述。对于这些元数据,郑巧英等[②]称之为基础管理元数据。

从前面研究综述看,目前对管理元数据的研究尚缺乏条理性与全面性,尤其在网络环境下还没有统一的认识和规范标准,缺乏通用的、可指导的管理元数据框架。对质量控制过程而言,这就给本项目研究提出更大的挑战。从大量的文献研究中发现,目前大部分对管理元数据的认识还局限在具体的技术和操作层面,而且在很多文献中称为管理元数据的方案或归类于管理元数据的方案,仅仅是管理元数据的元数据或是信息资源某一环节管理机制与管理措施的元数据描述[②],或者是局限于某一局部的管理功能或要素的描述,尚缺乏对管理元数据系统、全面的认识,目前很少有文献从信息资源质量管理总体角度来认识管理元数据。

郑巧英等[②]认为从总体把握管理元数据需要以信息资源的生命周期为参照系,以信息资源创建、传递、转换、利用的运动过程为主线,以此把握管理元数据的基本特征。将信息资源生命周期进一步细化成对关键环节的把握,意味着可以将信息资源生命周期划分成3个具体的、较小的阶段,缩小研究对象范围,便于更好地筛选把握其中一些"关键要素",进一步提炼共性的、"基本的"管理元数据和"专门的"扩展元数据。这样,可以按照以往描述性元数据遵循的"基本"与"专门"的规范与操作程序开展有条理的研究。

按照郑巧英等[②]、王绍平[③]的观点,为所有信息资源建立一个共性的、"基本的"管理元数据是很困难的。但如果将研究限定在一个适度的范围内,建立一个管理元数据框架是可行的,那么这个框架将只关注某一特定管理环节的"基本"元数据,它既反映了这一管理环节管理机制的共性,又扩展了管理功能,形成了各个"专门的"扩展元数据并相互关联。

网络科技信息资源元数据的设计也应该考虑信息资源各个阶段的要求和需求。元数据描述的对象是科技信息资源,既可以是单条信息,也可以是信息集合。元数据集将伴随科技信息资源始终,从信息(信息集合)创建之时便自动携带一个元数据表。元数据对科技信息生产过程每一环节或活动进行操作记录、补充和更新,并生成元数据库,存储在信息管理系统[④]。元数据的操作由管理工作人员和计算机技术人员共同完成,大部分由系统自动完成,而这对于系统是一项"无法胜任"的工作,需要由人工进行填补。这里的人工包括信息制

---

① 毛炜青,郭容寰. 元数据在测绘生产管理中的应用 [J]. 测绘科学, 2006, 31 (3): 127-128.
② 郑巧英,王绍平,孙华,等. 数字图书馆中基础管理性元数据框架研究 [J]. 图书馆杂志, 2008, 27 (6): 56-62.
③ 王绍平. 数字信息资源的基础管理性元数据初探 [J]. 新世纪图书馆, 2005 (5): 7-9, 35.
④ 李毅博. 政府电子文件元数据管理及其标准构建研究 [D]. 南京:南京理工大学, 2007.

作者、利用者、信息管理者和系统管理者。管理工作人员的任务是对元数据的内容、属性、功能和工作模式提出专业要求,而计算机技术人员负责其技术实现①。

为此,本章将首先对几类典型的科技信息资源生产过程进行分析。在此基础上,提炼出科技信息资源生产过程的 4 个基本关键环节,并围绕这 4 个关键环节展开过程质量控制及质量影响因素分析,并分析元数据建立过程,以便确定每个环节最关键的质量元数据项。

5.2 网络科技信息资源生产形式及过程质量控制分析

网络环境下,任何人都可以出于不同目的,在任何地方以不同方式发布科技信息。因此,不仅科技信息生产主体发生变化(甚至有可能信息的生产者、发布者和使用者为同一主体),而且科技信息产出的表现形式更加复杂化。

从形式上看,网络科技信息资源集文本信息、数据信息、图形图像信息、音频视频信息等为一体,以数字化形式记录、存储在网络计算机的各类介质上,并通过网络出版发布、存取查询、传递利用。因此,相对于传统纸质科技信息生产,网络科技信息生产具有十分复杂的形式,不仅有原始信息的收集,也有现有信息的再加工,更有信息的转发评价。

5.2.1 网络科技信息资源生产过程的关键环节

对网络科技信息资源来讲,虽然资源类型、内容、形式等各不相同,但总体来看,其生产流程是具有共性的,都有从产生到提供应用、服务的历程。就总的过程来说,都是"大同小异",只是具体细节方面不同,几个重要的生产阶段还是普遍公认的采集、加工、存储与管理、服务等(图 5-1)。只不过有些资源在生产过程中会重复出现设计、加工、分析等更细化的过程,但总的关键环节保持不变。而且,针对这些关键环节的质量改进措施大多数也是类似的,所应用的质量评估维度往往是质量改善和提高的对象。

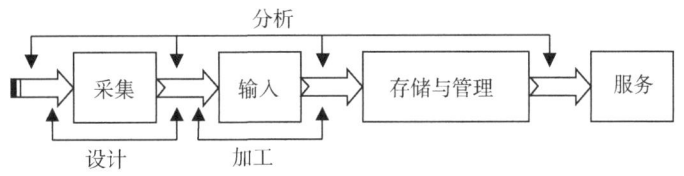

图 5-1 网络科技信息资源生产过程的关键环节

因此,针对科技信息资源的多学科性、类型多样性等特点,基于基本一致的信息生产过程的质量控制体系,不用过多考虑资源类型、归属学科等所带来的质量控制和评估内容的差异。

基于以上分析,可以总结出几个科技信息资源生产过程通用的、共性的关键环节,即信

---

① 李毅博. 政府电子文件元数据管理及其标准构建研究 [D]. 南京:南京理工大学,2007.

息采集、信息加工、信息资源审核与存储管理、信息资源服务管理等[①]。

（1）信息采集。信息采集是信息资源生命周期的正式开始，科技工作者借助文献资料、实践记录，以及科学实验中通过仪器设备、试剂器材等进行实验和观察后获取的数据表现形式的结果进行信息收集。信息采集效果是与内外部因素直接相关，在一定程度上与其质量管控多方面的因素直接相关，都会不同程度地对数据的质量状况产生影响，如信息来源、观察客体的环境和状态、仪器设备、试剂、采集人员素质等。为此，制定质量管控措施时应重点考虑这些相关因素。对于不同学科，其信息采集行为及所涉及的内容可能存在一定的差异，因此要在这个阶段加强质量控制，可以增加有针对性的质量因素。

在信息采集之前，还可能涉及与信息及其采集有关的分析和设计，以及采集操作规范、标准依据、采集要求（目标）等，这些操作规范显然也是保证信息质量的一些方面，所以应当把这些内容如实地反映在信息采集阶段的质量内容中。

（2）信息加工。信息采集完成后，要把信息从信息采集设备通过有效加工手段录入信息管理系统，在录入阶段有设备自动批量导入、人工导入（含人工辅助实现的半自动数据导入）两种情况。前者不需要人工干涉，直接实现从信息采集设备（数据库）到信息管理系统的导入，这个过程涉及的元数据规范、映射和约束规则、仪器设备和系统的状态、参数设定都对信息资源的质量有影响；而通过人工参与实现的信息导入增加了新的若干质量影响因素。特别是质量标准尺度，可能因人为把握而发生变化，这个影响因素应该给予重点关注和控制。

在信息加工阶段，影响质量的因素也有很多，如操作者素质、加工标准、加工设备、软件系统等。为此，需要采取一些有效质量控制手段和保证方法，如在信息导入过程中可以通过系统内置学科知识库、逻辑一致性检查等辅助方法发现并纠正数据存在的问题，且多路数据输入比较容易发现质量问题等。

另外，在信息加工、标引过程中，还有可能涉及与信息导入有关的分析、设计和处理，一旦有这方面的操作记录时，就应当在质量控制和保证内容中如实记录所有操作。

（3）信息资源审核与存储管理。信息资源审核与存储管理是将数据输入信息管理系统后形成的信息资源所处的新阶段。在这个阶段通常是把信息资源以具体的形式存储并管理，但存储介质、环境都与信息资源质量紧密相关，所以在质量控制和保证中应当重点关注存储介质、环境及信息管理系统的安全性、可访问性等质量维度。

（4）信息资源服务管理。这是信息管理系统根据需求把信息资源呈现给用户的过程。这个阶段包括直接信息再现和数据信息化加工两部分。前者需要系统根据用户的需求直接把用户所需要的信息资源呈现给用户，而后者需要系统根据用户的需求把原来信息资源再加工后反馈给用户。在这个阶段，应该保证信息实体本身及其所产生的内容正确、客观、完整等，同时信息管理系统在服务时还应具有良好的网络界面和易用性，所以在信息资源服务管理阶段，信息管理系统的多功能性、易用性和所产出信息的可信性、客观性都是质量控制和

---

① 胡良霖. 科学数据资源的质量控制和评估 [J]. 科研信息化技术与应用，2009，2（1）：50-55.

保证的重点内容。

5.2.2 网络科技信息资源生产过程的元数据建设

(1) 网络科技信息资源生产过程的元数据分析

网络科技信息资源的建设其实包括3个过程的建设：一是科技信息资源本身生产的过程，从信息的采集、加工、审核、存储和输出到更新的信息流的过程；二是元数据管理的过程，从元数据的调研、分析、创建、提炼、结构化、获取、录入、使用到运行、跟踪、评价的过程；三是信息质量的控制管理过程，从信息收集、质量管理策划、质量控制到质量评估的过程。网络科技信息资源生产过程就是随着这3个过程生命周期逐步展开的，如图5-2所示。

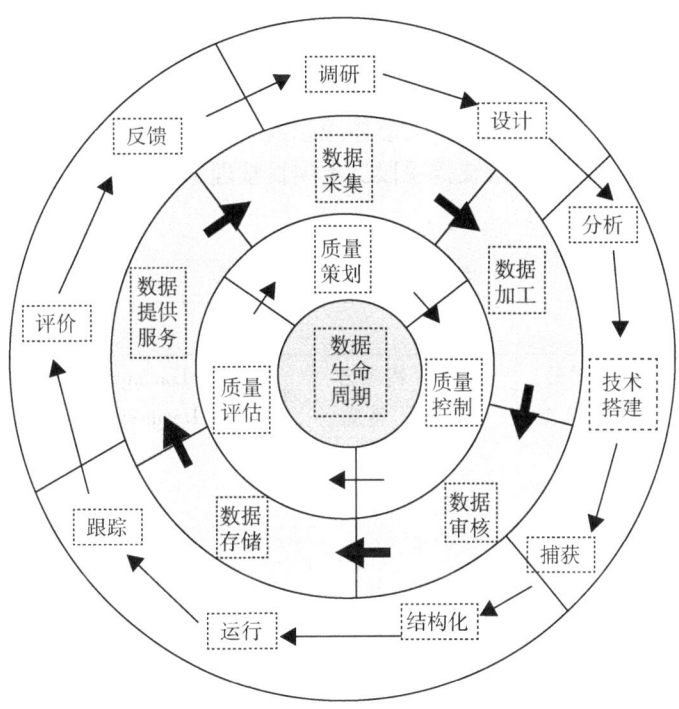

图 5-2　网络科技信息资源生产生命周期的构成框架

本项目从质量管理与科技信息资源生产过程角度，以用户使用服务为核心，将整个元数据设置的过程看作能使信息资源管理方、用户方同时实现信息管理与利用效益最优化的整体过程。

元数据对科技信息资源的描述可为用户（人类或机器）提供一种发现、获取和评价科技信息资源的方式。这种方式足以满足网络环境下对海量科技信息资源管理的要求，并对科技信息资源的建立、信息发布、信息资源互操作等提供信息服务。

在网络环境下,元数据始终贯穿于科技信息资源生命周期各个不同的关键阶段[①]。

一是设计分析和创建元数据。根据资源生产的目的,生成有关资源的元数据规范体系,包括描述型、管理型、技术和应用型元数据规范。

二是运行、组织管理产生的元数据内容。根据相关标准,以人工或自动捕获方式获取科技信息资源元数据内容,通过录入、编目、标引加工生成对科技信息资源描述的元数据内容。

三是使用与检索元数据。针对已有数据库中的科技信息资源,利用检索、算法、知识挖掘等方法匹配相应的元数据,可能会组成与用户注解、权利追踪和版本控制相关的元数据,以帮助用户理解和使用科技信息资源。

四是保存及维护元数据。当发生科技信息资源的更新、移植、注销等情况时,有必要通过元数据记录,确保处理过程可记录保存和配置活动,提供信息变更的详细记录,满足信息资源可追溯性的要求。

(2) 网络科技信息资源生产过程的元数据功能作用分析

将元数据作用进一步细化、分解,能够体现元数据的一些基本使用功能。元数据是实现网络科技信息资源充分利用的有效支撑手段。本项目整理了国内外学者对元数据功能的理解与认识情况,如表5-1所示[②]。

表5-1 元数据功能汇总

功能	主要研究者							
	程颖	马玲玲,卞艺杰	黄莺	冯项云,肖珑	李凌杰	Lorcan Dempsey	Renato Iannella Andrew Waugh	海胜利
揭示	√							
链接	√							
共享	√							
整合	√	√						
检索	√	√		√	√	√	√	√
发现/确认/定位	√	√	√		√	√	√	
选择/定位			√	√	√	√		√
获取			√	√	√	√		
数据复用					√		√	

[①] 黄成. 船舶工业信息化业务平台元数据体系结构研究与设计 [D]. 哈尔滨:哈尔滨工程大学,2012.
[②] 此部分研究内容由项目参与人员杨小芳完成,成果已体现在其硕士论文《面向用户的科技报告元数据质量评价研究》中,本部分仅提供其论文的结论部分。
杨小芳. 面向用户的科技报告元数据质量评价研究 [D]. 北京:中国科学技术信息研究所,2016.

续表

功能	主要研究者							
	程颖	马玲玲, 卞艺杰	黄莺	冯项云, 肖珑	李凌杰	Lorcan Dempsey	Renato Iannella Andrew Waugh	海胜利
评估				√				√
管理/保存	√	√		√				
著录描述		√		√				√

元数据的功能与其所要描述的目标资源特点及用户对目标资源元数据的需求紧密相关。元数据的功能常以标准与规范的形式表现出来，而标准与规范的出现满足了不同学科领域及不同资源类型的需要。有些领域（如数字图书馆、政府信息资源等）都已有比较正规的元数据标准与规范。这些标准与规范是本领域信息资源有效应用和共享的前提条件[1]。例如，图书情报领域元数据标准与规范的主要目的是方便用户检索、搜寻到用户所需要的科技信息资源。因此，发现、检索是网络科技信息资源元数据标准与规范实现的首要功能。而在一些专业领域或具体实践场景中，元数据功能更为繁杂，描述内容也有很大差异，通常整体上具有管理、质量控制、再利用和数据发现等作用[2]。

通常，元数据特性及功能的发挥受到网络科技信息资源本身属性的影响。孙建军[3]认为元数据应具备 3 个基本属性，即研究的规范性、成果的实用性、学术价值性。

元数据的结构化加强了对不同类型科技信息资源的整合管理与挖掘利用，通过元数据可以关联诸多信息内容，进行多角度信息资源的互操作、开发利用。

当然，元数据只能间接反映科技信息资源质量，虽然它具有结构化和信息化的特点，但用户对科技信息资源的需求不能代替对其元数据的需求，元数据的质量水平也不能作为判断科技信息资源质量水平的依据，只能在一定程度上间接反映科技信息资源整体质量。以科技报告为例，其元数据的功能表现如表 5-2 所示。

表 5-2 科技报告元数据的功能表现

科技报告特征	表现形式	对元数据的功能要求
可交流性	编写规范	规范
	可重现研究成果	准确、真实、完整
	面向公众和特定群体开放共享	满足用户使用的潜在需求
专业性	内容详尽，描写客观、完整、及时	真实、及时、完整
	附图表、数据、研究方法、基本原理	可见、准确
	内容覆盖整个科研过程	全面、完整

---

[1] 黄成. 船舶工业信息化业务平台元数据体系结构研究与设计 [D]. 哈尔滨：哈尔滨工程大学，2012.
[2] 徐维. 对元数据功能与性质的深层解析 [J]. 兰台世界，2005（7）：20-22.
[3] 孙建军. 中国科技报告质量学术评价研究 [D]. 北京：中国科学技术信息研究所，2015：22.

续表

科技报告特征	表现形式	对元数据的功能要求
出版周期不固定	政府出版物	来源权威
	随时形成、提交	及时
不同密级划分和使用范围限制	标注密级	权威
	授权科技情报机构管理发行	管理权威
	经过授权管理机构的审批程序	审核权威

同时，目标用户不同元数据功能指向也各有侧重。从用户使用角度来说，不同使用目的的用户对同一资源元数据的需求有所不同。

本项目在对科技报告元数据质量评估工作的实践调研中注意到，虽然不同类型用户对科技报告元数据的需求角度各有侧重，但可以通过把握其共性需求开展元数据质量需求分析，如表5-3所示。科技报告元数据可以满足用户在检索查询、阅读延伸、选择评估及统计分析方面的共性需求。在此基础上，可以针对不同用户需求提供元数据深度加工服务及评价管理服务[①]。

表5-3 科技报告元数据的用户需求

需求	含义	需求	含义
检索查询	因研究科技报告理论技术或管理科研项目等，通过元数据检索查询科技报告详细信息	阅读延伸	通过科技报告元数据获取项目课题等更广泛、深入的信息
选择评估	根据科技报告元数据信息判断检索结果是否满足检索查询的需要	统计分析	利用元数据开展知识挖掘、大数据分析等开发利用活动，辅助科研管理或咨询决策等

资料来源：赵辉. 使用元数据框架改善数据资源质量 [J]. 中国科技资源导刊, 2008, 40 (2): 73-75.

以上作用也反映了元数据具备及时反馈用户需求的功能。而且，随着科技信息资源的不断增多，用户对数量的满足转向对信息质量的需求不断提升，信息的清晰化、可理解、可用、良好体验被认为是衡量信息资源满足用户需求的条件[②]。

从前面几章的分析可知，用户对信息质量的需求也会随着对信息资源网络服务工作的深入了解而不断提升，而且有"递进性"，如为减少用户在搜索、查询科技信息资源时的筛选成本、评估成本，需要提供诸如浏览量、使用量及一些背景信息（来源机构专业权威性、发布者、发布方式等）来帮助用户判断科技信息资源的质量；在科技信息资源集成服务中也可以通过数据挖掘、知识关联等技术手段向用户提供信息资源质量状态、质量维度、关键环节质量缺陷等。元数据在满足上述众多质量需求中发挥着重要的作用，元数据的质量影响着服务效果和用户需求满足程度。

---

① 杨小芳. 面向用户的科技报告元数据质量评价研究 [D]. 北京：中国科学技术信息研究所, 2016.
② 焦志芬. 省属高校图书馆用户需求与资源配置研究 [D]. 北京：中国科学技术信息研究所, 2006：16-23.

总之，元数据的内容因所描述的科技信息资源类型、主要内容、应用范围的不同而不同，通常是通过制定各个领域、各类型的元数据标准加以规范。目前，几乎各行各业都已经根据自身的需要制定了满足需求的元数据标准，而在实际应用中这些标准也都成为本领域信息资源有效应用和共享的前提条件①。其中，应用比较成功的有数字图书馆元数据标准、OA期刊元数据标准、政府信息元数据标准等。这些元数据标准除了对共性的问题做了具体的描述外，还允许用户对其进行一定程度的扩展。

（3）网络科技信息资源生产过程的元数据生命周期管理模式

元数据在信息资源生命周期各个阶段发生着变化。赵辉②提出了一个基于元数据的生命周期模型，如图5-3所示。一个基于元数据的生命周期模型应该包括8个阶段——元数据创建阶段、元数据结构化阶段、元数据提炼阶段、数据创建阶段、数据利用阶段、数据评估阶段、数据提炼阶段、数据操作阶段。

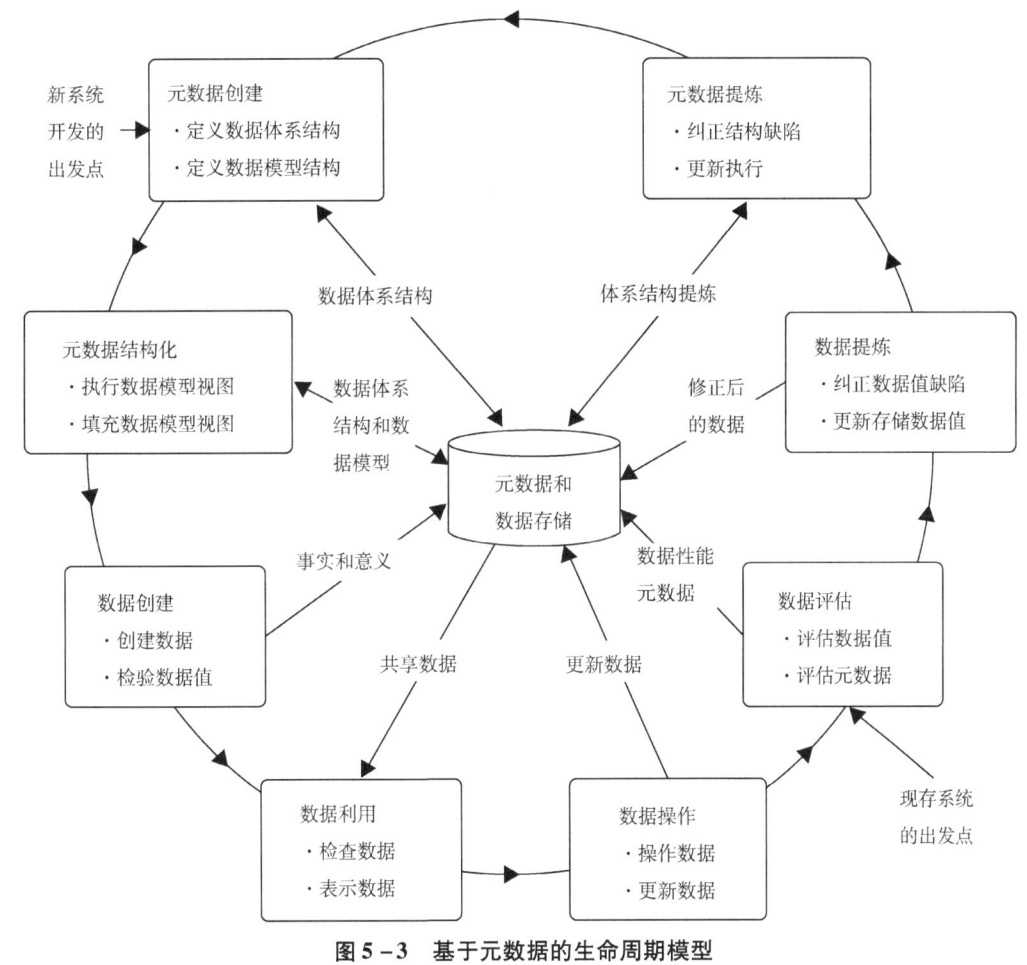

图5-3 基于元数据的生命周期模型

---

① 黄成. 船舶工业信息化业务平台元数据体系结构研究与设计 [D]. 哈尔滨：哈尔滨工程大学，2012.
② 赵辉. 使用元数据框架改善数据资源质量 [J]. 中国科技资源导刊，2008，40 (2)：73-75.

借鉴这一模型，元数据在科技信息资源生产过程中的表现与数据实体是相辅相成、相互对应的，主要体现在以下几方面（图5-4）。

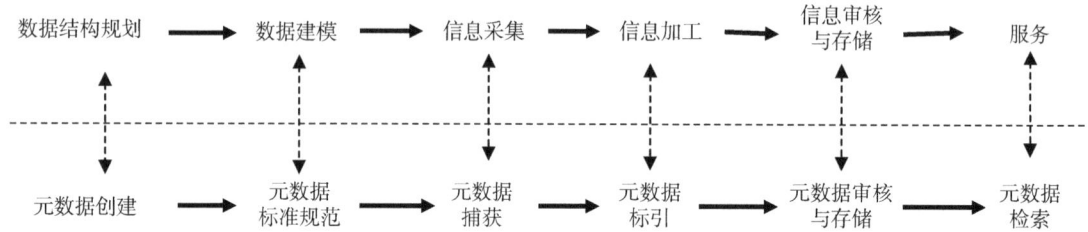

图5-4 科技信息资源生产过程与元数据的对应关系

①元数据创建。根据数据结构规划确定元数据的内容与结构要素，包括组织的数据框架结构定义和单独系统数据模型中的具体关联两个部分。

②元数据标准规范。其指定义数据模型的结构，从而了解包含其数据模型的数据类型。这个过程也是元数据结构化过程，在这个过程中完成数据体系结构和描述各种具体系统的数据模型的结合。

③元数据捕获。其是按照既定要求将科技信息及其元数据纳入信息管理系统并加以管理的过程。

④元数据标引。利用迭代方法，提炼现有基于元数据的概念，纠正事实错误并使其结构逐步完善，使之符合元数据内容质量的基本要求。

⑤元数据审核与存储。依据元数据约束规则对录入的元数据内容进行检查、审核，通过之后将其转入元数据库存储。

⑥元数据检索。根据用户需求，利用元数据提供丰富的检索项内容，以使用户提高检全率和检准率，从而提高使用效率。

按照质量控制理论，对信息资源过程的质量控制将集中在资源本身、技术手段、人员组织、管理规范和用户需求等5个方面。网络科技信息资源生产过程也可看成信息资源"过滤"过程（由杂乱无序到精良有序）。实质上，这是一个数据"节约"的过程，也是一个信息增值的过程。在这一过程中，既有对科技信息资源实体"节约"的过程，也有对其元数据处理、加工的过程。在整个信息资源生产过程中，过程质量控制环节主要有采集、加工、录入、标引、数据审核及存储和信息反馈等。在传统过程质量控制中，常用方法有传统的手工目视法、图形检查法、数据生产控制法、数据抽查法和软件检查法等。一般可以将这些方法分为人工控制、半自动控制和自动控制3种类型。但随着网络技术的深入发展、信息量的激增，研究者越来越倾向于采用信息采集、处理、加工等自动化手段进行辅助操作，以减少成本、提高工作效率、保证质量。但这也要以完善的信息资源过程质量控制系统来做保证，否则将难以实现信息资源的高质量。为保证科技信息资源的准确性，需要在信息的生产流程上设置质量控制点，通过元数据质量控制间接对信息资源实体的内容描述及信息背景介绍等方面进行严格审核，防止各种虚假数据信息的混入，这同样涉及元数据内容、技术、人员、管理、约束规则、用户需求等方面。

5.3 网络科技信息资源采集环节的质量控制分析

信息采集实质就是对信息的选择过程，是根据不断变化的用户信息需求从已确定的信息源体系中连续地选择、提取和收集信息的过程。主要的资源采集方式包括：通过试验（实验）直接获取；对公开出版发行的信息资源以购买方式获得；对一些非公开的信息资源可采用"授权使用"采集方式；对于量大且更新频繁的信息资源则可采用"镜像站点"采集方式；对于信息资源规模较大的信息机构常用"资源交换"方式；对于一些会展、讲座、访问交流活动的信息资源多采用"现场收集"方式；对于一些学科前沿的学术论文和技术资料，可委托本学科的专家和学者来收集或依托计算机采集处理系统进行"网络采集"。

5.3.1 采集过程中信息资源的质量控制

信息采集是指根据特定的目的和需要将分散的、蕴含在不同时空域的有关信息采掘和积聚起来的过程，它是网络科技信息资源开发的首要环节，也是资源质量控制的起点和基础。

采集过程质量控制包括数据采集内容的选择和采集过程的质量控制两个方面。

（1）数据采集内容的选择。要明确采集的目的。无论是试验（实验）中的原始采集还是对数据库数据的验证，不管是纸质信息的数字化还是电子信息的转换，采集目的不同，采集侧重点也不同。但是总体质量控制体现在以下几个方面：①在采集数据过程中遵循完整性、针对性、标准化、连续性、科学性等基本的保证资源质量的原则。②根据采集目的，筛选确定采集的信息源范围。优先选取有质量保障的信息源。对于来自试验（实验）的信息源则需要遵循信息采集规范和流程，保证信息/数据集本身的真实、可靠、完整；对于来自文献资源数字化加工的信息来源，需要了解其信息加工的处理流程、质控措施等；对于来自其他数据库中的数据，则需要了解这个数据（集）的加工背景等信息，并记录本次采集的收录过程。③加强对来源信息筛选的质量控制，重点从"全部控制"转为"源头控制"。一是评估采集源的可靠性、可信度，从信息分布特点、信息类型及其要素完整性、信息载体、实用价值、学术价值，以及信息的适用程度等方面进行认真、充分的调查分析，从而鉴别可靠、真实的信息。

（2）采集过程的质量控制。信息采集过程中的质量控制应侧重于信息的形式结构规范性和信息内容的科学性，需要制定科技信息采集与更新规范，对信息采集方法、采集流程、采集数据的格式和内容等进行规范化，以便从源头上保证要处理信息的质量。同时，也应当把分析与设计如实地反映在信息采集阶段的质量内容上，保证信息的质量具有可追溯性。故有必要制定以下严格的工作程序和采集步骤：①对采集信息的要求；②确定各专题数据库的信息采集范围；③分析信息的涵盖范围、分类；④明确信息来源；⑤开展资料调查，根据主题自身特点确定信息源；⑥从不同的信息源采集相关数据，进行筛选与审核，要采集有明确信息来源、质量权威的数据；⑦对信息整理、加工，同时论证元数据标准设置的合理性；

⑧校验数据，包括元数据约束规则符合程度、数据内容全面性、数据著录规范性等①。

另外，要对信息资源的格式规范（如名称、格式、字段设置、计量单位等）、收集范围（如来源、时间、专业领域等）、质量检测（如形式质量方面、内容要素方面、测量误差方面等）进一步明确、细化并制定出采集过程的具体质量控制目标。

5.3.2 采集过程中元数据的质量控制

根据"前端控制"思想②，对科技信息资源全程的管理和监控措施应该向前延伸到科技信息采集阶段。这一阶段由信息提供者和技术人员共同完成。信息提供者主要根据网络科技信息资源本身对其元数据的内容、属性、功能和数据结构等提出具体规范，而技术人员负责落实技术开发。通常按照元数据规划从内容、背景、结构、技术和利用等5个方面确定数据集，应该对信息实体进行采集时就自动生成元数据表，并随信息的标注不断补充和修改，也会在信息管理系统中自动捕获系统管理的技术元数据，用于产生、记录、描述、存储元数据项。有些元数据质量借助于计算机自动标注，而对于无法自动标注捕获的项目则由人工进行填补，即在采集信息时，系统将自动捕获的科技信息内容、背景、结构等填入元数据表，然后信息提供者对其他需要在此阶段填写的元数据进行人工填写。

科技信息资源被采集之后进入数据库管理系统，若信息不是系统所"承认"的标准格式，则需要进行标准化处理，即格式转换。经标准化处理后，首先，产生一个元数据表，表中的相关元数据元素记录了信息经标准化处理的过程，如原信息的格式、大小，经标准化处理信息的格式、大小，预处理的方式、导入时间等；其次，系统通过解读信息自动捕获内容、背景、结构等并填入元数据表，如信息标题、信息编号、作者、日期等；再次，由作者或信息采集者对其他要求在此阶段必须有或必须填写的元数据内容进行填写，如主题词、摘要、分类号、密级、与其他信息的关联，以及采集标准、质量控制职能、数据质量处理流程等背景信息；最后，新形成的科技信息资源被保存在临时信息库中③。元数据在信息形成中的应用如图5-5所示。

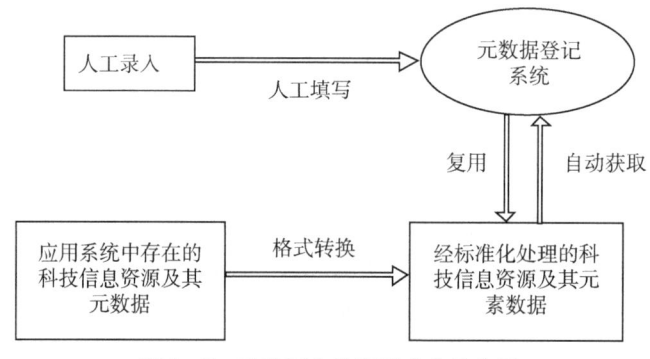

图5-5 元数据在信息形成中的应用

---

① 宋立荣. 农业科技信息共享中信息质量管理研究 [M]. 北京：中国农业科学技术出版社, 2009.
② 张魁. 电子文件生命周期中的元数据管理 [J]. 兰台世界, 2006 (9): 28-29.
③ 李毅博. 政府电子文件元数据管理及其标准构建研究 [D]. 南京：南京理工大学, 2007.

根据网络科技信息资源的自身特点与采集规范的相关规定，其元数据的采集程序大致可分为4个基本步骤[①]：一是采集元数据的内容和结构确定（登记）；二是元数据捕获；三是元数据封装；四是元数据项及内容的更新和修改。

（1）采集元数据的内容和结构确定（登记）

根据各类型科技信息资源的数据结构及特点，建立其元数据的结构标准。根据这一标准进行元数据项的登记、采集。

元数据的采集有3种方式：系统自动采集、半自动采集和人工填写。系统自动采集方式需通过专门信息预处理器，不同类型的信息有不同的处理算法，处理后，生成各自的元数据登记系统，这适合于有大量固定业务流程和比较规范的情况，系统遵循固定的工作流程和采集格式，实现对元数据项内容和结构的自动匹配，采集那些用户/系统所要求的元数据元素，可从操作系统、OA或信息管理系统中提取其内部电子程序，如日期与时间，便于进行自动标注并作为质量事件追溯的时间标识。

这些由系统限定的元数据元素，如信息系统程序、操作系统和信息资源产生的办公软件与程序等，一般可采用默认捕获或继承捕获方式。前者要求在系统中设置相关规则和要求时，必须确保相关的元数据元素发生时被捕获并且来源正确[②]。遵循功能需求的文件管理软件可通过在操作系统、文档生成程序或软件、资源管理系统中设置相关条件来捕获所产生的元数据元素。有时当待审批的信息资源经过审核转为正式信息时，系统会将某些元数据元素直接从分类方案更高级别的实体继承而来，即继承捕获。

半自动采集主要是在业务无法作为固定的工作流程实施时，首先通过系统自动采集一些通用的基础信息，然后再结合人工方式对有价值的元数据项内容和结构信息进行采集，对需要人工提取的元数据予以录入。

人工采集主要是人为地从存储在计算机系统或网络上的信息资源中筛选和提取有用的元数据项及内容，以及部分传统文件数字化后的内容和结构信息。

（2）元数据捕获

捕获是按照既定要求将科技信息及其元数据纳入信息管理系统并加以管理的过程。捕获内容主要包括内容信息、结构信息、背景信息等。其中，内容信息是信息资源本身所表达的信息，如文字、数据、符号、影像、声音和图像等；结构信息是指信息资源内容排列，包括各构成部分之间的连接方式、相关信息之间的关系及其在存储器中的构成等信息，如存储的类型和格式等；背景信息是指描述生成信息资源的处理活动记录、质量控制过程、数据质量日志、结果、上下文关系，以及所产生的自我描述信息等，如信息资源形成的硬件条件与软件条件、系统数据、保存系统等信息[③]。

---

① 金波，丁华东. 电子文件管理学［M］. 上海：上海大学出版社，2007.
② 刘家真，廖茹. 电子文件管理元数据的质量控制与管理［J］. 图书情报知识，2009（6）：91-96.
③ 电子文件归档与管理规范：GB/T 18894—2002［EB/OL］.（2014-04-17）［2017-10-24］. http：//da.sdyu.edu.cn/2884/2894/201404/t20140417_33269.htm.

谢振红等[1]总结了元数据捕获的5种方法：键盘输入、关联表、测量法、计算法和推理法。通常，对一些具有规范性、固定业务流程、海量信息的元数据捕获多采用计算法（通过其他元数据或数据计算得到的元数据），而一些少量资源、可动态变化的信息资源（如数据变量表达内容等）则需要人工输入，但需加强质量控制，避免人为错误。关联表方法则是通过公共项从已存在的元数据或数据中获取有关的元数据。测量法是指直接通过测量捕获元数据内容。

图5-6为ISO 23081电子文件管理元数据框架，显示了指定捕获的6种元数据来源。但是，通过计算机系统进行自动采集的数据（见图5-5中阴影部分）只占少数部分。这是由于计算机系统无法采集该系统外部的数据，如业务规则、授权等所有能自我证明的元数据[2]。

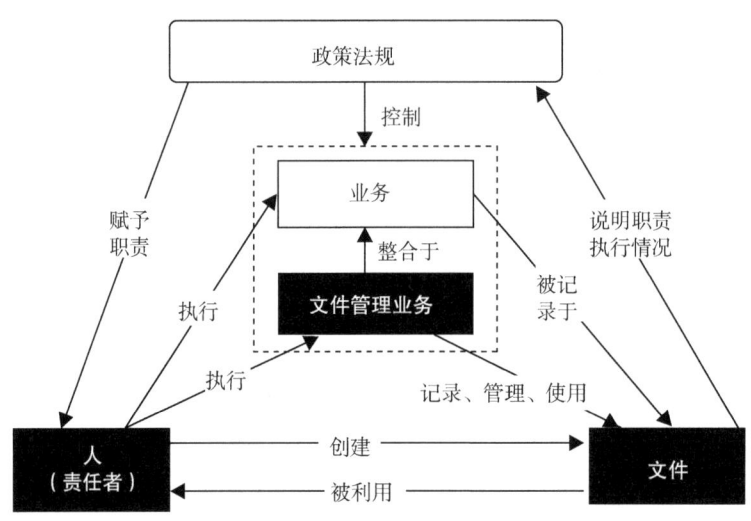

图5-6　ISO 23081电子文件管理元数据框架

[资料来源：《信息与文献　文件管理过程　文件元数据　第1部分：原则》（ISO 23081-1：2006，IDT）]

由图5-6所示，可以将科技信息元数据嵌入信息实体及其生产的技术环境，包括文档生成软件、操作系统、数据库应用程序等[2]。元数据按照来源可以分为5类：来自系统的元数据、来自文件的元数据、来自环境的元数据、来自工作流的元数据和手工录入的元数据[3][4]。这就使得网络信息元数据的捕获需要采用人工录入和系统直接写入相结合的方式。

从上述来源可以看到，元数据具体的捕获方式有：①取自软件系统。计算机软件工具，将元数据捕获机制嵌入科技信息资源管理系统，依赖管理系统设置的规则或要素，将系统中的元数据在触发此事件/活动时能够自动地被系统生成，如对此类信息管理技术的处理描述、

---

[1] 谢振红，王晓光，王忠礼，等．影像元数据质量控制及不确定性分析[J]．城市勘测，2011（3）：44-48.
[2] 刘家真，廖茹．电子文件管理元数据的质量控制与管理[J]．图书情报知识，2009（6）：91-96.
[3] 屠跃民，李婉月．关于数字档案信息采集的思考[J]．档案与建设，2006（9）：17-20.
[4] 金波，丁华东．电子文件管理学[M]．上海：上海大学出版社，2007．

时间记录等。②取自文档。很多信息资源描述元数据都从信息资源（正文）自身获取，如信息题名、关键词、作者等。③取自环境。从信息资源生产外部环境产生相关的元数据，如取自技术环境维护方面的元数据，取自管理环境的制度、规程、约束标准等元数据等。④取自工作流。工作流反映信息资源产生的一系列过程、工序、环节。每一个阶段（环节）中的元数据录入都将被工作流所捕获、记录并被描述过程处理的相关事件/活动。⑤手工录入。可变动的、需变量表达的元数据目前还需由信息提供者、管理者进行手工录入，需对元数据进行必要的人工登记、标引、审核后，再由系统将这些补充到元数据内容并导入元数据库。由此可以看出，对网络信息资源的元数据捕获就是上述几种方式的混合使用。

（3）元数据封装

封装是将信息实体及其元数据按指定结构打包的过程。网络信息资源元数据封装实际上是基于可扩展标记语言 XML 技术进行的，就是将采集到的元数据经 XML 和 RDF 编码形成 XML 文件。其目的是利用标准的、与软硬件无关的 XML 语言将网络信息资源与其元数据依照设定的格式规范结构封装。由于网络信息封装要求进行前端控制与全程管理，通常是将其预先设置于信息处理系统。另外，利用 XML 技术的自我描述性与动态跟踪等优势，实现对元数据的生成与维护，可围绕其整个生产过程周期展开。

（4）元数据项及内容的更新和修改

事实上，不可能捕获到所有元数据，应该保证核心元数据项后根据资源情况与特征进行进一步扩展或更新，如质量控制措施、适用条件说明、用户处理日志等。扩展元数据能及时反映信息资源实体适应新需求的变化要求，为信息资源运行过程管理提供基础。元数据的修改部分主要指元数据创建后所要变更的与其相联系的元数据项，如重新定义元数据项、增加额外的元素、扩展修饰词或描述符、变更标识符、建立新的链接等。

同时，信息资源生产的过程也是一个元数据运动的过程，元数据不仅随着信息资源实体一起被转入信息数据库，而且随之进行相应的存取和补充[①]。这一过程都需要经过一系列的验证检查和校对处理，这些过程和结果都将被补充到必要的元数据库中。

5.4 网络科技信息资源加工环节的质量控制分析

5.4.1 加工环节的信息资源质量控制

加工是采集后、输入前对数据的操作，也可以是数据输入过程中系统参与的数据审核和编辑处理，实现信息价值增加的编辑转换，也是数据"节约"的开始，将原始数据转化为符合要求的格式规范，是对数据内容的处理，使其变成计算机或计算机网络能够识别的各类文件系统。

加工处理是数据采集后针对数据可能存在的质量问题或与期望结果的差距对数据进行的

---

① 石珂. 电子政务环境下的电子文件及其归档管理［D］. 武汉：武汉大学，2004.

修订和取舍类的操作，如进行补充录入、标引等，旨在获取更加满足信息生产所期望的数据。

（1）加工环节的质量要求

根据网络科技信息自身的特殊性，对加工环节的质量控制要求很高。一是专业性，要以专业术语描述，做到用语规范、标准、简洁、准确、明白，加工科技信息资源要遵循科学规律，将无关的数据剔除，按照一定的学科规律或相关特征、需求进行关联，使其符合学科规律和相关数据之间的内在关系；二是准确性，尽可能真实、准确地表达数据；三是及时性，尽快收集、处理网络科技信息资源，并及时将决策建议所需要的相关信息找出并加工，提交有价值的决策意见。

（2）加工工作中的质量控制措施

第一，做好数据录入工作。这是加工过程的一个重要环节。其中，制定数据录入规范是这一过程中质量控制的关键点。数据录入规范是将一组数据标引结果输入数据库成为数字化文档的标准，包括录入规则、来源及相关性标识规范和具体的录入软件。它是加工的指导性规范。科技信息类型复杂，各类数据加工如果没有统一规范的加工录入标准将很难实现有效的质量控制。另外，尽量在数据录入时采用软件录入，降低人为错误的同时借助软件有效性检查功能完成规范数据录入、数据相关性检查等，可为录入员提供一种辅助检验并进行错误警示，避免偶然失误。

第二，高度重视校对制度，严格执行校对程序。这是防止系统性、重复性错误的必要步骤，是提高数据入库质量的关键。一般是通过人员重录校对法、机器校对法等方法加强校对质量。当成本高等原因导致无法使用人员进行重录校对检查时，都应采取数据抽查法对录入数据进行质量检查评价，但这并不能保证数据的整体质量。故目前多利用计算机校验程序，发现问题及时纠正，利用计算机对录入数据进行分析统计和汇总，通过专业人员或专家对综合数据进行逻辑性和符合性检查，提高检查校对的工作效率和数据检查全面性。

第三，加强标引质量控制。标引是文献或数据数字化加工的质量过程控制，是对信息内容的揭示，是实现数据转换成信息的关键一步，也是产生元数据集及内容的关键。因此，需要建立数据标引规范（包括数据的收集范围、取舍标准、标引内容和标引规则），明确数据的选择标准和描述规范，引入一些代码或词语标识作为信息组织检索的依据，以此解决众多信息资源标引一致性、标引深度等方面的问题。

第四，提高标引的质量。主要包括：①提高由人工标引转向自动标引的标引质量，人工标引是由专业人员通过研读标引信息内容提要、目录、序跋、重点章节，甚至全文，提炼出若干表达主题内容而又规范化的专业词汇或词组。近年来，由于处理海量信息的需要，人们日渐倾向于自动标引方法，就是借助于计算机识别技术通过提取主题词方法进行自动标引，常用机助标引法、词典法、单字标引法、逻辑推理法、神经网络法等方法。②提高分类标引质量，它是以信息分类形成的信息分类表、分类代码等为依据进行分类标引，提高分类标引的准确性、一致性，保持同类信息相对集中。③提高主题标引质量，重视标引的专指性、标引深度和一致性。主题标引是指对主题分析的结果赋予主题词检索标识的过程。影响标引工作质量的因素有标引工作的组织管理、标引人员的业务水平、主题词表本身的质量。为此，需要对标引人员进行专业培训，提高其业务素质。另外，根据用户需求，细化主题词粒度，及时修订更新、维护主题词表，不断提高主题词表的质量及实用性，包括主题词的专指性、新颖性、更新方法和主题词表的体系结构、编制方法等。④建立各专业领域的《汉语主题词表》，或适用的专业主题词表，使主题词表与所建数据库具有适用性，有利于主题词表对数据库质量的控制①。

5.4.2 加工环节的元数据质量控制

科技信息加工过程中，元数据不断得到扩充。加工包括科技信息的补录、标引、筛选等工作。元数据也是为信息筛选提供判断依据，对一些关键元数据项（如元数据中的作者名称、机构名称、信息主题、时间、密级、签署、保管期限、信息质量标记、利用频率等）起到重要的参考作用。可以说，标引也是对元数据补充和完善的重要环节。

在科技信息资源加工流转系统中，元数据通过系统和网络被送达各个相关部门进行加工、标注。这包括以下3个方面的内容②。

一是在已采集的科技信息资源检索、加工过程中加入元数据项。

二是在已有信息整理过程中增加元数据项，为此在每一个加工环节都对采集的科技信息资源进行进一步加工、提炼以便其能够打开并处理不同格式的信息。同时，元数据提供了对科技信息资源加工过程的描述、定位、揭示，通过输入名称、格式、制作等重要特征项揭示信息各个生产工序的背景信息，有助于以后信息过程、背景内容的检索和发现。

三是在信息加工、录入的过程中，通过元数据对信息对象中重要特征信息（如名称、内容、年代、格式、制作者等基本属性）抽出加以组织、规范，赋予语义，并建立关联，形成关系数据库，用户仅通过这些元数据项就能对信息对象具备基本了解和认识，使用户在无须浏览信息对象的情况下，就能够识别此信息资源的信息，以此判断是否为其真正需要的资源③。

同时，在加工过程中，除了对描述元数据信息进行著录、标引外，还需要对加工的背景信息进行记录。这一环节的背景信息包括科技信息资源形成的过程记录、日期范围、加工活动等，以及管理过程的记录（如质量控制者、质量控制标准、资质、手段、方法、处置行为、使用的标准依据等），也包括所在机构有关的背景信息（如机构历史、组织结构、职责等）。通过软件系统可以自动记录信息对象在每一个环节处理的相关背景信息，形成各个环节的元数据库，并不断扩展、更新、完善②。

通常情况下，加工还要应对用户对信息的需求变化，需要对元数据进行必要的添加和修改。一般情况下，元数据项细分越详细，越能和用户需求/行动相匹配。另外，还要根据用户需求，结合特定环境，利用比较、概括、分析等方法对信息资源实体的内容进行加工和分

---

① 宋立荣. 农业科技信息共享中信息质量管理研究［M］. 北京：中国农业科学技术出版社，2009.
② 李毅博. 政府电子文件元数据管理及其标准构建研究［D］. 南京：南京理工大学，2007.
③ 秦燕. 元数据在知识管理各阶段的应用分析［J］. 图书情报导刊，2006，16（20）：165－166.

析，提供能够进行知识分析、挖掘的元数据项内容。

5.5 网络科技信息资源审核与存储环节的质量控制分析

5.5.1 审核与存储环节的信息资源质量控制

科技信息的生产者在向数据库正式递交信息产品前，应当对科技信息资源的完整性和真实性等进行判断、核实，这是信息生产过程中进入数据库前的最后一个阶段，也是保证科技信息资源质量乃至整个数据库质量的一个必要措施。不仅要从专业知识上对入库信息的内容及相关元数据项进行仔细认真的检查，而且要再次从数据库的结构上对信息的结构和逻辑做一次合理性校验，只有这样才能最终将其输入数据库。故应制定并严格遵循科技信息资源质量审核制度，指定专门技术人员负责信息处理审核工作，审核时严格按照信息录入和标引的质量要求进行，未经或未通过审核的信息不得进入数据库。未通过审核的信息必须重新再进行信息处理、加工、标引，之后再经审核，直到合格为止。

首先，对科技信息资源审核环节的质量控制确定审核标准，依据此项标准对加工的科技信息进行质量判断。这些标准有些是依据国际标准，有些则需要制定专门的判断标准和审核规则。

其次，信息资源质量审核应判断信息加工是否规范，元数据描述是否准确，标引是否规范、全面，是否能满足信息检索需要，数据内容是否符合规定的质量要求。

最后，分类进行信息资源质量审核工作。信息审核主要有人工审核和计算机自动审核两种。后者是利用计算机的自动化处理功能进行数据质量控制，侧重于进行科技信息形式方面的审查，包括数据查重、数据校验、数据转换、错误检测、信息安全等方面。其中，数据查重是将数据与原数据库中数据进行比较，确定为新的信息资源，避免数据重复；数据校验是依据数据的不同特征、约束规则，采用数值校验、匹配校验和数据记录格式校验等方法对资源实体进行自动校验和控制，这项工作可以安排在数据输入时、提交录入前、入库前、与数据库比对等过程中进行，也可在审核软件中嵌入数据控制功能和数据综合校验功能时进行；数据转换是将提交审核数据根据情况做进一步的格式或形式调整/转换，以使其符合入库数据库的格式规范要求；错误检测是根据约束规则或新增要求对目标对象进行的专项筛查、综合检验等工作。

人工审核是指完成信息转换、加工以后，每一项信息和结果由专人进行审核。由于此方法成本过高，目前已基本被放弃，转向计算机自动审核。

信息资源存储和管理是信息录入系统后信息资源所处的新阶段，一般的系统没有直接改变信息资源的操作行为，通常是把信息资源以具体的形式存储并管理，但存储介质、环境都是和信息资源的过程质量紧密相关的，所以在此阶段应该关注其存储介质、环境等质量因素对信息的影响。存储介质、环境等质量因素实质上是与信息资源安全性相关的，用户在信息安全的前提下访问、存储介质及其环境、管理系统等质量元素都是此阶段信息质量控制和保证的内容。为此，有必要对存储信息软件、数据库系统、存储介质等进行了解，并做好备份。

5.5.2 审核与存储环节的元数据质量控制

元数据为科技信息资源的审核、存储工作提供重要依据。元数据中的作者、机构名称、主题、日期等元数据元素都是质量审核、价值鉴定时非常重要的判断依据。由于信息类型繁杂、差异大，信息关系错综变化，且部分元数据元素的内容比较复杂，很多含有描述性文字或数据，如信息的摘要、机构职能描述等，系统无法对这些信息质量进行判断，必须借助人的专业判断加以识别与判定。因此，不可能仅由系统中预先设定的程序完全自动地完成审核工作，必须有专业管理人员的参与。但参与信息审核的工作人员所考查和检测的信息，也主要来自元数据。

元数据不仅给信息的审核提供依据和凭证，而且将详细记录下审核与存储环节的操作过程、责任者和处理结果等信息，并指示系统做出相应处理。同时，这些记录处理过程信息的有关元数据要素又将被保存下来，作为下一次科技信息资源审核工作的基础和参考。

存储的过程也是元数据运动的过程，元数据随信息一起被移入数据库系统，同时元数据自身也在不断地存取和补充。科技信息资源进入数据库前需要经过一系列验证和检查，这些验证和检查是针对信息及其元数据二者同时进行的，而且信息管理系统还将对信息进行标准化、规范化处理，如加入数字签名或水印、编号、入库时间等，处理过程及结果都将补充到信息的元数据中。与此同时，系统也会对信息进行登记、定位保存等操作，将此类信息记录到系统相关管理元数据中。

由于存储前信息不在数据库系统中，系统只能通过保留在系统中的元数据记录信息处理的经过和结果，向系统管理者提供各种统计和维护数据，起到辅助管理的作用。管理人员可以通过元数据所提供的信息了解原信息目前的状况和位置，保持与原信息的联系。

5.6 网络科技信息资源服务环节的质量控制分析

5.6.1 网络科技信息资源服务环节的信息资源质量控制

网络科技信息资源发布前的质量控制措施是保证信息质量的关键环节，也是最后一道控制措施。为此，各个机构在进行网络科技信息发布前一定要明确信息发布的相关职责，规范信息流转工作流程，严格遵循国家互联网信息传播的相关法规，坚持"先审后上、分级负责、保证质量"的原则，制定信息发布的质量控制规范，包括信息资源加工更新及发布规范等，因此应遵守以下几点。

第一，必须遵守互联网管理规范、网络信息服务制度等国家法律法规。

第二，明确和规范信息发布的相关职责，制定和完善网络科技信息资源加工、审核和发布工作流程；在信息发布前进行严格的质量审核，由具体负责人对拟发布信息进行事先审核、管理，以确保信息的合法性、真实性、准确性和及时性等。

第三，建立严格的信息审核机制。一般，信息发布审核采取分级发布和分级负责原则，对照国家和机构相关规定审核，进行对外网络发布。有些机构采取"四级审核一反馈"措施提高科技信息资源发布前的质量。

（1）初步审查：由部门负责人对拟发布的科技信息内容进行初步把关，包括形式、内容等，通过后才能提交给机构的信息发布审核人员。

（2）专业审核：由专家或专业审核人员对信息的专业内容、保密信息、敏感信息等进行严格审核，依据国家、机构相关保密法、信息服务相关法规及专业认识等判断信息是否能发布，必要时需进行再次加工、脱敏，之后才进入审核程序。

（3）复核签发：由机构负责人对拟发布的科技信息的审核意见及结论进行复核，认为其符合相关规定要求即可签发。如需再次审查的，交由专业审核人员复查，或由相关部门重新认定后进行复核。

（4）程序审查：信息发布人检查信息发布程序是否规范、严格执行，有无缺失。确认无误后进行网络发布，并存档。

（5）信息反馈处理：定期对用户进行调查和访问，将搜集到的意见及时反馈到有关部门，或者在信息门户网站主页或检索系统的界面上开辟发表反馈意见的窗口，做到反馈信息真实准确、双向交流、及时应答、应对措施适当有效。

第四，有必要建立全面规范的信息发布格式标准，以方便用户进行信息检索、利用等。这包括完善元数据项及内容、采取通用型信息发布格式、明确信息获取的权限范围和传播范围等。

5.6.2 网络科技信息资源服务环节的元数据质量控制

元数据在网络科技信息资源服务环节起到以下作用。

一是具有信息揭示作用。元数据能够映射出科技信息的大概内容、背景，以及生产过程的处理情况等，不仅能够较为准确地描述信息资源的原始数据或本质数据，而且通过发现、提取、分析这些元数据，并创建一个索引词汇表，能够将网络科技信息资源从无序状态变成有序状态，方便用户的组织与检索。

二是满足个性化检索需求。不同于耗时耗精力的全文检索方法，通过元数据对信息对象的精准描述，可以结构化分解用户需求，对应相应的元数据项，向不同用户提供不同质量的服务，以满足不同用户的个性化检索服务要求。同时，元数据通过标引信息资源的不同特征，并不断细化，可帮助用户进行深度分析，通过采用排序、过滤、评价等方法，进一步提高检索效果。也可以通过元数据提前锁定用户访问权限，预先设定信息资源的存取要求和规则，保证信息调用规范。

三是可以记录用户查询、检索的过程，评价分析用户的信息需求偏好，通过算法或知识挖掘等方法向用户推荐、反馈满足用户需求的检查内容，也可以提供个性化的检索推荐。

四是实现对质量问题反馈的可追溯性，起到动态跟踪的作用。这是因为元数据记录了科技信息创建、形成、使用及载体和设备的更替等全过程的活动或措施，通过调动以前信息可了解信息资源实体的背景状况，能在动态中反映科技信息的真实性与可靠性。

这对元数据质量提出新的要求：①在信息资源的二次加工、标引中进一步细化元数据项粒度，尽量突出、筛选用户关心的元数据项，做到"忠实原文、准确记录"；②清楚、准确地记录信息再加工、发布过程中的背景信息，如将信息加工发布时的格式转换、数据签名及水印处理、发布时间、处理过程、处理说明等补充到元数据内容中；③及时记录用户检索过程，获取用户信息偏好，了解用户需求，便于通过知识挖掘等算法进行智能化分析，帮助用户及时调整检索策略，提高检索效率。

5.7 网络科技信息资源生产过程的元数据质量影响因素分析

5.7.1 网络科技信息资源生产过程中元数据质量影响因素系统认识

网络科技信息资源质量控制是一项复杂的系统工程，其复杂性体现在管理主体的多元化、信息流动的动态性、信息资源的多样性及信息处理手段日趋网络化等。这就使信息呈现流动快速、传递高效、用户需求不确定、质量控制环境开放而非封闭式、学科众多、数据格式多样、数据库结构复杂、功能综合等特殊性。这就要求对其质量控制需采取系统性方法，并进行综合考虑，而非一招一式或单一的技术手段所能够解决。

基于系统论认识，网络科技信息资源质量问题的影响因素往往不是表现在某一局部范围或某几个指标上，而是表现在一系列相互影响、相互制约的性能指标上。要研究提高信息资源质量就必须从系统的观点着手。网络科技信息资源建设是一个涉及资源本身、网络技术、组织管理、约束规则、用户需要的多种因素协调作用的开放复杂系统，信息资源质量不仅取决于信息生产和传递中的质量，而且取决于用户对信息质量的需求。因此，信息资源质量受多种约束因素影响，可通过多个指标组成的系统因素来反映其质量状态，故需要系统、全面、综合考虑这些因素及这些因素的组合效应，才能有效解决质量问题。

基于以上分析，本项目将影响网络科技信息资源质量因素归纳为4个方面，即信息资源管理、网络信息技术、人员素质、组织管理规范。当然，根据管理的需要还可以将这些因素细分为组织管理、法规政策、标准规范、信息资源整合、质量保证体系、组织结构、质量管理制度、质量控制流程、技术支撑、资金保障、质量文化、专业人员素质等方面，这取决于对网络环境分析的细化程度。也常常由于各个微观组织对信息加工、发布方式、管理细节要求不同而有很大的差别。但基本上仍围绕这4个方面进行，只不过在具体执行中有所取舍或细化。

（1）信息资源管理。这是科研活动的必然要求，学科间的交叉和融合使得对不同学科之间科技信息资源的整合提出迫切要求，整合过程也是质量改善的过程，应有效地搜集、获取和处理各类数据，最大限度地提高共享信息资源的质量、可用性和价值，满足科研用户的集成服务需求。

（2）网络信息技术。技术是对信息资源的质控起主导作用的基本管理手段。信息技术的控制使网络形成了一种特定的技术系统结构和规范，使信息质量管理有序进行，实现信息的有效利用、可持续发展。它包括两个方面：一是资源本身描述、加工、处理的技术；二是实现信息网络传播的软件、硬件技术，包括网络基础设施、硬件技术条件和软件技术条件等。就网络中所采用的信息技术的质量控制措施来看，也还是"以技制技"，体现以下3个方面：一是提升质量控制的效率，使其更加准确、有效；二是利用技术的"穿透效应"延伸至人员无法触及、掌控的环节、流程中；三是对质量控制程序的创新应用，采用新的手段、软件工具或改进流程使质量控制更加有效，如采用科技信息资源描述技术、信息发布技术、元数据技术、数据挖掘技术及现代信息技术，进行专业规范管理，或者统一技术系统结构，如构成网络通信基础的各种协议、标准等。

（3）人员素质。科技信息的专业性、科学性特征使得无论是生产者、管理者还是用户都需要一定的专业知识才能更好地理解和认识科技信息。可以说，人员素质也是直接影响信息质量的一个因素。这从两方面来概括：一是从事科技信息生产的专业人员，不仅要有相关领域的专业知识、信息处理技术，还要了解各个环节质量控制规范；二是从事科技信息生产的专业人员要准确掌握用户信息质量需求，通过培训、反馈等了解用户具体的要求，以进一步改进科技信息的可利用性，而这需要他们具有良好的沟通和信息分析能力。

（4）组织管理规范。科技信息资源网络是一个开放、复杂的系统。从提供信息资源的责任主体看，涉及不同学科、领域的部门、组织等。这些机构若没有良好的组织管理规范，则很难保证信息资源的质量。这包括：①内部组织管理结构，它是组织内部各个有机构成要素相互作用的方式或形式，以求有效、合理地把组织各个资源组织起来，为实现共同目标而努力。比如，规定组织的人员结构、信息生产流程，建立和部署信息资源管理的规划及工作方针，设定管理目标，制订、实施计划等；②质量管理制度，包括机构中进行信息资源建设的人员组织结构、岗位职责、业务流程、操作规程、必要的质控目标、关键环节的质量控制措施、绩效考评和考核，以及质量控制标准规范和管理制度等。

上述各个要素之间是相互依存、相互关联、相互制约的关系，它们在网络科技信息资源质量控制中起主导作用，与网络科技信息资源建设中的几个因素是相辅相成的，只不过关注的侧重点不同。

归纳起来，从一个微观组织系统内部来看，影响质量控制的因素主要就是管理、技术、人员、资源，如图5-7所示。一是组织管理制度和环境方面，这是直接影响质量控制的组织要素和软环境因素，包括组织管理、质量管理制度等；二是技术管理方面，包括技术、标准等；三是人员方面，指信息生产开发人员、信息使用者等对质量的认知、理解水平和接纳表现，涉及质量需求和信息处理能力等方面；四是资源方面，主要是描述信息资源全面性对质量的影响。

5.7.2 网络科技信息资源生产过程中元数据质量影响因素分析

从以上分析看出，影响网络科技信息资源生产过程信息质量的因素是多阶段、多方面

第5章 基于网络科技信息资源生产过程的关键元数据项分析

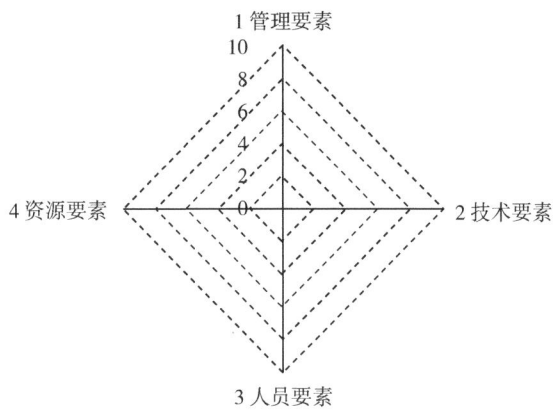

图 5-7 网络科技信息资源质量控制的影响因素

的,从信息采集到信息处理再到信息服务等各个阶段都会有信息质量问题的产生和扩散,这些问题都会对结果产生影响。其中元数据质量问题也同样存在于信息生产到扩散的所有过程和环节中。本项目结合前面调研分析对其质量问题进行归纳整理。按照来源和具体原因,同样可以将影响因素分为信息资源、技术、人员和管理4个方面。

(1) 信息资源方面的元数据质量问题。信息资源方面的元数据质量问题主要是由于对科技信息资源本身的描述、理解及其度量标准偏差造成的,如图 5-8 所示。产生这类质量问题的原因主要有信息资源描述及理解错误、专业术语不规范或解读不正确、数据质量度量得不到保证和变化频度不恰当等。

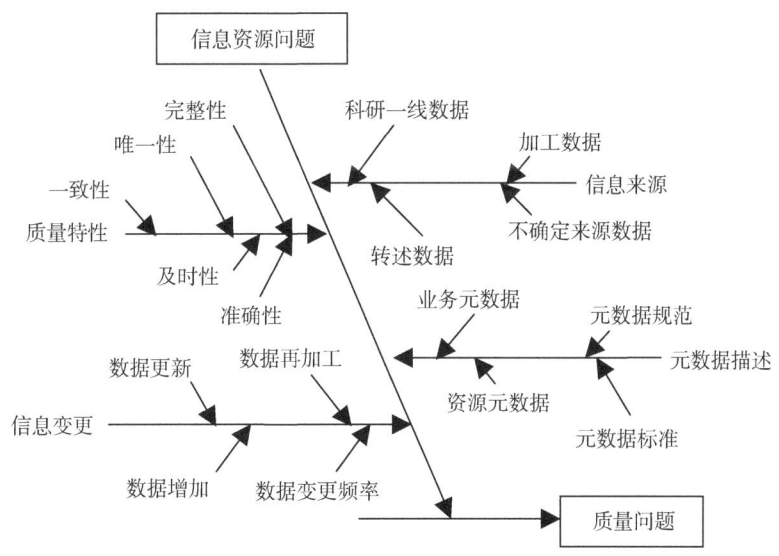

图 5-8 科技信息资源方面的元数据质量问题

(2) 技术方面的元数据质量问题。技术方面的元数据质量问题主要是指由于具体数据处理的各技术环节异常造成的，如图 5-9 所示。其主要体现在以下两个方面：一是技术原因造成元数据质量波动；二是元数据未能及时反映技术环节出现的质量问题。它产生的直接原因是技术应用、实现上的某种缺陷，如在信息收集（如数据格式不当和数据录入的校验规则不当，常出现采集点不正确、取数时间点不正确及接口数据在获取过程中失真等，导致指标统计结果不一致、数据无效和记录重复）、信息传输兼容（如接口数据及时率低、接口数据漏传和网络传输过程不可靠，出现包丢失、文件传输方式错误、传输技术问题和协议使用不当导致的数据不完整等现象）、信息使用（如数据检索、数据提供传输、网页界面展示工具使用错误、展示方式不合理和展示周期不合理等）和信息维护（如技术故障处理失误、数据备份/恢复错误、网页界面不能访问、系统功能无法使用、维护过程缺乏验证机制和人为后台调整数据等）等环节产生质量问题。

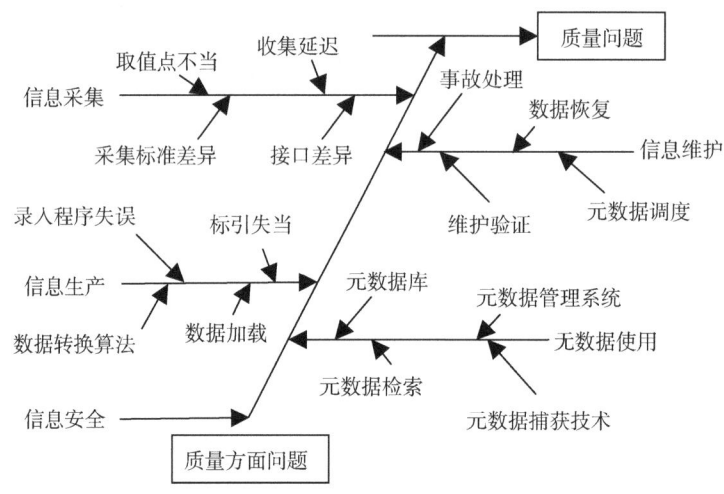

图 5-9 技术方面的元数据质量问题

（3）人员方面的元数据质量问题。人员方面的元数据质量问题是指信息生产过程中管理职责不清和人工操作不当造成的元数据质量不高问题，如图 5-10 所示，包括人员素质达不到要求、信息处理不妥、用户反馈处理不到位等造成的质量问题。比如，人员培训方面出现培训不到位、专题培训不深入、培训内容不适当、培训计划不明确等；人员专业素质方面出现配置的人员达不到岗位设置的专业要求，如专业知识积累、计算机处理水平、质量把关人员把控尺度不一致等；信息处理方面出现在人工采集、录入、加工标引、服务等过程中有人为性操作失误；另外，还有对用户需求分析把握不准确，元数据规划、设计等方面达不到应有的效果。

（4）管理方面的元数据质量问题。管理方面的元数据质量问题是指组织设置、业务管理、制度建设及绩效考评等方面的原因造成的元数据质量不高，如图 5-11 所示。其中，岗位职责方面常常出现机构中兼职人员较普遍、岗位职责定位不清、组织岗位设计不合理、责任和机制不明确、职责划分不清晰、质控范围界定不清楚等；业务方面的问题主要是管理目标不明确、关键环节标准规范不完善、关键工序的操作规范执行不到位；制度建设方面的问

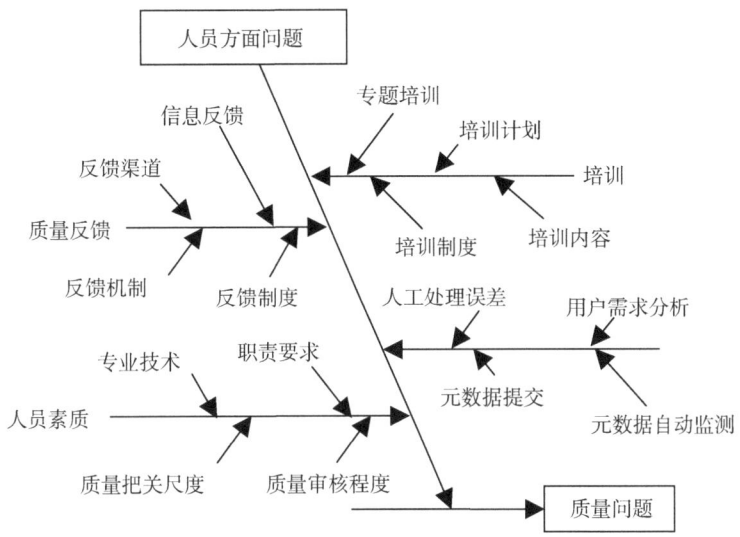

图 5-10 人员方面的元数据质量问题

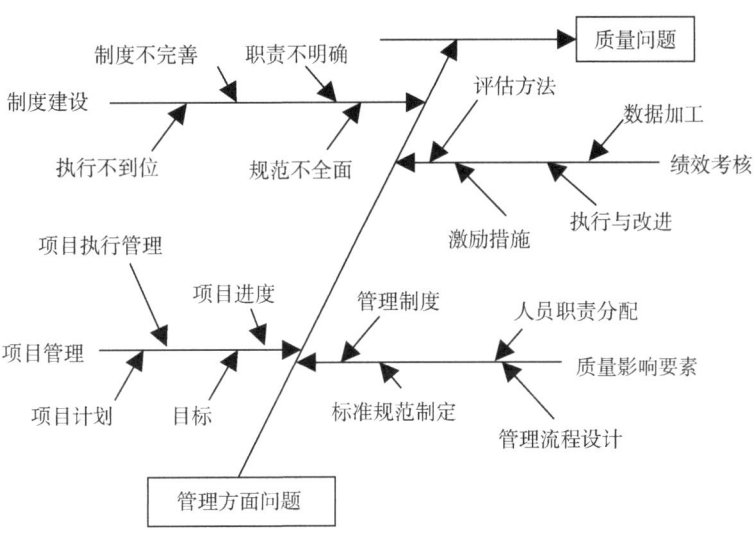

图 5-11 管理方面的元数据质量问题

题包括管理制度、标准规范、业务流程处理制度等缺乏系统性、全面性，一些关键环节管控制度对元数据的要求没有统一执行；绩效评估考核方面的问题主要是评估体系不合理、激励机制不到位、执行的评估方法的科学性和有效性还有待提升、评估结果与改善措施没形成关联等。

5.8 反映网络科技信息资源生产过程的元数据项分析

由于信息资源管理层面的复杂性，很难建立一个"通用的"元数据框架方案。一方面，因为现在对元数据还没有明确、一致的界定，对其研究还缺乏条理性与全面性，难以从信息资源总体上把握认识元数据；另一方面，现实中面临各种各样的管理机制与政策，以及非规范的工作程序，很难为这些管理机制和政策寻找"通用的""基本的"元素集合。而且，目前我国网络信息资源管理制度尚不完善，具体实施程序不统一，科技信息采集、加工、维护等过程不透明，缺乏统一、可参考的规范指导标准，这就导致很难建立全过程的元数据框架体系，实现"可查询、可申诉、可追溯"的全流程痕迹管理。

从元数据视角看，刘春燕[①]认为科技信息资源管理元数据应以用户为中心，集中获取现有相关信息资源和元数据，以便实现科技信息资源元数据和原始数据的互操作，实现信息共享，这样就可以通过对科技信息资源管理措施进行元数据公开描述，方便用户进行了解和判断，同时用户可以通过嵌入系统的管理元数据自动了解网络科技信息资源的相关政策，选择符合自己的服务。

从质量控制角度看，网络科技信息资源质量控制体系从信息资源生产过程出发定义了质量控制措施，并从其中重要关键环节入手重点定义、维护重要的质量维度，实现科技信息资源质量过程控制。

基于以上网络信息资源过程分析和质量要素剖析，本项目通过文献及实践调查，借助于专家调查法，从信息资源描述、组织管理、技术支持、人员等方面分别对采集、加工、审核与存储、发布应用等环节筛选确定了一些基本的元数据项，如表5-4所示。

表5-4 网络科技信息资源生产过程中的元数据项

质量要素	要素分解	对应的元数据项				备注
		采集环节	加工环节	审核与存储环节	发布应用环节	
信息资源描述方面	信息资源本身的描述	题名、主题、描述、资源类型、语种、资源标识符、格式、版本等				DC要素
	信息资源所处状态	存放方式、电子资源特征、电子资源地址				
	信息资源外部环境	来源、关联、覆盖范围、权限				DC要素
	资源质量问题描述	问题描述				
组织管理方面	组织管理规范	采集质量规则	加工质量规则	审核与存储质量规则	发布应用质量规则	
	信息处理记录	获取方式、采集请求	获取方式、加工请求、加工请求	获取方式、审核请求	获取方式、发布请求	

---

① 刘春燕. 资源共享视角下的科技计划项目元数据框架构建研究 [D]. 北京：中国人民大学，2016.

续表

质量要素	要素分解	对应的元数据项				备注
		采集环节	加工环节	审核存储环节	发布应用环节	
技术支持方面	技术环境记录	系统描述				
	系统维护记录	维护信息				
	质量控制记录	数据质量日志				
	资源处理时间记录	日期				DC 要素
人员方面	质量控制人员记录	质量控制者				
	资源处理主体	创建者、创建者单位、出版者、其他责任者				DC 要素
	获得资源记录	联系信息				

第 6 章 网络科技信息资源质量评估维度的确定

6.1 概述

从前面几章的分析中可以看到,网络科技信息资源质量是一个相对的概念,不同主体对它的评价结果可能存在差异,用户需求的多样性造成信息资源质量评估的复杂性[1]。在众多的评价方法中,多是通过掌握评价维度来认识评判信息资源质量,评价维度是各种评价体系不可或缺的主要构成要素,是判断、说明、评价和确定评价体系的多方位、多维度、多层次的条件,是统筹各个具体评价指标的框架和脉络[2]。网络科技信息资源质量评价体系也是一个多方位、多维度、多层次的评价体系。

采用多维揭示原则组织和揭示信息资源质量,多层次、多方位描述、揭示和分析网络科技信息资源,是目前普遍的做法,反映了网络科技信息资源的多维质量特征。

对网络科技信息资源质量的认识多是通过对众多质量维度的识别和选择进行的,这有别于传统的质量管理办法,即是通过描述信息资源某一特征质量的一组质量评价指标的集合来表现的。但由于人不同、学科不同、评价目的的不同,所筛选的评价指标也不一样,很难通过集中统一的指标对信息资源质量进行评价。从目前的一些研究发现[3]:大多数研究人员选择质量维度(有的称为质量要素)都是基于直觉理解、行业领域知识、经验判断、文献综述,以及依赖对信息的真实使用,从而造成分析结论的适用范围缺乏普遍意义。现有评价多是针对信息语法部分的指标,从形式质量方面进行评价,而很少在内容质量上达成一致看法,尤其是对指标含义的理解等方面很难达成一致看法。为此,要深入专业领域、主题背景和信息单元,明确指标的含义,减少信息指标歧义,最重要的是要根据用户使用需求来建立和筛选确定的质量评估维度,使用户更易于识别、理解和掌握。

本项目将通过基于质量元数据的质量评估来间接反映网络科技信息资源质量状况。但需要确认对质量元数据的质量评估在多大程度上反映了网络科技信息资源质量状况。而这一前提是需要界定二者评价的质量维度是否趋于一致,是否具有直接对应关系。

为此,本章将首先通过文献和调研总结的方式确定目前常用的网络科技信息资源质量评

---

[1] 吴胜, 张智光, 等. 对于信息质量评价复杂性的研究 [J]. 图书馆学刊, 2008 (4): 3-5.
[2] 刘冰. 网络环境中基于用户视角的信息质量评价研究 [M]. 北京: 中国社会科学出版社, 2015.
[3] LATIF A H. Information quality function employment [C]. The Ninth International Conference on Information Quality (MIT-ICIQ-04). Cambridge, MA: Massachusetts Institute of Technology, 2004.

估维度，然后通过文献和调研总结的方式确定目前常用的元数据质量评估维度，最后对比分析确定二者之间的映射关系及元数据质量评估维度。

6.2 网络科技信息资源质量评估维度的筛选

关于网络科技信息资源质量评估维度，国内外已经进行了大量的研究。但大多是基于不同的研究目的、研究背景、理论支撑提出不同的维度，而且对每个维度的定义、解释也各不相同。由于网络科技信息资源的不确定性，对于信息资源质量评估体系中一些关键指标也难以给出统一的、具体的、切实可行的评价基准。除此之外，目前研究还存在诸如质量评估指标和信息质量维度等概念混用、模型不统一、评价指标共存的现象。概念混用说明了对信息资源质量理解的多样性，而质量标准模型的不统一和评价指标共存说明了信息资源质量研究内容的复杂性和评价工作的困难所在。

很多文献对于"高质量""可靠""可信"的信息资源的界定和评价说明也都是各有说法，很难统一，形成共识。这主要是由于不同评估者的专业背景、评价目的、评价内容、评价对象特点等方面有差异。即使采取一致的评价指标，也会由于评价体系使用环境、场景不同，评价主体对指标的具体特征认识产生差异。从众多文献和实践成果看，现在的研究都是针对特定信息资源的具体质量需求进行的，提出的多是相对局部的质量描述模型或评价体系，尚缺乏互联网整体层面完善的质量体系。目前，众多文献研究者尚未就网络科技信息资源质量提出一个普遍适用的信息资源质量评估标准，多是在特定领域内搭建本专业领域/本系统内部的科技信息资源质量评估标准，所采用的维度也有一定的适用范围。而进行有效的资源质量评估的前提是需要诸如网络信息资源评价和网络信息资源质量评价之间、评价指标和质量维度之间，以及质量维度的定义等要达成统一和明确的认识。

6.2.1 网络信息资源评价指标和质量评价指标的区别与联系

在众多文献中，常常把网络信息资源评价指标与网络信息资源质量评价指标混用，不加以区分。实际上，二者的评价对象、范围、目的、内容和方法都有区别。前者在评价内容和设立指标方面往往更广泛，在一定程度上包含了后者的部分内容，但并不是完全的包含关系，其区别主要是评价对象的认识层次和视角不同。

信息资源评价不仅仅是针对信息资源本身的评价，还涉及维护信息资源正常运行的保障体系方面的评价、服务系统的评价等，包括且不限于信息资源的数量、类型、维护、成本、系统、服务、加工处理等各方面的评价。它侧重于从管理建设等角度评估分析信息资源体系的状况、作用、质量及其效益等，所采取的评价方法也比较多元、综合，如有等级划分评价法、模糊综合评判法、常规综合评判法、层次分析法等。

而信息资源质量评价是一种带有明显主观价值取向的对信息资源好坏、优劣的测度与评价[①]。质量是一个主观性概念,尽管也有研究从资源建设者角度谈信息资源质量的"符合性"规范,但更多的研究是从用户使用的视角看待信息资源是否更好地为用户服务。它选择的一些评价指标侧重于资源本身,也涉及诸如信息系统质量、服务质量等方面,但仍是关注用户需求和使用满意度的。故各个评价指标所采取的评价方法多以定性评价为主,如用户调查法,问卷打分法、专家调查法等,尚缺少更精准的定量评价模型,这使得这些评价指标常常具有一定的局限性,因为调查人群、抽样方案、数据处理等具有一定的差别。比如,刘冰[②]提出的网络环境下信息资源质量维度除了资源本身的质量维度外(如准确性、真实性、详尽性、客观性、可信性、全面性、完整性等),还涉及系统技术性能指标(如使用便捷性、系统交互性、检索准确性、系统响应速度等)、服务质量维度(如服务友好性、服务费用、服务完备性、反馈及时性等),以及用户感知心理体验维度(如网站安全性、网站信任度、网站权威性等)。

因此,在实际评价工作中需要清楚地界定二者适用的边界,采取合适的方法和评价指标。

6.2.2 质量评价指标和质量维度的区别与联系

质量评价指标和质量维度并不完全一致,尽管有很大的重合度。二者的区别主要体现在以下几个方面。

第一,质量评价指标并不等同于质量维度,实际上很多质量维度并不具有可测量性、质量的反特征对称性和可操作性。这是因为有些质量维度是对信息对象一些具体特征的抽象概括,是从归类以方便认识理解角度提出的,并不完全有可测性。

第二,信息资源的一些质量特征不像实物产品质量特征那样,可以通过其反面的负质量特征进行测度,如质量缺陷等描述方法,在信息资源领域,除了地理、遥感等一些专业领域的空间数据等的形式质量可以借用质量缺陷方法外,大多数科技信息资源质量很难用质量缺陷方法直接描述,反而是用一些"代用质量特征"的指标作为评价指标,间接反映科技信息资源质量维度。

第三,二者的要求差别很大,质量评价指标要求指标明确、含义单一、具有可测性,且在一段时间内要保持指标的相对稳定,便于测量、统计比较;而质量维度则是抽象提炼,用于揭示、辨析科技信息资源的质量特征,这往往需要分解成多个评价指标去度量、分析。

第四,评价方法不一样。信息资源质量评价是一个综合性的结果,使用众多指标综合平衡来评价信息资源的质量,有时候用 2~4 个测评指标来反映某一个质量维度。

6.2.3 质量维度概念的统一认识

通过文献整理发现,在很多文献中提到的质量维度尽管名称相同,但由于评价目的和内

---

① 周旖. 试析"信息资源评估"与"信息资源质量评估"[J]. 信息资源建设,2006(3):40-42.
② 刘冰. 网络环境中基于用户视角的信息质量评价研究[M]. 北京:中国社会科学出版社,2015.

容不同,对其概念的定义和理解差别很大,概念界定的深度和层次也不一样。除了信息资源类型繁杂等客观原因外,评价者对概念的认识等主观因素也是造成目前对其概念很难达成统一界定的一个很重要的原因。即使形成统一的概念,也会由于评价者的理解程度不同产生一定程度的偏差,使在数据处理过程中判断的标准尺度不一致,影响最终的结论。

在很多文献中,尽管进行信息资源质量评价时采用的质量维度名称相同,但具体的解释和定义差别很大。例如,很多文献都将"准确性"作为一个关键的维度,这个术语看起来很关键,但对"准确性"的认识和评价千差万别。比如,中国科学院将其科学数据质量的"准确性"定义为数据与其源数据值的一致或接近程度,数据与其源数据值的误差在规范要求的范围以内,则认为是准确的[①]。有的文献将"准确性"定义为"真实完整反映客观事实的描述"。具体不同类型信息资源的"准确性"也不一样,如文本型数据的准确性可以用语句复杂度、对象数目和对象值3个参数进行描述。文本型数据与其源数据具有相同的对象数目和相同的对象值时,则认为是准确的,而图像型数据的"准确性"定义为数据与其源数据在其所表达基本内容意义上的一致性或接近程度,用正确性、符合图像技术标准和美观3个因素进行定性评价。另外,其在具体测量方法上也有很大的不同,如有的是通过专家评价法以专业视角对内容进行打分,有的是通过监测被测值与标准值的误差来判断准确程度,还有的则借助于元数据与正文的语义匹配度来界定准确性。

为此,有必要在进行网络科技信息资源质量评估时首先要清晰界定各个质量维度的含义及适用范围,以形成统一的认识。

6.2.4 网络科技信息资源质量维度的文献研究统计分析

(1) 信息资源质量维度的分类

针对网络科技信息资源质量评价的相关文献研究分析,很多学者对众多维度进行定义并归类。归类方法的不同反映出信息资源本身的多样性特征。归类方法多是从其基本质量要素特征出发进一步把握质量特征,反映了研究者的研究视角、评价的侧重点。例如,曹瑞昌等[②]提出信息的内容质量(客观性和正确性)、信息的集合质量(相关性和完整性)、信息的表达质量(可理解性、明确性、准确性、一致性、简洁性)、信息的效用质量(有用性、实时性、背景性解释和适量性);张辑哲[③]提出信息的形式质量(如可靠性、耐久性等)和内容质量(如真实性、准确性、正确性、深刻性等)。Wang 等[④]提出固有信息质量(正确性、客观性、可信性、声誉)、关联信息质量(相关性、增值性、及时性、全面性、数据量)、表达信息质量(可解释性、易理解性、简明性、一致性)和访问信息质量(可访问

---

① 中国科学院数据质量研究项目组. 数据质量研究报告[C]. 北京:中国科学院计算机网络信息中心科学数据库中心,2005.
② 曹瑞昌,吴建明. 信息质量及其评价指标体系[J]. 情报探索,2002,84(4):6-8.
③ 张辑哲. 论信息形态与信息质量上[J]. 档案学通讯,2006(2):11-12.
④ WAND Y, WANG R Y. Anchoring data quality dimensions in ontological foundations[J]. Communications of the ACM, 1996, 39(11):86-95.

性、访问安全）4类15个指标。Eppler[1]则提出基于内容的信息质量（如完整性、准确性、清晰度、简洁性、一致性、正确性等）和基于媒介的信息质量（如方便性、及时性、安全性、可获得性等）。Zeist等[2]提出6个Web数据特征，共32个子特征，即功能性特征（适宜性、正确性、互用性、灵活性、安全、可追溯性）、可靠性特征（成熟度、可恢复性、可用性、可降解性、容错）、效率特征（时间行为、资源行为）、合用性特征（可理解性、可学习性、可操作性、乐趣、清晰性、帮助性、直率性、习俗化、用户友好）、维护特征（可分析性、可改变性、稳定性、可测试性、可管理性、可复用性），以及可移植性特征（适应性、一致性、可替代性、可安装性）。Dedeke[3]提出人类工程学质量类维度（易于导航、舒适性、可学习性、视觉信号、音频信号）、可访问性质量类维度（技术访问、系统可用性、技术安全、数据可访问性、数据共享、数据可转换性）、处理质量类维度（可控性、容错、适应性、系统反馈、效率、响应）、语境质量类维度（增值、相关性、适时性、完全性、适当的数据），以及表达质量类维度（可解释性、一致性、简明性、结构、可读性、对照）5类28个质量维度。Corbitt等[4]则提出句法层面的维度（正规的句法）、语义层次的维度（易理解、明确、有意味、恰当）、语用层次的维度（适时、简明、易于访问、声誉好），以及社会层次的维度（获知、明白差异）4个符号学层次，共11个质量维度。

还有众多评价指标没有进行分类，仅在指标权重或侧重点方面有所区别。有些则将质量维度的重要性分为核心指标、重要指标和扩展指标等。

通过对众多文献质量维度归类进行汇总分析可以看出，很多分类集中在以下几点[5]：信息真实性（如客观性、可信性、准确性等）、信息可达性（如可获得性、及时性等）、信息易理解性（如背景性解释、可表达性等）、信息相关性（如相关性、一致性、完整性等），以及信息实用性（如易用性、适用性等）（表6-1）。另外，还有安全性、增值性、好评度等指标。

（2）信息资源质量维度的文献统计

Wang等[6]对多个质量框架体系进行分析统计得到常用质量维度及其在不同框架体系中出现的次数。表6-1中准确性（Accuracy）、一致性（Consistency）、安全性（Security）、及时性（Timeliness）、完整性（Completeness）等位于前5位。

---

[1] EPPLER M J. Management information quality: increasing the valve of information in knowledge - intensive products and processes [M]. New York: Springer, 2006.

[2] ZEIST R H J, HENDRIKS P R H. Specifying software quality with the extended ISO model [J]. Software quality journal, 1996 (4): 273 - 284.

[3] DEDEKE A A. Conceptual framework for developing quality measures for information systems [C]. The 5th International Conference on Information Quality. Cambridge, MA: Massachusetts Institute of Technology, 2000.

[4] CORBITT S G B. Understanding data quality: social and cultural aspects [C] // Proceedings of the 10th Australasian Conference on Information Systems. Wellington: Victoria University of Wellington, 1999.

[5] 宋立荣. 农业科技信息共享中信息质量管理研究 [M]. 北京: 中国农业科学技术出版社, 2009.

[6] WAND Y, WANG R Y. Anchoring data quality dimensions in ontological foundations [J]. Communications of the ACM, 1996, 39 (11): 86 - 95.

表 6-1 常用质量维度统计

序号	质量维度	出现次数	序号	质量维度	出现次数	序号	质量维度	出现次数
1	Accuracy	8	8	Understandability	5	15	Believability	3
2	Consistency	7	9	Accessibility	4	16	Navigation	3
3	Security	7	10	Availability	4	17	Reputation	3
4	Timeliness	7	11	Objectivity	4	18	Useful	3
5	Completeness	5	12	Relevancy	4	19	Efficiency	3
6	Concise	5	13	Usability	4	20	Value-Added	3
7	Reliability	5	14	Amount of data	3			

资料来源：WAND Y, WANG R Y. Anchoring data quality dimensions in ontological foundations [J]. Communications of the ACM, 1996, 39 (11)：86-95。

在众多的质量研究成果中，有些质量框架体系已经发展成为行业或国际标准而广为使用，其中较有影响力的有国际标准化组织的地理信息质量系列标准、国际货币基金组织的数据质量评价框架，以及工业领域的 ISO 9000 族标准认证体系和软件质量成熟度模型等。本项目整理了众多对质量框架体系分析统计所得到的常用质量维度及其在不同框架体系中出现的次数（表 6-2）。常见的质量维度集中在准确性、相关性、可获得性、及时性、一致性和完整性等方面。由此可见，目前针对网络科技信息资源质量评价的研究内容是相对具体的，很难有比较统一的指标。虽然有些具有相对完整的评价体系，但由于网络环境下各类信息资源复杂、来源众多等，采用一种具有普通指导意义的质量评价模型已无法对网络所有信息资源整体质量有效控制和评估。故有必要从网络科技信息资源质量活动的共性特征出发来把握其关键质量维度。

基于前面几章的分析，针对网络科技信息资源学科多样性的特点，可考虑从信息生命周期出发，将各个生产阶段关键环节所控制的质量维度用作质量维度，强化过程质量控制作用，并实现有效质量评价。

6.2.5 网络科技信息资源质量维度的实践调查研究

本项目调研了解了中国科学院科学数据中心、中国农业科学院农业信息研究所等机构开展的相关实践研究工作。

（1）对中国科学院科学数据中心的调查研究

中国科学院科学数据中心在 2009—2010 年开展了对所属科学数据资源的质量评估工作，为此，针对评估质量维度指标问题，采取专家同行评议方式来筛选和确定关键的质量维度。其结果如表 6-3 和图 6-1 所示。排在最前面的质量维度分别是准确性、客观性、正确性、有用性、一致性等。

表6-2 主要信息质量框架的质量维度分析比较

质量维度	1	2	3	4	5	6	7	8	9	10	11	12	13	14	15	16	17	18	19	20	21	22	23	24	25	26	27	28	29	30	总数
可获得性	X	X	X	X	X	X	X		X	X	X	X	X	X	X	X	X	X		X											17
准确性	X	X	X	X	X	X		X	X	X	X	X	X	X		X	X	X								X				X	18
适用性	X	X	X	X				X		X	X			X					X	X		X			X			X			12
可信度	X	X	X	X	X	X	X		X		X	X		X	X	X	X								X	X				X	12
完整性	X	X			X	X		X	X	X		X	X	X	X	X		X		X				X				X	X		13
一致性	X	X				X		X		X	X	X	X	X		X			X	X				X		X		X	X		15
易用度	X							X	X	X		X	X	X	X	X		X	X		X										11
正确度			X										X				X	X							X						8
客观性			X	X			X	X	X	X		X	X	X			X														11
相关性	X		X	X	X	X	X	X	X	X	X	X	X	X		X	X		X	X		X	X	X					X		18
可表达性			X	X	X		X	X			X	X	X				X		X					X							9
好评度					X					X							X			X			X			X					8
安全性	X	X					X	X										X													7
来源		X		X				X		X	X		X								X						X				8
速度						X		X			X			X							X										6
及时性	X	X	X	X	X	X	X	X	X	X	X	X	X	X		X			X		X				X					X	17
可理解性	X	X						X			X		X	X			X														9
增值性		X														X				X			X					X			5
有效性																	X										X				3
可访问性																															2

其中，X 表示质量维度。

1—Zeist 等（1996） 2—Strong 等（1997） 3—Alexander 等（1999） 4—Katerattanakul 等（1999） 5—Shanks 等（1999）
6—Naumann 等（2000） 7—Zhu 等（2000） 8—Dedeke（2000） 9—Leung（2001） 10—Kahn 等（2002）
11—Eppler 等（2002） 12—Klein（2002） 13—Liu 等（2005） 14—O'Reilly（1982） 15—Carol S. Carson（2000）
16—马慧敏（2004） 17—中国科学院（2010） 18—马小闲（2006） 19—曹瑞昌等（2002） 20—宋立荣（2009）
21—Rasdorf 等（2003） 22—苏强（2001） 23—Li Rao 等（2005） 24—Chang（2001） 25—金越（2004）
26—常金玲（2016） 27—莫祖英（2015） 28—美国国防部（2004） 29—美国信息质量法（2009） 30—董小英（2000）

第6章 网络科技信息资源质量评估维度的确定

表6-3 专家同行评议确定的质量维度期望值

质量维度	含义	评议内容	打分值
准确性	数据内容对数据所指对象的反映、表现是否准确及其准确程度；数据形式对数据内容的表述、表达是否准确及其准确程度	数据的表述能较好地反映描述对象的真实状态 属性设置不合理，存在综述型文本属性，语句复杂度较高 数据误差不影响大多数用户的使用 数据内容存在交叉重复现象	198
客观性	数据采集和生产过程中是否受到主观因素影响，以及被影响的程度	抽查中发现，数据资源存在虚假，与事实偏差较大 抽查中发现，数据描述带有未经验证的个人主观看法	197.3
正确性	数据内容是否真实反映、表现出数据所指对象的实际状况及其程度	有证据表明，数据采集加工过程中进行了正确性检验 抽查中发现较多错误数据，就抽查内容而言估计错误率可达2% 数据项存在彼此逻辑关系矛盾 有些数据单位不统一	197
有用性	数据内容与用户需求匹配的程度，即数据内容满足用户需求、使用的程度	数据是经过加工整理的 数据具有特色 数据内容比较新颖 如更新不及时，所提供的数据随时间推移价值不断流逝 连续观测的时间跨度较大 地学数据涵盖较大的地理区域 没有太大的价值，不能帮助解决问题	196
一致性	数据库内容的表达符合统一的规则的程度，以及与国内外相关标准规范的符合程度	数据格式符合有关的标准，或者遵循自行制定并发布的数据规范 数据项符合统一的规则，同样信息有相同的名称和表达 数据项含义清晰准确 有迹象表明数据项经常会增减或调整 抽查中发现，存在数据项值与其名不相符的现象 抽查中发现，存在数据项值超出应有值域范围的现象	194
可靠性	数据可信赖的或可信任的程度	有长期稳定的数据来源渠道 数据来源具有较好的信誉 数据经过专家审核或遵循一定的校验程序 调查方法、加工汇总方法、审核校验等数据处理措施存在可疑内容	193
可理解性	阅读并理解数据资源数值或编码的难易程度	数据描述、分类、编码较为规范 专用数据格式没有正确表达 通过有关说明很容易判断数据是否符合需要 数据内容有太多不易理解的术语或缩写，影响使用	191

续表

质量维度	含义	评议内容	打分值
易用性	数据库及其服务系统易于学习、易于使用的程度，或者说系统设计符合使用者习惯，用户对系统满意的程度	网站提供符合便捷的资源导航 界面友好、直观，数据访问简洁、清晰 检索功能完备，方式多样，有简单、高级、进阶、分类等查询方式 检索结果显示速度快、质量高，显示风格符合研究习惯 提供多样的数据输出方式，如在线浏览、下载、打印和E-mail发送等 提供符合学科领域特点的数据服务支持，如领域常用格式的数据下载 提供丰富的延伸服务，如数据加工、辅助查询等 网站提供充足的帮助信息，如教程、手册、帮助、常见问题解答等 数据库使用过程中存在过多不必要的人为障碍，影响数据共享传播 数据资源完全免费共享	176.5
适量性	数据是否足够用户使用，以及是否多于用户需求的数量等	检索时查全率较低，许多所需信息不能自动快捷地查出 检索时查准率较低，检索结果中包含很多无关内容 查询结果中重复信息较多	175
完整性	数据库完整性约束设计的正确程度，以及数据库内容与完整性约束设计的吻合程度	数据库记录数达到访问预期 连续观测数据存在年代断档 抽查中发现，被抽查的记录仍有较多内容空缺	171
及时性	数据的更新服务是否及时	服务网站系统稳定，响应及时 虚拟咨询等人工服务反馈及时 数据库中有很多过旧的信息 数据更新频率过低，不能满足要求	167.5

资料来源：《中国科学院科学数据质量评价报告》。

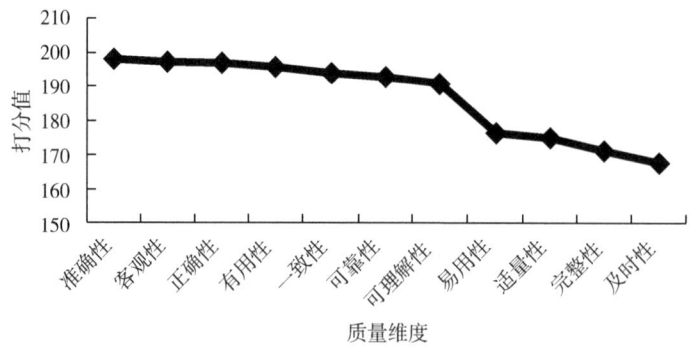

图 6-1 专家同行评议确定的质量维度打分值

(2) 对网络农业科技信息共享中质量维度的调查分析

宋立荣[①]采用专家问卷调查分析方法就网络农业科技信息共享中信息质量维度进行调研。经过14位专家的反馈发现，在期望感知方面，专家普遍倾向信息质量维度从高到低依次为可获得性、可信性、可靠性、有效性、正确性、及时性和准确性等；在实际运行中，专家认为比较重要的是可理解性、一致性、可靠性、可信性、客观性等。

(3) 对中国农业科学院农业信息研究所的调查研究

2015—2017年，中国农业科学院农业信息研究所认知计算研究室王健课题组基于科学数据用户相关性判断行为实验对用户需求与各要素进行了研究。这个课题组采取眼动技术等认知实验方法调查用户在实际使用网络科学数据时的行为表现，开展了科学数据用户相关性线索、标准及其二者之间关系实证研究。这个课题组通过情境实验和长期任务访谈收集大量的实验数据以判断哪些数据要素是用户最关心的。这为本项目探索用户真正关心的元数据项质量标准提供了实证基础。

通过他们的实验和分析研究，初步判断用户关心的科学数据"线索"集中在以下两个方面：数据本体性（包括主题性、可获得性、规范性、数据质量、权威性、时效性和新颖性等）和数据可用性（包括专业需求、可理解性、可用性、便利性和全面性等）[②]。数据本体性是用户对数据物理实体的评价标准；数据可用性是用户评价数据是否能够使用的标准。从研究结果可以看出，科学数据用户相关性标准重要程度依次为：第一是数据质量，是用户感知最重要的标准，用户一般从数据的准确性和完整性来判断数据质量的高低；第二是主题性，说明只有符合研究主题的数据，用户才会有进一步探索的兴趣；第三是权威性，是指数据在该研究领域里的认可程度，用户一般从数据的发布平台、发布机构的权威性判断数据是否权威；第四是时效性，用户关注数据发布时间和更新时间，期望得到实时的数据及符合自己研究需求的数据；第五是可获得性，包括是否能够下载和是否需要付出成本。另外，用户还比较关心规范性、全面性等常用的标准，对个人需求比较重视，用户在数据选择时不可避免地考虑到自己的专业需求，如数据功能、数据格式。另外，用户对新颖性、可理解性、便利性要求不高。

上述表明，用户所感知的信息质量中，主题性、数据质量和权威性是比较重要的评价标准[②]。

6.2.6 网络科技信息资源质量维度的确定

对以上文献统计分析和实践调查统计进行梳理总结，可以认为网络科技信息资源质量维度主要集中在准确性等15个指标（表6-4）。

---

① 宋立荣.农业科技信息共享中信息质量管理研究[M].北京：中国农业科学技术出版社，2009.
② 高飞.科学数据用户相关性线索、标准及相互间关系研究[D].北京：中国农业科学院研究生院，2017.

表 6-4 筛选确定的网络科技信息资源质量维度

序号	质量维度	定 义
1	可获得性	指信息以清楚和可以理解的方式提供，或者简单、快速的检索程度
2	准确性	指信息所述状态对源事物真实状态的表达准确程度
3	正确性	指信息内容符合事实或被认为正确的道理、某种公认的标准
4	一致性	指在一个信息集合内部，在前后期之间，以及与其他主要信息来源之间，各信息元素的表达符号一致程度
5	相关性	指将一个信息集合提供给用户时，信息集合内各个信息之间应该具有较强的相关性
6	有用性	指信息是否对信息用户有用
7	完整性	信息未丢失，查到的信息内容是否全面、是否广泛，记录是否完整，是否足够解决当前任务及其程度
8	可信性	指信息被认为真实、可信的程度
9	可理解性	信息是通过信息符号来表达的，信息用户通过信息符号来理解和使用信息。信息符号必须能够理解且易于理解
10	客观性	指信息反映的事实总是某个客观事物（系统）某一方面的属性
11	适量性	指信息量应该尽可能适当
12	及时性	指提供的信息是否及时、信息是否过时
13	有效性	指提供的信息能够有效地为消费者所利用，相对当前任务，提供的信息为最新信息
14	可靠性	指提供的信息来源的可靠程度
15	背景性解释	当信息提供给用户时，为了更好地使用户理解和便于使用这些信息，应该将部分必要的背景性信息提供给用户

6.3 元数据质量维度的确定

元数据质量评估是一个多维指标筛选问题，也是一个对质量维度等的选择问题，又与评估目的、内容、元数据资源情况、元数据描述方式、元数据捕获方式、指标等紧密相关。由于评估目的、应用环境不同，评估指标的差异很大。不同评估人员、不同评估对象和方法对元数据质量维度的选择都不一样。为此，应尽量避免不同的人员、评价对象和方法导致评价结果不一致的情况出现。

6.3.1 元数据质量维度的文献研究综述

评价人员对元数据质量的认识不同，将会选择不同质量维度来满足评价内容和目的。本项目对部分元数据质量评估研究文献提出的元数据评价维度进行梳理和归类，详细统计如表

6-5所示。

同样，不同文献对各个质量维度的定义和解释不一致，有些尽管名称一样，但指标含义并不一致，测度方法也不相同。这主要是因为学者们是从不同视角来认识元数据质量的。Qin Jian 等[1]从资源集合层、记录层、元素层3个层面进行总结，利用正确性、完整性、重复性、一致性等指标评价元数据，不同层面考察的质量维度有所不同，而不同的指标也针对不同的层次，如单条信息关注每个元数据元素的完整性，单个资源集合关注其元数据的正确性，资源集合关注元数据的一致性。

Moen 等针对美国政府 GILS 元数据的质量评估增加了可用性指标[2]。Stvilia 等[3]在 Moen 研究基础上增加了一些指标（达到32个），并且将这些指标分成了描述对象本身的指标、相关性指标及对元数据提供者进行评估的指标3类。

表6-5 元数据质量维度统计

质量维度	Gavrilis[4]	Bruce& Hillmann[5]	蔡迎春[6]	马玲玲[7]	程颖[8]	黄莺[9]	宋立荣[10]	Stvilia[11]
完整性	√	√	√	√	√	√	√	√
准确性	√	√	√	√	√	√	√	√
一致性	√	√	√	√	√	√	√	√
适当性	√	—	—	—	—	—	—	—
可审计性	√	—	—	—	—	—	—	√
可溯源	—	√	—	—	—	—	—	—
用户期望	—	√	—	—	√	√	—	—

---

[1] QIN J, ZENG M L. Metadata [M]. New York: Neal-Schuman Publishers, 2008: 498-500.

[2] MOEN W E, STEWART E L, MCCLURE C R. Assessing metadata quality: findings and methodological considerations from an evaluation of the US Government Information Locator Service (GILS): IEEE forum on reasearch and technology advances in digital libraries [C]. IEEE Adl'98, Santa Barbara, California, USA, 1998.

[3] STVILIA B, GASSER L, TWIDALE M, et al. Metadata quality for federated collections [C]//Proceedings of ICIQ04—9th International Conference on Information Quality. Cambridge, MA: Massachusetts Institute of Technology, 2004: 111-125.

[4] GAVRILIS D, MAKRI D N, PAPACHRISTOPOULOS L, et al. Measuring quality in metadata repositories [M]. Cham, Switzerland: Springer International Publishing, 2015: 56-67.

[5] BRUCE T R, HILLMANN D I. The continuum of metadata quality: defining, expressing, exploiting [J]. Metadata in practice, 2004 (1): 3-15.

[6] 蔡迎春. 分布式机构库的质量控制 [J]. 图书情报工作, 2008 (7): 44-47.

[7] 马玲玲, 卞艺杰, 梅俊. 高校机构知识库元数据质量控制问题研究 [J]. 计算机技术与发展, 2014 (1): 31-34.

[8] 程颖. 数字资源元数据质量管理的研究与探索 [J]. 图书馆, 2015 (7): 66-69.

[9] 黄莺. 元数据质量的定量评估方法综述 [J]. 图书情报工作, 2013, 57 (4): 143-148.

[10] 宋立荣. 基层科技报告资源建设中元数据质量评估研究：以中国科学技术信息研究所为例 [J]. 中国科技资源导刊, 2016, 48 (1): 57-66.

[11] STVILIA B, GASSER L, TWIDALE M B, et al. A framework for information quality assessment [J]. Journal of the association for information science and technology, 2007, 58 (12): 1720-1733.

续表

质量维度	Gavrilis	Bruce& Hillmann	蔡迎春	马玲玲	程颖	黄莺	宋立荣	Stvilia
及时性	—	√	—	—	√	—	—	—
可获得性	—	√	—	—	—	—	—	√
唯一性	—	—	√	—	√	—	—	—
有效性	—	—	√	√	√	—	—	√
互操作性	—	—	—	√	—	—	—	—
规范性	—	—	—	—	√	—	—	—
可维护性	—	—	—	—	√	—	—	—
关联性	—	—	—	—	√	—	—	√
权威性	—	—	—	—	—	—	—	√
复杂性	—	—	—	—	—	—	—	√
冗余度	—	—	—	—	—	—	—	√
安全性	—	—	—	—	—	—	—	√

注："√"表示包括此项，"—"表示不含此项。

Bruce 和 Hillmann 从完整性、准确性、来源、预定的功能符合程度、规范性、时效性等 7 个方面评价元数据质量[1]。

黄莺等[2]介绍了 J. R. Park 和 Y. Tosaka 的调研结果：在 2008 年对全美 303 名目录学、元数据管理方面的工作者进行了为期两个月的在线问卷调查，得出的结论为准确性、一致性和完整性是影响元数据质量最重要的 3 个因素。

美国国家信息标准组织[3]（National Information Standards Organization，NISO）从元数据应用管理角度提出创建优质元数据 6 条原则，将馆藏资料管理与用户需求有机结合起来。不同用户的质量需求要求元数据具备不同质量特性，但同一元数据特性针对不同用户有不同诠释，运用至不同数据环境也会发生含义上的变化。

程颖[4]针对数字资源元数据质量管理研究提出完整性、准确性、规范性、唯一性、一致性、及时性、有效性、适用性、可维护性、关联性等指标，可对不同指标进行粒度细化处理，并综合调用开展管理工作。

---

[1] BRUCE T R, HILLMANN D I. The continuum of metadata quality: defining, expressing, exploiting [J]. Metadata in practice, 2004 (1): 3-15.
[2] 黄莺, 李建阳. 元数据质量评估研究现状剖析 [J]. 中国电子商务, 2013 (4): 164-165.
[3] NISO Framework Working Group. A framework of guidance for building good digital CoUections [EB/OL]. [2013-08-15]. http://www.niso.org/publications/rp/framework3.pdf.
[4] 程颖. 数字资源元数据质量管理的研究与探索 [J]. 图书馆, 2015 (7): 66-69, 104.

黄莺等[1]提出的双层四核心元数据评价模型中内层是完整性、准确性、一致性和期望满足度4个影响元数据质量的核心因素，且不受使用语境干扰，并对4个指标提出量化的方法。例如，完整性使用非空字段的多少进行衡量，同时可以考虑不同字段对完整性的重要程度不同，对不同的字段进行权重赋值，再进行完整性的衡量；准确性采用信息间的相似度计算，距离越短，表示元数据提供的内容与资源自身内容越相近；一致性主要统计元数据违背元数据规范和标准的次数或频率；期望满足度的量化则更为复杂，使用信息熵和TF-IDF对受控词表取值字段和自由赋值字段进行统计，帮助用户完成数据查找、识别、选择和获取的信息量，从而计算元数据期望满足度。这个模型外层容纳了元数据质量评价的可选维度，如时效性、安全性、可获取性、易用性等。在不同情境下开展元数据质量评价，受到评估目的、对象、方法的影响。不同学者对于这些维度会有不同的认知和评价标准。因此，在不同的应用环境中，需要研究者给出这些维度与评价对象相结合的定义，从而避免在实施评价过程中由于不同的维度认知带来的评价结果歧义。

根据 Bruce、Hillmann、程颖等中外学者对元数据及数据特性的认识，总结出元数据质量特性及被提及频次，如表6-6所示。

表6-6 元数据质量特性及被提及频次汇总

质量特性	频次	质量特性	频次	质量特性	频次	质量特性	频次	质量特性	频次
完整性	6	一致性	5	准确性	4	可用性	3	满足度	3
来源	3	时效性	2	权威性	1	安全性	1	显示性	1
重复性	1	可获取性	1	易用性	1				

综上所述，对部分元数据质量评价研究文献提出的元数据质量维度进行梳理，目前主要围绕完整性、准确性、一致性3个维度展开[2]。这3个维度被一致认可为评估元数据质量的必要维度。而这3个维度是对元数据自身的评估，与其效用价值联系不大。

6.3.2　文献研究中元数据质量维度归纳总结

基于以上认识，本项目依据信息本体理论方法将网络科技信息资源的质量维度从形式、内容、效用方面进行分类，参考相关文献将相关质量维度进行如下划分。基于形式的质量维度有可获得性、一致性、可理解性和及时性4项；基于内容的质量维度有准确性、正确性、相关性、可信性、客观性和可靠性6项；基于效用的质量维度有适量性、有效性、完整性、背景性解释和有用性5项。每一类根据评价目的和资源类型，划分出核心、重要和扩展的质量维度（图6-2）。

---

[1]　黄莺，李建阳. 元数据质量评估研究现状剖析 [J]. 中国电子商务，2013 (4)：164-165.
[2]　PARK J R, TOSAKA Y. Metadata quality control in digital repositories and collections: criteria, semantics, and mechanisms [J/OL]. Cataloging & classification quarterly, 2010, 48 (8): 696-715 [2015-08-15]. http://www.tandfonline.com/doi/abs/10.1080/01639374.2010.508711.

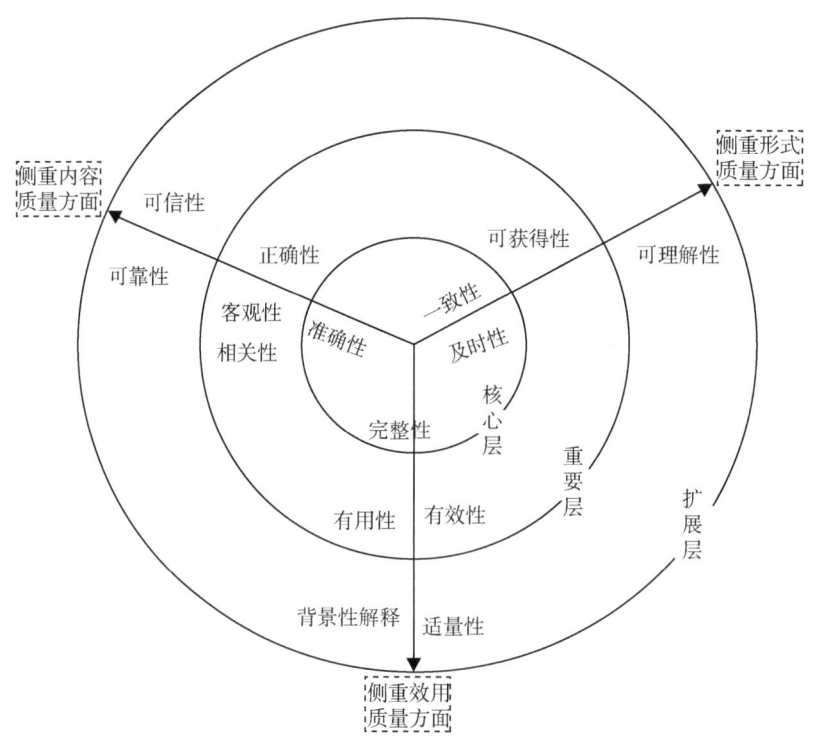

图 6-2 网络科技信息资源质量维度模型

整理上述各个维度，如表 6-7 所示。

表 6-7 网络科技信息资源质量维度归类

质量维度	核心	重要	扩展
形式方面	一致性和及时性	可获得性	可理解性
内容方面	准确性	正确性、相关性、客观性	可信性和可靠性
效用方面	完整性	有用性、有效性	背景性解释和适量性

6.3.3 元数据质量维度的实践调查研究

由于网络科技信息资源种类繁多，本项目重点选择国家科技报告资源元数据和科学数据元数据进行详细的调查分析，重在展示调查方法和最终通过调查确定的质量维度。

6.3.3.1 国家科技报告资源元数据质量维度的实践调研

国家科技报告资源元数据可以记录科技报告特征及其管理状况，可以揭示科技报告自身

第6章 网络科技信息资源质量评估维度的确定

与外部信息，满足用户检索浏览、选择判断、获取来源信息、统计分析等需求[①]。就目前来看，现阶段国家科技报告资源元数据还仅仅用于管理科技报告资源，尚未充分利用其作为向用户开展信息挖掘深度服务的手段。

鉴于科技报告的专业性、保密性、管理严格性，作为反映科技报告基本信息的元数据成为向用户提供科技报告资源查询检索服务的重要内容，科技报告元数据质量是目前较为主要的管理与使用诉求。

国家推进科技报告资源建设的最终目标是面向公众开展科技报告的开放与共享。因此，应该考虑如何从用户视角开展科技报告资源的质量分析，把握其元数据质量维度。这是提升科技报告元数据质量的关键。目前，关于元数据质量评估的指标暂无统一、普遍被认可的标准，很多学者在其研究中往往先界定各质量指标的含义，以消除歧义。在此基础上再基于评价目的确定认为合理的质量评级指标。

从用户视角看，元数据质量评估要求元数据的功能满足用户需求，科技报告元数据功能特性是总体用户的总体质量需求的体现，各个功能特性下的元数据质量是量化质量评估的手段。科技报告元数据的功能特性要满足用户需求，就需要通过用户调查确定面向用户的科技报告元数据核心质量维度特性。

本项目在2015年12月至2016年3月通过邮件问卷等方式分别对相关专家及国家科技报告服务系统注册用户进行调查，以掌握所关注的质量维度[②]。

（1）科技报告资源质量维度的专家调查法

调查时间：2015年12月至2016年3月。

调查方法：采取邮件及专家现场访谈法进行。

调查对象：我国各地长期从事科技报告资源建设的专家或专职质量管理人员。

调查数据收集及处理情况：本次调查共收集20名专家的问卷，进行统计归类分析。

调查结果：专家对科技报告资源质量维度的认识如图6-3所示。

由图6-3可见，专家看重的科技报告资源质量维度依次为完整性、准确性、全面性、一致性、创新性、安全性、便捷性等，其中完整性、准确性、全面性、一致性和创新性是针对科技报告资源来讲的；安全性、便捷性是针对科技报告建设系统而言的。

（2）科技报告元数据质量维度的用户调查分析

本次调查主要是从用户视角了解用户对科技报告元数据的使用感受，以及元数据改进意见等需求方面的认识。

调查时间：2015年12月至2016年3月。

调查方法：网络问卷调查法。

调查对象：进入国家科技报告服务系统、使用科技报告的社会用户，主要是在国家科技

[①] 刘家真，廖茹. 电子文件管理元数据的质量控制与管理 [J]. 图书情报知识，2009 (6): 91-96, 102.

[②] 此部分研究内容由项目成员杨小芳承担完成，并在此基础上完成其硕士论文《面向用户的科技报告元数据质量评价研究》。本部分仅提供其研究结论。

杨小芳. 面向用户的科技报告元数据质量评价研究 [D]. 北京：中国科学技术信息研究所，2016.

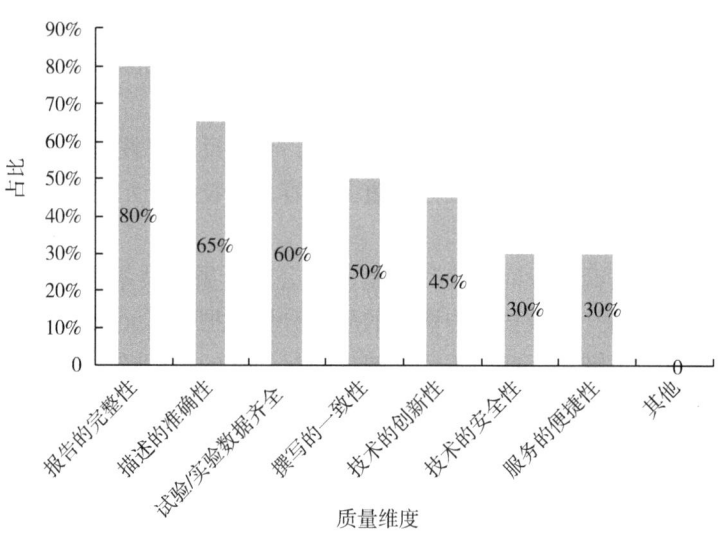

图 6-3 科技报告资源质量维度的认识

报告服务系统注册的社会用户。

调查内容：调查问卷包括 5 个部分，如表 6-8 所示。

表 6-8 国家科技报告服务系统元数据质量调查问卷设计

序号	问题分类	质量问题点	调查目的
1	用户使用科技报告元数据情况	使用需求、类型等	判断填表人员对科技报告元数据的了解
2	用户对现有元数据质量的认识	元数据质量问题、评价维度	了解填表人员对科技报告元数据的评价
3	科技报告元数据质量	元数据项的重点	了解填表人员对于不同科技报告元数据的质量要求
4	元数据项改进	元数据质量	了解填表人员对特定元数据项的要求
5	填表人员信息	填表人员基本信息	了解填表人员对调查问卷的熟悉程度

调查数据收集及处理情况：共收集 174 份，采取 SPSS 软件进行统计分析。

调查结果：根据科技报告用户元数据特性需求获得各质量维度需求比重，根据用户需求对各质量维度下的关键元数据进行统计，判断影响各个质量维度的指标因素。

由图 6-4 可见，准确性、完整性为用户关心的核心质量特性，并根据最低质量标准与自由裁量和成本效益的评价指标体系构建原则，选取超过 10% 的规范性、权威性、关联性作为非核心质量特性。

第6章 网络科技信息资源质量评估维度的确定

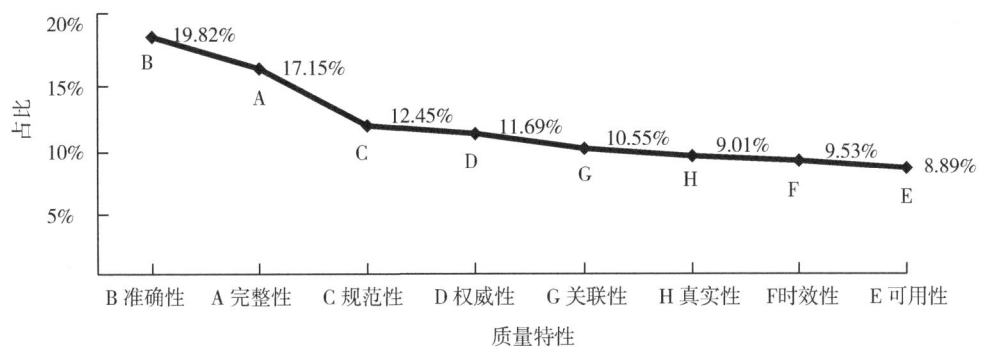

图6-4 用户对科技报告元数据质量特性需求情况

（3）科技报告元数据质量维度的确定

基于众多文献中关于元数据质量评价维度的分析，结合上述的科技报告元数据质量维度的用户调查结果，初步汇总出主要的科技报告元数据质量维度，如表6-9所示，以此作为科技报告元数据质量评估基础。

表6-9 科技报告元数据质量维度

名称	含义
完整性	全面描述了科技报告关键特征，满足用户检索查询、选择评估、阅读延伸、统计分析等需求
准确性	准确且客观反映了科技报告关键信息内容
规范性	遵循科技报告元数据规范
时效性	及时揭示科技报告资源的最新存储状态
权威性	元数据提供者、获取渠道、获取方法、信息内容可靠信赖
关联性	元数据关联其他信息内容的程度
真实性	元数据真实反映科技报告承载的研究概况的程度
可用性	元数据记录的科技报告信息能够被理解和利用

6.3.3.2 基于用户调查方法确定科学数据元数据质量维度的实践调研

科学数据元数据作为"数据的数据"，是描述信息资源最为有效的工具，同时也是用户判断信息相关性的重要线索。中国农业科学院农业信息研究所王健课题组以实证研究的方式（基于眼动追踪的情景实验、深度访谈、问卷调研）选取36名农业领域在读研究生作为被试对象，测试农业科学数据共享中心检索数据的过程，并分析元数据项与相关性判断标准之间的关系。

从调查结果看到[①]：科学数据用户除了最为关注的若干元数据项（如数据名称、关键字、数据摘要等），还对数据来源、时间、数据提交单位、发布机构、获取权限、共享级

---

① 赵华. 基于元数据的科学数据用户相关性判断研究 [J]. 情报杂志，2016，35（10）：131-136.

别、数据格式、数据评级等因素关注度较高。将这些元数据项进行质量维度归类则主要体现在主题性、可用性、数据质量、时效性、便利性、权威性、可获得性、新颖性和可理解性等方面。表6-10列出了元数据项与相关性判断标准之间的关系。

表6-10 元数据项与相关性判断标准之间的关系

质量维度	作为判断线索的元数据项
主题性	数据名称、关键字、数据摘要、数据质量说明、物种、结构、分辨率、检索结果的排列顺序
可用性	数据摘要、结构、功能、序列、位点描述、匹配率
数据质量	数据提供平台、来源、数据评级、数据生产者、数据格式、数据大小、检索结果的排列顺序、数据摘要
时效性	数据覆盖时间（有效时间、起始/终止时间、时间段、合成时间）
便利性	检索结果的排列顺序、数据生产者
权威性	数据提供平台、数据生产者
可获得性	数据共享级别、是否支持下载
新颖性	数据覆盖时间、数据评级
可理解性	分辨率、数据格式

资料来源：2017年中国农业科学院农业信息研究所科学数据元数据相关性项目研究报告。

6.3.4 网络科技信息资源元数据质量维度的确定

基于以上文献统计分析和实践调查统计梳理总结，可以认为网络科技信息资源元数据质量维度主要集中在完整性、准确性、一致性等十几个指标（表6-11）。

表6-11 网络科技信息资源元数据质量维度

序号	质量维度	定义
1	完整性	元数据揭示目标资源的全面、完整、详尽程度，包括覆盖范围和数量
2	准确性	元数据提供的关于目标资源的信息内容的正确、客观程度
3	一致性	元数据在结构和语义上保持的内在一致连贯性，以及与描述对象资源间的一致性；也涉及遵循规范标准的程度
4	有效性	及时揭示科技信息资源的最新存储状态，元数据是否为有效数据，包括信息实体记录的有效性、元数据内容的有效性
5	规范性	元数据与运用环境中存在的各类标准、规范一致的程度，针对自动化，涉及数据格式、数据结构、数据内容等；针对特定用户，涉及语义描述的规范与标准程度
6	及时性	目标资源信息发生变化时元数据可以与之保持一致的程度。针对自动化，体现在数据更新的及时性、比例等；针对特定用户，体现在获取最新信息的需求被满足程度
7	可获得性	元数据是否能链接、寻找信息资源，以及是否揭示信息以何种方式提供开放共享。开放共享的方式及相关保存信息影响着信息资源获取的难易程度

第6章 网络科技信息资源质量评估维度的确定

续表

序号	质量维度	定义
8	关联性	元数据并非独立的实体,数据内容来源可能存在多于一个元数据提供者的情况,从而揭示更多信息资源
9	可溯源性	元数据是否描述了信息资源的溯源记录信息,包括采集、加工整理流程。根据记录的过程信息,可以密切监视信息资源的流动情况
10	用户期望	元数据对特定用户需求的感知度和可理解度
11	互操作性	是否方便进行元数据的互操作
12	可用性	元数据记录的信息资源是否能够被理解和利用
13	来源	元数据获取渠道是否正规可信

6.4 网络科技信息资源元数据质量维度的总结

6.4.1 网络科技信息资源质量维度和元数据质量维度的对应关系

由以上调查分析可以看到,网络科技信息资源质量评估维度和元数据质量维度的对应关系如图6-5所示。

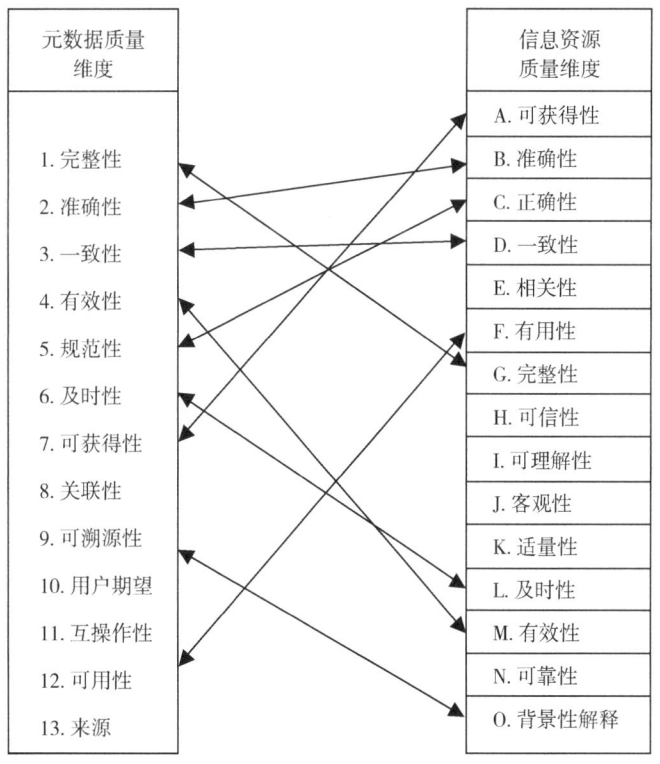

图6-5 网络科技信息资源质量维度和元数据质量维度的对应关系

6.4.2 网络科技信息资源元数据质量维度确定的原则

确定网络科技信息资源元数据质量维度，不仅应遵循一般质量特征的原则，还应考虑网络科技信息资源元数据质量评估的特殊性要求。为此，需要制定以下质量维度确定的原则。

（1）可测性原则。确定的质量维度应满足信息资源元数据质量评估的目的，为了便于操作，在确保评价体系和过程的科学性和规范性的前提下，选取具有代表性的指标且都是具体可测的。通常元数据质量评估过程分为计算机自动评价和人工抽检两部分。计算机自动评价在处理海量有规则的数据时，无论是成本还是结果准确性均具有非常大的优势；人工抽检的目的在于定期对各信息资源本体进行核查，从而完成内容方面的质量审核。因此，在选择质量维度时要充分考虑本次评价工作是以计算机自动评价为主还是以人工抽验为主。如果是前者，则更多的是选择形式方面的质量维度，以满足定量评价要求；如果是后者，则更多的是关注内容方面的质量维度，以符合用户实际质量需求。

（2）不相容性原则。评价元数据质量优劣的因素往往存在相互交叉的关系，过分强调评价指标之间的独立性容易使评价模型复杂，违背可测性原则；弱化指标之间的独立性又容易造成指标冲突，使评价结果产生分歧，需要解决好质量维度的从属性问题。一方面，是指标之间的相互影响、相互排斥的冲突问题，不能同时满足；另一方面，解决指标上下层次关系问题，上位指标概念和下位指标概念不能并列存在。这就需要在评价时，首先界定好评价对象、特点、范围、目的，归类筛选无相互关联的指标作为评价指标。目前，各个专业领域都有适合所属学科领域的元数据质量评价指标。但从整个文献资料统计分析来看，共性的有代表性的元数据质量维度指标首选为完整性、准确性、一致性等3个指标。在此基础上，再根据各自领域的特点扩展一些自己的评价指标。但目前在质量维度从属性研究方面，尚未形成统一的观点，并且几乎所有的指标都未量化。通常做法是只制定出一级指标而无明确的二级指标。比如，元数据"规范性"的定义中往往包含了"一致性"的含义，有些文献中提到的"一致性"测评方法其实是测评元数据是否规范等。

另外，维度之间的冲突问题也是必须解决的问题之一。很多文献研究中往往忽视了这一点，提出了近乎完整的全系列的质量维度指标，导致在实际操作中难以落实。比如，准确性和及时性、完整性和及时性常常不能同时满足。

（3）定性定量相结合原则。事实上，在评价实施的过程中，部分因素可以根据客观数据进行定量分析，但对于定性指标而言通常需要借助人工手段进行主观评价。为了进行综合评价，必须将部分反映信息资源元数据基本特点的定性指标定量化，为定量测量打下基础。

（4）相对静态原则。网络科技信息资源元数据质量评价既是一个目标也是一个过程，因此需反映出评价目的的动态性。当前阶段，开展元数据质量评价首先是为了促进信息资源元数据内容质量的提升，确保客观反映出原文信息的真实质量情况。因此，在一定程度上，质量维度应保持相对稳定。

（5）全面性原则。元数据质量评价关注的是信息资源全过程的质量状态，因此所选择的质量维度要考虑到这些质量维度是否全面，是否能完整地反映信息资源生命周期各个关键环节中诸多元数据的内容、功能和特点。另外，还需要考虑信息资源来源、采集过程和服务目的的不同，避免一些质量维度出现在某类信息资源信息中而没有出现在其他信息资源信息中。

6.4.3 网络科技信息资源元数据质量维度的确定

元数据质量维度筛选依据分为获取原则、文献整理、约束条件3个方面。其中，约束条件，亦可称为可测性。将维度转化成指标时需要考虑指标的可测性和可行性，同时需要考虑计算机执行评价时可能会面临或产生的问题。

为此，本项目主要结合一些文献整理分析，重点考虑和网络科技信息资源质量维度的相配性，确定了被一致认可的评估元数据质量的必要维度。

（1）完整性。完整性要求元数据中包含对目标资源全面的描述信息。量化的最直接方法就是计算非空字段的个数，即完整性的高低可用非空字段的多少来衡量。如果考虑到不同属性字段对于评估完整性的重要程度不同，还可以对不同的属性字段赋予不同的权重，然后再计算完整性的高低[①]。

（2）准确性。准确性是指元数据提供的内容正确、客观地反映被描述资源的程度。有学者对"准确性"进行定量计算的方法是通过计算用户从元数据记录中获取到的信息与同一个用户从资源自身获取到的信息之间的语义距离来评估准确性的高低。这个距离越短，表明元数据提供的内容与资源自身内容越吻合，元数据记录的准确性就越高[①]。已有的计算信息间相似度的多种方法，如基于距离的相似度计算、基于信息内容的语义相似度测度等，都可以应用到此维度的量化中。

（3）规范性。规范性主要考察的是元数据遵循元数据规范、应用指南，以及按照规范、应用指南从受控词表取值的情况。对规范性的量化是统计元数据记录违背元数据规范和应用指南的次数。由于网络科技信息资源的元数据记录多是用 XML 格式作为语法基础，有些专家则认为可以用 XML 语法解析器方式实现对用 XML 格式记录语法的解析、监测，统计其记录元数据内容中违反约束规则的次数，以反映遵守规则一致性情况。

（4）时效性。对这一指标的含义，有众多不同的解读和计量方法。有专家以元数据生命周期长短表征元数据质量，认为"对时效性的量化计算可通过比较生命周期中任意两个时刻元数据前4个质量维度值的平均值的变化快慢来进行"[①]。有的用"及时性"指标代替，即采集与存储发布的及时程度；也有的用与目标资源利用时间的及时记录来判断元数据的"时效性"，认为"时效性是对这种滞后程度的衡量"[①]。

（5）可获得性。可获得性是指通过元数据项的链接能以清楚的、便捷的方式得到元数据项内容，或者简单、快速检索到全文程度。此项可采用抽样统计方法进行，也可采取自动化方法统计，计算获得或打开链接看到元数据内容的占比。

总之，既有研究中的质量维度定义也并非千篇一律，需要依据评价目的、评价环境、评价对象等因素的不同进行相应调整。

---

① 黄莺. 元数据质量的定量评估方法综述[J]. 图书情报工作，2013，57（4）：143-148.

第7章 网络科技信息资源的质量元数据

7.1 概述

针对来源多元、格式复杂、内容多样的网络科技信息,目前用户也仅仅通过关键词等方式来检索、获取,所得结果仍然只是信息相关性的资料检索,尚无对资源质量方面的标注或检索,用户在对检索出来的海量网络科技信息资源进行价值判断时,常常面临很大困扰,分不清哪些是高质量、有价值的信息,哪些是垃圾信息等。而且,随着数量的逐渐增加,人工查询这些背景参考信息变得越来越不容易,检索时间、精力耗费很大,而元数据则间接起到快速检索、资源质量揭示的作用。

近年来,元数据作为描述信息内容、背景、状况和质量控制等特征信息的作用已得到广泛关注,已成为网络信息治理和应用的重要手段和技术。其已应用到政府信息公开、地理信息共享、数字图书馆等多个领域,为各种专业领域中信息资源提供规范的描述体系和方法,以方便整合和利用信息资源[①]。这就使得元数据在快速增长、变化的网络信息资源的组织与利用中发挥着越来越重要的作用。

目前的元数据作为一种信息揭示的工具,能够较为准确地描述信息资源的原始数据或本质数据,但是也仅仅是对其进行描述,并不能改变信息资源的无序状态。而实际上,元数据对信息资源内容表达、处理过程、服务利用等方面起到概括、揭示作用,揭示信息资源质量评价方面的内容是其重要功能之一[②]。例如,发现、提取、分析信息资源的背景质量状态的信息,并创建一个基于质量状态的索引目录,这样不仅方便传统的采用关键词的方法进行检索,而且从质量好坏排序发现高质量的信息,从而真正将网络科技信息资源从无序状态变成有序状态,方便用户的查询和使用,真正有利于网络科技信息资源的组织与检索。

科技信息资源的质量反映了该资源满足实际及潜在用户需求的程度,对信息资源质量的评价需综合考虑各种因素,同时也要根据具体的情况有所差别[①]。但对一个信息资源对象的质量进行评价和描述的基本前提,就是事前确定一定的质量标准。首先需要给出一系列定性或定量的质量要求,然后考察这些资源是否满足了这些要求。然而,由于科技信息资源的专

---

① 刘莉. Web 资源质量元数据的获取与管理技术的研究与实现 [D]. 成都:西南交通大学,2010.
② 赵军. 数据资源描述与组织的元数据方法 [D]. 天津:天津大学,2005.

业性、科学性,一般很难对其核心的内容要素进行专业判断,而且一些科学探索也很难有清晰的界定,加上不同用户对科技信息资源的质量要求标准也有不同程度的理解,确定一些领域科技信息资源质量评价的定量指标显然是很困难的[①]。

以网络环境下健康信息资源为例。首先,健康信息的使用者包括科研人员、医学技术人员、公众等,使用者有着不同的背景,对健康信息的需求不同,质量要求层次也不同。例如,对仅用于教学、科普的科技信息而言,信息的数据质量精度要求不高。但若是将其用于科研活动中,则对其准确性、科学性等要求明显提高。而实际中,有些背景因素连信息生产者都无法提供,有时甚至出现为了某些个人利益需要人为地将信息描述进行夸张或造假,因此仅从后端信息资源本身来评价网络科技信息资源质量的难度很大,而且也很难针对资源本身进行直接的客观评价。因此,需要借助元数据对科技信息资源进行间接评价,以反映出科技信息资源的质量状况。这是目前研究的一个新的探索。

7.2 质量元数据

7.2.1 质量元数据的概念

通常把这些描述质量数据各种属性的信息看作质量元数据。可以说,将元数据技术应用于信息资源的质量管理中形成质量元数据,可帮助管理人员和用户更有效地理解和使用信息资源,使各个类别信息资源间的数据质量进行比较、交流成为可能。

所谓的"质量元数据"是指那些描述信息资源有关来源、内容、管理、状况等的质量相关信息的字段项,包括但不限于以下几个方面:信息对象的背景信息、生产者的背景信息(名字、工作背景、联系方式等),以及信息资源的生产过程信息(工作环节、质量规范、系统环境、信息生产所依据的国家/行业标准等)、信息资源本身的信息(数据精度、信息获取日期、应用范围等)、必要的用户反馈和专家意见等。

而质量元数据将提供上述有关信息资源中与质量相关背景信息方面的元数据,对各种科技信息资源和与之相关的反映质量背景数据进行描述[②],也对科技信息资源全生命周期各个阶段与质量有关的数据进行描述,以帮助用户对选择的信息资源使用价值做出判断[①]。而这只是间接地反映了科技信息资源质量状态的质量元数据,很难简化到用一个元数据元素或者一组元数据子集来描述,只能是综合反映分布于不同生产环节的众多元数据项内容[①]。例如,元数据中可能设有质量控制方式、生产者背景信息、信息生产日期等各种与数据质量评价有关的元素。

需要注意的是,质量元数据只是对质量进行描述的相关元数据特征,本身并不具备评价功能,只是根据用户需求或判断标准来对质量元数据各项进行打分评判。因此,它不是绝对

---

① 赵军. 数据资源描述与组织的元数据方法 [D]. 天津:天津大学,2005.
② 李劼. 质量元数据及其管理系统的研究与应用 [D]. 重庆:重庆大学,2007.

的质量好坏判断依据。质量元数据的任务是对元数据质量特征进行深入揭示，因此它本身并不制定质量评估的标准，用户有自己的质量把握和判断标准，能够结合自己的需求最终对数据质量做出判断[1]。质量元数据可以为用户提供科技信息资源的质量状态，以便提高利用科技信息资源的决策参考效率。尤其在网络环境特殊场景下，由于互联网的虚拟性和隐匿性，缺乏传统纸质编辑那样的严格的质量审核控制。使得任何人都可以随意上传或编辑信息资源，因此网络科技信息资源的质量无法得到保障，加上科技信息的专业特点，使得科技信息资源真伪一般很难分辨。科技信息资源是否真实可信已成为制约普通使用者利用信息的重要因素之一。真实可信性是网络科技信息资源的核心属性，真实可信的信息资源能够如实反映客观事物，为用户提供高效参考，产生相应的社会价值。如果网络信息数据无法如实反映和再现客观事实，那其就不具有利用的价值[2]。可以说，网络科技信息资源利用率在很大程度上决定了信息资源是否真实可信，信息质量是否可靠。而这往往是用户获取信息的重要评价标准。针对网络环境下海量科技信息中的每一条信息都进行详细来源信息揭示和记录，既不现实也无必要，因此需要一种借助于诸如元数据进行自动化处理的手段进行辅助评判。

质量元数据最基础的作用就是对各种科技信息资源和与之相关的反映质量背景数据进行描述[3]。质量元数据描述科技信息资源生产全生命周期各个阶段与质量管理有关的元数据，而这些元数据涉及的范围广，且种类和形式多样。元数据的来源以及收集方式不尽相同，元数据的使用对象和应用领域存在很大的差异，这些特点可能导致某些科技信息资源生产过程涉及质量管理和质量影响因素的方方面面，利用元数据对某一环节质量状态信息进行全方位描述，促进对信息对象的查询、检索保存和利用，可以让管理者和使用者更加客观、全面、清楚地了解和正确使用科技信息资源，从而更好地识别和发现质量好的网络科技资源，提升有效使用网络科技信息资源的能力。如刘莉[4]提出可以借助于OLAP技术对质量元数据库进行自动化方式的质量评估和筛选分析，并采用自动化方法抽取部分和质量相关的背景信息进行标注和规范控制，然后通过算法评估并标注出资源的质量状态，以便用户构建高效实用的检索系统，从而可以让信息使用者更加清楚地了解和使用科技信息资源。

但目前对这方面研究的文献并不多，且这些不多的文献还仅仅是探索性研究，提出的质量元数据也仅做定性描述说明，或者仅提供一种思路，尚未建立定量化的质量元数据评价指标体系。

---

[1] 赵军. 数据资源描述与组织的元数据方法 [D]. 天津：天津大学，2005.
[2] 向礼花. 归档网络信息价值的元数据描述 [D]. 湘潭：湘潭大学，2013.
[3] 李劼. 质量元数据及其管理系统的研究与应用 [D]. 重庆：重庆大学，2007.
[4] 刘莉. Web资源质量元数据的获取与管理技术的研究与实现 [D]. 成都：西南交通大学，2010.

7.2.2 质量元数据的特点

质量元数据除了具有元数据的基本特点[①]外，还具有以下独特性。

(1) 动态性：一个资源的质量元数据组成会随着描述对象产生过程的变化而变化。也会根据评价目的进行必要的增减。

(2) 多样性：从科技信息资源不同类型和生产环节的角度对描述科技信息资源的质量特征进行划分，并产生多种质量元数据表示形式。

(3) 复杂性：由于质量元数据描述、揭示的是繁杂科技信息资源的过程质量控制场景，因此其本身就体现出复杂性，既有描述元数据项，又有管理性元数据；既有相关元数据的集合，又在一定范围内用几个筛选出来的典型性元数据作为代表；既可以单独运行，也可以嵌入其他程序中。

(4) 多层性：质量元数据的多层性体现在描述对象的层次性，既反映了科技信息资源的宏观层面质量整体特征的现象/规律，也揭示了某一具体信息的质量特征。

(5) 支撑性：质量元数据揭示了信息全生命周期各个环节中与质量有关的背景信息，涉及质量控制和数据规范的各个方面，是保证及时反映出科技信息资源质量状态的有力手段，并起到重要的支撑作用。

(6) 人为性：从科技信息产生过程看到很多质量元数据的定义、设计都是为了更好地对科技信息资源进行揭示和发现，体现出明显的人为控制的特征。一些质量元数据项的选择不是基于科技信息资源本身固有的特征进行的，而是基本根据不同人的需求进行调整。

7.2.3 质量元数据的作用

在传统信息资源管理中，元数据通常以分散的、非连续的、标准化水平较低的方式被应用。在网络环境下的信息资源质量管理中，有必要引入质量元数据概念来描述科技信息资源的实体、属性、结构、关系等数据属性，使信息管理人员能方便地对科技信息资源生产过程进行监测管理。同时，通过对质量元数据的分析，可以帮助用户和管理人员进一步理解信息资源背景（如科技信息资源的生成、内容、存储、格式及系统环境等，以及处理过程中的关键活动等背景信息），以便有效地记录科技信息资源的内容、背景、系统环境、处理过程等，对科技信息资源进行标识、识别、判断、描述、管理和长久利用[②]。在这方面，国内外学者也逐渐注意到借助于元数据进行网络信息资源质量的评价、实现对网络资源的质量管理具有一定的可行性，即将质量元数据应用于网络信息资源的质量管理中，并将质量评价准则映射为相应的质量元数据且进行量化，能够帮助研究人员更有效地理解和使用质量评价准则。刘莉[③]认为借助于元数据来间接评价 Web 信息源，从中发现和获得质量的元数据并进行

---

① 杨珺，李晶，王敏. 计算机证据元数据表示方法 [J]. 微型机与应用，2009, 28 (19): 63-65.
② 赵屹. 电子文件管理元数据漫谈 [J]. 北京档案，2015 (1): 19-22.
③ 刘莉. Web 资源质量元数据的获取与管理技术的研究与实现 [D]. 成都：西南交通大学，2010.

量化，需要进行深入的探索和研究。

具体而言，质量元数据在科技信息资源质量管理中的作用主要体现在以下几个方面①。

（1）确保真实描述、记录科技信息资源及其活动。元数据为结构化或半结构化信息，支持在一个领域内或跨领域进行科技信息资源的创建、注册、分类、利用、保存和处置。而其中，质量元数据侧重于科技信息质量活动的相关描述、记录，用于科技信息资源和相关人员的确认、识别和描述，业务过程描述，科技信息的创建、生成、加工、维护和使用的系统描述，以及一些质量控制方法及标准的记录等。

质量元数据也支持网络环境下科技信息资源的使用、再加工等业务活动的执行，并进行实时记录，能够满足科技信息资源的全程管理需求，对科技信息的形成、管理和利用进行控制。

（2）支持对信息实体的全程控制②。利用元数据记录和揭示信息实体的全生命周期的质量控制过程，如在采集中描述元数据来记录信息来源，并通过技术元数据记录信息处理系统的技术环境，通过管理元数据记录和跟踪信息对象的形成、处理和利用中的关键活动等，从而全面记录信息过程，对信息对象的质量控制更具有可追溯性。而且，随着网络信息的剧增和资源的不断加入，不断有新的元数据被添加进去。这就意味着：随着时间的推移，元数据将继续增加与业务处理、数据管理相关的信息。质量元数据可被追踪或者被多个应用系统重用，不仅可在科技信息资源现行阶段发挥作用，而且可在将来的科技信息复用检索中发挥作用③，起到追溯作用。例如，某一条科技信息质量状态的质量标记结果，它的元数据所描述的内容除了包括它本身的基本描述属性（如题目、主题、日期等）外，还包括这条信息对象所经历的各种生产加工过程、质量审核过程，以及完成这些过程所牵涉的主要责任人员、相关质量控制标准，可能还有相似质量问题描述或不同环节中处理质量问题的相关记录日志等。通过上述对元数据的描述，能够方便管理人员或使用者从各个方面了解质量状态，从而提出正确的使用信息的决策。

（3）支持网络科技信息的组织和查询②。在网络环境下，科技信息的使用具有多元性，不同目的、不同用户有不同的需求，而网络信息具有"一次输入、多次输出"的特点，可根据不同用户的需求，通过对元数据进行组合匹配计算，产生相应的多种结果，并加以有效的组织，可以为使用者提供全方位、个性化、多角度的检索入口。甚至如果能实现不同资源之间元数据的互操作、相互映射匹配，则可实现网络信息资源的检索和互操作，甚至实现对各系统、各类资源质量的自动化评估并进行质量标注，以便用户更好地查询和使用科技信息。

（4）支持科技信息管理流程的集成与优化③。在网络环境中，在生成科技信息的同时，也会创建主要的元数据信息，尤其侧重各个环节中与质量相关信息的记录。这样在生成科技信息后，便可以产生系列元数据库，方便以后进行信息共享、集成时信息的匹配组合，可以

---

① 何嘉荪，金更达. 电子文件管理元数据规范［J］. 浙江档案，2005（4）：12－14.
② 刘越男. 对电子文件管理元数据的再认识［J］. 档案学通讯，2005（2）：58－62.
③ 金波，丁华东. 电子文件管理学［M］. 上海：上海大学出版社，2007.

说元数据起到了基础和保障作用。例如，质量元数据可以全面而系统地描述科技信息，可以记录与反映信息个体之间、信息资源集合之间等的复杂关联，可以对信息资源进行分类组织，并以结构化方式实现信息（或者是数据集）与其背景之间的关联；也可以用质量元数据捕获和形成相关著录信息，产生目录体系和检索系统，支持实现语义层面和语法层面的互操作，最大限度地实现科技信息资源共享。

（5）质量元数据实现对科技信息资源多维检索的优化。质量元数据元素及其结构是基于对科技信息的深度分析而产生的，用于信息资源的著录描述及其活动过程的有效发现。质量元数据通过有效描述与识别科技信息资源中与质量有关元数据（如题目、创作者、主题等）内容质量状态的把握、评价、评级打分，形成质量标签，以实现多维检索，使用户不仅可以以传统的借助于关键词的方式进行检索，也可以从质量角度进行排序、查询所需要的真正有价值、能利用的信息资源。而且有助于基于元数据字段的搜索引擎把查找定位在资源质量特征词上，从而大大改善了查准率[1]。例如，在传统检索中查询一个关键词时，还可以根据资源质量标注段进行检索，这样可以很明显地发现科技信息资源质量方面的差别。

质量元数据对网络信息资源的描述、揭示，可以在检索结果处理上体现出质量状态，而不仅是描述信息对象基本特征属性方面的元数据项。这可以帮助用户通过检索就可以对检索呈现出来的信息资源有一个整体上的把握和认识，节省了原来需要一一阅读原文再进行信息价值判断的时间和成本。另外，可实现对面向用户个性化质量需求的信息资源进行检索排序和全面浏览[2]，大大提高了查询效率，实现信息查询全部由用户驱动方式。

（6）利用质量元数据可对科技信息资源质量状态进行监测、评估，并根据评估得分为科技信息资源标注质量标签，有助于用户了解科技信息资源质量状态，了解其内容、质量、访问、使用等方面的信息，增加对信息资源质量的识别度，提高利用效率。这就要求质量元数据能够揭示科技信息资源这方面的特征。这包括对资源过程和资源本身这两方面的质量特征描述。

（7）利用质量元数据可以对科技信息资源质量状况进行影响分析。例如，通过元数据可以了解各工序中的操作系统、数据源、质量控制手段和方法，并生成质量过程控制结果，这有助于用户和管理者全面了解科技信息资源产生过程中对质量有影响的要素，以便采取改进方法来调整这些要素对信息质量所造成的影响。

总之，将元数据应用于科技信息资源生产质量管理过程中形成质量元数据，将会帮助管理人员有效地理解和使用科技信息资源。

7.2.4 质量元数据的分类

质量元数据是最小的、不可再分的信息单位。它是将科技信息生产过程中反映质量状

---

[1] 李毅博．政府电子文件元数据管理及其标准构建研究［D］．南京：南京理工大学，2007．
[2] 徐伟．基于元数据技术的政府机关文档管理系统设计与实现［D］．天津：天津大学，2012．

态的元数据提炼出来，以反映科技信息资源的质量。对于网络信息资源质量元数据来说，有的质量要素可以由一个质量元数据来度量，有的质量要素需要多个质量元数据来度量[①]。如就单条网络信息而言，可以通过计算 PageRank 值来度量这条信息网页来源的权威性和与应用的相关契合程度[①]。而信息资源的可达性则要由网页的站内链接（Internal Links）、出站链接（External Links）、孤立页面（Orphan Pages）和死链（Broken Links）综合计算而得出[①]。但就科技信息资源整体而言，其所具有的质量元数据项则更加复杂，不仅是因为科技信息类型繁杂、数量巨大，而且因为每个科技信息所在的系统、网站、数据库等技术参数标准都不一样，很难形成一个统一的可定量化的标准进行判定。考虑到本项目更多的是从资源整体进行研究，从可测性、通用性考虑，将主要关注、抽取科技信息资源共性的方面。为此，首先应明确质量元数据种类，并在此基础上确定每种质量元数据所包含的内容。

根据上一章节介绍的元数据分类规则，本项目根据科技信息资源的特点，借鉴国际上通用的 DC 元数据中复用了部分元素，并增加了一些管理、技术和服务等方面的元数据元素，用来对资源进行质量标识和一般描述，同时在元数据中体现信息资源过程状态和信息资源质量评估等方面的内容。本项目将质量元数据分为以下四类。

（1）描述类质量元数据，即描述网络科技信息资源本身基本信息的元数据，如题目、作者、关键词等。元数据的基本功能是揭示资源的特征，帮助用户查询、定位目标信息资源。因此，针对科技信息资源的一般描述信息是元数据的一个基本组成部分。但质量元数据并不是指所有描述元数据，而是基于用户使用的需要，选取核心元数据进入质量控制中，以便为用户更准确、有效地进行信息查询、检索。其前提就是对科技信息实体及其背景进行分解、揭示、记录和组织元数据项，并用元数据对其进行标识与描述。借助于各种检索技术，通过检索元数据项对网络信息资源内容查询和解析数据存储位置[②]。

从前面几个章节的分析可以看到，不同类型的科技信息资源，其采用的元数据标准都不相同，细分的粒度粗细也不一致，描述的元数据内容也不一样，这为建立统一的质量元数据框架带来很大的障碍。但同时也注意到，描述大多数科技信息资源的元数据项要素都是借鉴或采用 DC 标准进行的，而且很多网络科技信息资源也是以 DC 标准为参考设计的。这为网络科技信息资源数据的结构化，进而进行信息检索和挖掘提供了方便。

从实践应用看，DC 标准应用广泛，已纳入 ISO 标准，是用于数据资源标识与描述的、通用的元数据标准，并已在数据资源描述、互操作、对外共享服务中发挥很大的作用。在实践中，很多领域的元数据标准也是借鉴 DC 标准元素或建立了与 DC 主要元素的映射，以利于跨领域数据交换、集成、检索[②]。借助 DC 元数据标准的相关元数据应用已经成为元数据发展的趋势。

为此，本项目参考 DC 规范，定义网络科技信息资源质量评估准则对应的质量元数据，

---

① 刘莉. Web 资源质量元数据的获取与管理技术的研究与实现［D］. 成都：西南交通大学，2010.
② 赵军. 数据资源描述与组织的元数据方法［D］. 天津：天津大学，2005.

并对质量准则进行度量,对网络科技信息资源进行质量评估,从而遴选出高质量的信息资源,以对网络科技信息资源进行有效的质量管理。当然,无论是哪一种形式的元数据,包括国际通用的 DC 元数据,也不可能完全适用于所有的领域。例如,DC 标准中主要要素多适合于对文献、图书情报领域信息资源的描述,这些领域仅采用以 DC 标准作为核心最小元数据就基本上能够满足需要。而对于像科学数据资源、实物科技资源元数据等领域,则需要根据具体情况复用部分 DC 元数据元素对信息资源进行一般描述,实现在一定程度上的跨领域互操作[1],并在此基础上进行扩展补充。此外,仅仅使用 DC 元数据对资源进行一般描述是不够的,还需要根据实际需求增加其他信息。

(2)管理类质量元数据,即反映网络科技信息资源过程操作方面的基本背景信息的元数据,如质量控制、审核标准等。它主要用于描述与质量控制相关的信息生产业务活动,故不仅需要了解生产过程中的各种质量活动,还需要了解参与和执行这些质量活动和过程的相关人员等的描述,采取的质量标准、版本,还包括信息生命周期各个阶段业务系统的数据源和这些阶段对应的管理软件数据库的描述,以及数据处理的描述等,但不包括与数据库管理和维护相关的信息,从而使管理者更容易从专业角度理解科技信息。

对于管理类质量元数据的研究,尽管有些机构提出了在个别学科领域信息资源的管理元数据方案,但还只是零散的,尚无成熟的方案体系。从整体上看,还没有形成统一的认识与定义。例如,上海市哲学社会科学规划课题"信息资源基础管理性元数据框架研究"调查报告[2]认为:整体管理性元数据研究应该依托于一个具有内在逻辑关联的框架体系,这样在建设网络科技信息资源时才能够有依据地选择或建立规范通用的管理性元数据方案。为此,需要从网络科技信息资源整体来考虑管理类元数据质量元数据项的筛选。

从目前实践看,依据科技信息资源的生命周期进行管理质量元数据体系方案的构建具有可行性。通过分解纵向的科技信息资源生命周期活动来确定信息资源管理的各关键基础环节,分析与每一环节中相关的信息系统管理需求的基本领域内容。例如,通过以下步骤确定管理元数据:首先,对不同环节中不同实体、实体间关系、流程或规则的标准进行描述;其次,从质量管理中提炼选择有需求且相对成熟的业务流程;最后,明确管理性元数据的组织与传递机制,以便于不同系统间管理性元数据的调用或解析。

(3)技术类质量元数据,即反映与网络科技信息资源技术管理及维护有关的元数据。技术类质量元数据是从系统维护、更新的角度对各环节生产过程中影响质量的相关的各种系统进行描述。李劼[3]认为主要是这些系统中数据库的数据结构、数据字段属性、数据转换映射、数据库之间的联系等信息的描述。如数据源信息、数据转换的描述、数据仓库内对象和数据结构的定义、数据清理和数据更新时用的规则、源数据到目的数据的映射、用户访问权限、数据备份历史记录、数据导入历史记录,以及信息发布历史记录等,这些信息能够使数

---

[1] 赵军.数据资源描述与组织的元数据方法[D].天津:天津大学,2005.
[2] 上海市哲学社会科学规划课题《信息资源基础管理性元数据框架研究》调查报告[EB/OL].[2014-07-23].http://www.docin.com/p-765148687.html.
[3] 李劼.质量元数据及其管理系统的研究与应用[D].重庆:重庆大学,2007.

据库管理和开发人员方便而迅速地估计对其进行修改所需要的资源和时间。当然,尽管这是从企业质量管理信息系统来分析的,但就网络科技信息资源来讲,其实也包括了每个网络信息提供主体进行的具体技术方面的元数据,以及科技信息资源整体的通用性。为此,有必要对这些技术元数据进行筛选,抽取出共性的要素来。

但如何筛选有代表性的、典型的要素则取决于资源用户的业务需求,以及把握资源数据库的元数据项颗粒度。当然,所做的元数据标记对信息内容的解释越详细,就越能够体现科技信息资源质量控制的技术水平。

(4) 应用类质量元数据,即反映网络科技信息资源在面向服务过程中的基本条件信息的元数据。根据用户需求确定应用类质量元数据,即以哪种服务方式、以哪种途径提供哪些科技信息资源,包括以下几个方面的内容:一是向用户揭示服务信息资源的信息,如信息资源存储地址、类型或版本、存放的方式等;二是获取信息资源的信息,如使用类型(如查看、复制、编辑、归档、编索引、分类、处理等)、使用时间、质量标识及联系人等信息;三是信息使用的反馈信息等,如用户评价、访问量、下载量、投诉率等;四是用户使用权限控制,包括用户注册、身份认证、使用授权以及使用审计等功能。有些非结构化的元数据还可以通过访问日志的方式描述记录科技信息的利用历史情况等。

7.3 质量元数据的要素构成

质量元数据的要素构成遵循一般元数据的基本要素构成规范,包括质量元数据要素的语义结构和组成结构规范等。

7.3.1 质量元数据要素的语义结构

质量元数据要素的语义结构是指质量元数据元素的具体构成,主要明确一个元素(或元素值)的语义及其相互之间的关系,其结构组成及其含义如表7-1所示。各类元数据元素可根据需要设置子元素。

元数据元素也称元数据单元,是指元数据所描述文件某一方面的特征。元数据元素分为简单型、容器型和复合型3种类型[1]。简单型是指不具有子元素的元素所对应的元素类型。容器型是指具有子元素且本身不能被赋值的元素所对应的元素类型。复合型是指本身可以被赋值且在一定条件下可以具有子元素的元素所对应的元素类型。

本项目参考金波等的电子文件管理元数据的微观结构认识,将质量元数据元素构成划分为标识类、描述类、元素值类和关系类4个类别[1]。

---

[1] 金波,丁华东. 电子文件管理学[M]. 上海:上海大学出版社,2007.

表7-1 质量元数据元素构成划分及其含义

	类别	元素构成	含义
质量元数据元素	标识类	标识符	为元素或子元素分配的唯一的一组机器可识别的符号
		中文名称	以中文为元素或子元素赋予的自然语言名称
		英文名称	以英文为元素或子元素赋予的自然语言名称
		名称其他形式	元素名称的其他表达形式，如同义词
	描述类	定义	用于规定元素或子元素的概念，是对每个元数据元素外延和内涵的揭示和说明
		目的	明确元素或子元素应用的目的
		适用范围	用于指明该元素所适用的资源实体及其层级
		元素类型	用于表明该元素是简单型还是容器型
		必备性（或约束性）	分为必选、条件选和可选
		使用条件	指"条件选"元素的使用前提，指明特定条件下元素或子元素的适用资源实体或具体的实体层级
		定义依据	指明元素定义所遵循的法规、标准文献
		注释	为理解和使用元素或子元素提供说明信息
	元素值类	数据类型	用于表明元素值的类型，包括字符型、数值型等
		值域	用于规定元素取值范围
		编码修饰体系	明确元素或子元素的定义标准、控制词表或编码方案，可以是国际标准、国家标准、行业标准，也可以是机构自行编制的词表、代码表等
		出现次数	明确元素或子元素是否可重复使用
		默认值	除非特别声明，否则元素或子元素的取值为预先指定的值
		值含义	用于解释与说明元素值代表的意义
		值限定	用于明确元素取值约束条件
	关系类	子元素	用于明确该元素的子元素
		相关元素	用于表明该元素的相关元素

资料来源：数据金波等《电子文件管理学》的元数据元素构成进行修订整理。

7.3.2 质量元数据要素的组成结构

考虑到不同类型科技信息资源所产生的元数据非常复杂，无法也不可能对每一个科技信息抽象提炼其质量元数据项，即使提取出来也很难适用于所有资源，以得出统一的可比较的质量分值。为此，本项目考虑现有众多研究成果，侧重以 DC 为参考标准来搭建质量元数据基本要素的组成框架结构。目前，各类科技信息资源与 DC 之间映射已有大量成熟的标准、方法规则和软件工具。为此，本项目将重点研究 DC 与质量维度之间的对应关系，并扩展生产过程中与质量有关的管理元数据、技术元数据、应用元数据的相关元数据项，以形成统一的科技信息资源质量元数据的基本要素组成结构体系，如图 7-1 所示。

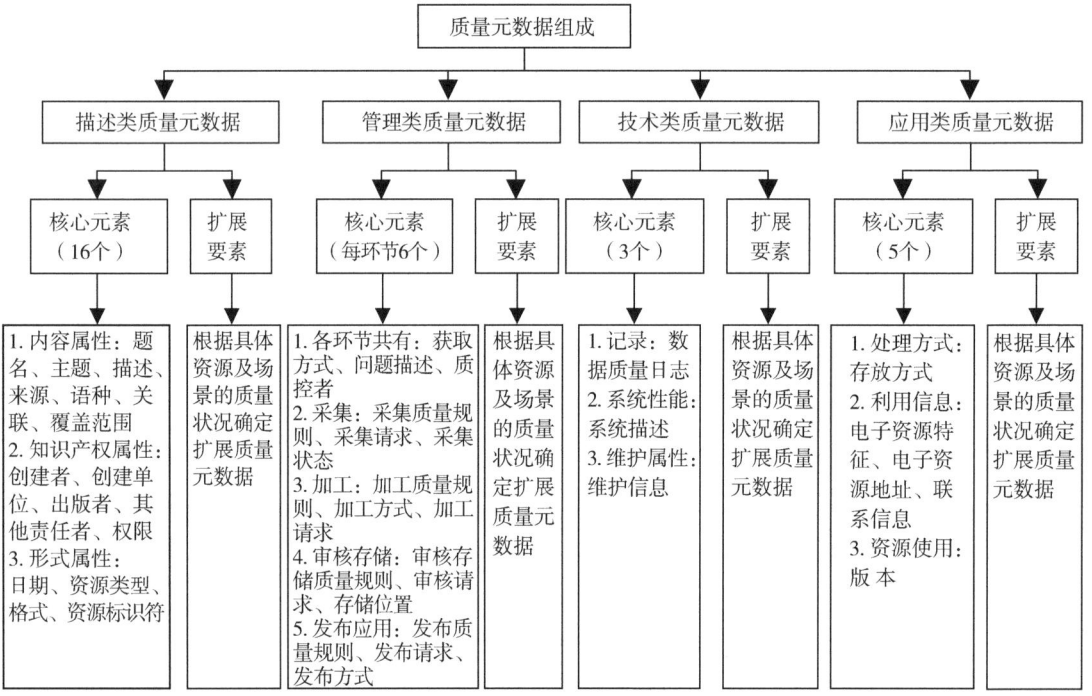

图 7-1 质量元数据要素的组成结构

根据图 7-1 所示质量元数据要素的组成结构，设计网络科技信息资源质量元数据模型，如表 7-2 所示。

表7-2 网络科技信息资源质量元数据分类

类别	采集环节	加工环节	审核存储环节	发布应用环节
描述类质量元数据项	题名 主题 创建者 创建者单位 日期 出版者 其他责任者 描述 资源类型 格式 资源标识符 语种 来源 关联 覆盖范围 权限	题名 主题 创建者 创建者单位 日期 出版者 其他责任者 描述 资源类型 格式 资源标识符 语种 来源 关联 覆盖范围 权限	题名 主题 创建者 创建者单位 日期 出版者 其他责任者 描述 资源类型 格式 资源标识符 语种 来源 关联 覆盖范围 权限	题名 主题 创建者 创建者单位 日期 出版者 其他责任者 描述 资源类型 格式 资源标识符 语种 来源 关联 覆盖范围 权限
管理类质量元数据项	获取方式 采集质量规则 采集请求 采集状态 问题描述 质控者	获取方式 加工质量规则 加工方式 加工请求 问题描述 质控者	获取方式 审核存储质量规则 审核请求 存储位置 问题描述 质控者	获取方式 发布质量规则 发布请求 发布方式 问题描述 质控者
技术类质量元数据项	数据质量日志 系统描述 维护信息	数据质量日志 系统描述 维护信息	数据质量日志 系统描述 维护信息	数据质量日志 系统描述 维护信息
应用类质量元数据项	存放方式 电子资源特征 电子资源地址 联系信息 版本	存放方式 电子资源特征 电子资源地址 联系信息 版本	存放方式 电子资源特征 电子资源地址 联系信息 版本	存放方式 电子资源特征 电子资源地址 联系信息 版本

其中，网络科技信息资源质量元数据各个要素及其修饰词定义和著录规则如表7-3所示。

表 7-3 网络科技信息资源质量元数据各个要素及其修饰词定义和著录规则汇总

序号	元素名称	标签	定义	注释	术语类型	元素修饰词	编码体系修饰词	著录规则	备注
1	题名	Title	赋予网络科技信息资源的名称	一般是指网络科技信息资源正式公开的名称	元素	交替题名（Alternative）	无	设计信息信息有多个主题的时候，可以重复本元素元素著录，遵循各文种的语言习惯	
2	主题	Subject	用于描述网络科技信息资源的主题或内容	主题和关键词应该符合同一规范标准	元素	无	汉语主题词表、LCC 主题词分类表等	有多个主题时，可重复本元素。包括主题词和分类号（国标）；原文无时注明"无"	
3	创建者	Creator	创建网络科技信息资源的个人或组织	创建者的实例包括个人、机构组织或某项项目或服务。有正式规范的表述文档或标准进行参考	元素	责任方式（Role）	无	按照原文形式著录，个人名根据各国习惯著录；团队名应用全称	
4	创建者单位	Creator Organization	创建者所属的机构	创建者所属的机构的实例包括机构组织或某一项目	元素	无	无	按照原文形式著录，作者所在机构名用全称	
5	日期	Date	指以现有形式出现的网络科技信息产生日期	一般而言，日期应与网络科技信息的创建日期、审核日期、批准日期相关	元素	无	无	确定在特定环境下网络科技信息发布的唯一标识。默认为信息发布日期，符合 ISO 8601 规范"YYYY-MM-DD"格式	
6	出版者	Publisher	负责使网络科技信息成为可取得和可利用信息的执行者	可以是某个人、某个部门或某个管理系统	元素	发布阶段（Section），出版部门（Department）	无	网络科技信息的发行者，包括阶段与团体。发布阶段为网络科技信息发布阶段的名称，出版部门为发布网络科技信息部门的名称。按照原文形式著录，出版机构名用全称	

第7章 网络科技信息资源的质量元数据

续表

序号	元素名称	标签	定义	注释	术语类型	元素修饰词	编码体系修饰词	著录规则	备注
7	其他责任者	Contributor	对科技信息资源的内容做出贡献的其他实体	其他责任者的实例可包括个人，某个部门、组织或某个项目组管理系统。有正式规范的表达文档或标准进行参考	元素	机构、项目	无	可以是对信息资源做出贡献的其他责任者，如"责任者"、"技术或资金支持"、"致谢"、"acknowledge"等，一般出现在文本"机构"文中若有则照示，此项标注"无"，一般为创建者机构的三级机构名称，一级下属单位名称，二级所属单位名称	
8	描述	Description	网络科技信息的文本描述，包括内容描述和结构描述	说明元素包括内容、目录、或指一个有关说明书内容和图形信息的自由文本描述、版本说明等	元素	内容简介（或摘要）、组成目录	无	凡不能用其他网络科技信息元素或者修饰词描述的信息内容均可用本元素说明，元素修饰词中的内容介指用文本叙述的方式描述目标网络科技信息的主要内容，组成目录指描述处理网络科技信息组成结构	
9	资源类型	Info Resource Type	有关描述的网络科技信息内容的特征和类型	包括描述目标网络科技信息内容的分类范畴、功能、种属、聚类层次和特性的术语，类型值默认为网络科技信息，建议采用来自受控词表中的值（如DCMI类型词汇表[DCMITYPE]）	元素	无	DCMI	通常情况下，类型默认值为网络科技信息	

· 205 ·

续表

序号	元素名称	标签	定义	注释	术语类型	元素修饰词	编码体系修饰词	著录规则	备注
10	格式	Format	网络科技信息的数据格式	用于说明显示和执行目标设计信息资源的软件或硬件	元素	科技信息物理载体（Medium）、科技信息范围（Extent）	无	一般而言，可以包括信息资源的媒体形式或尺寸，同时可以用来决定对科技信息进行操作或显示所需要的软件和硬件	
11	资源标识符	Identifier	用来标识网络科技信息的字符串或数字	对网络科技信息的标识应采用符合正式标识体系的、适用领域的、规范的字符串或数字组合	元素	无	DOI, URI, ISBN	著录网络科技信息不包括格式标识符；其次为通用标准。优先采用原文标识；最后为字母和数字组成的7位编号	
12	语种	Language	反映网络科技信息内容的语种	该元素的值按RFC 1766中的语种代码标准编码	元素	正文语种（Text Language）、注释语种（Note Language）	ISO 639-2, RFC 1766	表达网络科技信息内容的语种类。正文语种指说明图书或内容的语种；注释语种注释类语言种类。缺省默认取值为"中文"	
13	来源	Source	说明派生出目标网络科技信息的参照和引用信息资源	目标网络科技信息可能源自参照和引用信息资源的一部分或全部	元素	采集任务书（Assignment）、采集（Demand）要求	URI, DOI	主要用来著录派生出目标网络科技信息的另一个信息资源，该信息资源一般独立于目标网络科技信息资源存在	
14	关联	Relation	网络科技信息与其他相关信息资源之间的关系	表达目标网络科技信息同另外一些相关信息资源之间的关系	元素	形式继承（Is Version of）、被需求（Is Required By）、需求（Requires）、组成部分（Is Part of）	URI	著录与网络科技信息有关的其他信息资源。这些关系包括：需求与被需求，包含与被包含、形式继承等	
15	覆盖范围	Coverage	网络科技信息内容的时间空间特征	包括空间位置描述、时间段描述或者管辖范围描述	元素	涵盖的各工序阶段（Temporal）质量要素的各个因素等	DCMIPoint, W3C-DTF	表达网络科技信息的时空特性，涵盖阶段指该科技信息所包括的生产各个阶段、技术、流程、资源等范围	

第7章 网络科技信息资源的质量元数据

续表

序号	元素名称	标签	定义	注释	术语类型	元素修饰词	编码体系修饰词	著录规则	备注
16	权限	Rights	有关网络科技信息的使用、管理等权限	可以说明一个管理权限，也可以说明一个时间期限	元素	使用权限（Use Rights）、使用期限（Use Period）、修改权限（Amend Rights）	无	使用权限指对该网络科技信息具有使用权利的人或团体，使用期限指对该信息使用的时间期限，修改权限指对该信息具有修改权利的人或团体	
17	获取方式	Acquisition Approach	获取信息的具体途径，如购买、授权、数字交换、受赠、网络采集等	常见的获取途径包括购买、授权、数字交换、受赠、网络采集等。购买和授权又可分为机构获取和个人获取	元素	无	无	注明几种获取途径的名称，如购买、授权、数字交换、受赠、网络采集等，原文无时，应注明"不详"	
18	问题描述	Problem Description	信息资源各个环节中相关质量问题的形式化描述	信息资源各个环节中的质量问题包括人员、资源、流程、技术等方面引起的质量问题	元素	无	无	文本化描述各环节的主要质量问题。包括但不限于人员、资源、技术等方面引起的质量问题说明。只要对质量有重要影响的因素都需要注明。缺省填"无"	
19	质控者	Quality Control Person	信息资源各个环节中相关质量控制者名字的形式化描述	质控者的实例包括个人、机构组织或项目组。有正式规范的表述文档或标准进行参考	元素	个人、机构、项目组	无	可以是对信息贡献出质量控制做出贡献的其他责任者，如"责任编辑"、"QC小组"，一般出现在内部质控文件中；修饰词"机构"任质控文件中若有则照录，若不在文中出现，此项标注"无"，一般为资源生产厂机构的三级机构名称，三级下属或项目组的名称方式表示：机构名称、二级所属单位名称、三级所属单位或项目组名称	

续表

序号	元素名称	标签	定义	注释	术语类型	元素修饰词	编码体系修饰词	著录规则	备注
20	数据质量日志	Date Quality Log	信息资源产生过程中数据处理记录的形式化描述	系统对信息资源产生过程的质量日志记录,包括质量处理方式、时间,活动等	元素	无	无	文本化描述各环节所采取的质量处理说明,包括处理者、处理方式、事件、处理时间、数据范围等方面的质量控制,只要对质量活动有重要影响的质量活动都需要注明。缺省填"无"	
21	系统描述	Information System Description	处理信息资源的信息系统软硬件环境的形式化描述	信息资源生产环节采用信息系统的名称、版本、配置、适用范围等说明	元素	无	无	文本化描述信息资源所处环节的软硬件信息,包括但不限于记录系统的名称、版本、配置、适用范围等,只要对质量有重要影响的软硬件情况都需要注明。缺省填"无"	
22	维护信息	Information System Maintenance	处理信息资源的信息系统软硬件维护情况的形式化描述	信息资源生产过程中针对各个环节的信息系统软硬件维护处理的日志说明,包括系统升级、安全控制、数据转移、备份等情况的说明	元素	无	无	文本化描述维护处理说明,系统维护各环节的信息记录但不限于记录处理的日志说明,包括系统升级、安全控制、数据转移、备份等,只要对情况有重要影响的软硬件维护情况都需要注明。缺省填"无"	
23	存放方式	Access Mode	信息资源各环节中存取信息资源的方式	常见的存取方式包括本地镜像、异地镜像、专线、远程访问、本地数据库等	元素	无	无	文本化记录本地镜像、异地镜像、专线、远程访问、本地数据库,其他等6种存取方式	

· 208 ·

第7章 网络科技信息资源的质量元数据

续表

序号	元素名称	标签	定义	注释	术语类型	元素修饰词	编码体系修饰词	著录规则	备注
24	电子资源特征	Resources Character	与网络科技信息内容特征相对的外在特征	网络科技信息的外在特征包含了元素修饰词大小（Size）、存放路径（Path）、显示方式（Display）、质量（Mass）、材料（Material）	元素	大小（Size）、存放路径（Path）、显示方式（Display）	无	大小指网络科技信息文件的尺寸大小，存放路径指网络科技信息在存储设备上的位置，显示方式指用什么软件对该信息进行显示	
25	电子资源地址	LinkingInfo Resource Adress	网络科技信息资源能够被访问到原文的电子网址链接	包括统一的资源定位符（URL）字符串	元素	无	无	标识原文放置的网络电子存放地址，如 URL、URL 地址	
26	联系信息	Info Resource Contact	指明各个生产阶段网络科技信息资源的具体联系信息	包括各个生产阶段联系人名称、邮编、电话、联系地址等	元素	电子邮箱、电话、通信地址	无	注明相应工序的联系信息，其中联系人名称尽量用全称，邮箱、电话、邮编、联系地址等符合国家邮政信息发布规范	
27	版本	Version	指明网络科技信息资源的版本	版本信息可以用来辨别不同的网络科技信息，版本信息不包括格式方面的信息	元素	处理日期（Created）、校对日期（Assessed）、批准日期（Confirmed）	W3C-DTF	主要是指网络科技信息的设计、校对、批准等的日期，一般采用年-月-日的表达方式。元素修饰词处理日期是指网络科技信息创建的日期，校对日期是指网络科技信息校对日期，批准日期是指网络科技信息被该工序管理部门批准的日期。编码体系修饰词 W3C-DTF 是由万维网联盟制定的有关日期的著录标准，日期表达方式为年-月-日	

· 209 ·

续表

序号	元素名称	标签	定义	注释	术语类型	元素修饰词	编码体系修饰词	著录规则	备注
28	采集质量规则	AcquisitionQualityRule	制定的采集环节质量约束文件名称或编号	采集环节质量约束文件包括质量控制规范、质量标准、流程管理制度、记录其文件名称等，保证文件的可追溯性	元素	无	无	记录采集时依据的质量文件，著录用文件全称及发布版本号采用发布时间（年-月-日），无版本号时需有相应的说明。如果有相应受控版本文件，则只需注明质量文件名称和版本号即可	
29	采集请求	Acquisition Requirements	采集环节采集质量要求的形式化描述	用形式化语言，具体描述信息资源采集请求所达到的质量目标，包括提供信息的格式要求、质量要求等	元素	无	无	文本化描述包括但不限于对采集信息质量方面的说明。	
30	采集状态	Acquisition Condition	采集环节数据采集的进度等	用形式化语言，具体描述信息资源采集过程是否持续、稳定，有无中断、变更采集条件等	元素	无	无	文本化描述包括但不限于对采集的过程是否持续、稳定的。当发生系统中断、采集条件变更、数据资源变化等时需进行简短说明。默认为正常的持续、稳定状态	
31	加工质量规则	Processing QualityRule	制定的加工环节质量约束文件名称或编号	加工环节质量约束文件包括质量控制规范、质量标准、流程管理制度、记录其文件名称等，保证文件的可追溯性	元素	无	无	加工环节时依据的质量文件，著录用文件全称及发布版本号采用发布时间（年-月-日），无版本号时需省注明"无"	

第7章 网络科技信息资源的质量元数据

续表

序号	元素名称	标签	定义	注释	术语类型	元素修饰词	编码体系修饰词	著录规则	备注
32	加工方式	Processing Mode	信息资源加工的主要方式	以代码方式表示，"key in"表示人工数据录入；"OCR"表示扫描识别；"import"表示外部导入；"CD_download"表示从光盘下载数据；"web_download"表示从网络下载数据，"other"表示其他方式等	元素	无	无	注明代码名称，几种方式可同时说明。缺省注明"无"	
33	加工请求	Processing Requirements	加工环节信息资源加工质量要求的形式化描述	用形式化语言，具体描述信息资源加工请求所需达到的质量目标，包括提供的格式要求、质量要求等	元素	无	无	文本化描述包括但不限于对所加工信息质量方面的说明。如果有相应受控版本的质量要求文件，则只需注明质量文件名称和版本号即可	
34	审核存储质量规则	Checkand Storage Quality Rule	制定的审核存储环节质量约束文件名称或编号	审核存储环节质量约束文件包括质量控制规范、审核标准、质量管理制度、存储流程规范等，记录其文件名称，保证文件的可追溯性	元素	无	无	审核存储环节依据的质量文件，著录采用文件全称及文件版本号（无版本号采用发布时间年－月－日），缺省注明"无"	
35	审核请求	Checkand Storage Requirements	审核存储环节质量要求的形式化描述	用形式化语言，具体描述信息资源审核请求所需达到的质量目标，包括提供的格式要求、质量要求等	元素	无	无	文本化描述包括但不限于对审核信息质量方面的说明。如果有相应受控版本的质量要求文件，则只需注明质量文件名称和版本号即可	
36	存储位置	Info Resource Storage Location	审核通过信息资源入库存储的具体位置的说明	包括本地数据仓库、数据库、远程服务器存储系统等	元素	无	无	文本化记录本信息资源是本地数据仓库、云环境数据库、远程服务器存储系统、其他4种存储位置	

续表

序号	元素名称	标签	定义	注释	术语类型	元素修饰词	编码体系修饰词	著录规则	备注
37	发布质量规则	Publish Quality Rule	制定的信息资源应用服务环节质量约束文件名称或编号	信息资源应用服务环节质量约束文件包括质量控制规范、资源发布质量标准、质量管理制度、信息发布流程和服务流程规范等，记录其文件名称，保证文件的可追溯性	元素	无	无	信息资源应用服务环节依据的质量文件，著录用文件全称及文件发布时间同年-月-日（无版本号采用版本发布时间年-月-日），缺省注明"无"	
38	发布请求	Publish Requirements	信息发布环节信息资源发布质量要求的形式化描述	用形式化语言，具体描述信息资源发布所需达到的质量目标，包括提供信息的格式要求、质量要求等	元素	无	无	文本化描述包括但不限于对所发布信息质量方面的说明。如果有相应受整版本的质量要求文件，则只需注明质量文件名称和版本号即可	
39	发布方式	Publish Mode	信息资源发布的主要方式	以代码方式表示，"Original"表示原创发布；"forward"表示网络转发；"link"表示网络链接；"CD_upload"表示从光盘上传数据；"paper_upload"表示从纸质信息上传；"other"表示其他发布方式等	元素	无	无	注明代码名称，几种方式可同时说明。缺省注明"无"	

7.3.3 质量元数据基本要素的扩展

由于不同专业领域的信息资源实体及其元数据标准繁杂,不能制定出一个能够描述所有资源的任何特性的通用质量元数据方案。而且从另一个角度看,随着各专业领域所提供科技信息资源的不断增加,以及对外服务功能的不断深入拓展,即使制定一套质量元数据方案,其元数据内容也会随着服务需求的不断提升而使原来的标准不能满足各领域的特殊需求。在这种情况下需要对科技信息资源进行更详细的描述,以揭示更深层次更多关联的信息。因此,有必要对原有质量元数据方案进行扩充,即增加新的元数据元素。

但新增加的元数据元素不应是现有元数据元素的改名、改定义或仅仅是对其进行限定,而是在原有核心元数据无法全面反映这类型信息资源质量的情况下需要补充新的元素。因此,在进行质量元数据扩展时有些因素也需要注意。例如,确保各类信息资源在应对质量元数据标准上达到一致,即扩展的元数据要与原来的质量元数据项在语义规则上保持一致。第一,在选择扩展质量元数据时,应先考虑有没有相应的专门领域的标准或规范,如国标《地理信息元数据》,根据这些基础性元数据标准扩展制定各"专有标准",尽量收纳这些"专有标准"中的核心元数据要素。根据需要,还可按照统一的语义规则来扩展基础标准中没有的元数据元素[1]。第二,选择的扩展要素能否更全面、整体地反映信息资源质量状态,要能够有效补充原有元数据不完善的地方,体现质量特征的准确描述和揭示。例如,有的专家建议增加"位置"(所描述对象在生产过程中的工序位置,即资源所处的物理存储位置)作为扩展要素,反映其位置的变化状态,实现对科技信息资源动态信息的有效管理。又如,地理科学数据资源中需补充"地理空间位置",以更加准确地反映地理数据的特殊质量要求。第三,在选择扩展质量元数据时,应先考虑用户使用时质量查证或确认的补充需要。例如,有的专家利用"访问量"反映用户的个性化需求,增强与用户互动性方面的描述;有的专家尝试用"访问量"描述访问此信息的用户数量,通过网站流量分析判断信息内容受欢迎程度[2]。第四,需要在构成要素的元素修饰词等方面进行补充、完善,以便和目标科技信息资源的元数据项保持尽可能明确的映射关系。网络科技信息资源质量元数据项规范如表7-4所示。

表7-4 网络科技信息资源质量元数据项规范

元素	元素新增修饰词	编码体系修饰词	复用元数据标准
题名			DC:Title
	交替题名		DC terms:Alternative
	副题名		

---

[1] 田涛. 广西北部湾科学数据共享平台元数据管理系统研究与实现[D]. 南宁:广西师范学院,2012.
[2] 冯秀珍,赵翠芬. 面向网站信息资源管理的DC(Dublin Core)元数据扩展研究[J]. 科技管理研究,2011,31(8):163-166.

续表

元素	元素新增修饰词	编码体系修饰词	复用元数据标准
	翻译名称		
主题（或关键词）			
		LCSH、MeSH、DDC、LCC、UDC、汉语主题词表、中国图书馆分类法、中国科学院图书馆图书分类法、学科专业目录	DC：Subject
创建者（或作者）			DC：Creator
	采集者		
	加工者		
	审核者		
	批准者		
	责任方式		
	机构		
	译名		
	别名		
创建者单位	项目组		
日期		DCMIPeriod、W3CDTF	DC：Date
	采集日期		DC terms：Acquisition
	加工日期		DC terms：Processing
	审核存储日期		DC terms：Check and Storage
	发布日期		DC terms：Publish
	获取日期		DC terms：Acquisition
出版者			DC：Publisher
	生产阶段		
	发布日期		
其他责任者			DC：Contributor

续表

元素	元素新增修饰词	编码体系修饰词	复用元数据标准
	责任方式		
	机构		
	译名		
	别名		
描述（摘要）			DC：Description
	组成目录		DC terms：Table of Contents
	摘要		DC terms：Abstract
	资助		
资源类型	机构	DCMI、W3CDTF	DC：Type
格式		IMT	DC：Format
	信息物理载体		DC terms：Medium
	信息范围		DC terms：Extent
资源标识符		URI、SIGI、ISBN、ISSN、DOI	DC：Identifier
	引用		
语种		RFC 3066、ISO 639-2	DC：Language
	正文语种		
	注释语种		
来源		URI、SIGI、ISBN、ISSN、DOI	DC：Source
	任务书		
	共享服务要求		
关联		URI、SIGI、ISBN、ISSN、DOI	DC：Relation
	形式继承		
	被需求		
	需求		

续表

元素	元素新增修饰词	编码体系修饰词	复用元数据标准
	组成部分		
覆盖范围			DC：Coverage
	涵盖的工序		
	涵盖的质量要素		
权限		URI	DC：Rights
	使用权限		
	使用期限		
	修改权限		
获取方式			
问题描述			WH/T 52：Problem Description
质控者			
数据质量日志			
系统描述			WH/T 52：Technical Info
维护信息			
存放方式			WH/T 52：Acquisition Approach
电子资源特征	物理容量		
	存放路径		
	显示方式		
电子资源地址			WH/T 52：Link
联系信息			
版本			DC：Version
采集质量规则			
采集请求			
采集状态			
加工质量规则			
加工方式			
加工请求			WH/T 52：ProcessingRequirements

续表

元素	元素新增修饰词	编码体系修饰词	复用元数据标准
审核存储质量规则			
审核请求			
存储位置			WH/T 52：PreservationInfo
发布质量规则			
发布请求			WH/T 52：ServiceRequirements
发布方式			WH/T 52：ServiceMode

资料来源：根据 DC 元数据标准、行业标准《网络资源元数据规范》（WH/T 50—2012）、《管理元数据规范》（WH/T 52—2012）等相关资料整理。

7.3.4 质量元数据基本要素的复用

当收集另一类科技信息资源时，如果它的元数据标准与系统中某一类资源的元数据标准规范基本一致的话，可以考虑采取元数据复用，以降低元数据重新搭建及互操作的成本，提高工作效率。

质量元数据复用是指在整理新的科技信息资源时，可从已有资源库中复用已有元数据库中元数据项元素及格式，作为新科技信息资源的元数据项元素。

质量元数据复用作为一种有用的搭建、登记新的元数据格式方案，可起到快速搭建新的元数据标准规范的目的，提高效率，降低成本，减少数据冗余。但也要注意在质量元数据复用时，要严格语义定义和复用规则来保障复用元素定义的清晰、语义的一致和应用的规范[①]。

元数据复用可通过 XML 形式转换，以符合所描述的科技信息资源的主要资源特征[①]，而且复用的各元数据格式与其他元数据项元素间应不存在语义或格式上的冲突或交叉。因为复用时一般也不对元素进行重新定义。若出现原有元数据项元素间的语义描述与新建信息资源的质量元数据有逻辑上的冲突或交叉，则需要对规定复用元素的语义、应用范围及应用规则等进行重新定义，成为新的元素项内容。

目前，元数据复用机制已在国内外很多领域（如数字图书馆）被广为应用，如在科技文献资源、中国高等教育文献保障系统（China Academic Library Information System，CALIS）等很多元数据标准中，一些描述元数据核心元素时都复用了 DC 中的大部分元素。

---

① 赵悦. 数字图书馆元数据应用研究［D］. 武汉：武汉大学，2005.

7.4 质量元数据的资源描述格式

7.4.1 质量元数据内容的建立方法

通常，质量元数据内容的建立方法主要有两种[①]：一是嵌入信息资源中。由作者或资源提供者为自己的资源创建质量元数据并录入相应的内容。目前主要方法是基于 HTML 的应用，将元数据嵌入 HTML 文件中，以便搜索引擎能有效地抓取和索引网页中的元数据。但 HTML 的结构性不强，扩展能力和描述能力较差，故目前基本转向 XML 方式，通过转换成 XML 格式实现数据源之间的关联和整合。二是存储在数据库中。由信息管理员、信息服务机构及网络监管部门等创建质量元数据，这样做既便于对未嵌入原来元数据的质量元数据进行登记、编目，也便于对已嵌入原来元数据标准中的归属于质量元数据进行内容收集、整理、标引，并存储到数据库中，使数据库中的质量元数据像传统元数据一样，能提供多种质量维度的检索途径。

7.4.2 基于 XML 和 RDF 的质量元数据资源描述格式

7.4.2.1 XML 用于质量元数据资源描述的优势

XML 是 Extensible Markup Language 的缩写，于 1998 年 2 月公布，是由 W3C 定义的一种语言，称之为可扩展标记语言。它是通用标记语言（Standard Generalized Markup Language, SGML）的一个子集，可提供描述结构化资料的格式，是一种类似于 HTML 被设计用来描述数据的语言，也是 SGML 的一个简化版本。在实际的应用中 XML 既没有元素定义，又没有预先定义的标记系统，结构灵活，允许用户定义自己的标识语言，甚至出现用来专门描述、存储数据的 XML 数据库系统。因此，XML 可以根据实际的需要由用户确定自己的标记系统[②]。

XML 标记及其标记的内容构成 XML 文件。由于 XML 文件是普通的文本文件，因此可以通过简单的编辑软件进行编辑，XML 提供了一种独立的运行程序的方法来共享数据，它是用来自动描述信息的一种新的标准语言[③]。XML 主要关注其描述内容的自身，包括内容结构及相应的语义。其目的是使 XML 文档描述的内容不仅 XML 文档的作者能理解，而且计算机程序也能解析，实现信息的交换与互操作[②]。XML 能够适应科技信息资源结构复杂的数据保存格式。可以说，XML 实质上是一种数据进行交换的标准。

科技信息资源元数据管理系统的 XML 语言描述方式包括两类[④]：一是用来描述元数据元素的 XML 文档，特点是结构较固定、结构化、便于转换成关系型数据库中的表格数据。

[①] 莫骁师. 元数据在图书馆信息组织中的应用 [J]. 曲靖师范学院学报, 2004, 23 (3): 110-112.
[②] 黄成. 船舶工业信息化业务平台元数据体系结构研究与设计 [D]. 哈尔滨: 哈尔滨工程大学, 2012.
[③] 程林钢. 基于内容管理的元数据的存储研究 [D]. 西安: 西安电子科技大学, 2010.
[④] 杨金莹. 科技资源数据库元数据注册与使用 [D]. 石家庄: 石家庄铁道学院, 2009.

二是用来描述元数据标准的 XML Schema 文档。这部分与各资源中的元数据标准有很大关系,不同的元数据标准有不同的 XML Schema 文件,故很难统一化、结构化其描述文件。

(1) XML 在网络科技信息资源质量元数据表示方面的优势

XML 作为一种可以用于 Web 上的、标准的、可扩展的数据格式描述语言,具有丰富的结构信息和语义信息,可以独立于信息对象本身,不受资源类型、外部环境、操作系统等限制,可以灵活地进行信息的存储、转换、传递和传播[1][2],即 XML 可以使信息对象和其元数据项内容相互分离,这样便于对元数据进行统一规范,以此进行异构信息之间的互操作和融合。

XML 在描述网络科技信息资源方面有很多优势:①XML 通过标注来描述数据,可以将用户界面与结构化数据分隔开来。这种数据与显示的分离使得集成来自不同源的数据成为可能,提高了文档的处理效率[3]。②XML 具有自描述性,XML 文档采用自己定义的标记,能清晰地表明文档中的具体内容。③XML 具有可扩展性,由于每个行业都拥有自己的行业词汇表,XML 的可扩展性可以方便各个行业对语义和属性进行标记,使行业内形成信息共享和交换的基础。④XML 数据以纯文本格式进行存储,在面对不同数据管理系统的文件时,只要定义一套描述各项管理数据和管理功能的 XML 语言,用 Schema 对这套语言进行规定,并且共享这些数据的系统的 XML 文档遵从 Schema,那么管理数据和管理功能就可以在多个应用系统之间共享和交互,从而简化数据共享[4]。

因此,用 XML 对科技信息资源进行结构化描述,使之规范其数据结构,从而实现各种类型的网络信息资源的集成、互操作。

总之,XML 的应用使网络科技信息的质量元数据提取、录入等功能更加完善。

(2) XML 与数据库之间的转换

本项目质量元数据研究采用 XML 语言进行描述,因此网络科技信息元数据与数据库的转换就成了 XML 文档与数据库的转换。不同于现有很多如 ASP、DOM、SOAP 等转换技术方法,本项目使用 MySQL 数据库实现与 XML 的信息交换,即把数据库中的网络科技信息提取出来,生成所需的 XML 文档形式,并把一些重要的 XML 文档信息以表格的形式写入 MySQL 数据库中。例如,在 MySQL 数据库中新建一个名为 dataitem 的数据库,这个数据库下包括很多部分,其中有一部分数据的物理信息表格(Books)的结构定义如表 7-5 所示。

---

[1] 尚佳,杨吉江,许有志. 基于 XML 的电子文件元数据捕获系统研究 [J]. 计算机与数字工程,2011,39 (10):9-12,31.

[2] 梅军,生红莉. 基于 XML 的数字图书馆 MARC 元数据研究 [C] //西南财经大学信息技术应用研究所,《计算机科学》杂志社. 2008'中国信息技术与应用学术论坛论文集(一). 重庆:《计算机科学》杂志社,2008:314-315.

[3] 黄成. 船舶工业信息化业务平台元数据体系结构研究与设计 [D]. 哈尔滨:哈尔滨工程大学,2012.

[4] 向礼花. 归档网络信息价值的元数据描述 [D]. 湘潭:湘潭大学,2013.

表7-5 质量元数据项 dataitem 物理信息表格结构定义

字段名	数据类型	意义	可否为空
id	int	质量元数据项 id	否
type	varchar（32）	科技信息资源类型	否
step	varchar（32）	加工环节	否
name	varchar（255）	质量元数据项名称	否
isquality	varchar（255）	是否属于质量元数据项	否
dcitem	varchar（255）	映射本系统的标准元数据项	否
remarks	varchar（255）	备注	否
institutionid	varchar（255）	元数据项录入的机构	否

7.4.2.2 基于 RDF/XML 的质量元数据描述文档程序

考虑到 XML 语言仅提供具体的语义描述，并没有一个整体框架统一众多元数据项元素。为此，可结合资源描述框架（Resource Description Framework，RDF）来描述网络科技信息资源。RDF 提供一个表达、交换元数据项的框架体系。

RDF 是 1997 年 10 月 W3C 正式发布的一种规定描述特定资源特性属性的基本数据模型，主要目的是使应用程序之间能够在 Web 上交换元数据，以促进网络资源的自动化处理。RDF 为描述资源提供了统一的数据模型。

RDF 的优势在于其描述资源的词汇集和资源描述是分开的，允许不同使用者可以自己定义其描述资源的词汇集。利用 XML 语法便于实现网络资源交换[①]，使用结构化的 XML 数据，使得搜索更智能和准确。另外，RDF 可以嵌入 DC 元数据中，也可以嵌入别的类型的元数据中，使其具有更大的适应性。

RDF 的思想：RDF 使用简单的"资源—属性—值（声明语句等）"三元组结构，表示有关资源的简单表达、被描述的资源具有属性、属性具有值。其中，"资源"是指任何 RDF 所描述的对象，既可以是数据库或网页等数据文件，又可以是数据库或网页等数据文件中的一个部分，还可以是集合了一组数据的文件；"属性"是描述信息资源的特定参数、特性或关系，其拥有专门的意义，可以对资源对象、取值范围等关系进行描述；"声明"指的是一个可以表达特定资源的特定属性取值的语句，在一个声明中，包含了主体、术语和对象，而主体指被描述的信息资源，术语指被描述资源、属性和属性取值的三元关系模式，对象就是信息资源属性的取值，因此声明定义了一个包括被描述信息资源属性类别的语句[②]。RDF 通过图模型来表达有关资源的简单描述，即节点代表资源和属性值，弧代表属性。

---

① 李毅博．政府电子文件元数据管理及其标准构建研究［D］．南京：南京理工大学，2007．
② 黄成．船舶工业信息化业务平台元数据体系结构研究与设计［D］．哈尔滨：哈尔滨工程大学，2012．

在 RDF 图模型中，属性值或者是 URL（URI 引用），或者是由字符串代表的常量值（称为文字），以代表不同类型的属性值。文字一般不用于 RDF 图中的资源或属性。在制作 RDF 图时，节点是 URLrefs 的显示，为椭圆，节点是文字的显示，为矩形，如图 7-2 所示。

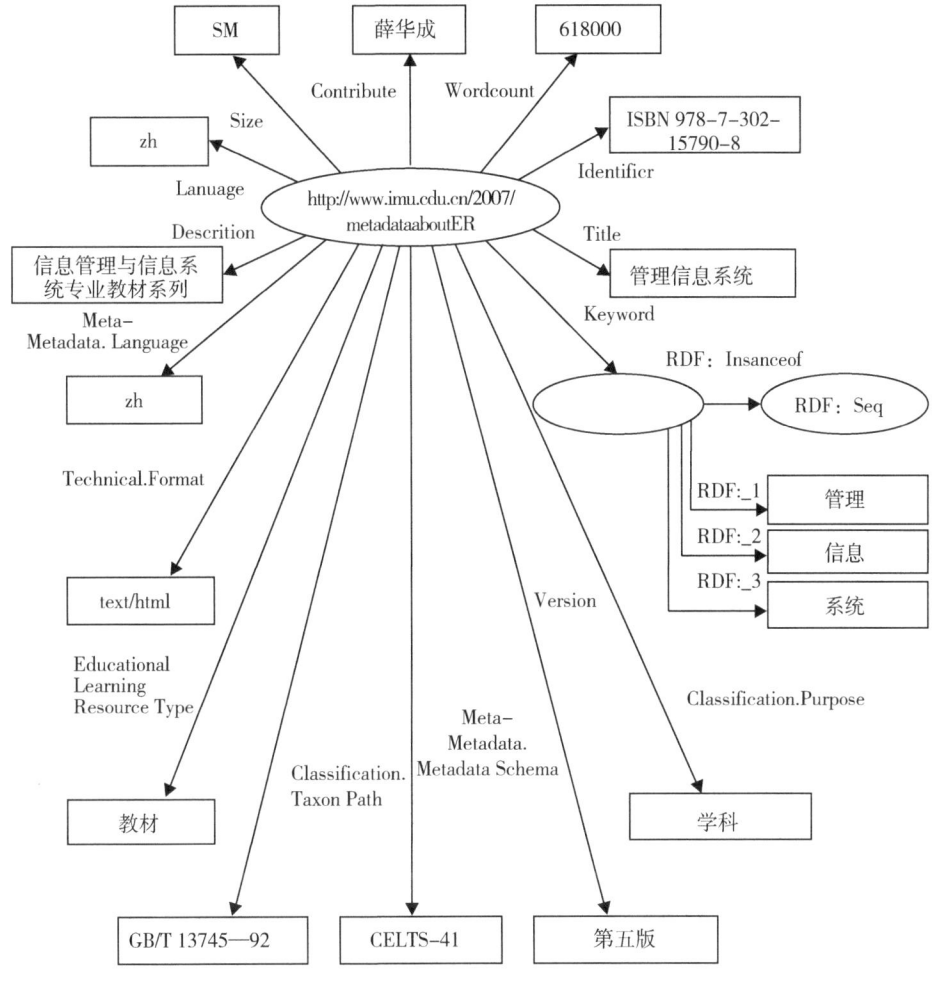

图 7-2 RDF 数据模型

（资料来源：岳鹏飞. 基于 RDF/XML 的教育资源元数据解析和查询方案研究 [D]. 呼和浩特：内蒙古大学，2010）

故采取 RDF/XML 方式提供了一种基于 XML 语义和 RDF 框架的结构和句法[①]，可实现在文档描述中利用 XML 嵌入质量元数据内容，而在整体框架中提供一个规范的质量元数据结构体系。

按照 RDF/XML 文档程序编写的质量元数据的 RDF/XML 文档程序如图 7-3 所示（是 adminimport.jsp 文件的部分实例）。

---

① 黄成. 船舶工业信息化业务平台元数据体系结构研究与设计 [D]. 哈尔滨：哈尔滨工程大学，2012.

```
<%@ page language="java" contentType="text/html; charset=UTF-8"
pageEncoding="UTF-8"%>
<!DOCTYPE html>
<html>
    <head>
        <meta charset="UTF-8">
        <title>元数据项管理</title>
        <link rel="stylesheet" href="css/module/reset.css" />
        <link rel="stylesheet" href="css/module/navbar.css" />
        <link rel="stylesheet" href="css/module/footer.css" />
        <link rel="stylesheet" href="css/adminimport.css" />
        <script type="text/javascript" src="js/jquery-
1.10.2.min.js"></script>
            <script type="text/javascript"
src="js/jquery.backgroundpos.min.js"></script>
    </head>
    <body>
        <!-- 页头 -->
        <div class="navbar-wrap">
            <div class="navbar">
                <h2 class="chinese-title">基于质量元数据的网络科技信息资源质量
评价系统</h2>
                <h2 class="english-title">The Quality Evaluation System
of Network Science and Technology Information Resources based on Quality
Metadata</h2>
                <div id="canvaswrap"></div>
                <h2 class="menu-index">元数据项管理<img id="menu-img"
src="images/category.png"/></h2>
                <div id="menu-quit" style="display:none;">×</div>
            </div>
        </div>
        <ul id="menu-ul" style="display:none;">
            <li><a href="index.html" class="menu-a">首页</a></li>
            <li><a href="admin.html" class="menu-a">信息管理者</a></li>
            <li><a href="infor.html" class="menu-a">信息提供者</a></li>
            <li style="background: red;"><a href="search.html"
class="menu-a">质量检索</a></li>
```

图 7-3 质量元数据的 RDF/XML 文档程序

7.5 质量元数据的标注

7.5.1 基于质量元数据的质量标注

质量标注是指借助于分值或者分级方法对网络信息资源的质量状况进行标识,以便用户在使用中能够方便地了解和使用信息,增加对信息资源价值的判断辨识度。之所以对信息资源进行质量标注是因为互联网尽管为用户提供了海量科技信息资源,但同时也愈加暴露出更为严重的质量问题,即信息资源丰富但质量参差不齐,获取信息技术应用方便但信息质量难以判断。而以往都是"以搜索引擎为代表的信息检索技术和以信息抽取为基础的自动代理技术",尽管能提高检索结果匹配度,但效果并不理想,仍然无法将资源质量水平区别出来。为此,有必要采取便捷、可视化的质量状况"标注"方法来提高信息资源的可信度。

(1) 网络信息资源的标注方法

"标注"一词的最初含义是附加信息到其他类型的信息本体上。根据标注形式的不同，标注有非形式标注、形式标注和本体标注。标注方式通常有手动标注和自动标注[①]。手动标注通常存在诸多错误，不能保证精度，也是费时费力的高成本标注方式[②]，尤其针对海量的网络科技信息，需要必要的语义注释其背景信息。如果用手动语义标注，会导致标注成本高、效率低、质量不稳定，成为知识获取的瓶颈。自动标注是指借助专业的工具处理，其目标是根据所提供的待标注资源和给定的本体自动完成标注过程，并存储标注结果。目前这种方法尚不成熟，一些应用中的自动标注系统和工具的处理精度不高、标注粒度较大，仅能实现业务流畅，结果的准确性、可用性尚需提高[②]。

过去的标注是借用文本中的关键词等作为标签来进行的。但由于关键词的歧义性、关联度少、容易产生多种理解及认识的歧义性，如常用下载量、点评次数、阅读量等进行标注。但过去那种传统的、随意标注的、尚未进行结构化处理的标签由于存在使用内容、分类、格式、语法的巨大差异而难以借助自动化处理来解决海量信息的检索问题。而且，过去的标签多仅仅是反映使用者对资源使用后的反馈看法或认识，尚未就信息资源本身的质量进行标注，如针对资源实体同义词、词形变化或者其他对照映射关系进行规范处理。姚小乐对标注目前的研究发展历程进行了整理[③]，如表7-6所示。

表7-6 标注的研究发展历程

标注过程	标注形式	标注工具	标注意义	实例
传统标注	非形式化标注	一些软件（如 Acrobat Reader、CAJViewer、Word 等）提供了相应的功能	人们日常的、个人使用的标注	内容画线、涂黑或者写评论、注释和心得等
Web 标注	用户向页面增加标注信息	一些代表性的系统（如 ComMentor、ThirdVoice、CritLink、CeoNote 等）	便于和页面作者、读者交换意见	开发友好的用户界面、改进存储结构、实现标注共享
社会化标注	用所谓的标签对资源进行标注	分类结构："分众分类法"和系统 Flickr、del.icio.us 等	利于资源的访问	照片分享 Flickr、社会化书签 del.icio.us 覆盖的资源和网络社区
语义标注	本体标注	语义标注工具与平台（如 Annotea、Annozilla、SMORE、Yawas、Melita 等）	生成智能内容	语义网的实现

从标注的研究发展趋势来看，标注方法已经由传统标注法扩展到语义标注方法。语义标

---

① 袁栋梁. 信息资源元数据模型的研究与应用 [D]. 济南：山东科技大学，2011.
② 于晓繁. 基于本体和元数据的语义标注平台模型与系统架构研究 [D]. 济南：山东理工大学，2012.
③ 姚小乐. 新加坡框架下的元数据服务研究 [D]. 上海：华东师范大学，2010.

注已经大大超出了传统标注、Web 标注和社会化标注的范畴，具有了一些新的特点和趋势。例如，语义标注逐渐倾向于由非形式化表达转向以本体为语义基础的形式化表达，明确了概念与关系之间的规范化表达，保证了标注与语义的一致性，尤其实现了标注信息的机器可读、可处理。有些采用 RDF 标注形式，有些采用 OWL 方式，有些不仅对资源实体结果进行标注，还尝试对资源应用的上下文环境、标注系统、机制，以及界面等进行标注改进[①]。

（2）质量标注的应用

信息资源管理系统中常采用的数据存储库，如 SQL Server 数据库、Oracle 数据库、本地或远程 XML 文件、CSV 文件等形式。有些信息资源管理系统与元数据系统是一体的，也有些是分离的。但无论何种存储方式，基于质量元数据的质量标注应该是一种新的信息组织方式，与传统资源检索排序方式相比，通过质量标注能体现不同的知识展示特征。例如，传统信息组织方式是先产生类别和规范词，然后对资源进行检索分类[②]；而质量标注是先产生海量资源，后对资源进行质量标注标识，然后按质量特征进行分类，最后形成新的资源质量类别。

也就是说，在海量网络科技信息资源产生过程中，就对其质量元数据进行记录，通过建立统一的评价方法和标准进行记录评价打分，当科技信息资源进入数据库时，即已对此信息的质量元数据按照各质量维度进行质量打分和标注。每一条信息都将产生一定数量的质量得分。这样，当检索这些信息资源时，系统也将自动把相关的质量标注展示出来，以供使用者进一步理解、判断此条信息的使用价值。

基于元数据的质量标注对信息资源的整合具有重要意义，采用质量标注可以使得多方面的数据资源以统一的质量控制水平存放到数据库中，从而提供统一的检索方式，大大提高了检索效率。同时，质量标注操作也为科技信息资源目录体系建设提供基于质量属性的等级划分依据。

由于网络科技信息资源呈指数级增长，其管理手段必须是自动化的。为了便于机器处理，需要建立网络信息资源质量状态的自描述机制，由机器自动抽取网络信息的质量元数据，进行算法打分评价，或者在网络信息质量元数据与网络信息本身之间建立联系，从而保证网络信息采集系统能自动根据质量元数据信息筛选出我们需要的高质量网络信息资源。

质量标注的自动语义标注技术的实现，对于信息检索和信息利用等也有重大的意义。在信息检索方面，基于质量状态的自动化搜索效率和准确性的提高，能有效地提高信息资源检索的质量，并减少在人力、物力和财力上的投入；在信息利用方面，对标注质量状态的信息按质量打分进行排序，以加强人们的检索交流互动，且用户通过向智能服务代理服务器指定任务，自动从服务器数据库中获取所需的有质量的信息，甚至是服务[③]。

基于以上认识，对网络科技信息资源进行质量标注，将有助于使用者依据这些"质量描述"加深对信息资源的"理解"。为此，本项目尝试利用质量标注方法对网络信息资源现

---

① 姚小乐. 新加坡框架下的元数据服务研究［D］. 上海：华东师范大学，2010.
② 刘海学. 基于语义标注的元数据自动构建及其相关技术研究［D］. 上海：华东师范大学，2010.
③ 袁栋梁. 信息资源元数据模型的研究与应用［D］. 济南：山东科技大学，2011.

有的标注内容进一步提炼，构建质量元数据。具体措施包括：①根据网络科技信息资源的质量特征，筛选确定主要的质量维度，以此代表该资源的质量状况，通过对质量维度的标注反映信息资源质量状态。可以采用五级质量标注方式，也可以采用百分制方式，还可以采用上、中、下位等级制度。②尝试探索利用元数据方法映射质量维度的等级标注，分析构建质量元数据主要步骤和各个指标的打分方法。

7.5.2 基于质量标注的信息检索过程分析

信息检索最初由美国学者 C. Mooers 在 1949 年提出并使用，是指"信息的存储与检索"，它将信息按照一定的方式组织和存储起来，并按照用户的具体需求找出其中相关的信息。信息检索的过程实质上就是一种有目的且有组织的信息存取活动[①]。可以说，信息需求的产生是进行信息检索的前提条件。刘海学[①]认为信息检索就是一个信息资源集合和用户需求匹配的过程。而信息需求的满足则是信息检索的最终目的。用户的信息需求是用户的一种心理活动或反映，当用户觉得知识缺乏时，就产生了信息需求。

信息检索是对信息需求合理的表达，能够便于计算机的处理。通过信息检索满足用户对信息资源快速准确定位的需求，实现目标需求与检索的准确"匹配"，这是信息检索的关键。这种"匹配"策略在以往是按照某种线索（如关键词、题名等）将需求与目标源之间的相关性标准进行比较、匹配，向使用者推荐符合用户真实需求的信息[②]。以往为了达到这种"匹配"的准确度，需要对检索方法、规则、信息资源和用户需求表达等各方面都要进行某种形式化加工、结构化处理，形成某种特征化表达。对于信息集合来说，就是要对它们进行分析与索引，建立尽可能细化的检索词或检索方式；而对用户需求集合来说，就是有效提取出需求中包含的主题概念或其他相关信息，并用与信息集合相同的方式来形式化表示出用户的需求。

对网络科技信息资源来讲，检索有一定的特殊性，由于科技信息资源属于一类特殊的信息，虽海量、分散但并非能够准确表达，专业术语、科学语言描述及表达、学术符号等都会影响其检索结果的准确性、匹配度。科技信息资源类型复杂，几乎每个专业领域的科技信息资源都会有不同的专业术语、专属词汇，这给组织"信息集合"带来困难。"用户需求"还具有递进性特点，即受专业知识等因素的限制，很多用户开始并不知道运用哪些合适的词汇去提高检索效果，而是在一定程度上了解并获取了专业知识，逐渐明确、提升了信息检索的需求、目标。此外，用户除了有数量方面的需求，还有质量方面的需求，不同用户对科技信息质量维度的需求程度是不一样的。目前的检索方法很难满足用户个性化质量方面的检索需求。因此，用户发现信息的途径通常包括从信息生产者或者同行处查找，或从信息中心或者网站进行检索，或从数据出版商处查找等。

从目前的科技信息资源检索方式看，很多都是采用空间向量模型、布尔模型和概率模型

---

① 刘海学. 基于语义标注的元数据自动构建及其相关技术研究［D］. 上海：华东师范大学，2010.
② 赵华，周国民，王健. 基于元数据的数据发现和数据评价［J］. 现代情报，2015，35（4）：65-68.

等基于统计分析的检索方式。这几年，随着自然语言处理、人工智能和数据挖掘等技术的逐渐成熟，有些也应用到基于语义的信息检索，使检索精度大为提高，这些技术方法在很大程度上是依赖于元数据内容进行数据分析的，很多科技信息资源是通过补充完善科技信息资源元数据的方法来满足用户的检索要求。例如，用户可以通过数据目录、元数据等工具查找科技信息资源，而当用户对查询到的数据进行评价时，往往更多地依赖于描述科技信息资源的元数据内容[1]。而目前所提供的元数据项及元素更多地还仅仅集中在反映信息资源（集）基本信息描述方面，只是提供了对科技信息资源本身的大致介绍。但对于科技信息资源实体在生产过程中的质量控制情况的记录则很少涉及，有些研究文献也仅限于探索，尚无法提供一个有说服力的质量检索方法来帮助用户判断科技信息资源质量状况。

实际上，用户查找信息的过程既是一个查找与筛选的循环过程，也是一个不断地对信息资源进行评价与判断的过程[1]。以往学术界大多认为，描述信息资源的元数据项越多、越细、越全面，越能反映科技信息的背景信息。这种想法在所录入或查询的科技信息资源数量较少时或许比较有效、适用。但当录入或检索的数量海量增多时，考虑到搭建元数据项系统进行编著、加工、存储、维护等方面的成本，以及用户检索信息、"精读"信息的时间、精力成本都会很大，因此质量元数据方案中的元数据元素并非越多、描述越详细越好。

通常地，首先应从整体上对信息资源进行把握，确定所属资源的共性基本特征。在此基础上，侧重考虑用户重点关注哪些字段项。例如，中国农业科学院的王健课题组采用用户需求调研、眼动实验技术等判断、筛选出用户最关注且相关性最大的"线索"，他们实验总结发现"主题性、可获得性、规范性、数据质量、权威性、时效性和新颖性"等是用户最关注的几个元数据项。

另外，不同类型的科技信息资源，用户重点关注的元数据项也略有不同。例如，对于实验数据，用户更关心数据产生的相关方法以及变量和参数等，用户可能会对数据进行验证和分析，因此描述数据产生方法方面的元数据成了用户的关注点；对于观察数据，用户关注的是提供描述数据产生的时间和空间以及数据采集仪器等元数据内容；对于统计数据，用户更关注统计机构的权威性和统计数据的可靠性[1]。另外，本项目前期大量的调研发现，即使按照质量标注呈现出检索结果，用户个人偏好、知识水平、表达能力和判断能力等因素的不同也会对检索结果的可靠、可用、可信产生不同的影响，这些不同的因素还会影响到信息资源的及时更新、获得等[1]。

因此，在质量标注中将首先考虑以上用户关注的元数据，以此形成质量标签，方便用户使用。为此，需要一种自动化、可识别的方式对批量科技信息资源进行标识、排序，以帮助用户进行快速筛选、判断。其中，对科技信息资源打质量标签是较为可行的方法之一，能够在相关性检索基础上再根据用户的个性化质量需求进行排序检索。具体的检索方法如图7-4所示。

这种检索首先是在传统检索结果的基础上，对检索出来的信息资源的质量元数据按照质

---

[1] 赵华，周国民，王健. 基于元数据的数据发现和数据评价[J]. 现代情报，2015，35（4）：65-68.

第7章 网络科技信息资源的质量元数据

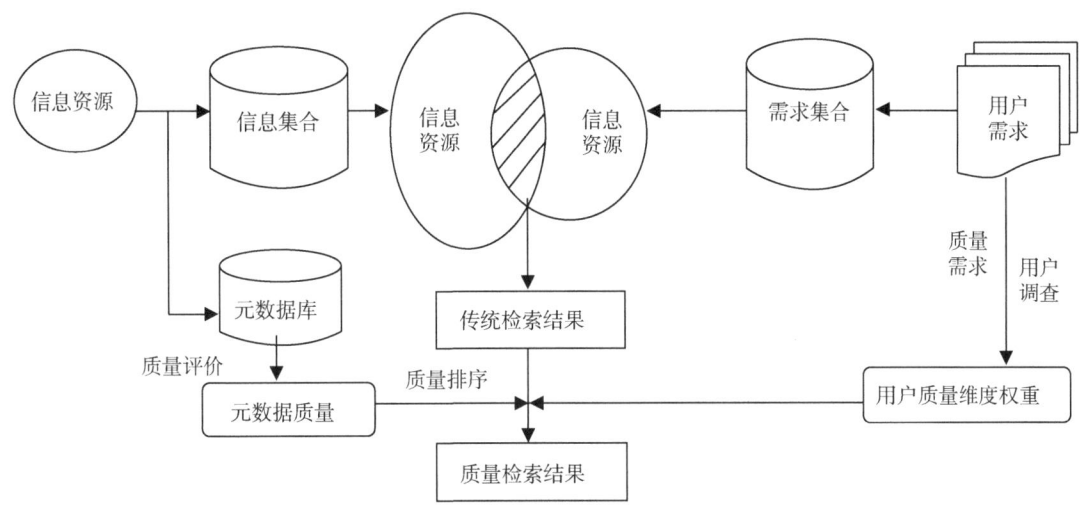

图 7-4 网络科技信息资源依据质量进行检索示意

量维度进行自动打分,标记其各维度质量水平情况。之后,根据用户质量维度的个性化要求,按照相应质量维度对检索出来的科技信息资源进行排序,来满足用户信息质量方面的需求。

7.6 质量元数据基本框架

将元数据这一概念引入质量管理中,形成质量元数据,并构建质量元数据框架体系。

7.6.1 建立质量元数据框架的必要性

质量元数据建立的基本前提是建立质量元数据的规范标准,以此为准则,方便进行科技信息资源质量管理和数据管理,梳理科技信息资源生产过程,以形成统一、一致的科技信息资源质量管理程序。因此,建立质量元数据规范集,其最终目的在于以规范集为蓝本建立质量元数据框架,其好处有以下几个方面。

(1) 质量元数据框架可大大降低由于对科技信息资源描述的混乱而使管理人员对科技信息资源的管理过程中质量问题/缺陷问题的认识及其表述更统一。例如,在不同科技信息资源表述中同一资源特征经常采用不同称号,如"资源编号",往往出现"编号""ID""编码"等不同叫法。称呼不同,表达形式不同,不仅给用户理解上带来困难,造成认识上的不一致、把握尺度的不精准,而且不利于信息资源的软件自动化处理,难以提高质量控制水平和效率。

(2) 质量元数据标准的引入,可以使原来由于质量元数据描述不一致导致的数据库和元数据库技术人员维护和更新工作困难的问题得到解决[①]。首先是梳理实体与关系，明晰概念与关系，规范概念上下位、字段名，以及属性归类等，不再引起误解、认识不到位等情况。

（3）只有通过统一的质量元数据框架，各个系统之间更好地实现元数据语义转换映射机制，它们之间才能实现相互理解。为此，不仅要在结构上建立映射关系，还要建立不同数据库的数据、表、字段之间关系等各种元数据的转换映射，以及对规则的更改和维护等。

7.6.2　建立质量元数据框架的原则

网络科技信息资源质量元数据框架的设计应当从以下3个方面的调查分析入手，即基于现有各类科技信息资源元数据标准框架，从用户需求视角考虑，以及从可操作性方面综合考虑建立最佳平衡和组配。在此基础上，还要遵循以下几个最基本的设计原则。

（1）简单性与准确性原则，即在保证检索结果准确度和精度的前提下，所选取的质量元数据项指标应尽量简单、精炼，这需要在简单性与准确性之间进行权衡。

（2）扩展度与通用性原则，即首先应满足整个科技信息资源总体上的要求，尽可能覆盖多种相似或有相近特性的对象。在此基础上，充分考虑各个资源的特殊性，提出扩展质量元数据，需要根据具体的资源实体来确定相应的元数据标准。一些具体应用可能会要求更为细致精确的描述，应允许使用者在不破坏已规定标准内容（如元素的语义定义）的条件下，扩充一些元素、子元素或属性值。元数据标准应为这种应用提供指导性原则[②]。

（3）互操作性与易转换性原则，质量元数据框架的设计应尽量支持不同资源异构系统之间元数据互操作的可行性，在所携信息损失最小的前提下，能够方便地转换为其他系统常用的元数据[③]。

（4）用户需求原则，即质量元数据框架应尽可能地从用户的角度出发，制定质量元数据标准是要向用户更好和更充分地揭示科技信息资源。主要包括结构与格式的设计、元素的增加与取舍、语义规则的制定、系统与用户互动途径、为用户提供多维度的检索功能等方面[②]。用户可以根据质量控制、评估等具体需要增加框架体系的质量维度以及质量元素、质量标识符，辅以相应的质量对象实现理论和方法，控制、保证和评估相应的信息质量内容。

7.6.3　质量元数据框架的设计

武汉大学程颖教授[④]在总结数字资源元数据质量管理经验的基础上，构建了数字资源元数据质量管理模型。这个模型由元数据生命周期、基本要素和数据质量维度3个模块构成，如图7-5所示。

---

① 李劼. 质量元数据及其管理系统的研究与应用［D］. 重庆：重庆大学，2007.
② 胡仁昱.《财会信息数据资源元数据规范》研制工作的设想［C］//中国会计学会会计电算化专业委员会. 中国会计学会第四届全国会计信息化年会论文集（下）. 北京：中国会计学会会计电算化专业委员会，2005：91-98.
③ 赖洪波. 面向政府信息资源的数据仓库元数据研究［D］. 大连：大连理工大学，2006.
④ 程颖. 数字资源元数据质量管理的研究与探索［J］. 图书馆，2015（7）：66-69.

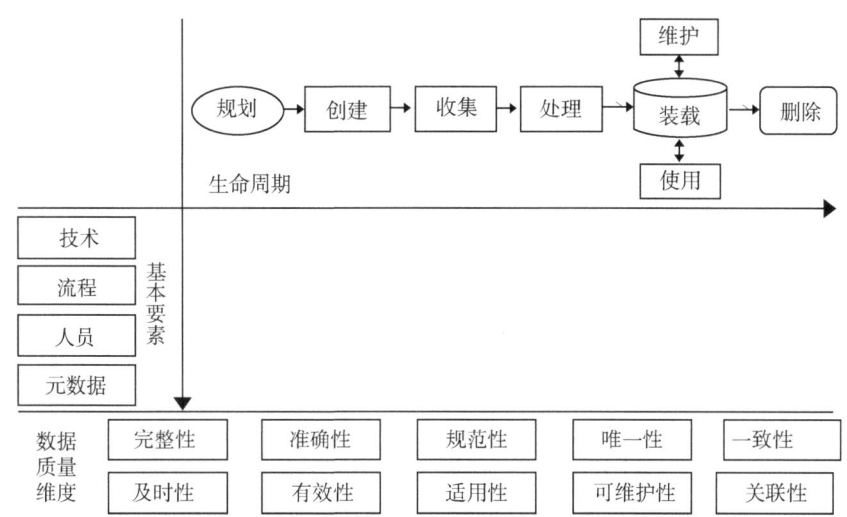

图 7-5 数字资源元数据质量管理模型

（资料来源：程颖. 数字资源元数据质量管理的研究与探索［J］. 图书馆，2015（7）：66-69）

这个管理模型对开展网络科技信息资源的元数据质量评估具有参考借鉴意义。围绕网络科技信息元数据的生命周期，分析影响信息资源质量的要素，从而总结归纳出科技信息资源的元数据质量维度，为搭建基于质量元数据的网络科技信息资源质量评估框架体系奠定知识基础。

目前，在电子文件系统中管理元数据研究较为系统，这些成果为本项目研究提供了很大的理论支持。为此，本项目在整体框架方面参考上述数字资源元数据质量管理模型以及 ISO 23081 标准中的元数据框架，提出了一个质量元数据的基本框架，如图 7-6 所示。

整个框架分为以下三层架构。

第一层是关于质量元数据的实体。按照质量管理的基本要素要求，一个完善的质量控制系统离不开资源本身、人员、过程环节各工序、质量控制标准等。为此，第一层将围绕这些基本质量要素构成质量元数据的实体，分别为资源、责任者、工序、质控标准、关系等。其中，资源实体元数据主要是关于各类科技信息资源自身的描述元数据，可对其细化为科技文献资源、科学数据资源、科技报告资源等；责任者实体元数据主要是相关责任人员的元数据，对其细化包括信息提供者、审核者、责任单位和机构等，也可分为管理者、使用者和信息提供者；工序业务实体元数据主要是关于信息生产过程关键工序中需要采取哪些元数据项，这部分细化到各个关键工序中的处理、活动、职能和质控要求等；质控标准实体元数据主要是关于信息生产过程关键工序中需要采取哪些质控标准、政策、规范及版本等，可以细化为质控标准、审核标准、业务政策和规范等。

第二层是关于质量元数据的分类。由于不同类型科技信息资源元数据的标准非常繁杂，很难统一。为消除不同系统之间的分歧，有必要对质量元数据进行分类。具体分类标准如表 7-2 所示。主要包括描述、管理、技术和应用类质量元数据。①描述性质量元数据主要

基于质量元数据的网络科技信息资源质量评估研究

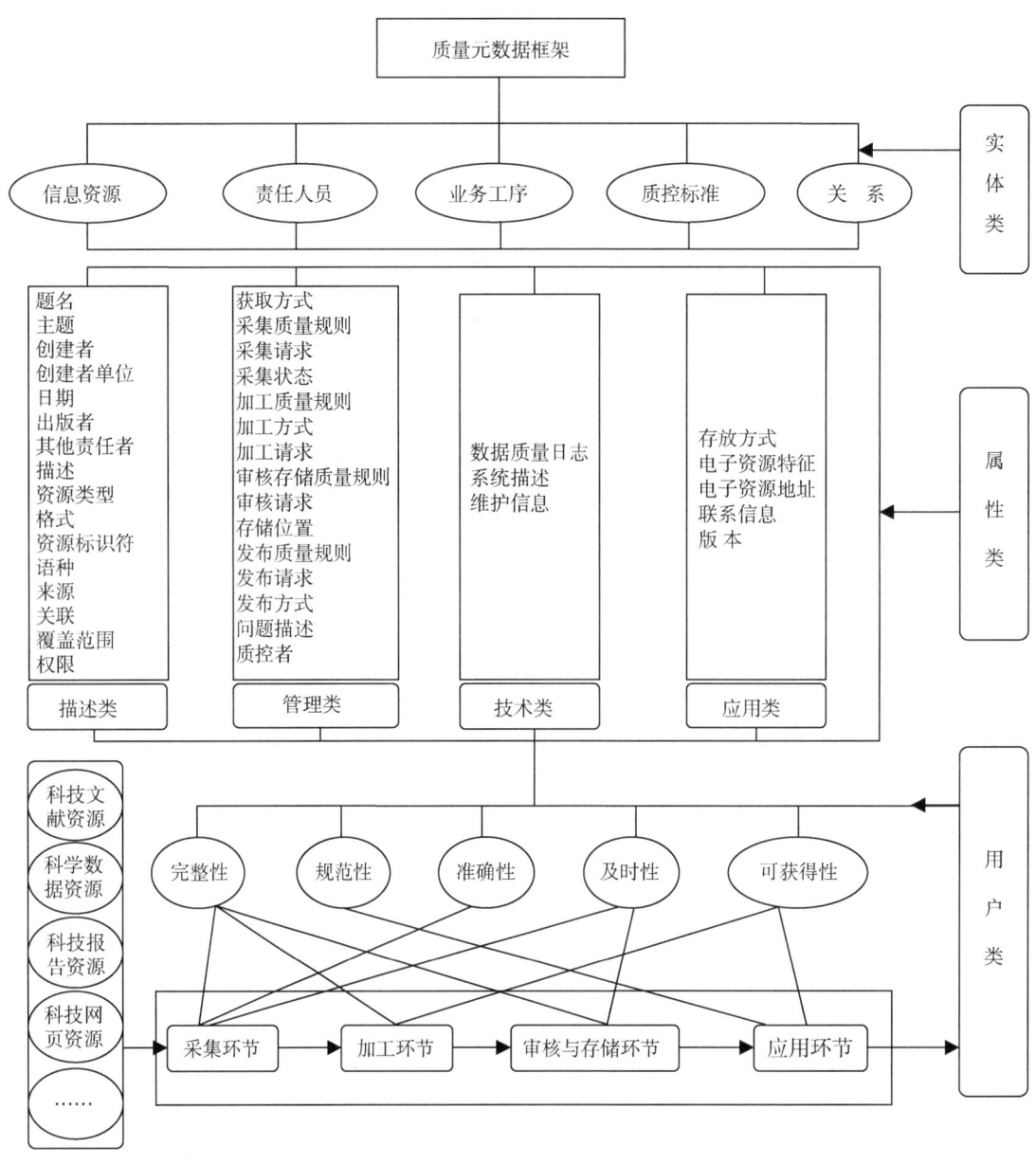

图 7-6 质量元数据的基本框架示意

是针对科技信息资源文献属性元数据项的提炼、筛选，反映科技信息中诸如题名、主题等 16 项内容。②管理性质量元数据主要针对科技信息资源生产过程中反映质量状态变化的元数据项进行筛选。③技术性质量元数据主要描述信息资源的技术质量特征、数据质量信息、权限管理和维护日志信息等。其中，第一，技术质量特征是指网络科技信息作为计算机数据资源应具有的基本特征，是保障数字资源可用性和长期可读性的基本要素。每个技术质量特征都包含一组用于描述科技信息资源质量属性的元数据信息，如类型、格式、打开方式、计

· 230 ·

算机软硬件环境等系统描述信息。第二，数据质量信息是指对科技信息的质量控制、内容鉴定等记录，既包括对科技信息真实、可靠的过程质量控制和技术处理状况的记录，以及对科技信息各个生产环节历次质量控制信息的记录，也包括对科技信息内容价值的鉴定。第三，权限管理元数据主要由信息权限和用户使用权限控制组成。用户使用权限控制包括用户注册、身份认证、使用授权以及使用审计等。第四，维护日志主要记录在整个科技信息资源生命周期中对科技信息所做的维护历史情况。④应用性质量元数据主要面向用户信息资源服务过程，使用户更准确、有效地使用信息资源的元数据信息，包括：服务信息资源描述元数据，如信息资源存储地址、类型或版本、存放的方式等；获取信息资源元数据，如使用类型（如查看、复制、编辑、归档、编索引、分类、处理等）、使用时间、质量标识及联系人等；用户使用情况记录等，如用户评价、访问量、下载量、投诉率等；以访问日志的方式描述记录科技信息的利用历史情况等。

第三层是关于科技信息资源生命周期中各个关键工序的说明。从网络科技信息资源使用过程来看，可以归纳为4个关键工序，即采集、加工、审核和存储、服务等。①采集是决定信息资源质量水平的基础，对质量起到最关键作用，常用"Garbage in, Garbage out"（进去的是垃圾，出来的也是垃圾）来形容此工序质量控制的重要性，即如果采集环节产生了垃圾信息，那么之后各个环节都一直是垃圾信息。在开始环节就产生的差质量信息在采集方法、流程、数据处理等方面都会产生质量问题。②加工是科技信息采集后可能存在质量问题或者与期望结果有差距而对信息资源进行修订或取舍等的操作。这一工序其实包括了科技信息的录入和标引、加工等工作。而这一工序影响质量的要素还包括人工录入的错误率、录入方式、录入审核、标引方法、标引标准等。③审核和存储是科技信息资源生产过程中的一个关键环节，是对科技信息进入系统前进行的审核和处理。这一工序影响质量的要素包括审核标准、审核方法（自动或人工）、存储方法、存储环境等。④服务环节是网络科技信息资源的最终体现，是提供给用户使用的重要一环。这个环节影响质量的要素包括服务资源、服务方式、质量反馈等。

另外，在具体的实施中要根据科技信息资源类型的不同，有针对性地进行必要的扩展。本项目后续中的网络科技信息资源的元数据扩展，主要以科技部2012年启动的科学数据共享工程项目的核心元数据标准为基础，参照网络信息资源相关标准规范，根据网络科技信息资源特点和用户的需求，扩展了核心质量元数据框架。而后通过XML Schema规范，允许用户在顶层核心元数据框架的基础上扩展各自学科的元数据要素。这样就形成了一个以顶层核心质量元数据为根节点的树状扩展结构模型。

7.7 质量元数据互操作

7.7.1 质量元数据互操作的实现方式

在网络环境下，由于信息处理的多元化，不同学科领域、不同科研机构的元数据系统采用的支撑平台也是纷繁复杂的，造成不同领域（甚至同一领域）往往存在多个元数据格式。当在用不同元数据格式描述的资源体系之间进行检索、资源描述和资源利用时，就会存在元数据的互操作问题。这就为确定网络科技信息资源质量元数据基本要素造成很大障碍。而实际上不可能也无必要提出一个能够覆盖所有网络科技信息资源，甚至包括其全部生产过程的全要素的质量元数据。可行的方法是制定一个中介格式来和各个元数据标准进行相互映射、转换。这种方法就是将每一种元数据格式都转向中间格式，将元数据标准映射为一种兼容性比较强的、比较全面的元数据标准，从而降低复杂性。

本项目基于各类网络科技信息资源元数据标准的调查，考虑到用户的使用需求，按照"最大公约数"原则确定质量元数据基本要素，作为中间映射格式。

7.7.1.1 基于 DC 的元数据互操作的实现方式

从前期的各类网络科技信息资源的元数据标准调查中可以看出，各类资源的描述元数据组成质量元数据的大部分要素。这部分主要是参照 DC 元数据标准制定的。由于 DC 被认为简单、包容性强，目前已成为信息资源描述的国际标准（ISO 15836），如 OCLC 曾根据向上兼容原则提出了一种通用简单的元数据方案，把 DC 元数据作为一种"最小公分母"的语义互操作通用元数据解决方案，以及将不同的元数据格式转换成一个共同的格式进行储存和索引[①]，其他语义更丰富的元数据体系可以映射到 DC 中。

以 DC 为参考标准的做法已经在很多领域实现。在开放文档元数据获取协议（Archives Open Archives Initiative Protocol for Metadata Harvesting，OAI – PMH）中，规定各种互交的元数据都必须转换成 DC 格式进行元数据的交换。2002 年 6 月 14 日发布的"Protocol Version 2.0 of Metadata"规定，数据提供方必须以 DC 格式的元数据响应元数据请求，且不得附加任何限制条件。

而在实践中，国家图书馆于 2005 年组织进行了 MARC 21、CNMARC 与 DC 之间的双向映射研究[②]，映射表如表 7 – 7 所示。

在 OAI 的元数据采集协议中，允许不同格式的元数据结构并存，但指定 DC 作为数据提供方必须同时提供的元数据格式，使不同格式、不同标准的元数据在语义层面得以实现互操作。这种方法不强迫所有成员遵守同一个协议实现统一和互操作，而是在允许原有元数据结构存在的基础上，要求所有元数据的发布方都支持以 XML 语言表示的简单 DC 元数据结构，从而实现了跨领域的资源发现和共享。

例如，采取 OAI – PMH 协议的 DOAJ 项目，选用 DC 作为中间格式，要求信息提供方统一以 DC 元数据形式（或者转换成 DC 格式）提供元数据给用户使用。这种方法简单易操作、转换成本较低，但也存在很大问题，即转换精准度受到很大限制[③]，尤其一些反映特殊特征或元数据的元素，将很难通过这种简单的中介格式转换，无法体现其特有的要素项内容。

---

① 张东. 论元数据互操作的层次 [J]. 情报理论与实践，2005，26（6）：648 – 650.
② 申晓娟，高红. 从元数据映射出发谈元数据互操作问题 [J]. 国家图书馆学刊，2006，15（4）：51 – 55.
③ 黄如花. 开放存取资源元数据管理的对策 [J]. 情报理论与实践，2009，32（10）：5 – 8.

表7-7 MARC→DC 映射表

MARC 21 字段	DC 元素	元素修饰词
245	题名（Title）	
130，240，242，246，730		交替题名（Alternative）
100，110，111，700，710，711，720	创建者（Creator）	
600，610，611，630，650，651	主题（Subject）	
500-599	描述（Description）	
505		目录（TableOfContents）
520		摘要（Abstract）
260 $ a $ b	出版者（Publisher）	
	其他责任者（Contributor）	
260 $ c	日期（Date）	
260 $ c $ g，533 $ d		创建日期（Created）
260 $ c，008/07-10		发布日期（Issued）
Leader/06/07，655	类型（Type）	
856 $ q	格式（Format）	
300 $ a，533 $ e		大小（Extent）
245 $ b，340 $ a		媒体（Medium）
856 $ u	标识符（Identifier）	
786 $ o	来源（Source）	
008/35-37，546	语种（Language）	
530，538，760，762，765，767，770，772-776，780，785，787	关联（Relation）	
651，752	覆盖范围（Coverage）	
043 $ c，044 $ c，651		空间（Spatial）
513 $ b，033 $ a		时间（Temporal）
506，540	权限（Rights）	访问权限（Access Right）

资料来源：申晓娟，高红. 从元数据映射出发谈元数据互操作问题[J]. 国家图书馆学刊，2006，15（4）：51-55.

从表7-7可以看出，国家图书馆开发的CNMRAC与DC的数据转换系统主要是建立了两者之间的映射关系，实现了检索体系的有机整合，实现了MRAC与DC之间的转换，为用户提供了统一的、无缝的一站式检索平台,使用户能够准确获取馆藏资源和网络资源。但两者之间很难建立一对一的映射关系,因为MRAC描述的内容多,共有166个字段522个子字段,而DC只有15个元素,有的元素可能是一对多的映射,有的元素则没有相应的字段可对应,如格式、关联、权限等元素,所以数据由DC格式向MARC格式的转换较为成功(表7-8),但若是由MARC格式向DC格式转换则将产生信息的缺失①。但莫骁师②认为DC的15个元素已包括了有关资源的最基本的信息,没有必要对一般网络资源做过于精细的描述,对重要的网络资源通过DC元素集增加的限定词加以描述即可。

7.7.1.2 实现方式

基于以上分析,有必要建立一个应用基本规范,由来自一个或多个元数据格式的要素组成,由具体的实施者形成一种混合中间转换格式,或者以DC标准为主要内容组成的质量元数据混合应用规范标准,以此作为各类网络科技信息资源元数据的中间格式,实现元数据之间的互操作。事实上,很多元数据标准都是以DC为主要核心要素的,这为建立互操作中间转换格式提供了便利。例如,国家图书馆"中文核心元数据规范"中核心元素集有25个,核心与非核心元素共有80个数据项;原文化部建立的"中文元数据方案"仅有16个数据项,以DC元数据集为主要依据,并扩展了一个"记录号"元素;清华大学建筑数字图书馆元数据方案由17个元素组成,在DC的基础上增加了2个元素;北京大学拓片元数据方案的元数据结构由25个元素组成,核心元素采用了DC的14个元素。各单位扩展和设计都是根据自身的需要而定的③,如表7-8所示。另外,澳大利亚虚拟工程图书馆的AVEL元数据集由19个要素组成,其中14个来自DC,1个来自AGLS,还有1个EDNA要素和3个管理要素④。

表7-8 DC→MARC 映射表

DC 元素	元素修饰词	MARC 21 字段	CNMARC 字段
题名(Title)		245 $ a	200 $ a
	交替题名(Alternative)	246 $ a	517 $ a
创建者(Creator)		720 $ a $ c	730 $ a $ 4
主题(Subject)			610 $ a,686 $ a,675 $ a,676 $ a,680 $ a,690 $ a,692 $ a,696 $ a
描述(Description)		520 $ a	300 $ a
	目录(Table Of Contents)	505 $ a	327 $ a
	摘要(Abstract)	520 $ a	330 $ a

---

① 罗昊.互操作:数字图书馆元数据方案的关键[J].情报杂志,2003(12):32-33,36.
② 莫骁师.元数据在图书馆信息组织中的应用[J].曲靖师范学院学报,2004,23(3):110-112.
③ 申晓娟,高红.从元数据映射出发谈元数据互操作问题[J].国家图书馆学刊,2006,15(4):51-55.
④ 赵景明,张福学.元数据互操作方法体系研究[J].图书馆理论与实践,2007(4):52-54.

续表

DC 元素	元素修饰词	MARC 21 字段	CNMARC 字段
出版者（Publisher）		260 $ b	210 $ c
其他责任者（Contributor）		720 $ a $ c	730 $ a $ 4
日期（Date）		260 $ c	210 $ d
	可获得日期（Available）	307 $ a	856 $ v
	创建日期（Created）	260 $ g	210 $ h
	发布日期（Issued）	260 $ c	210 $ d
	修改日期（Modified）	583 $ d $ a	318 $ a 修改 $ d
	生效日期（Valid）	518 $ a	300 $ a
类型（Type）		655 $ a $ 2	608 $ a $ 2DC
格式（Format）		856 $ q	856 $ q
	大小（Extent）	300 $ a	215 $ a
	媒体（Medium）	340 $ a	200 $ b
标识符（Identifier）			010, 011, 017, 856 $ a
来源（Source）		786 $ o $ 1	830 $ a
语种（Language）		546 $ a	101, 302 $ a
关联（Relation）			311, 321
覆盖范围（Coverage）		500 $ a	300 $ a
	时间（Temporal）	513 $ b	313 $ a
	空间（Spatial）	522 $ a	607 $ a
权限（Right）		540 $ a, 856 $ u	300 $ a, 856 $ u $ z

资料来源：申晓娟，高红. 从元数据映射出发谈元数据互操作问题［J］. 国家图书馆学刊，2006，15（4）：51-55.

另一种方法是应用规范以某种格式为基础，然后根据具体情况进行变化。例如，DC 图书馆应用规范规定了在图书馆及其相关应用领域中的 DC 元数据要素使用规范，DC 政府应用规范则规定了在政府环境中的 DC 元数据要素使用规范。

质量元数据互操作具体实现的方式有以下 4 种。

一是元数据项之间的直接对照[①]：直接对照是元数据互操作最常用的方法之一，是在相同或可比较的元数据要素之间映射或创建直接对照，有效地进行不同格式元数据之间的数据

---

① 赵景明，张福学. 元数据互操作方法体系研究［J］. 图书馆理论与实践，2007（4）：52-54.

转换。其主要原理是一张图表,这张图表描述了源数据标准中数据元素对目标数据标准中数据元素的语义映射,如在数字图书馆领域实现元数据格式与 DC、MARC 和 DC 等元数据格式的直接对照。

在资源类型差异很大的系统中如果采用直接对照法,会因为所对应的元数据项缺失很多,无法形成直接映射关系,如 MARC 面向 DC 元素的映射常常由于 DC 元素少而导致对应的元数据项缺失。专家研究发现,直接映射将遵循某个特定元数据标准的记录转换成基于另一个元数据标准的记录,其面临的主要困难是如何最大限度地减少数据的丢失或失真[1],尤其涉及数据值的映射和转换更为复杂。

二是元数据项的复用与集成实现:赵景明等[1]提出采取模块化的方式解决元数据项标准中的复用问题,即将一些相同领域的元数据实现模块化,当再进行新的类似领域的科技信息资源的映射处理时,可以在系统中调用此模块进行复用、修订,以节省生成成本、提高效率。

这样,在多源信息资源保存环境下,来自不同专业领域的各种标准、词表、应用规范和其他模块中不同类型的元数据元素都可以经过分析、提炼搭建元数据元素模块的方式实现互操作。例如,一条元数据记录的各个组成部分可以被当作不同的独立单元,如果需要的话,可以将来自不同元数据源的这些单元组合在一起,或重新应用这些单元来产生新的记录[1],如清华大学已经创建了丰富的学位论文描述性元数据,这些元数据也可以被重用或组合来产生其他高校学位论文的元数据单元,当其他高校需要构建学位论文元数据评估时,则只需调用最大相同项的清华大学学位论文元数据标准进行修订即可,而不必单独测试。然后质量元数据提供者将来自不同元数据源的数据单元的各个组成部分统一在相同的结构中,并在一条元数据记录中集成这些数据单元。通过元数据模块化方法可把描述性、管理性和结构化的元数据统一组装到一个 XML 文档中,与数据库产生互动,从而将内部的不同元数据结构与外部的元数据格式结合起来[1]。

三是设计元数据项登记系统:设计元数据登记系统的目的就是收集有关新信息资源元数据格式方面的数据,通过促进元数据的对接发现和重用,推动新信息资源中元数据项转换的广泛使用,加速元数据的标准化和互操作性[1]。元数据登记系统的基本组成部分包括数据模式、元素、元素集、编码格式、应用框架、元素使用信息和质量元数据元素对照等的确认。

元数据登记系统就是根据元数据映射表建立新要素与 DC 元数据中间格式的转换接口或对应关系。一般包括:①跨学科和跨格式登记系统,就是在一个登记系统中包含了大多数学科领域的元数据元素集和相关文献,可以通过 Web 界面进行检索和浏览,建立映射关系;②特定领域跨格式登记系统,就是针对某一特殊领域(如教育领域)内的元数据进行格式登记;③特定项目登记系统,就是记录与某个项目有关的所有元数据组成登记系统,其他类似项目以此作为参考建立登记系统;④特定格式登记系统,目前比较多的是建立与 DC 相关的登记系统,形成与 DC 元素相映射的元数据互操作关系,包括有关元素、可控词表和编码格式等方面的信息。

---

① 赵景明,张福学. 元数据互操作方法体系研究[J]. 图书馆理论与实践,2007(4):52-54.

四是生成衍生：衍生是指一个新的元数据表来源于某个已有的元数据表。通常是从一个较复杂的大型元数据表中提炼出适合某一新的资源元数据或某一部分资源元数据标准，主要的衍生方法包括采纳、修订、扩充、节选、翻译等[1]。衍生法既保证了各个数据库拥有相似的基本结构和通用元素，又允许各个部分有不同的描述深度和广度。尤其是新的信息资源在缺乏相应的元数据标准时，要根据实际情况人工录入产生新的元数据项，以便和中间格式形成映射关系。

总之，无论怎样，元数据的映射也只是一种近似的映射而不可能成为精确映射，是建立了一种相对完善和合理的映射方案[2]。这也是目前图书档案人员攻克的难点和重点，因为它是解决网络资源共享问题的根本途径，而实现映射关系不仅需要本专业人员设计方案，还需要计算机专业人员参与进行技术实现。

7.7.2 质量元数据语义化映射过程

质量元数据是对科技信息资源中与质量活动相关的元数据项的提炼和总结。尽管各类信息资源的元数据标准不同，但每一类信息资源产生过程的质量活动都具有一定的相同活动要素。这为不同元数据标准之间实现互操作提供了可行性，有助于克服两个不同系统不能直接共享同一个元数据模型的问题，故将不采用两个元数据标准之间的 A→B 及 B→A 的双向映射方式，而是利用 DC 元素抽取出与质量活动密切相关的元数据项，并适当扩展管理、技术、应用类元数据项，组成一个与质量活动密切相关的中间格式，以此建立与各类信息资源元数据项的映射关系。为此，质量元数据语义化映射主要分为以下3个阶段：识别和提取基础质量元数据项、建立与质量元数据项要素之间的对应关系、建立语义化映射。

（1）识别和提取基础质量元数据项

依据 ISO/IEC 11179-1-2015《信息技术、元数据的注册（MDR）. 第1部分：框架》和 ISO/IEC 11179-3-2003《信息技术、元数据的注册（MDR）. 第3部分：注册元数据模式和基本属性》对元数据语义化描述进行规范化表达，是实现元数据语义化映射的前提条件。

识别质量元数据集的首要任务是将不同元数据标准中表示与质量活动相关的所有元数据项进行采集、归类，从中识别出关键的质量元数据项作为能够被映射的数据元素。一般地，在同一信息资源对象的所有有效数据元素集合中进行采集，从中识别出被映射的候选数据元素集合，目的是识别可被映射的数据元素，剔除不适合被映射的数据元素。在进行基础元数据集识别时，首先需调查这一特定专业领域中需要实现互操作的专业信息资源数据库或系统以及元数据集的情况。主要包括以下4个方面：① 调查这个领域信息资源数据库或系统中采用的元数据标准有哪些、与 DC 的重合度是多少。因为 DC 是针对网络资源的元数据标准，很多元数据标准又复用了 DC 数据元素。简单的元素定义和设置便于著录，是 DC 获得广泛应用的重要原因。② 初步统计基础元数据元素集合的字段数量，判断是否在"最大公约数"

---

[1] 赵景明，张福学. 元数据互操作方法体系研究[J]. 图书馆理论与实践，2007（4）：52-54.
[2] 徐维. 透视元数据映射概念[J]. 情报理论与实践，2004，27（6）：631，649-650.

原则下全面、完整地反映了信息资源质量活动的完整过程。其目的是比较不同数据库元数据的完整性和全面性，这是确定原始元数据集合的重要依据。③检查数据库或系统中是否存在样本数据，即这个元数据项下的内容是否容易获取，填准率、填全率情况怎样。以达到能比较、可比较的目的。④调查每个拟定的基础元数据集的元素结构及约束规则是否一致，是否保持一致性、稳定性，要素是否齐全等。

实际上，由于待识别的各类信息资源的元数据来源广泛，所采用的元数据标准、编写习惯等不同，其元素和属性的名称不一。因此，需要对识别的基础元数据集进行重新定义，这也有利于实现元数据语义化映射的自动化过程，即通过构建元数据间的匹配模型识别出符合标准的元数据。根据以上要求，结合前几个章节的分析，本项目提取了39项基础元数据项作为中间格式标准，如表7-9所示。第一，制定网络资源的元数据标准，选择要识别的数据源；第二，根据元数据标准建立标准化的元数据模板，并将其转换为XML结构；第三，对不同数据源的元数据与标准化的元数据模板进行匹配，将数据源的元数据字段名称进行预处理，再进行元数据字段内容和结构的语义化匹配；第四，对标准化的不同数据源的元数据进行自动抽取和识别。

表7-9 本项目提取的基础元数据项

采集环节元数据项	备注
题名	名称
主题（或关键词）	资源内容的主题描述
创建者（或作者）	主要贡献者
创建者单位	主要贡献者所在机构
日期	指采集日期
出版者	使资源成为可用的责任者，如杂志、图书馆等
其他责任者	其他对该信息贡献者
描述（摘要）	对资源的任何说明
资源类型	资源内容的特征或类型，如文献、科学数据、科技报告等
格式	资源物理或数字形式
资源标识符	资源的编号等，如DOI、馆藏编号等
语种	描述资源的语种
来源	资源来源的说明
关联	对相关资源的指引
覆盖范围	主要适用的范围说明
权限	与资源有关的权利和许可的声明
获取方式	获取信息的具体途径，如购买、授权、数字交换、网络采集等

续表

采集环节元数据项	备注
采集质量规则	制定的采集环节质量约束文件
采集请求	采集质量要求的形式化描述
采集状态	数据采集的进度等
问题描述	采集环节质量问题描述
质控者	采集环节质量负责人
数据质量日志	采集环节质量问题处理记录
系统描述	采集系统的说明
维护信息	采集系统维护说明
存放方式	采集数据的存储格式
电子资源特征	资源类型（文本、图像、数据集）及字节大小等
电子资源地址及检索	资源保存的电子地址
联系信息	获得资源的联系方式
版本	资源的版本信息
加工质量规则	制定的加工环节质量约束文件
加工方式	加工环节采取的具体方式描述
加工请求	加工环节质量要求的形式化描述
审核存储质量规则	制定的存储环节质量约束文件
审核请求	审核及存储质量要求的描述
存储位置	数据存储的数字地址的描述等
发布质量规则	制定的发布环节质量约束文件
发布请求	发布环节质量要求的形式化描述
发布方式	信息发布的方式说明

（2）建立与质量元数据项要素之间的对应关系

这部分工作包括4个方面：确定对比资源对象、资源对象的元素项分析、元素项分组，以及建立对应关系。首先，根据互操作拟选一资源对象，分析其元数据标准及要素，确定其与质量活动有关的关键质量元数据项，剔除无关的、重复的、不重要的、级别太低的元数据项。之后对筛选的元数据项进行分组，按照描述、管理、技术、应用进行归类，并确定其要素结构。在数据元素分组的过程中，只有元数据专家和领域专家相互配合才能完成。最后，依据其对质量活动的作用建立与基础质量元数据集之间的对应关系,见表7-10和表7-11中的举例说明。表7-10至表7-12分别列举了CNKI、万方、NSTLL收录期刊论文中现有描述类字段项与基础质量元数据集之间的对应关系。

表7-10 CNKI收录科技期刊论文中现有描述类字段项与基础质量元数据集之间的对应关系

元数据项名称	映射质量元数据标准项	是否归属质量元数据	元数据项规则
资源编号	资源标识符	是	优先采用原文标识符,不限于URI、DOI等;其次为通用标准;最后为字母和数字组成的7位编号
题名	题名	是	按照论文中形式著录,遵循各文种的语言习惯
作者	创作者	是	按照原文形式著录,个人名根据各国习惯著录,团队名应全称
刊名	出版者	是	按照原文形式著录,出版机构名需用全称
年	日期	否	论文出版年,符合ISO 8601规范"YYYY"格式
出版时间	日期	是	论文发表日期,符合ISO 8601规范"YYYY-MM-DD"格式
关键词	主题	是	包括关键词、主题词和分类号(国标);原文无时注明"无"
摘要	描述	是	含目次、摘要、资助等,如实填写;原文无时填"无"
期	无	否	数字,文本型
卷	无	否	数字,文本型
页数	无	否	数字,文本型
页码	无	否	数字,文本型
来源数据库	资源类型	是	缺省取值为"期刊论文"
机构	作者单位	是	按照原文形式著录,作者所在机构名需用全称
链接	电子资源地址及检索	是	标识原文放置的网络电子存放地址,如URI、URL地址
语种	语种	是	缺省取值为"中文"

表7-11 万方收录科技期刊论文中现有描述类字段项与基础质量元数据集之间的对应关系

元数据项名称	映射质量元数据标准项	是否归属质量元数据	元数据项规则
资源编号	资源标识符	是	优先采用原文标识符;其次为通用标准;最后为字母和数字组成的7位编号
题名	题名	是	按照论文中形式著录,遵循各文种的语言习惯
主题	主题	是	包括主题词和分类号(国标);原文无时注明"无"

续表

元数据项名称	映射质量元数据标准项	是否归属质量元数据	元数据项规则
关键词	主题	是	按照原文中关键词著录;原文无时注明"无"
摘要	描述	是	含目次、摘要、资助等如实填写;原文无时填"无"
作者	创作者	是	按照原文形式著录,个人名根据各国习惯著录,团队名应全称
第一作者	创作者	否	按照原文形式著录,个人名根据各国习惯著录,团队名应全称
作者单位	作者单位	是	按照原文形式著录,作者所在机构名需用全称
期刊名称	出版者	是	按照原文形式著录,出版机构名需用全称
在线出版时间	日期	是	论文发表日期,符合 ISO 8601 规范"YYYY-MM-DD"格式
期刊年	日期	否	论文出版年,符合 ISO 8601 规范"YYYY"格式
基金	无	否	文本型
分类号	无	否	遵循分类的标准
DOI	无	否	采用原文标识符 DOI
电子资源地址（URL）	电子资源地址及检索	是	标识原文放置的网络电子存放地址,如 URI、URL 地址
语种	语种	是	缺省取值为"中文"

表 7-12　NSTL 收录期刊论文中现有描述类字段项（采集环节）与基础质量元数据集之间的对应关系

元数据项名称	映射质量元数据标准项	元数据项名称	映射质量元数据标准项
题目	题名	关键词	主题
作者	创作者	文摘	描述
出版年	日期	语种	语种
电子资源地址（URL）	电子资源地址及检索	采集请求	采集请求
采集质量规则	采集质量规则	采集状态	采集状态
加工质量规则	加工质量规则	加工方式	加工方式
发布质量规则	发布质量规则	加工请求	加工请求
审核存储质量规则	审核存储质量规则	审核请求	审核请求
作者单位	作者单位	存放方式	存放方式
刊名	出版者	发布请求	发布请求

续表

元数据项名称	映射质量元数据标准项	元数据项名称	映射质量元数据标准项
馆藏单位	来源	发布方式	发布方式
分类号	资源标识符	总页数	无

（3）建立语义映射

元数据语义化映射的最后一个阶段就是语义映射的实现。在这个阶段中，需要将所有的数据元素汇总成表，并对每个数据元素的匹配精确度进行注释，如图7-7所示。在元数据语义化映射过程中将会产生一组被推荐的元数据，用于指导以后的元数据语义化映射标准。

之后根据资源对象筛选出的质量元数据项与基础质量元数据集之间的映射关系，建立打分、评价标准，以便对拟映射资源对象的元数据项内容进行提取，并进行打分评价。

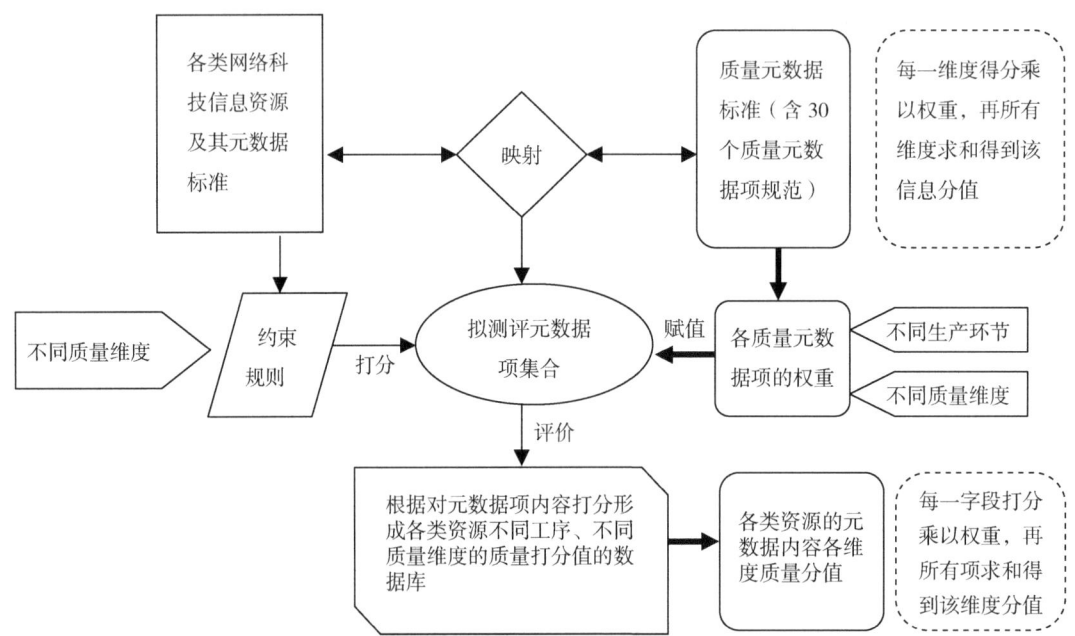

图7-7 基于质量元数据的网络科技信息资源质量语义映射示意

第 8 章　基于质量元数据的网络科技信息资源质量评估

8.1　概述

网络科技信息具有一定的专业复杂性和科学逻辑性[1]，要对其进行准确、客观描述，全面、系统地反映其属性全貌及内在逻辑关系，就需要对其来源、使用过程及使用情况进行记录、描述，以使用户能够了解其质量状态及背景，保证用户在使用前能充分了解信息资源的质量情况。因此，针对网络科技信息资源，应在发布前首先通过一系列规范、严谨的质量评估、过滤程序，保证信息资源内容质量和科技含金量，同时也便于发现问题，不断改进信息资源质量。所以要对网络科技信息资源进行质量评估。

目前，对网络科技信息资源的质量评估多是基于专家或者用户的定性评估，评估周期长、评估滞后、评估结果的适用范围有限，都严重影响着对网络科技信息资源进行科学、客观的评价。而且，随着科研活动范围的日趋扩大，科技信息资源的类型日渐增多，对网络科技信息资源及其元数据信息有了新的要求，不仅对结果的显示度有新的要求，如实时性、准确性、实用性等，而且对其产生过程、管理背景信息、质量状态等方面的关注更多。这使得网络科技信息资源能够客观、全面、及时反映出信息资源质量状态的各个要素，以增加对网络科技信息资源的可读性、完整性、及时性、有用性等多维度的要求。而建立评价系统，则是对能够满足这种多层次、多维度的要求，体现在评估指标的及时更新、评估方法的创新、评估方法的自动化等方面。而采用元数据对网络科技信息资源质量进行评价则是近几年的尝试。

元数据能够满足对信息描述、动态追溯、多层揭示、技术实现等的要求，因此可以采用元数据来描述网络科技信息资源，并确保这些资源能被系统自动辨析、捕获、分析、归纳，最后形成能够比较客观地反映信息资源实体情况的一种框架或一套编码体系。而且利用元数据的还原性、结构性、跟踪性和系统性特点可以实现查找、识别、选择和获取等功能[2]。围绕这 4 个基本功能对元数据质量进行评估能够反映元数据的基本质量。这样的评估不用考虑不同资源库采用的元数据规范、大纲、开发工具间的不同，也不用考虑元数据大纲规定的受控词表的质量以及被描述资源本身的质量，也就排除了不同应用环境、不同资源库的功能对

---

[1] 魏清风, 贺立源, 黄魏, 等. 网络农业信息资源元数据研究及其著录管理系统开发[J]. 现代情报, 2009, 29(2): 52-55.

[2] 徐维. 对元数据功能与性质的深层解析[J]. 兰台世界, 2005 (7): 20-22.

评估内容的影响，以此可实现资源质量的可追溯性，并保证了在源头去控制质量问题的可能性。

元数据质量评估有助于获得对元数据质量的全面和具体的了解，以发现存在的问题及其产生的原因。对元数据质量状况进行评估后，针对具体的问题和出现的原因，采取相应的方法和措施，如编目人员培训、编制元数据创建指南和定期审查等，以解决或者改善元数据的状况。所以，元数据质量评估无论是对资源自身的开发利用还是对元数据生成的自动化工具都具有重要的意义。如对于资源管理者而言，元数据的质量评估是元数据质量控制策略的重要组成。元数据质量控制是对元数据功能的保障，而质量评估是质量控制的基础，更是检验控制效果的"尺子"。元数据质量评估结果能帮助资源管理者发现常见的质量问题，这对于指导专业人员的培训、进一步完善元数据创建指南、优化元数据开发工具、提高抽样检查的效率都具有重要的指导意义。对于用户而言，元数据质量评估可为用户在纷繁、多样的资源库中选择目标资源库提供重要的参考信息，帮助用户更高效地定位获取目标资源[1]。

因此，探索和制定一套基于质量元数据的信息资源质量评估系统对网络科技信息资源质量进行科学、客观的评价，实现质量评估的定量化、自动化，是对网络科技信息资源管理的创新发展。

总之，准确、完备的质量元数据项是能够反映科技信息资源的质量特征的，可实现对海量数据的质量可追溯性，能够保证从数据来源、生产过程及环境关联等方面全面把握其信息资源质量。但由于科技信息资源具有多样性、学科广泛性等特点，很难采用一个统一的元数据指标体系来满足所有资源描述的需求，而必须在一个共同核心元数据和扩展原则的基础上构建多个元数据标准。元数据质量评估是个多维的问题，如从管理者、用户的角度进行评价，从元数据的质量特性进行评价等。因此，网络科技信息资源的质量是能够借助于对元数据质量特征分析、质量要素分解、权重排序进行反映的，并且能够和质量元数据项之间建立一定的依赖（映射）关系。

本项目提出采取扩展、筛选元数据的方法形成质量元数据项，通过关键质量元数据要素与对应数据质量维度的映射关系建立对网络科技信息资源有效的质量评估方法，并希望这个方法能够应用推广到相应各类信息资源共享平台的质量评估和改进活动实践中，达到以评促建、以评促改、以评促管的效果。

为此，本章节根据确定的质量维度和关键元数据项提出一个评价指标体系，建立一个对应于各个维度的质量元数据评价指标体系，通过专家调查法来确定权重，并在这些指标中挑选出一些能反映质量状态的具有代表性的质量元数据项进行评价，最后采用合适的评价分析法进行评价分析。

---

[1] 黄莺，李建阳. 元数据质量评估研究现状剖析 [J]. 中国电子商务，2013（4）：164-165.

8.2 基于质量元数据的质量评估研究综述

孔志军[①]总结归类了3种网络信息资源评价方法：一是对传统信息资源评价方法的继承和创新；二是以链接分析为主进行的定量评价方法；三是探索用评价性元数据开展网络信息资源评价的方法。针对第三种方法，国内较少有学者进行研究。刘莉[②]基于ISO 9126-1建立了一个Web资源/信息质量评测模型（Web QM）。这一模型定义了对Web资源数据质量的量化要求，并在Web资源质量元数据的获取与管理技术的研究中，将Web QM理解为Web资源质量元数据模型，通过对都柏林核心元数据集（DC）元素进行扩展，将这个模型中的质量准则映射为相应的质量元数据。通过这一模型来对各个Web资源质量元数据进行了量化、获取，最后采用数据仓库技术进行管理和分析。

Web QM模型在Web信息源质量、Web信息质量和与应用相关的3个质量维度和它们的12个子维度上对Web资源/信息质量进行模型化和量化，从而建立了一个多维多层次评测空间，如图8-1所示。

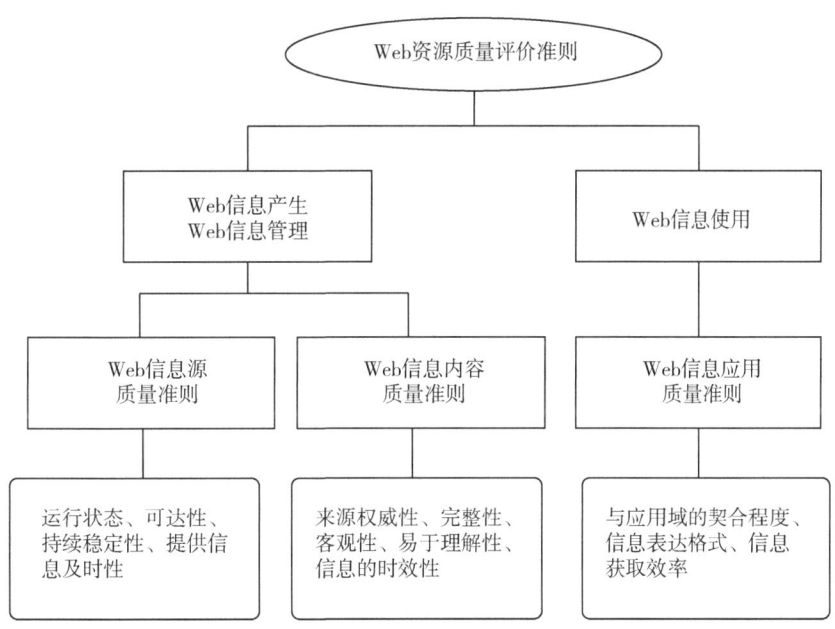

图8-1 Web资源/信息质量评测模型（Web QM）

（资料来源：刘莉. Web资源质量元数据的获取与管理技术的研究与实现[D]. 成都：西南交通大学，2010）

但这一质量评估更多的是针对网站网页信息的评价，而对更广泛的依靠网络数据库（集）、共享平台等的科技信息资源质量评估的难度更大。除了专业性、科学性等专业知识

---

① 孔志军. 评价性元数据方法在网络信息评价中的应用[J]. 情报探索，2015（7）：12-14.
② 刘莉. Web资源质量元数据的获取与管理技术的研究与实现[D]. 成都：西南交通大学，2010.

的局限性外,网络评价指标数据可获取的难易程度也是直接影响客观、定量评价的一个重要障碍。

孔志军[①]详细介绍了欧洲的 MedCERTAIN(MedPICS 认证与网络健康信息评级项目,MedPICS Certification and Rating of Trust Worthy Health Information on the Net)和 MedCIRCLE(网络健康信息描述、评级、认证合作体,Collalxration for Internet Rating,Certification,Labeling and Evaluation of Health Information)项目运用评价性元数据规范评价方法开展医学信息评价服务,其特点是元数据规范是评价基础、合作互操作是保障机制、质量等级划分是评价导向。其中,MedCERTAIN 主要是分散在各地的网络健康信息技术平台和网络中心中,以网络健康信息的评价性元数据为核心,其用户可以按自己的需求来选择信息。MedCIRCLE 是 MedCERTAIN 的后续项目。二者采用分散方式进行评价,通过调动多个评价机构参与并互相合作,使用共同的元数据规范来表达、描述信息,以软件可识别的标准方式与用户交互,最终使用户能够获得丰富的元数据信息以支持个人决策。信息提供者(如出版者、编辑、网站管理员或者个人)、第三方评价机构(如主题门户、图书馆和认证机构)和用户(如患者、医生、医学专业人员或其他健康信息的需求者)都利用这个共同的规范来描述信息,从而形成一个以 HIDDEL(Health Information Disclosure,Description and Evaluation Language,健康信息揭示、描述与评价语言)为核心的合作系统。

HIDDEL 规范由大约 50 个基本元素组成,其结构可以展示为一个树状图,如图 8-2 所示。

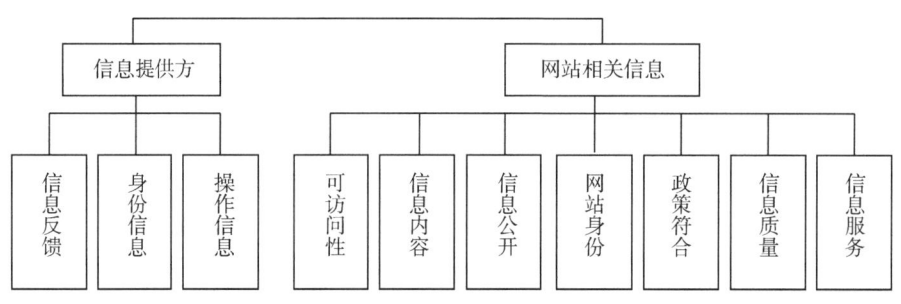

图 8-2 HIDDEL 元素树状示意

(资料来源:孔志军. 评价性元数据方法在网络信息评价中的应用[J]. 情报探索,2015(7):12-14)

本项目对信息提供方划分为 4 级质量等级认证,以识别其提供质量的可信度。如最好的一级是能够遵循行业协会或团体设立的规则,以规范形式公开基本信息,用户可以查看其质量管理、人员培训等信息;其次是项目中的合作评价机构成员访问该网站,检查信息是否真实,是否符合相关标准;再次是健康领域专家浏览这个网站,评价信息内容,判断信息发布者的可信度;最后是内容经第三方同行评议审核通过[①]。通过培训用户,帮助并促进信息提供方遵循现有规范、自贴标签,积极进行外部评价,MedCERTAIN 形成了一整套自我描述和

---

① 孔志军. 评价性元数据方法在网络信息评价中的应用[J]. 情报探索,2015(7):12-14.

第三方评价的机制,能够帮助普通用户和医学领域人员识别、选择高质量的健康信息圈①。

在这个项目中可以看到,评价主体(资源创建者或者第三方权威机构)将含有内容描述、价值判断、评估等级等元素的评价性元数据通过 XML/RDF 框架等描述平台加入网络信息资源之中,以帮助用户评估和选择信息资源。用户通过检索这些评价性元数据,提取自己需要的信息。

基于此,有研究人员提出利用评价性元数据建立互联网内容选择平台,将内容评估、分级信息与互联网内容相关联,使用户能够通过浏览器筛选、过滤所需要的内容。有些专家在此基础上提出制定网络描述资源协议(Protocol for Web Description Resources,POWDER)规定描述性元数据的基本规范,通过约定基本的提供信息"场景",如标题、作者、目标用户等,利用评价性元数据进行资源评价与选择,帮助用户评估信息的可靠性①。

这样利用评价性元数据可以使对海量网络科技信息资源进行实时评价具有可操作性,也保证了从用户视角来选择过滤信息资源,满足用户个性化的质量要求,也使采取统一评价方法对多源信息进行可比较评价具有可能性。

由此可见,评价实质上是一个主观价值判断过程。网络信息资源质量评估,就是评价主体根据一定的评价标准,对网络信息价值进行判断的过程,其目的是筛选高质量信息以满足用户需求。其中,元数据本身是价值确立的前提,而元数据的评价主体是形成价值的基础或核心②。

判断就要有标准、有依据、有评价的尺度。这就要明确评价对象的具体评价方面,建立评价指标体系。评价指标是评价目标某个方面的具体体现,是在对一定评价目标进行层层分解的基础上实现评价目标②。

由于科技信息资源分散、生产模式多样、数据内容复杂、数据管理方式多样、数据储存分布式集成以及共享需求面广且多元、需求时效性强等特点,将过去的一些质量评价方法(如用户主观评价法、标准认证法、指标体系法、缺陷扣分法、项目管理评价法、第三方评价法、同行评议法、访问或链接量统计法等)应用于科技信息资源共享项目中缺乏普遍性、有效性,难以被广泛推广。

从质量管理角度看,网络科技信息资源不同于传统印刷型科技资料的质量特征(如无实体性、可复制性、数字存储性、可传递性、无消耗性等)。因此,不能完全采用传统的质量评估体系和方法。网络信息资源质量评估要求具有评价与结果展示的实时性、海量信息自动处理、评估结果与信息处理同步等。因此,一些行业、专业领域的学者都在试图定义其内部(或局部)的主要信息质量控制要素及质量维度,以形成对信息质量理解或识别的定量/非定量的衡量标准。其中,采用元数据方法对科技信息资源进行数据管理是近两年国内外研究的一个热点。

从元数据研究方向看,将元数据应用到质量管理中,形成质量元数据,可以起到对质量

---

① 孔志军. 评价性元数据方法在网络信息评价中的应用 [J]. 情报探索,2015 (7):12 - 14.
② 朱肖川. 论网络教育资源元数据评价标准 [J]. 重庆广播电视大学学报,2008,25 (3):6 - 9.

数据进行有效描述、为质量管理人员对质量数据的理解提供完整和清晰的语义帮助、增强质量决策人员对质量数据的信任度、为质量数据互操作和共享提供有效解决方案等积极作用。

本项目是在原有元数据体系建设的基础上，通过扩展和筛选确定关键质量元数据项（质量元数据认识及其分类），利用专家调查方法，确定质量维度与关键质量元数据项的映射及权重关系，建立基本评价指标体系及基准目标，制定评价的基本准则，对评价结果分析诊断目前信息质量问题的要素和原因，促进共享信息资源质量改进。

尽管评价性元数据方法具有诸多优点，但在实际操作层面仍有很多需要探索、完善之处。①元数据项对质量维度的贡献程度问题。很多专家都在通过各种手段研究哪些项目对质量维度产生何种影响，但在实际中发现这些影响在一定程度上具有综合性，很难捕捉、细分清楚，这给建立评价指标体系的真实性提出很大的难题。②对评价结果的可信程度。评价依据来自对信息资源的评价和描述，因此需要信息提供者在提交信息时添加一些能够表征信息资源质量高低的元数据内容，如生产控制规范、质量控制者、作者背景等。但是网络发布的自由性往往使得网络背景信息缺失这部分元信息，甚至一些网络信息提供者提供虚假的元信息来误导用户。因此，基于评价元数据进行的质量评估首先需要确定信息来源（各工序的背景信息）的可靠性，方便用户在具有评价结果信息时加上自身的主观判断。③内容的动态性问题。网络科技信息资源变动频繁、海量激增，评价对象的各个元数据项要素往往不能全部获取，而且在网络信息资源传递过程中也存在元信息的缺失等问题，以固定数据库资源进行评价尽管可以提高准确性，但评价范围受限，这相当于选择特定的、具有代表性的部分网络信息资源作为评价对象来代替整个网络科技信息资源。这在一定程度上降低了评价的代表性。评价性元数据方法也仅仅能够证明信息生产者采用了多个步骤来增加信息的透明度和质量保证，相当于部分样品经过了检验①。

8.3 基于质量元数据对网络科技信息资源进行质量评估

8.3.1 评估的目的和原则

基于质量元数据对网络科技信息资源进行质量评估就是将元数据应用到质量管理中，形成质量元数据，通过把握关键质量元数据要素与对应数据质量维度的映射关系建立对网络科技信息资源有效的质量评估方法，有针对性地制定并有效实施对网络科技信息资源的质量管控，以利于对网络科技信息资源生产过程及其科研活动进行过程监督和规范管理，利于真实、及时了解网络科技信息资源实施的进展，评估其质量水平，增加对网络科技信息资源工作的透明性，为进行网络科技信息资源管理和使用提供基本判断参考，达到以评促建、以评促改、以评促管的目的。

分析和研究互联网上的各种科技信息资源，制定网络科技信息资源质量评估原则，建立

---

① 孔志军. 评价性元数据方法在网络信息评价中的应用 [J]. 情报探索，2015 (7): 12-14.

科学和合理的网络信息资源质量评估方法,对于全面、科学和准确地评价网络信息资源质量及优化网络信息资源配置具有极其重要的意义。由于互联网和网络科技信息资源的特殊性,决定了网络科技信息资源质量评估工作是一项复杂的系统工程,尤其是采取质量元数据的方法进行评价。因此,要全面、科学和客观地评价网络信息资源,就必须在评价工作中以及确定评价指标体系和评价方法时遵循以下几项原则。

(1) 科学性原则:科学性要求网络科技信息资源质量评估工作中的评价者,必须具有科学的评价手段、全面的评价指标体系,以及科学严谨的评价方法,如评价指标的筛选、打分和权重的确定、数据的采集与统计处理都必须有严格规范的评价方法。同时,要充分考虑网络科技信息资源质量元数据的特征、内容、功能等,使指标体系充分满足和适合网络科技信息资源质量评估的各项要求[①]。

(2) 整体性原则:整体性要求评价指标尽可能全面、系统地反映网络科技信息资源的总体质量情况,而不是孤立和分散地进行评价。

(3) 代表性原则:代表性要求质量元数据的评价指标能够典型、准确地反映出网络科技信息资源质量的类型特点,反映出信息资源生产过程各环节的质量特征。

(4) 可比性原则:可比性要求质量评估指标体系中的确定指标、指标定义、数据单位和选择指标等,在得出最终数据和结果时彼此间能进行比较分析。质量评估要保持同趋势化,以保证可比性。

(5) 合理性原则:合理性要求指标体系中的各项评价指标要具有相对的独立性,可从不同的角度和侧面对网络信息资源进行评价,而且要求在指标体系中不能出现等价指标,也不能出现相互矛盾的指标,否则会造成指标意义混淆、重复评分等不合理现象。

(6) 可行性原则:要求评价指标具有可操作性,精简、便捷,尽量避免过于复杂,而且要综合考虑指标体系所涉及评价指标的量化和数据获取的难易程度与可靠性。确保获取评价数据,并且不受主体的主观影响,数据客观、准确。

8.3.2 评估的逻辑思路

基于质量元数据的网络科技信息资源质量评估的逻辑思路如图7-7所示。

第一,根据质量元数据项标准,从网络科技信息资源元数据项中筛选出需要评价的元数据项。

第二,采取专家调查法对拟评价信息资源类型的质量元数据项标准中的各个元数据项对质量维度的影响程度进行打分,确定权重。

第三,根据各个质量维度确定的约束规则对筛选出的元数据项内容质量进行打分赋值。

第四,将每条信息的各个质量元数据项的打分值和权重相乘得出各个质量维度的得分值。

第五,由用户根据自己的个性化质量需求确定各个质量维度的权重。

---

① 梁平. 网络参考信息源评价原则、方法及注意问题 [J]. 现代情报, 2007, 27 (4): 66-69.

第六，将各个质量维度得分值与其权重相乘后相加得出这条信息质量的总分值。

第七，将所有检索到的信息资源的各个质量维度得分值、总质量得分值加总平均得出检索到的信息资源的整体质量维度、总质量的得分值。

8.3.3 评估的基本步骤

网络科技信息资源的数据类型繁杂，故在某些具体情况下可能会在评估流程上增加一些环节或省略某些步骤，这要视具体情况而定，基本步骤如下（图8-3）。

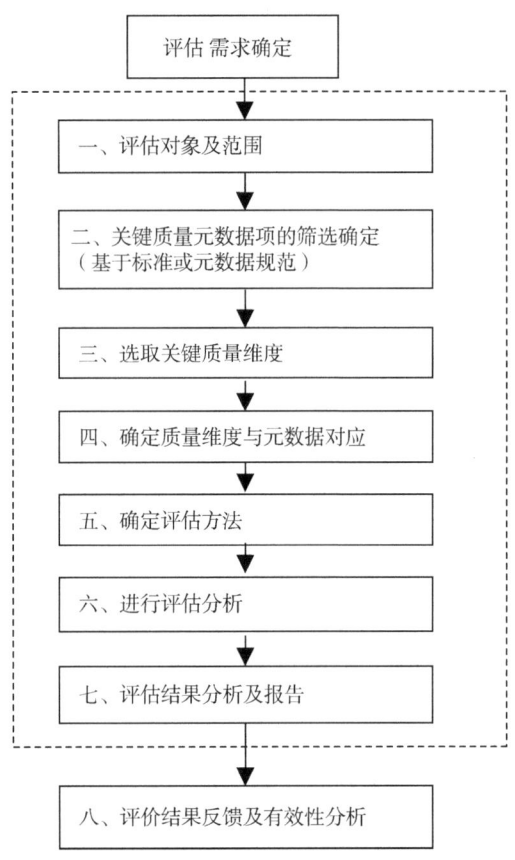

图8-3 基于质量元数据的网络科技信息资源质量评估的基本流程

第一步，评估对象及范围：根据评估需求及评估目的，确定评估对象及其范围，评估对象既可以是某一条科技信息也可以是某一类整体网络科技信息资源数据集。

第二步，关键质量元数据项的筛选确定：结合科技信息资源元数据规范或标准确定选择质量元数据项。

第三步，选取关键质量维度：质量元数据的多维性特点，以及元数据内容的可获取性、成本等因素使得不能对所有与质量相关的元数据进行评价，这需要通过把握关键质量元数据项进行质量评估工作。筛选的原则一般是优先参照相关国家或国际标准，其次是参考相关文献及评级对象的元数据特点,对其质量维度进行整理,从质量维度统一定义、分类(指从形式、内容、关联环境3个方面进行分类),从属性(包括指标冲突或上下关系等)和筛选(从实际感知程度和理论重要程度两个方面考虑)等进行确定[①]。

第四步,对目标对象进行"场景"分析,确定质量维度与元素数据对应,确定关键质量元数据项和质量维度之间的映射及权重关系。一般利用专家调查法确定对某一质量维度有影响的关键元数据项,根据专家或专业评估人员对质量维度的理解及其和质量元数据对应关系重要程度排序的认识,建立质量维度与关键质量元数据项的映射及权重关系。

第五步,运用方法进行评估:选择适当的综合评估方法对目标对象进行评估分析。

第六步,进行评估分析:根据前面5个步骤确定的质量对象、质量范围、测度及其实现方法实现质量测评的活动过程。

第七步,评估结果分析及报告:基于评估结果对目标数据资源进行评估、分级、质量标示,并将评估结果进行分析,找出差距,进行故障分析,并分析质量较低的元数据项或关键环节、过程,进行针对性的质量改进。

第八步,评估结果反馈及有效性分析:质量评估的关键一步,有评估就要有反馈,要将评估结果反馈给评估主体和相关评估需求方。

8.3.4 质量评估指标选择

8.3.4.1 质量评估指标选择的指导原则

由于网络科技信息资源建设是一个复杂系统,涉及各方面因素。因此,不可能对所有的因素进行测评。为此,有必要选择一些典型性、可测性的且能反映网络科技信息资源质量管理特征的指标进行评估分析。

对于选择哪些指标应遵循一定的原则,否则所设计出来的质量评估系统无法达到项目研究的最终目标。

考虑到本项目评估最终以自动化评估为主的方式,故从共性和个性两个层次来考虑选择测评指标的原则。

第一,对共性测评指标的选择原则如下。

(1)功能性原则:根据研究的目的,元数据项指标的功能大体可归为描述功能、解释功能、评价功能、监测功能和预测功能。如果反映资源本身特征的标识信息,则选择描述性元数据指标;如果说明科技信息生产过程发生的质量状态,则可以选择与该现象高度相关的管理性元数据指标;如果评估领域间、机构的资源服务应用情况,则选择应用性元数据指标;如果是为了揭示资源运行中出现的技术维护等问题,则选择技术监测性元数据指标。

(2)整体性原则:要求选择的一些指标数量及其结构组成能够尽可能全面系统地反映评价目标,必须从整体的角度选择,各个指标应由若干同质指标组成并形成系统结构,属于

---

① 宋立荣. 基层科技报告资源建设中元数据质量评估研究:以中国科学技术信息研究所为例[J]. 中国科技资源导刊, 2016, 48(1):57-66.

不同类型的指标不能相互合并。选择评价指标的标准应该与网络科技信息资源建设发展阶段的质量水平相适应。

（3）可比性原则：可比性原则要求指标应尽量反映网络科技信息资源质量的共同属性，不同指标的量必须化为同一单位才能互相比较、计算。因此，在筛选指标时尽量采用公认、普遍使用的指标及概念定义，在指标评价数据时尽量采用相对指标，取值时尽量采取无量纲数值或者统一的可比较计量单位，以使测评指标具有可比性。

（4）可测性原则：有两个含义，一是指标具有可测量性，尽量用客观性指标；二是指标应具有可估计性，如一些主观判断的指标。对于那些不具有可观测性的指标或者理论上可测但实际中又无法做到的指标，则不应该纳入指标体系中。

（5）有效性：指在建立一个统计指标体系的时候必须与所要反映的对象相符。运用指标体系进行网络科技信息资源之间的横向比较或资源生产过程各环节的纵向比较的时候，就必须要符合具体的实际情况，指标的变换要能够说明所研究对象的真实变化。

（6）可理解性：评价体系应易于被评价者和用户理解、掌握，并具有可移植性，即适用于新的资源评价和加入新的评价要求和因素。应考虑到时间和成本问题。

第二，对个性指标的选择原则如下。

（1）典型性原则：所选指标应能反映这种类型科技信息资源特殊质量特征的质量元数据项。

（2）灵活性原则：评价指标体系的结构应具有可修改性和可扩展性。针对具体的某一类科技信息资源或数据集的管理过程评价的要求，可对评价指标体系中的质量元数据项进行修改、添加和删除，依据不同的情况将评价指标进一步具体化。

（3）实用性原则：要求指标体系必须含义明确、数据规范、侧重简单实用、计算简便易行。评价指标的评分标准应符合被评价对象的实际情况，即评分标准要适当，既不能要求过高，也不能要求过低。

第三，选择质量评估指标的具体要求如下。

（1）可获得性：确保评估数据能够获取，并且不受主体的主观影响，数据客观、准确。

（2）可测性：选取的指标要有可测性，能被客观地测量，数据资料收集方便，计算简单，易于掌握，测量方法要长期保持有效，而且能把数据质量在时间上做一个比较。

（3）非冲突要求：指标之间应尽量避免明显的包含关系和相互冲突。对隐含的相关关系和相互冲突的指标，在模型中加以适当消除和取舍。如评价的有效性和评价的简便性矛盾之间应在满足有效性的基础上，尽可能简化；指标的精确性和指标的可信度矛盾之间，评价应尽可能精确，但目前有些指标还不能做到很精确时，应保证指标的可信性，可请专家给出定性描述。

（4）主次层次清晰：指标结构要有层次，指标设置要有重点，要抓住主要因素。重点方面的指标可设置得密些、细些，次要的指标可设置得稀些、粗些。

（5）自动化评估：本次评估希望能实现评估指标的自动化评估。

（6）结构层次性：最为简单的指标体系结构一般包含 3 个层次，即最底层是具体操作层，中间层是大类质量元数据指标层，最上层是质量维度准则层。

8.3.4.2 质量评估指标的层次

指标体系的设置是网络科技信息资源质量评估的核心问题。根据指标体系设置的原则、思路，结合前几章节进行的实际调查分析，网络科技信息资源质量表现出不同的层次性、阶段性和实用性特点，其评价指标也将有所不同，表现出不同的层次类别。为此，本项目提出的网络科技信息资源质量评估指标体系，要求所设置的统计指标体系要在结构上具有可观察到的层次感。故本项目将整个质量评估指标体系分成3个层次：第一层次是评价总分层，处于最上面，叫作测评对象质量评估总体得分，只有一个要素，它是分析每一条信息质量的总分值，从总体上反映这类科技信息质量管理的整体情况；第二层次是维度层，侧重评估对象的几个核心质量维度得分情况；第三层次是指标层，是评估系统的评价指标，由筛选确定的关键质量元数据项作为指标，它一般由一些测试项来体现。网络科技信息资源质量评估指标的层次如表8-1所示。

表8-1 网络科技信息资源质量评估指标的层次

指标层次	适用范围
第一层次 (资源质量的评估总分)	测评对象质量评估总体得分，分析每一类信息质量的总分值，从总体上反映该类科技信息质量管理的整体情况
第二层次 (网络科技信息资源基本质量维度要求指标)	适用于所用网络科技信息资源的质量评估，为基本评价指标。基于文献统计、用户需求，通过专家调查法确定几个基本质量维度，分别是完整性、规范性、时效性、准确性、可获得性等5个方面，构成网络科技信息资源基本质量面
第三层次 (筛选确定的关键质量元数据项的指标)	适用于特定主题领域，要求根据该领域信息的特点在维度层选择相应的质量维度，并据此筛选相关性强的质量元数据项作为具体评价指标，并分配权重

（1）资源质量的评估总分

由二级指标中几个质量维度的得分及权重计算得出，以百分制计算得分情况。值得一提的是，由于本项目研究中的关键质量维度的权重是由使用者根据自己的需要选择打出的分值，因此不同的使用者会选择不同维度的权重，其结果使得每个使用者看到的网络科技信息资源质量的总体得分并不一致。

（2）网络科技信息资源关键质量维度的确定

对有国家或国际标准的信息资源依照其标准确定质量维度，对无标准参考的信息资源质量维度的把握可通过调查分析法（如专家调查法）初步确认，从质量维度统一定义、分类（形式、内容、关联环境3个方面）、从属性（指标冲突或上下关系等）和筛选（实际感知程度和理论重要程度两个方面）等进行确定。

调查分析法采用定性描述方法，细化指标打分排序。首先，基于文献统计选择使用频次较多的质量维度进行统一定义，以便清楚界定、统一各质量维度的含义；其次，从网络科技信息资源质量的实际感知程度和理论认为重要程度两方面进行问卷调查，打分采用使用最广泛的 1~9 等比标度法。

基于众多文献梳理分析，结合前几章节的调研分析结果，本项目拟从完整性、规范性、准确性、时效性、可获得性等 5 个质量维度入手对目标科技信息资源的元数据进行评估。

①完整性是衡量元数据全面、详尽地描述其目标资源的程度，包括元数据项的完整性和内容的完整性两个方面。元数据项的完整性要求科技信息元数据项中必选、可选以及条件选择等必须完整，并且符合相应标准的要求，从而保证能够全面地描述整个科技信息。元数据项的完整性可以用元数据项中非空字段的多少来衡量。

②规范性主要考察的是元数据遵循元数据规范、应用指南，以及按照规范、应用指南从受控词表取值的情况。规范性包括语义规范性和结构规范性。语义规范性是指元数据遵循资源库所采用元数据规范、应用指南或者手册的程度。结构规范性是指一条元数据记录所有的字段以相似的方式描述同一个对象，包括元素值编码与标准保持一致、元素顺序一致、内容和数据保持逻辑一致、各个元素之间的兼容性等。同时，元数据中的数据库说明必须简单易懂，并与所要表达的内容相一致。对规范性的量化是统计元数据记录违背元数据规范和应用指南的频率。

③准确性是指元数据提供的内容正确、客观地反映目标资源的程度。衡量准确性多采用定性方法，经专业人员和专家审核判断。内容的准确性要求元数据项内容（如摘要、关键词等说明）必须准确表达资源本身的内容，确保记录真实可靠或者内容无异议，必须完整记录科技信息资源相关方面的信息。也有采用科技信息元数据内部一致性替代"准确性"的，即科技信息元数据元素和元数据内容相一致。

④时效性需要从两个方面来考虑：一是衡量元数据随着目标资源的改变而改变的及时程度，即元数据的及时性；二是目标资源可能在其元数据被创造前就被获取和利用了，已创建的元数据也应由于元数据的使用而发生变化，这说明元数据总滞后于目标资源，时效性是对这种滞后程度的衡量。

为了测量的可行性，对时效性的量化主要采用初稿提交时间和最终入库时间差与科技信息资源规定提交周期的比值。如针对自动化体现在数据更新的及时性、比例等，针对特定用户指的是获取最新信息的需求被及时满足的程度。

⑤可获得性主要测评是否能通过网络获得元数据项内容。此项可采用抽样统计方法来进行，也可采取自动化方法统计。打分取值主要通过信息的全部元数据项的可获得性权重计算来得出每条信息的可获得性。

（3）网络科技信息资源关键质量元数据项的筛选确定

将众多元数据项的扩展、筛选应用到质量管理中形成质量元数据。通过专家调查法确定关键质量元数据项及各指标的权重。从以下 4 个方面进行解决。

第一，对目标信息资源进行"场景"分析，分析质量控制特点、要求，软硬件建设状况，以及与关联实体的质量关系等，以便把握其主要质量特征，确定及扩展元数据项，如图 8-4 所示。

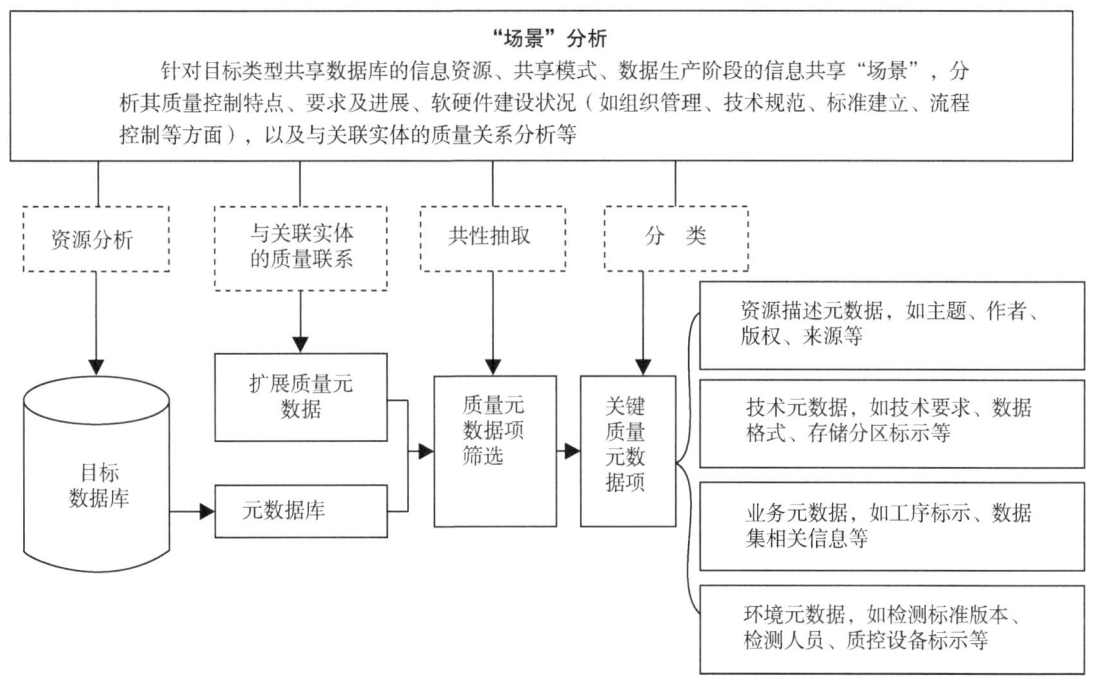

图8-4 关键质量元数据的确定过程示意

第二，对目标资源实体进行分析研究，参照国内外已有的相关元数据标准内容或者内部制定的元数据标准及规范扩展筛选关键元数据项。对于每一个类型的信息资源，从需求角度出发，结合信息从生产到使用的流程，分析需要描述其哪些方面的质量活动，如信息资源内容特征（如题名、关键词、摘要、所属学科、范围等，关联实体，非语义性内容特征等）、物理特征（如数据格式、数据量等）、信息生产过程描述（如谁生产或创建、什么项目资助、生产时间、产生地点、生产目的、最初用途、数据来源及精度、数据处理方法等）、信息处理过程（如数据维护人，数据更新时间、范围、频率及内容说明，数据处理标准版本，质量控制措施，质量检测方法及检测项等）、技术条件（如技术要求及标准、数据格式等）等，罗列与质量活动有关的（或者对质量产生影响的）元数据项。

第三，对扩展元数据项进行分类。参照相同信息资源的质量元数据标准和一些扩展原则，并考虑到该信息资源本身的特点、信息生产过程、所采取的技术，以及关联环境等方面，划分为描述类、管理类、技术类、应用类，并将质量元数据对应到各个生产环节质量状态描述中。

第四，关键质量元数据项的确定。实际上，从处理效率、管理成本、存储冗余等方面考虑，不可能也无必要建立非常复杂、完善的众多质量元数据项体系。为此，采取最大公约数原则，结合目标信息资源的主要质量特征分析，提取对质量有重要影响的关键质量元数据项。目前可行的做法是，在大量文献整理的基础上，结合专家调查分析方法初步确认关键质量元数据项。因此，从一定程度上来说，专家或专业评估人员对质量维度的理解以及和质量元数据对应关系重要程度排序的认识会影响最后的统计分析结果。

基于对众多文献的梳理分析，本项目结合前几章节各种调研分析的结果（因篇幅所限，详细的专家调查法数据处理过程等省略），拟确定的关键质量元数据项有30项（表8-2）。

表8-2 确定的关键质量元数据项

分类	采集环节	加工环节	审核存储环节	发布应用环节
描述类质量元数据项	题名 主题（或关键词） 创建者（或作者） 创建者单位 日期 出版者 其他责任者 描述（摘要） 资源类型 格式 资源标识符 语种 来源 关联 覆盖范围 权限	题名 主题（或关键词） 创建者（或作者） 创建者单位 日期 出版者 其他责任者 描述（摘要） 资源类型 格式 资源标识符 语种 来源 关联 覆盖范围 权限	题名 主题（或关键词） 创建者（或作者） 创建者单位 日期 出版者 其他责任者 描述（摘要） 资源类型 格式 资源标识符 语种 来源 关联 覆盖范围 权限	题名 主题（或关键词） 创建者（或作者） 创建者单位 日期 出版者 其他责任者 描述（摘要） 资源类型 格式 资源标识符 语种 来源 关联 覆盖范围 权限
管理类质量元数据项	获取方式 采集质量规则 采集请求 采集状态 问题描述 质控者	获取方式 加工质量规则 加工方式 加工请求 问题描述 质控者	获取方式 审核存储质量规则 审核请求 存放方式 问题描述 质控者	获取方式 发布质量规则 发布请求 发布方式 问题描述 质控者
技术类质量元数据项	数据质量日志 系统描述 维护信息	数据质量日志 系统描述 维护信息	数据质量日志 系统描述 维护信息	数据质量日志 系统描述 维护信息
应用类质量元数据项	存放方式 电子资源特征 电子资源地址及检索 联系信息 版本	存放方式 电子资源特征 电子资源地址及检索 联系信息 版本	存放方式 电子资源特征 电子资源地址及检索 联系信息 版本	存放方式 电子资源特征 电子资源地址及检索 联系信息 版本

8.3.5 基于质量元数据的网络科技信息资源质量评估指标体系及权重的确定

8.3.5.1 构造评价指标层次结构模型

网络科技信息资源质量评估指标权重的设置包括两个层面：一是质量维度的权重设置，用 a 表示；二是针对确定质量维度与关键质量元数据项的映射及权重设置，用 d 表示。在评价指标体系中指标的重要程度各不相同，而在同一等级中各个指标的权重一般也不同，这是考虑各个指标对科技信息质量的不同影响。而且，不同评价者、不同决策者对各个指标的要求程度不同，则会产生不同的权重分配，如对于基本属性维度的指标，有的侧重内容质量，有的关心效用质量等。

通常地，评价关键因素的权重设置首先通过专家调查法中的多名专家进行重要性评价打分，采取层次分析法对评价指标体系中各级层次内部和层级间的指标构造判断矩阵，通过专家调查法获得指标间的两两比较数值，计算某一层次指标对上一层次相关指标的重要性权值[①]。为指标形成提供量化方法，进而形成完整的网络科技信息资源质量评估体系。

结构模型如图 8 – 5 所示，其中网络科技信息资源质量为目标层，A1 – A5 为维度层，D1 – D30 为指标层。

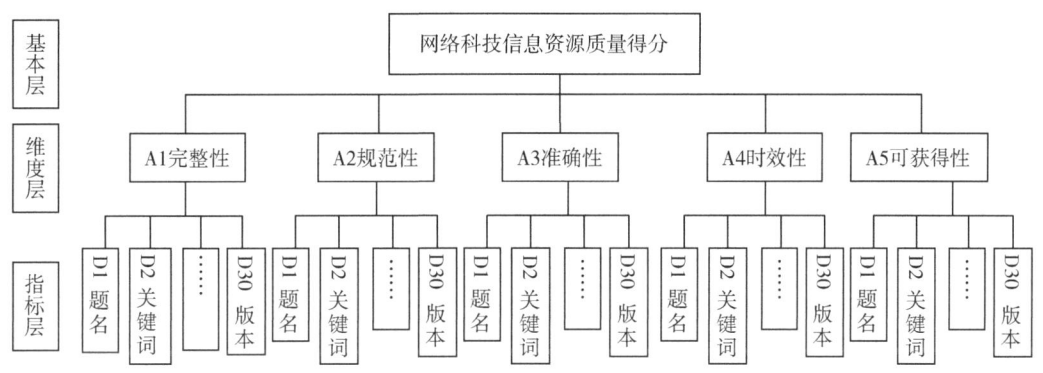

图 8 – 5　网络科技信息资源质量评估体系层次结构示意（部分展示）

8.3.5.2 针对维度层评价指标权重计算

考虑到不同用户对网络科技信息资源质量需求的不同，有的关心时效性，有的关心完整性，有的关注准确性。为此，本项目一级指标将根据用户权重决定得分，即不同用户在不同维度上的权重是不同的，取决于用户的质量维度偏好，但具体评价方法却是相同的。本项目研究中关键质量维度的权重是由使用者根据自己的需要选择打出的分值，因此不同的使用者会选择不同维度的权重，其结果使得每个使用者看到的网络科技信息资源质量的总体得分并不相同。

在用户检索使用信息资源前，需要用户对其质量需求进行质量偏好打分，然后系统对其

---

① 李亚峰. 科技报告知识共享绩效评价体系构建研究 [D]. 长春：吉林大学，2015：29 – 42.

打分选择自动计算各个质量维度的权重。

权重计算方式采用简单的 W_i（单项得分/各项得分总和）×100。

$$W_i = \frac{a_i}{\sum_{i=1}^{n} a_i} 。 \tag{8-1}$$

式中，n 表示评估质量维度的项数，本次为 5。a_i 表示用户对每一项质量维度的打分分值，在 0~9 选择一项，其中 0 代表不考虑这项质量维度。用户信息质量需求的质量偏好打分如表 8-3 所示。

表 8-3 用户信息质量需求的质量偏好打分

序号	质量维度	定义	打分项									
			0	1	2	3	4	5	6	7	8	9
A1	完整性	描述元数据内容填充的程度										
A2	规范性	元数据符合定义的规范程度										
A3	精确性	元数据内容对实体信息及附属信息做出准确描述的程度										
A4	时效性	元数据项填写的内容及时更新的程度										
A5	可获得性	能否获得元数据项内容										

8.3.5.3 针对质量维度与关键质量元数据项的映射及权重设置计算

（1）质量维度与关键质量元数据项的映射

元数据抽象化了对科技信息资源对象的质量特征描述，使得各种类型的科技信息资源可以通过质量维度与关键质量元数据项之间的映射关系进行表达，主要从信息结构要素、内容要素和信息生产关联环境 3 个方面进行评估。首先，根据资源对象元数据标准及其质量活动，定量分析关键质量元数据字段项的完善情况并提取关键质量元数据项；其次，采取专家调查法，通过专家或专业评估人员对质量维度的理解，提炼核心质量维度；最后，评估关键质量元数据项分别对各个质量维度的贡献程度，建立其和质量维度重要程度排序的映射对应关系。图 8-6 仅例举了采集环节的质量元数据项。

①对质量维度统一定义。在采取对质量维度统一定义的基础上，将各质量维度进一步分解为几个定性描述的指标，以便专家能够清楚地理解、界定各维度的含义。

②建立质量维度与关键质量元数据项的映射关系。本项目是通过专家调查法来确定各个类型数据库的关键质量元数据项内容，就质量维度与关键质量元数据项之间的相关性及权重认识采取专家调查表进行打分排序（表 8-4）。若二者之间没有相关性，则不做记录；若数据项中这个质量元数据项有相关性，但未填写内容或空项，则自动记录为"0"；若数据项中这个质量元数据项有相关性，且填写内容有效，则自动记录为"1"。

③基于质量元数据项的评价指标确定。基于目标数据库质量特征的结构，确定各类评价

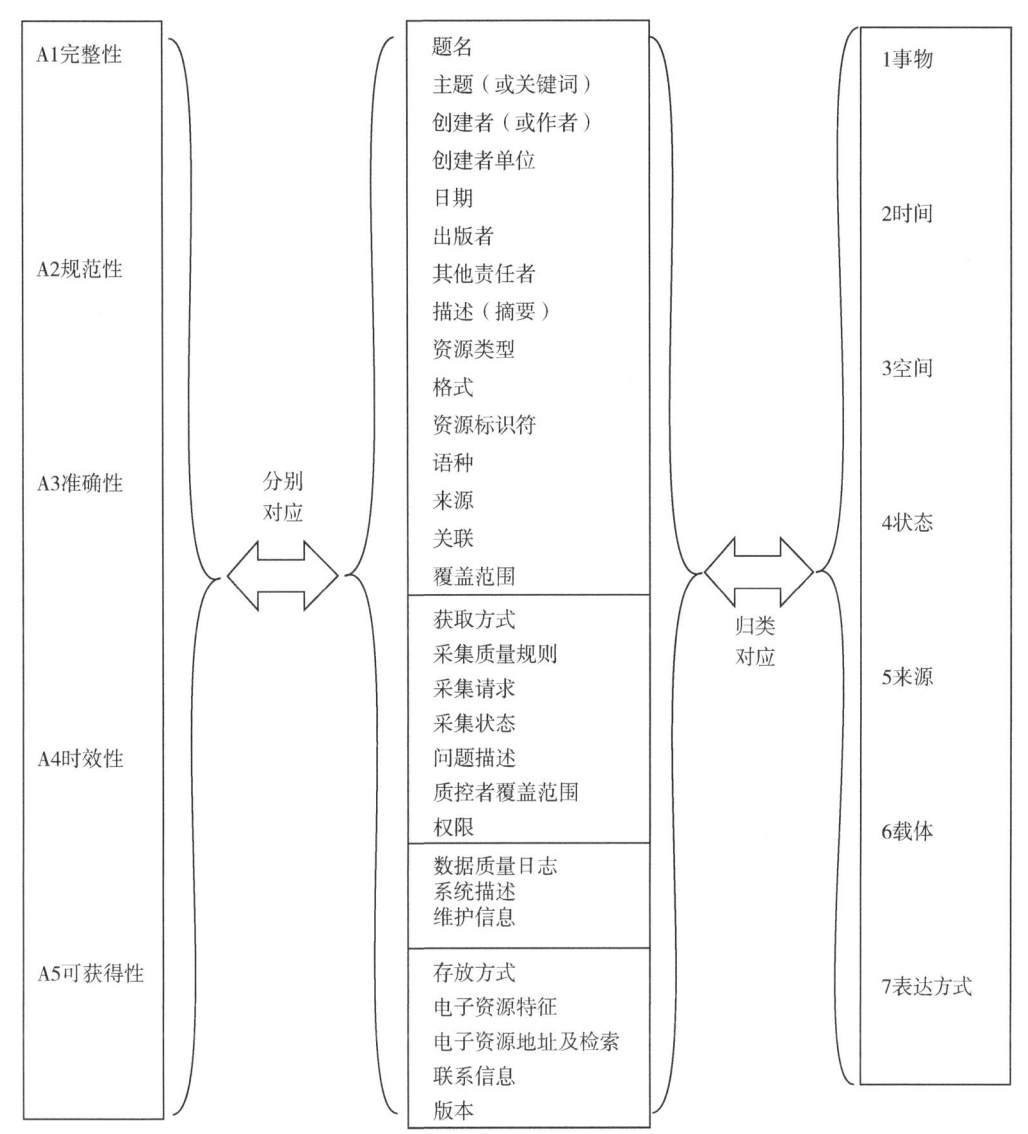

图 8-6 质量元数据对质量维度特征的揭示（采集环节）

指标，包括质量特征的定义域（指重点需要哪些质量特征指标）、要求域（指各个指标的权重大小）、展开域（指质量特征指标对应哪些质量元数据项）、评价域（指评价方法及参数选择）、故障域（指评价失效及有效性规定）和检验域（指检测方式确定）等。

表8-4 质量维度与关键质量元数据项的映射及权重关系(举例)

评价对象	质量特征(质量维度)		"主题"(1或0取值)	权重(1~9取值)	"格式"(1或0取值)	权重(1~9取值)	"日期"(1或0取值)	权重(1~9取值)	……
	名称	计算加权/排序							
国家高层次科技人才资源数据(举例)	完整性	3	1	5	1	5	1	9	……
	规范性	4	1	5	0	0	1	5	……
	准确性	1	1	7	0	0	1	9	……
	时效性	5	1	3	1	7	1	3	……
	可获得性	2	X(不相关)	0	1	9	0	0	……
	……	……	……	……	……	……	……	……	……
备注说明	调查前统一定义		是—1否—0	计算时统计结果×0.1					

(2)针对各环节质量元数据项对应质量维度的权重计算过程

权重是确定指标在整个评估体系的相对重要程度,对于如何确定权重,通常有以下几种方法:直接赋权法,基于指标设计、制定人员根据各个评估指标的定位来确定,考虑各指标设定的目的和意义,评估者直接给各个评估指标确定相应的重要性,给予一定的权重分配;间接赋权法,评估者间接比较各个指标对,给各个评估指标相对的重要程度赋值;层次分析法(AHP法),由相关专家和研究人员通过为各指标打分来对评估对象进行优劣排序、评估和选择,从而为评估主体提供定量形式的评估依据。AHP法首先是把复杂的问题分解成若干层次,建立起阶梯层次结构;然后构成判断矩阵,进行层次单排序的一致性检验;最后进行层次总排序和一致性检验,得出结论。AHP法的前提是指标之间是独立的、不会相互影响,其次是打分者对指标的理解应该趋向一致。

本项目前期选择AHP法进行各环节质量元数据项对应质量维度的权重计算,并请几位行业专家进行专家打分。但是对打分的数据进行统计分析发现,数据的一致性差距很大,无法通过信度、效度验证。调查分析发现,主要是因为不同专家对各类信息资源元数据对质量贡献程度的理解差别很大,很难达成一致看法。对各个质量维度的看法也不尽相同,尤其是针对不同生产环节的质量维度认识不一致。

为此,本项目调整调查统计方法,采取专家访谈方式进行,通过调查员对调查表中各个质量维度及元数据项的含义、选取目的等进行介绍,再由专家对其进行打分,然后对专家打分通过几何平均算法求均值[①],算出各个环节中每个元数据项对不同质量维度的不同权重。其权重计算过程如下。

---

① 刘万里,刘三阳. AHP中群决策判断矩阵的构造[J]. 系统工程与电子技术,2005,27(11):1907-1908,1913.

首先，根据前几章节在科技信息资源过程分析中确定的各个环节的质量元数据项，先由评估人员或专家对各个环节的质量元数据项与质量维度的对应关系分别进行打分。权重分配可采取专家打分法进行，或依据不同评价者的目的和要求而定。由于机构在每个阶段、每个质量活动中投入的资源、目标和要求不同，对各个关键活动项的权重分配也会有所不同，而不完全是等分配置。因此，评分结果在一定程度上取决于评价打分者的评价取向。

本文项是从整体层面进行考虑的，故对每一个关键环节下的关键质量元数据对应质量维度的重要性采取专家打分法。本次选取5名专家进行打分计算。以采集环节为例，专家打分如表8-5所示。其他环节略。

表8-5 质量维度与关键质量元数据项的映射及权重关系打分（采集环节）

质量元数据项	元数据项定义	完整性	规范性	准确性	时效性	可获得性
题名	名称	1 3 5 7 9	1 3 5 7 9	1 3 5 7 9	1 3 5 7 9	1 3 5 7 9
主题（或关键词）	资源内容的主题描述	1 3 5 7 9	1 3 5 7 9	1 3 5 7 9	1 3 5 7 9	1 3 5 7 9
创建者（或作者）	主要贡献者	1 3 5 7 9	1 3 5 7 9	1 3 5 7 9	1 3 5 7 9	1 3 5 7 9
创建者单位	主要贡献者所在机构	1 3 5 7 9	1 3 5 7 9	1 3 5 7 9	1 3 5 7 9	1 3 5 7 9
日期	指采集日期	1 3 5 7 9	1 3 5 7 9	1 3 5 7 9	1 3 5 7 9	1 3 5 7 9
出版者	使资源成为可用的责任者，如杂志、图书馆等	1 3 5 7 9	1 3 5 7 9	1 3 5 7 9	1 3 5 7 9	1 3 5 7 9
其他责任者	其他对该信息贡献者	1 3 5 7 9	1 3 5 7 9	1 3 5 7 9	1 3 5 7 9	1 3 5 7 9
描述（摘要）	对资源的任何说明	1 3 5 7 9	1 3 5 7 9	1 3 5 7 9	1 3 5 7 9	1 3 5 7 9
资源类型	资源内容的特征或类型，如文献、科学数据、科技报告等	1 3 5 7 9	1 3 5 7 9	1 3 5 7 9	1 3 5 7 9	1 3 5 7 9
格式	资源物理或数字形式	1 3 5 7 9	1 3 5 7 9	1 3 5 7 9	1 3 5 7 9	1 3 5 7 9
资源标识符	资源的编号等，如DOI、馆藏编号等	1 3 5 7 9	1 3 5 7 9	1 3 5 7 9	1 3 5 7 9	1 3 5 7 9
语种	描述资源的语种	1 3 5 7 9	1 3 5 7 9	1 3 5 7 9	1 3 5 7 9	1 3 5 7 9
来源	资源来源的说明	1 3 5 7 9	1 3 5 7 9	1 3 5 7 9	1 3 5 7 9	1 3 5 7 9
关联	对相关资源的指引	1 3 5 7 9	1 3 5 7 9	1 3 5 7 9	1 3 5 7 9	1 3 5 7 9
覆盖范围	主要适用的范围说明	1 3 5 7 9	1 3 5 7 9	1 3 5 7 9	1 3 5 7 9	1 3 5 7 9
权限	与资源有关的权利和许可的声明	1 3 5 7 9	1 3 5 7 9	1 3 5 7 9	1 3 5 7 9	1 3 5 7 9
获取方式	获取信息的具体途径，如购买、授权、数字交换、网络采集等	1 3 5 7 9	1 3 5 7 9	1 3 5 7 9	1 3 5 7 9	1 3 5 7 9
采集质量规则	制定的采集环节质量约束文件	1 3 5 7 9	1 3 5 7 9	1 3 5 7 9	1 3 5 7 9	1 3 5 7 9

续表

质量元数据项	元数据项定义	完整性	规范性	准确性	时效性	可获得性
采集请求	采集质量要求的形式化描述	1 3 5 7 9	1 3 5 7 9	1 3 5 7 9	1 3 5 7 9	1 3 5 7 9
采集状态	数据采集的进度等	1 3 5 7 9	1 3 5 7 9	1 3 5 7 9	1 3 5 7 9	1 3 5 7 9
问题描述	采集环节质量问题描述	1 3 5 7 9	1 3 5 7 9	1 3 5 7 9	1 3 5 7 9	1 3 5 7 9
质控者	采集环节质量负责人	1 3 5 7 9	1 3 5 7 9	1 3 5 7 9	1 3 5 7 9	1 3 5 7 9
数据质量日志	采集环节质量问题处理记录	1 3 5 7 9	1 3 5 7 9	1 3 5 7 9	1 3 5 7 9	1 3 5 7 9
系统描述	采集系统的说明	1 3 5 7 9	1 3 5 7 9	1 3 5 7 9	1 3 5 7 9	1 3 5 7 9
维护信息	采集系统维护说明	1 3 5 7 9	1 3 5 7 9	1 3 5 7 9	1 3 5 7 9	1 3 5 7 9
存放方式	采集数据的存储格式	1 3 5 7 9	1 3 5 7 9	1 3 5 7 9	1 3 5 7 9	1 3 5 7 9
电子资源特征	资源类型（文本、图像、数据集）及字节大小等	1 3 5 7 9	1 3 5 7 9	1 3 5 7 9	1 3 5 7 9	1 3 5 7 9
电子资源地址及检索	资源保存的电子地址	1 3 5 7 9	1 3 5 7 9	1 3 5 7 9	1 3 5 7 9	1 3 5 7 9
联系信息	获得资源的联系方式	1 3 5 7 9	1 3 5 7 9	1 3 5 7 9	1 3 5 7 9	1 3 5 7 9
版本	资源的版本信息	1 3 5 7 9	1 3 5 7 9	1 3 5 7 9	1 3 5 7 9	1 3 5 7 9

值得说明的是，各个质量元数据项对应各个质量维度的打分是相对独立的，不应受其他维度打分的影响。计算结果如表8-6所示。

表8-6 采集环节的质量元数据项对各个质量维度的贡献程度（权重打分表）

采集环节元数据项	完整性	规范性	准确性	时效性	可获得性
题名	0.0568	0.0537	0.0473	0.0434	0.0434
主题（或关键词）	0.0467	0.0376	0.0454	0.0340	0.0323
创建者（或作者）	0.0407	0.0376	0.0430	0.0351	0.0358
创建者单位	0.0400	0.0354	0.0330	0.0322	0.0317
日期	0.0428	0.0354	0.0405	0.0561	0.0266
出版者	0.0301	0.0335	0.0331	0.0248	0.0303
其他责任者	0.0159	0.0159	0.0166	0.0194	0.0202
描述（摘要）	0.0427	0.0428	0.0396	0.0381	0.0342
资源类型	0.0293	0.0322	0.0282	0.0310	0.0262

续表

采集环节元数据项	完整性	规范性	准确性	时效性	可获得性
格式	0.0310	0.0362	0.0336	0.0328	0.0412
资源标识符	0.0435	0.0375	0.0501	0.0384	0.0501
语种	0.0352	0.0246	0.0262	0.0251	0.0263
来源	0.0373	0.0306	0.0357	0.0343	0.0403
关联	0.0307	0.0372	0.0334	0.0373	0.0326
覆盖范围	0.0219	0.0283	0.0215	0.0289	0.0289
权限	0.0237	0.0298	0.0313	0.0366	0.0472
获取方式	0.0303	0.0372	0.0381	0.0446	0.0513
采集质量规则	0.0484	0.0569	0.0454	0.0472	0.0394
采集请求	0.0283	0.0303	0.0332	0.0351	0.0361
采集状态	0.0274	0.0262	0.0260	0.0340	0.0284
问题描述	0.0450	0.0446	0.0424	0.0322	0.0298
质控者	0.0404	0.0458	0.0405	0.0416	0.0276
数据质量日志	0.0349	0.0402	0.0389	0.0349	0.0380
系统描述	0.0239	0.0238	0.0204	0.0185	0.0206
维护信息	0.0191	0.0167	0.0211	0.0171	0.0190
存放方式	0.0295	0.0238	0.0238	0.0307	0.0329
电子资源特征	0.0242	0.0292	0.0284	0.0277	0.0368
电子资源地址及检索	0.0400	0.0367	0.0400	0.0410	0.0406
联系信息	0.0213	0.0211	0.0260	0.0227	0.0348
版本	0.0191	0.0187	0.0171	0.0254	0.0170

（3）测评对象实际元数据项和评价指标之间的映射关系及权重设置过程

在实际的评估中常常会遇到所评估的信息资源元数据标准会和本次确定的质量元数据指标体系并不是一一对应关系，为此需要提前进行归类分析。

根据前几章节的分析研究，关键质量元数据项与质量维度之间存在 3 种映射关系。本项目研究角度仅关注二者的单向映射关系，即关键质量元数据项对质量维度的对应关系，而不考虑双向映射问题（即不考虑质量维度对质量元数据的映射关系）。由此来看，存在一对一、多对一和一对多映射 3 种情况。

为此，首先判断受测科技信息资源的元数据项与本次评价标准体系各个质量元数据项之间的相关性和对应关系。这需要在录入阶段提前说明。如果相关，则为1；如果不相关，则为0，表示此项指标不适用于这个评价对象。

对相关（为1）的元数据项再进一步判断其之间的对应关系，经常存在一对一、一对多和多对一的情况。如果是一对一的对应关系，则直接对应；如果出现 N 个测评对象元数据项对1个评估质量元数据项的对应关系，如有的资源出现"名称""副名称"等情况，则测评对象元数据项平均分配权重，合计此项评估得分值为对应的质量元数据项的值；如果出现1个测评对象元数据项对 N 个评估质量元数据项的对应关系，则测算分值可重复计入各项评估质量元数据项的得分值。元数据项和评价指标之间的映射关系如表8–7所示。

表8–7 元数据项和评价指标之间的映射关系

类别	拟评估的实测信息资源的元数据项	质量评估指标体系中的质量元数据	处理办法
一对一对应	a_1	A_1	权重直接对应 $a = A$
多对一对应	a_1 a_2 … a_n	A_1	$a_1/n + a_2/n + \cdots + a_n/n = A$
一对多对应	a_1	A_1 A_2 … A_n	$a = A_1$ $a = A_2$ … $a = A_n$

8.3.6 评估方法的确定

网络科技信息资源质量评估方法主要从定性和定量的角度来划分。定性方法主要依靠评判者的主观判断。定量方法则为人们提供了一个系统、客观、规范的数量分析方法。利用网上自动搜集和整理网络信息资源的质量评估工具，从客观量化角度对评级对象的科技信息资源的质量进行评价，结果较为直观、具体。目前，实践中所开展的众多信息资源质量方面的评价，采用的评估方法还是以定性方法为主。

为方便评价更易于推广，且被评价者、管理者所理解，充分了解评价数据处理的过程，增加评价透明度，本项目将简化评价方法，对网络科技信息资源的质量状况进行评价。采取的评价方法：首先审查其中每个环节的质量元数据项的内容质量；然后评定各个环节及其所属质量维度所达到的目标；最后得到这条信息的质量总体分值。

其各级指标评价方法如表8–8所示。

第8章 基于质量元数据的网络科技信息资源质量评估

表8-8 科技信息资源质量评估的符号表达形式

步骤	评价名称	代码/评价形式	评价结果的符号表达
1	3级指标：每个元数据项的打分值 ——由不同维度确定打分规则，进行百分制打分	S/质量元数据项打分	V_s 表示每个元数据项在不同维度规则下的打分值
2	2级指标：由各元数据项打分值与其权重组成 ——由元数据打分值乘其权重得到其分值	N/2级指标得分	V_n 表示每个元数据项打分（用SL表示）值乘其权重后合计的得分值
3	1级指标：由5个质量维度层所属2级评价指标组成 ——由所属质量元数据得分相加得到其分值	M/1级指标得分	V_m 表示该质量维度所属元数据项得分值（用RL表示）合计的得分值
4	总质量分值：由5个质量维度评价指标组成 ——由5个质量维度分值相加得到总值	Q/总质量得分	V_q 表示该信息资源总质量的得分值

8.3.6.1 各级指标评估计算方法

各级指标评估方法步骤如下。

步骤一：3级指标的性能评分（各项质量元数据项内容的打分赋值）。

采用的是百分制加分评估标准方法，对每一项指标根据其内容完善程度进行加分评估。

（1）由计算机根据各个质量维度的打分规则对各项质量元数据项内容在不同质量维度分别进行测评，统计每一项指标在不同质量维度的打分值，测评打分值标记为" V_{js} "（$j=1$，2，…，5，代表5个质量维度），并对打分赋值，确定对应的取值区间。

（2）将5个质量维度的各项质量元数据项内容依此打分赋值，得出各个3级指标的打分值。

步骤二：2级指标的性能评分（各项质量元数据项得分值）。

（1）由评价者或专家对每一个环节下的几个质量元数据项针对不同质量维度的重要性进行权重分配打分，分别标记为" $\S_{ji}$ "（$j=1$，2，…，5，代表5个质量维度；$i=1$，2，…，30，代表各个元数据项），其中 $\sum \S_{ji}=1$。

（2）将这个质量维度下各个元数据项的测评打分值 V_{js} 与对应的权重 $\S_{ji}$ 相乘，得出这个质量维度下各个元数据项的得分值 V_{jn}（$j=1,2,\cdots,5$，代表5个质量维度），则打分为 $\sum_{j=1}^{n}(S_{ij}\times\S_{ji})$。

（3）将此生产环节中各个质量维度下元数据项值依此进行计算，得出各个2级指标（质量元数据项）的得分值。

步骤三：1级指标（各个质量维度）的性能评分。

（1）将此质量维度下各个元数据项的得分值 V_{jn} 依次相加，即为这个质量维度的得分值 V_{jm}（$j=1,2,\cdots,5$，代表5个质量维度）。

（2）各个质量维度下元数据项值依此进行相加计算，得出各个1级指标（质量维度）的得分值。

步骤四：总体（总质量得分）的性能评分。

（1）各个质量维度权重的确定。由用户对其质量需求进行质量偏好打分，然后系统对其打分选择进行自动计算各个质量维度的权重。权重计算采用简单的 W_i（单项得分/各项得分总和）×100，即

$$W_i = \frac{a_i}{\sum_{i=1}^{n} a_i}。 \qquad (8-2)$$

式中，n 表示评估质量维度的项数，本次为5。a_i 表示用户对每一项质量维度的打分值，从 0~9 选择一项，其中 0 代表不考虑这项质量维度。

（2）将这个质量维度的得分值 V_j 与对应的权重 W_i 相乘，得出此质量维度下各个元数据项的得分值 V_{jm}（$j=1,2,\cdots,5$，代表5个质量维度），即这个科技信息资源质量某一生产环节评估最终得分的计算公式为

$$S = \sum_{i=1}^{n} W_i \times \sum_{j=1}^{m} (S_{ij} \times \S_{ji})。 \qquad (8-3)$$

式中，$j=1,2,\cdots,m$，m 为2级指标（质量维度）的个数，目前为5个质量维度；$i=1,2,\cdots,n$，n 为某2级指标（质量维度）下3级指标（质量元数据项）的个数，本项目确定为30个；W_{ji} 为第 j 个2级指标的权重；$\S_{ji}$ 为第 j 个2级指标（质量维度）下第 i 个3级指标（质量元数据项）的权重；S 为科技信息资源元数据质量的最终得分；$\sum_{j=1}^{m}(S_{ij} \times \S_{ji})$ 为第 i 个2级指标得分值；S_{ij} 为第 j 个2级指标下第 i 个3级指标的打分值。3级指标下的测评项的打分采取百分制。

步骤五：依此方法计算，得出检索出的网络科技信息资源质量测评总分值。

（1）将检索出来的所有网络科技信息资源总质量、质量维度得分值进行加总平均得出这个检索到的科技信息资源的总体质量表现，以此通过可视化展示，分析其质量总体情况。

（2）将检索出来的所有网络科技信息资源在不同质量环节的总质量、质量维度得分值进行加总平均得出该检索到不同质量环节中的科技信息资源的总体质量表现，计算测评对象整个过程的质量情况，以此判断这个科技信息资源的过程质量在各个维度层是否稳定。

8.3.6.2 各元数据项的具体打分评估方法

（1）测评打分规则的建立

各个质量元数据项的内容成为具体测评对象。每个测评指标项都应从一定质量维度的角度或侧面反映评价目标。与评价目标紧密相关，同时打分标准对目标应具有足够的覆盖面，与评价目标保持高度的一致性。

测评打分规则的基本要求：①评估选取要有系统性，以保证综合评价的全面性和可信度；②打分规则应该意思明确、含义明确、不产生歧义；③打分规则的各项指标要有可测性，能被客观地进行测量，数据资料收集方便，计算简单，易于掌握，测量方法要长期保持有效，而且能把数据质量在时间上做一个比较；④打分规则的各项指标之间应尽量避免明显的包含关系和相互冲突。对隐含的相关关系和相互冲突的指标，在模型中加以适当消除和取舍，如指标的系统性和指标的可获得性之间的矛盾。因为指标体系要包括各个方面的许多因

素，有些指标不易获得和不易测度，不能满足评价所需的全部数据。因此，在建立指标体系时，对于若干与评价关系不大的指标，虽然目前尚无法获得数据，但仍以建议指标的形式提出，以保证评价指标体系的系统性和科学性；⑤打分规则的各项指标选择要保持同趋势化，以保证可比性；⑥打分规则指标设置要有重点，要抓住主要因素。

对于重点方面的指标可设置得密些、细些，而次要的指标可设置得稀些、粗些；指标体系中指标的选择、指标权重的确定、数据的选取以及计算应以公认的科学理论为依据；要满足自动化测评的要求。

（2）打分规则库的建立

一般根据各类型科技信息资源中各个元数据项内容的特点确定打分规则，并以此建立规则库，成为检测和评价元数据项的基本依据。在理想情况下，各类资源的元数据项内容测评标准制定得越全面越详细，越能准确评估出每个元数据项的质量状况。

（3）测评打分方法与度量

对元数据项的具体打分计算方法通常有加权平均法、最大最小运算法、简单比率法等评估函数。由于本项目评估指标涉及定量和定性元素，对每一项评估指标统计打分采用的是百分制加分评估标准方法，对每一项指标，根据其内容的完善程度进行加分评估。主要采用分项检查指标内容有（或无）情况以及元数据内容与网络科技信息资源匹配度进行数据调查收集。

第一，元数据的完整性。

①指标解释：通常地，对于网络科技信息资源元数据的完整性，一方面指的是网络科技信息资源元数据数量完整，能基本满足用户有关检索查询、选择评估、扩展阅读、统计分析4类需求的标引深度，保证用户从多个角度使用元数据检索信息资源的查全率；另一方面指的是网络科技信息资源元数据的填写内容完整无空缺，符合填写完全的要求，不会造成用户使用元数据时因内容空缺所带来的时间和精力的浪费。

本项目要求网络科技信息资源元数据项中必选、可选以及条件选择等必须完整，并且符合相应标准的要求，从而保证全面地描述整个科技信息。元数据项的完整性可以用元数据项中非空字段的多少来衡量。

②计算公式：完整性的统计算法（或公式）为

$$Q_{元数据完整性} = \frac{\sum_{i=1}^{N} P(i)}{N}。 \tag{8-4}$$

式中，若第 i 个字段为空，则 $P(i)$ 为0，非空则为1。N 为质量元数据框架规定的元数据项个数。

③测评方法：此项可采用抽样统计方法，也可采取自动化方法进行统计。打分取值主要根据有无空值进行判断，抽样考虑测评数量、测评目的。一般地，按照调查数量的10%抽取科技信息资源，并对每一条科技信息所有质量元数据项的内容进行打分。先统计每一条信息质量元数据的完整性，之后汇总统计所抽样网络科技信息资源整体的完整性状态。

第二，元数据的规范性。

①指标解释：规范性指的是元数据与运用环境中存在的各类标准规范中的规定相一致的

程度，针对自动化涉及数据格式、数据结构、数据内容等。科技信息元数据的规范性一方面指的是科技信息元数据元素著录符合科技信息元数据标准著录要求；另一方面指的是元数据内容著录及描述遵循科技信息元数据规范要求，以保证面向用户使用时的一致性和标准化。打分评估这项指标是在为建立科技信息元数据用户使用规范的情况下，科技信息元数据应该按照网络科技信息元数据著录规范填写。例如，"题名"要反映网络科技信息资源最主要的内容，避免使用不常见缩略词、首字母缩写、字符、代号、公式等。再如，"作者"及"单位"要一一对应，一个作者对应一个单位；作者与作者单位之间有空格，两个作者间用"；"隔开；"作者"及"单位"要写明全称。

②计算公式：规范性的统计算法（或公式）为

$$Q_{元数据规范性} = \frac{\sum_{i=1}^{N} P(i)}{N}。 \qquad (8-5)$$

式中，若第 i 个字段遵循第 i 条规则的 N 种情况，则"能够满足"，$P(i)$ 取值为 80~100 分；"基本满足"，$P(i)$ 取值为 60~79 分；"略微满足"，$P(i)$ 取值为 10~59 分。N 为网络科技信息资源编写规范所规定的规则数量。其中，对第 i 个字段遵循第 i 条规则的判断是看是否出现以下 4 种情况：一是元数据中包含了指定元数据规范并没有定义的字段；二是记录里没有元数据规范规定的必备字段；三是某些字段没有从元数据规范规定的受控词表中取值；四是不遵循元数据规范的应用指南，将受控词表中的多个值整合赋给某个或某些字段。分项检查统计 4 类指标有（或无）的情况。

③测评方法：此项可采用抽样统计方法进行，也可采取自动化方法进行统计。打分取值主要根据有无空值进行判断，抽样考虑测评数量、测评目的。例如，按照调查数量的 10% 抽取科技信息资源，并对每一条科技信息所有质量元数据项的内容进行打分。先统计每一条信息质量元数据的规范性，之后汇总统计所抽样网络科技信息资源整体的规范性状态。

第三，元数据的时效性。

①指标解释：时效性指的是对提交的科技信息是否能及时发布、是否能及时提供网络服务，针对目标科技信息资源发生变化修改时，可与之保持一致的程度。此处采用初稿提交时间和最终发布时间差与科技信息资源规定提交周期的比值。其中，规定的提交周期按照评估者确定的周期时间，或者按照各类资源生产加工的流程特点确定的时间来确定。另外，针对自动化体现在数据更新的及时性、比例等，而针对特定用户指的是获取最新信息的需求被及时满足的程度。

②计算公式：时效性的统计算法（或公式）为

$$Q_{元数据时效性} = \frac{\sum_{i=1}^{N} P(i)}{N}。 \qquad (8-6)$$

式中，$P(i)$ 为一条科技信息的时效性，其计算公式为（信息发布时间 - 采集提交时间）/科技信息生产平均周期×100；N 为抽样的科技信息个数。

③测评方法：此项可采用抽样统计方法进行，也可采取自动化方法进行统计。打分取值主

要根据时间比值进行判断,抽样考虑测评数量、测评目的。一般地,按照调查数量的10%抽取科技信息资源,并对每一条科技信息所有核心内容要素进行打分。先统计每一条科技信息的信息质量元数据的时效性,之后汇总统计所抽样网络科技信息资源整体的时效性状态。

④数据来源:各环节提交的科技信息资源。

第四,元数据的准确性。

①指标解释:准确性衡量的是元数据提供的内容正确、客观地反映目标资源的程度。衡量准确性多采用定性方法,通过专业人员和专家审核判断。内容的准确性要求元数据项内容(如摘要、关键词等说明)必须准确表达资源本身的内容,确保记录真实可靠或者内容无误,必须全面完整记录科技信息资源相关方面的信息。

对于科技信息元数据的准确性,一方面指的是科技信息元数据内部的一致性,即科技信息元数据元素和元数据内容相一致;另一方面指的是元数据所呈现的科技信息相关信息正确客观地反映了科技信息及其相关的真实情况,保证用户使用元数据时的查准率。

此处测评的是用户在浏览以上网络科技信息资源的元数据信息时,元数据元素语义与元数据内容含义之间的匹配程度。例如,"题名"元数据的内容要准确概括科技信息的主要研究对象,便于用户快速高效锁定信息的关键和中心内容,不会出现题名信息与科技信息研究内容的巨大偏差。再如,中文摘要元数据的内容要准确描述其所对应的科技信息的研究目的、方法、结果、结论等信息,准确描述科技信息的创新之处和学术水平,保证用户获取准确的描述科技信息主要研究内容的信息;作者及单位的内容要准确描述创建科技信息的个人或团队,尤其是单位,通常选取规范后的机构全称,以避免歧义与混淆。

②计算公式:准确性的统计算法(或公式)为

$$Q_{\text{元数据准确性}} = \frac{\sum_{i=1}^{N} P(i)}{N} \text{。} \tag{8-7}$$

式中,若第 i 个字段描述"准确概括",则 $P(i)$ 取值为 80~100 分;若第 i 个字段描述"较为准确概括",则 $P(i)$ 取值为 60~79 分;若第 i 个字段描述"略微准确概括",则 $P(i)$ 取值为 10~59 分。

③测评方法:对准确性进行量化的最直接方法就是逐一对比判断关键元数据项记录内容与科技信息资源本身内容的准确度,主要采取人工判断方法,采取三级标度法打分。

此项可采用抽样统计方法进行。打分取值主要根据有无空值进行判断,抽样考虑测评数量、测评目的。一般地,按照调查数量的10%抽取科技信息,并对每一条科技信息所有核心元数据项的内容进行打分。先统计每一条科技信息的信息质量元数据的准确性,之后汇总统计所抽样网络科技信息资源整体的准确性状态。

④数据来源:各环节提交的科技信息资源。

第五,元数据的可获得性。

①指标解释:指通过元数据项的链接能以清楚的、便捷的方式得到元数据项内容,或者简单、快速检索并获得全文的程度。

②计算公式:可获得性的统计算法(或公式)为

$$Q_{元数据可获得性} = \frac{\sum_{i=1}^{N} P(i)}{N}。 \qquad (8-8)$$

式中，若第 i 个字段内容不能获得，或者信息显示空值或"无"，则 $P(i)$ 为 0；若第 i 个字段中能获得完整的元数据项信息内容，则 $P(i)$ 取值为 80~100 分；若第 i 个字段中仅能获得部分不全的元数据项信息内容，则 $P(i)$ 取值为 10~79 分。

③测评方法：此项可采用抽样统计方法进行，也可采取自动化方法进行统计。打分取值主要根据有无空值进行判断，抽样考虑测评数量、测评目的。一般地，按照调查数量的 10% 抽取科技信息资源，并对每一条科技信息所有质量元数据项的内容进行打分。先统计每一条信息的完整性，之后汇总统计所抽样网络科技信息资源整体的完整性状态。

④数据来源：各环节提交的科技信息资源。

8.4 基于质量元数据的网络科技信息资源质量评估工作流程

基于质量元数据的网络科技信息资源质量评估基本框架和步骤，具体的评价工作流程如下（图 8-7）。

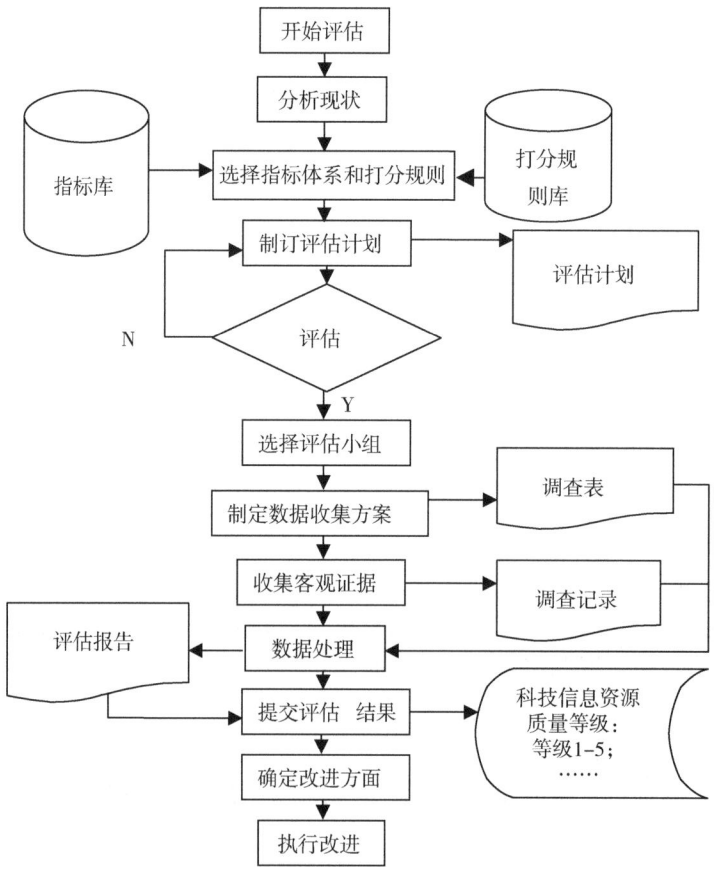

图 8-7 基于质量元数据的网络科技信息资源质量评估工作流程

（1）初步了解拟评估的科技信息资源，掌握其基本质量现状，确定其关键生产环节。

（2）整理出评估要解决的问题清单，明确评估目的。

（3）根据质量元数据框架体系，再参考评价指标中要解决问题相关的特性描述，确定此类信息资源各个质量维度的具体评价指标体系，调整和细化打分规则。

（4）按照打分规则，对目前元数据项内容进行打分，并计算得分结果。

（5）测评打分结束后，与基准值比较分析得分结果，确定改进措施，提出建议。

（6）对改进建议进行归纳总结，确定改进的优先顺序，并制订改进计划。

第9章 基于质量元数据的网络科技信息资源质量评价软件的实现

9.1 概述

在网络环境中,科技信息具有资源分散、发布形式多样、语言描述专业性强、数据内容复杂、数据管理灵活、用户需求面广且多元、需求时效性强等特点,使得过去的一些质量评价方法(如用户主观评价法、标准认证法、指标体系法、缺陷扣分法、项目管理评价法、第三方评价法、同行评议法、访问或链接量统计等)应用于网络科技信息资源质量评价中缺乏普遍性、有效性,难以被推广,尤其难以做到实时、有效的质量评价。这直接影响了科技信息资源质量评价及改进工作。

然而,科技信息不同于传统物理产品的质量特征(如无实体性、不可触知性、数字存在形式、共享性、可复制性、可存储性、可传递性、无消耗性等),不能完全照搬诸如 ISO 9000 系列等传统质量评估体系和方法。为此,本项目参考国内外学者关于网络信息资源质量评价的研究成果,提出了借助质量元数据对网络科技信息资源质量进行评价的方法,并尝试将其软件化,拓展应用到其他领域的专业研究中。

从元数据研究趋势看,元数据不再仅仅是描述信息资源的标准规范,而是发展成为一种数据管理的监测手段或工具。因此,借助网络技术手段,将元数据应用到质量管理中,形成质量元数据,既可以对科技信息资源的质量数据进行有效描述,为管理人员对资源质量状态的理解提供完整和清晰的语义帮助,增强用户对科技信息背景信息的理解和对信息资源的信任度,促进有效利用,又可以借助质量元数据的评价对网络科技信息资源质量进行实时、自动评价。

本项目对科技期刊文献、学位论文、科技报告、科学数据(含数据库资源)、网页科技信息(含新闻、法规等)、生物样本信息的元数据质量进行初步的评价和应用开发。这几种资源类型基本代表了大部分网络科技信息资源的质量特征,也是生产过程最复杂、元数据要素最繁杂的几类科技信息资源。

9.2 软件设计的系统目标和要解决的问题

9.2.1 软件设计的系统目标

基于质量元数据的网络科技信息资源质量评价系统是通过搭建质量元数据评价模型,对现有各类科技信息实体各个不同处理阶段的元数据进行采集和质量分析，计算出信息库中每条信息实体的信息质量评价值，从而实现科技信息资源质量定量评价的计算机软件系统。

软件开发的目的是基于网络海量科技信息资源的质量元数据集合建立自动化评价系统，尽量弱化人为干预过程和筛选计算等，注重发挥计算机自动计算评价的功能，关注科技信息资源的过程质量，允许不同使用者根据自己的使用质量需求偏好提出不同权重的质量维度，获得不同的评价结果和排序展示。

允许管理者根据不同科技信息资源类型、评价目的来调整和修订信息资源的质量元数据集合，以及与质量维度的映射关系，以适应不同评价需要。

评价过程与评价结果尽量统一，通过公开、透明、公正等的方式使科技信息资源过程质量进一步显示出来，并在最终产品环节体现这种过程控制的最终质量状态（通过质量得分或质量标注方式）。

这个系统将实现以下功能。

（1）网络环境下不同类型科技信息资源的元数据标准（或规范）的登记、著录功能，以此建立与质量元数据标准框架各个要素之间的映射关系，实现质量评价的互操作性。

（2）针对各个生产环节中的质量元数据项对质量维度的重要性进行专家打分的计算系统。

（3）基于著录的不同类型科技信息资源的元数据项搭建的元数据内容的著录系统，实现元数据项内容的逐个、批量导入和导出功能。

（4）基于搭建的元数据规则库，实现对著录的元数据项内容质量的自动检测和打分功能。

（5）满足用户个性化质量需求的检索功能。系统可实现用户能够根据自己的信息质量需求进行检索所关注的信息资源质量的自动化排序，并可视化展示检索结果的总体质量、各环节维度质量等情况。

9.2.2　软件设计要解决的问题

由于目前网络科技信息资源的检索更多的是基于相关性检索，尚未关注信息资源本身的质量状态。本项目软件评价将主要实现对网络科技信息资源过程质量的评价和计算，得出最终质量得分情况。用户据此质量维度进行排序，满足质量属性检索需求的使用要求。为此，软件设计要解决以下问题。

（1）不同类型科技信息资源元数据项的登记、著录，并建立与质量元数据标准框架各个要素之间的映射关系。

（2）基于科技信息生命周期4个关键环节中质量元数据项内容的录入（导入）及质量控制规范。

（3）质量约束规则的元数据项的质量检测及各质量维度的打分评价方法。

（4）基于质量元数据评价框架体系的元数据质量评价计算系统。

（5）基于用户按个性化信息质量检索的可视化展示。

9.3 软件功能需求分析

根据软件设计的最初目的和需求，按照功能将软件系统划分为后台管理子系统、元数据登记子系统、信息元数据内容提供子系统、质量评价子系统、信息查询分析子系统。

9.3.1 系统框架及模块功能分析

（1）各子系统框架。整个软件系统分成3个子系统，即系统管理者、信息提供者和信息使用者。分别对应资源元数据的登记、著录，与质量元数据标准的映射互操作，元数据内容的录入及检测打分评价等，信息质量检索及可视化展示。各子系统的构成如图9-1所示。

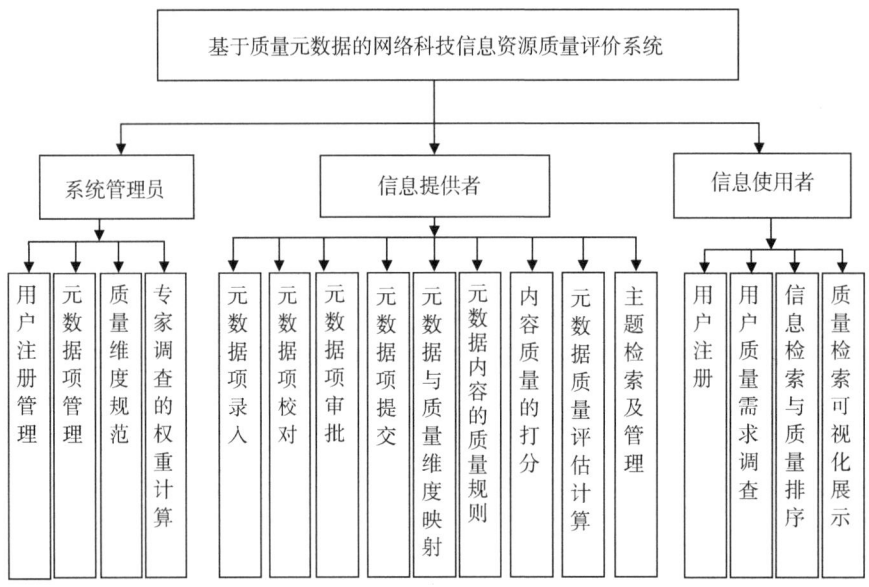

图9-1 软件系统框架示意

（2）各子系统模块的功能。进一步梳理上述各子系统模块的基本功能，如表9-1所示。

表9-1 各子系统模块的基本功能

子系统	模块	功能简述
系统管理者	元数据项管理	支持不同类型科技信息资源元数据项的著录、导入或导出功能
	质量维度的规范	对确定的质量维度进行定义及规则制定
	专家调查打分及权重计算	针对质量元数据项与质量维度之间的权重采用专家打分计算系统
	用户注册、审核认证	对注册用户进行审核批准

续表

子系统	模块	功能简述
信息提供者	元数据项的录入	目标资源的元数据项内容录入或导入
	元数据项的校对	录入元数据项内容的校对及质量维度打分
	元数据项的审批	录入元数据项内容及质量维度打分结果的审核批准
	元数据项的提交	录入元数据项内容及质量维度打分结果的提交
	质量元数据项与质量维度之间的映射关系展示	目标资源的质量元数据项与质量维度之间的映射管理可视化展示
	元数据内容的质量规则	目标资源的各个质量元数据项内容的质量约束规则制定和录入规则库
	内容质量的打分	基于质量规则对各元数据在各个质量维度方面进行打分的情况
	元数据质量评估计算	依据评价规则进行评估指标的得分计算
	主题检索及管理	根据需求输入相关主题检索相关元数据项
信息使用者	用户注册	用户的注册登记系统
	用户质量需求调查	针对使用者质量维度的个性化需求的调查，打分计算出权重分配
	信息检索与质量排序	对检索出的信息按照总质量及各质量维度分值大小排序
	质量检索可视化展示	对检索出的信息可视化展示其总质量及各质量维度分值

9.3.2 使用功能需求分析

根据以上分析，得出系统管理者、信息提供者、信息使用者的不同使用需求。表9-2对三者软件使用功能的基本需求进行了归纳总结。

表9-2 软件使用功能的基本需求

软件使用对象	使用功能需求	示例
系统管理者	用户注册管理、用户权限管理、不同信息资源元数据项标准登记（包括著录、资源编号、导入、编辑）、确认的信息质量维度规范、专家调查（在线打分录入、打分权重计算等）	系统管理权限、后台维护权限
信息提供者	不同编码信息资源的元数据内容录入（包括逐项录入、批量导入、编辑等）、校对、审批、提交放行等；元数据内容质量的自动检测、元数据映射关系图、内容质量的打分系统、各个质量维度的打分计算等；质量元数据评价计算等	不同资源的不同地方（工序环节）的信息录入工作
信息使用者	信息使用者的注册、信息质量需求的调查及打分计算、信息检索及质量排序、信息检索质量结果的可视化展示等	信息按质量分值排序

9.3.3 用例分析

通过对系统需求的分析，可以确定系统有用例存在（表9-3），并用图9-2展示了上述用例的相互关系。

表9-3 用例分析

用例名	描述
用户管理	实现用户创建、删除、审核账户、权限控制等功能
登录	实现用户按照账号、密码及验证码登录系统的功能
系统管理	实现对系统软硬件的维护、安全控制等
数据管理	确定元数据资源的规范、完善结构标准规范
用户质量需求调查功能	根据用户的质量需求进行调查打分,以便根据用户的个性化需求确定总质量,以此进行排序
元数据项登记系统管理	实现对不同类型资源元数据标准的元数据项登记和约束规则的确定,以便于信息提供者按照这个元数据标准进行信息内容的录入工作
元数据检索管理	实现用户按照传统检索题名、日期等进行信息检索
质量元数据检索	按照总质量,以及各个质量维度得分值进行排序,进行质量检索
资源可视化管理	实现针对检索出来的资源进行可视化展示,主要包括总质量、各个质量维度、各个工序的质量维度,以及检索的全部资源质量维度的展示
工序元数据的录入管理	完成对各类信息资源4个主要环节的质量元数据项内容的录入或导入
元数据质量自动检测管理	实现对各个质量元数据内容的质量按照设定的规则由计算机自动进行检测、判断和给予分值

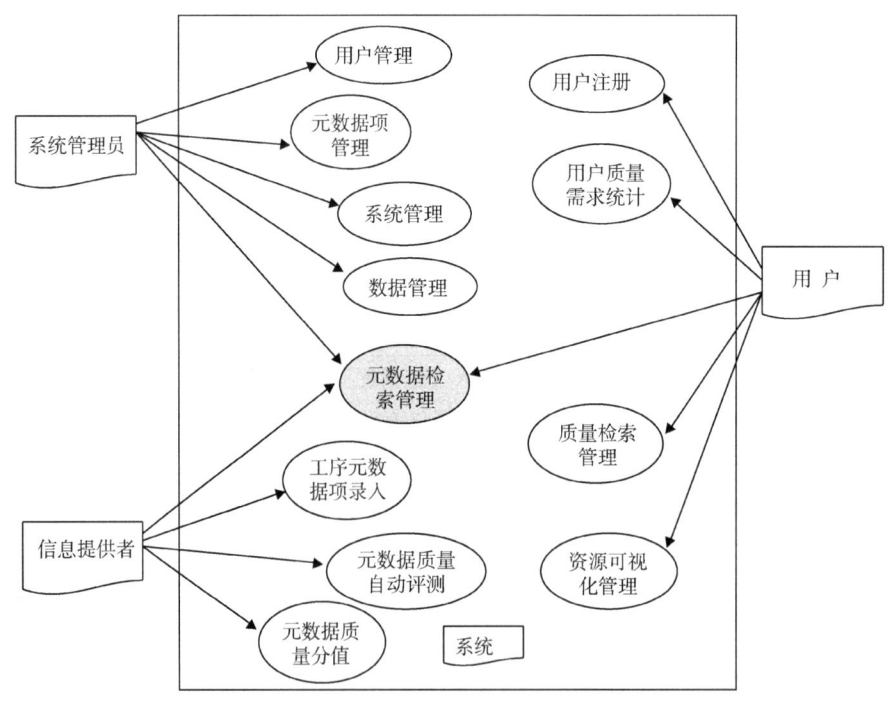

图9-2 用例的相互关系

9.3.4 系统功能需求分析

除了以上使用需求外,在系统搭建时也需要具备一些后台运行的基本功能要求,如信息资源的版本控制、信息资源的生命周期划分、信息资源的存储与管理、用户个性化需求和权限控制、信息检索及导航设置、信息审核与发布等。

(1)信息资源的版本控制。不同类型的科技信息资源有不同元数据体系,但往往同一类型信息资源由于加工要求不同,也会产生前后不同的元数据标准版本,即使一条信息也会有前后不同的版本。为便于区分,可以用版本号(版本号可以分为类版本号和次版本号)来标识。如果对同一类科技信息的元数据标准进行了系统的、较大的修改可以用类版本号标注,而对一条信息中微小的要素修改可以用次版本号标注。

(2)信息资源的生命周期划分。信息资源的生命周期是指从采集到消亡的整个过程,一般将其划分为采集、加工、审核与存储、发布等关键环节。但这不是绝对的,在一些复杂的信息生产环境中往往包含更复杂的生产阶段,而在一些环境相对简单的信息生产环境中则往往是几个生产环节合并在一起。不同生产阶段的元数据项内容、质量状态等有其独特的状态属性。为此,需要在系统中对信息资源的生命周期有清晰的界定。

(3)信息资源的存储与管理。通过审核进入数据库系统的元数据内容在存储时必须使用统一的标准格式,以保证系统的可读性、元数据的可互操作性。一般,文本文件通用格式为 XML、RTF、TXT,并注明文字处理工具,如 Word 等;扫描的图像通用格式为 JPEG、TIFF,如为非通用格式,应转换为通用格式,当无法转换时,应收集其相关软件;视频、多媒体、超媒体文件通用格式为 MPEG、AVI,如为非通用格式,应收集其压缩算法和相关软件;音频文件通用格式为 WAV、MP3,同时收集其属性标识、参数和非通用格式的相关软件。存储后的内容利用数据库技术进行管理[①]。

(4)用户个性化需求和权限控制。系统将根据功能模块设计进行权限分配管理,分角色进行管理,不同岗位分不同角色,分为读、写、下载、完全管理等不同权限。

(5)信息检索与导航设置。在网络关键词等相关性检索的基础上,根据用户质量需求特征提供满足不同用户质量需求的不同质量维度检索的信息资源。

(6)信息审核与发布。在信息发布之前,需要经过严格的审批流程。在逐级审核内容的真实性、保密性、安全性、完整性、一致性的质量基础上,还要对内容质量进行评估打分,以确定其各个环节质量的基本状况。

9.4 软件总体设计框架

9.4.1 软件系统设计原则

软件在设计之前,要考虑其实用性、可操作性、兼容性、便利性等因素,应满足以下几

---

① 程林钢.基于内容管理的元数据的存储研究[D].西安:西安电子科技大学,2010.

个原则。

(1) 方便实用性原则

①容易维护：软件界面的设计要简洁，便于操作，便于维护。界面清晰，出现问题也应尽快回复。

②界面友好：采用统一操作界面，用户统一管理，设置权限。查询语句高效快速。软件交互丰富，响应时间短。

③客户端无须安装：软件只需部署在 Web Server 上，客户端无须安装，打开浏览器即可使用。

④数据库设计巧妙而且冗余少，使各项操作都能比较高效地进行，同时节省存储空间。

(2) 技术先进性原则

①系统能够顺畅运行在基于 TCP/IP 的网络上，服务器端使用 Windows 2003 Server 或 Windows 2008 Server 系统，客户端运行 Windows XP 或更新的操作系统即可使用本系统。

②显示分辨率：考虑到大多数显示器支持的分辨率，系统采用 1024×768 分辨率。

③系统具有先进性、成熟性：系统采用微软系统最新的集成开发环境 Microsoft Visual Studio 2010 进行开发，用户界面采用服务器端验证和客户端验证相结合的技术，保证系统的先进性与成熟性。

(3) 安装、操作、维护升级的简便性原则

系统只需在服务器端一次部署即可供浏览器客户端使用，系统的升级也只在服务器端操作即可，而无须对客户端进行更新操作，大大降低了系统维护的工作量。

操作系统采用用户友好的图形操作界面，并充分考虑到用户操作习惯，系统上线后，用户一般无须培训即可使用系统。

(4) 应用为先原则

本设计的目标是实现对信息实体的信息质量的评价与测算，因此基于质量元数据的信息资源质量评价模型是这个系统的核心，也是设计本方案的重要依据。系统将重视体现、完成评价模型的各环节功能，并将用户应用作为系统设计与开发的依据。

(5) 可扩展性原则

系统开发采用 JAVA 语言，为系统将来的无缝扩展、平滑升级打下良好基础，之后可根据用户需求增加功能。

9.4.2 软件设计思路

本项目质量元数据评价设计软件首先要参考国内外相关标准和成熟技术[1]，满足用户对科技信息资源检索的质量需求，以及管理者对网络科技信息资源保存、检索利用的实际质量控制的需求；同时，使质量元数据能与其他元数据之间实现互操作和相互映射，以使质量元

---

[1] 梁冰，唐文杰，万建军，等. 基于元数据的特色数据库构建和知识组织 [J]. 南华大学学报（自然科学版），2008，22 (4)：92-95.

数据能够相互集成,在其融合时保证语义关联,即主要以 DC 核心元数据项为基础,拓展一些管理及技术元数据标准中能适用的元素。

设计思路是:在原有元数据体系建设的基础上,通过扩展和筛选确定关键质量元数据项,利用文献及专家调查方法,确定 5 个质量维度与关键质量元数据项的映射及权重关系,建立基本评价指标体系及打分规则,通过自动化打分方法,确定每条信息各个质量维度的得分值、总质量分值。在此基础上,对评价结果进行分析,判断目前质量问题出现的原因,以此促进网络科技信息资源质量改进,且用户可以根据自己个性化的质量维度要求进行检索排序,选择自己需要的科技信息资源,并对其结果进行可视化展示。

从技术的角度来看,主要是以质量元数据为核心,以业务环节各个元数据项和质量维度为控制点,对网络科技信息资源的各个元数据项内容进行测评,从侧面反映出科技信息资源质量情况,以满足从分类、主题、应用等多个角度对网络科技信息资源进行管理、识别、定位、发现、评估与选择。

9.4.3 物理模型设计

物理模型考虑系统如何设计、如何操作的问题,就是确定系统的软硬件配置、数据资源存储分配等。根据信息系统的容量确定数据的存储结构复杂度、数据概念模型及数据库设计策略等。

(1) 后台管理系统的结构框架

后台管理系统的结构框架,主要是为实现各个功能进行模块设计的。其总体有 3 个数据处理模块:一是用户管理模块,解决用户申请、使用权限、角色权限转换等用户使用管理的需求;二是数据处理管理模块,主要解决各类数据的数据库项目设计(类型、容量、关系等)、数据录入、维护及更新等方面的使用要求;三是业务处理管理模块,主要满足数据检索、统计、检测、映射等基本功能的流程需要,使其能够顺畅完成各项业务,如图 9-3 所示。

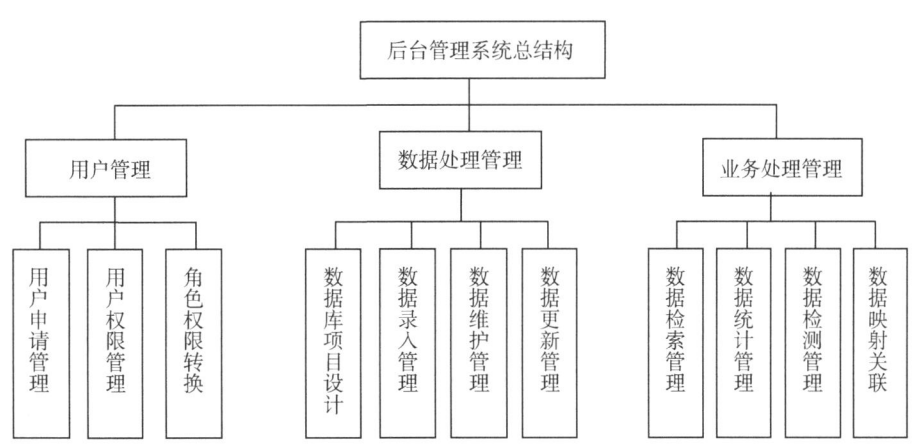

图 9-3 后台管理系统的结构框架

（2）三层架构设计

由于评价主体存在多元性、不确定性，软件系统在网络上运行采用三层业务体系，如图9-4所示。业务层面主要是接受客户端或应用程序的请求，将数据流传到业务逻辑层，以及接受数据的返回。逻辑设计层面主要负责对数据层的操作，也就是说把一些数据层的操作进行组合。数据处理层面主要针对数据的录入、删除、修改、查找、更新等，为逻辑设计层面或业务层面提供数据服务。这三层业务体系可以用"B/S结构"展示，如图9-4、图9-5所示。

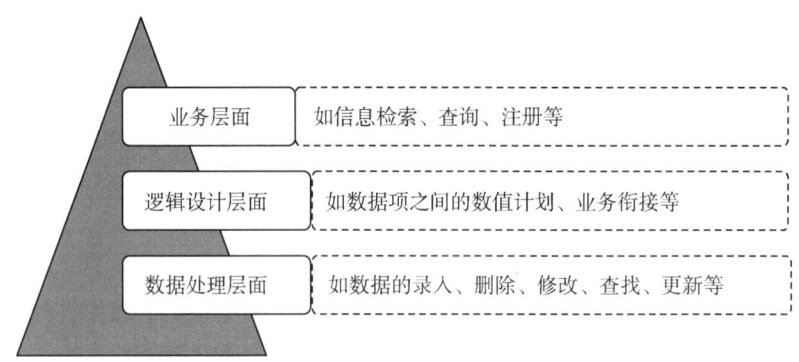

图9-4 三层业务体系

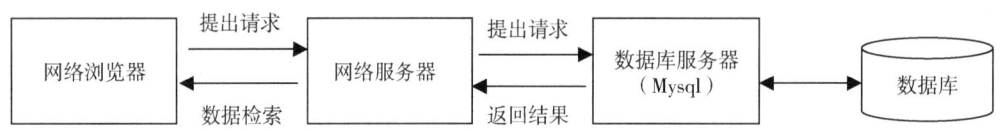

图9-5 数据处理层面示意

（3）数据概念模型

按照用户的观点对数据和信息进行建模，是对数据实体的抽象认识，为了便于设计时理解和认识，常采用E-R（实体—联系）模型。它是用实体和实体集、联系和联系集、属性等来描述客观现实世界，表达客观对象的特征及其相互之间的联系。E-R模型以图形化表示，以便实现数据库的表对象。一般规则是：①实体集用矩形框表示，矩形框内写上实体名称；②实体的属性用椭圆框表示，椭圆框内写上属性名，并用直线与其实体集相连；③实体之间的联系用菱形框表示，联系名写在菱形框中，用直线分别将参加联系的实体矩形框与菱形框相连，并在连线上标明联系的类型，如一对一、一对多、多对多。以此构建不同组合的E-R模型（图9-6）。根据前面的分析，实体有用户（User）、管理者、信息提供者、评价模型（Evalmodel）、元数据项（Metadate）、评价（Evaluation）、元数据内容（Metadata content）等。

第 9 章 基于质量元数据的网络科技信息资源质量评价软件的实现

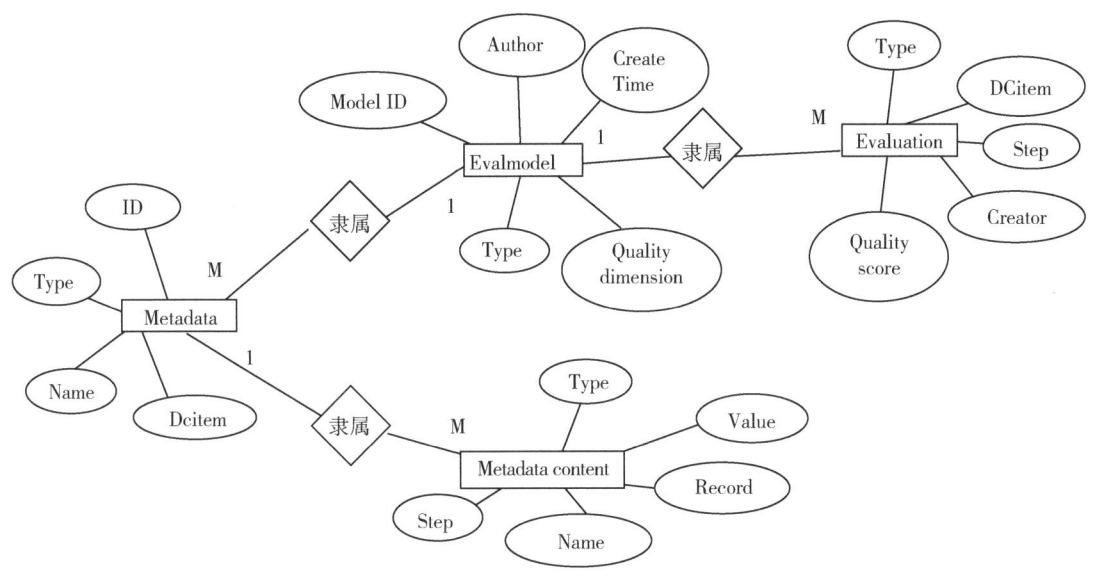

图 9-6 软件开发 E-R 模型

9.5 软件使用模块设计

整个软件系统有 3 个功能模块，分别是系统管理者模块、信息提供者模块和信息使用者模块。

9.5.1 系统管理者模块

系统管理者支持 6 项功能模块，分别是元数据项管理、信息质量维度规范、专家打分、最终质量权重输入、用户审核认证、检索与可视化等。图 9-7 是系统管理者模块界面。下面重点对前 5 项进行介绍。

图 9-7 系统管理者模块界面

(1) 元数据项管理

元数据项管理其实类似于"质量元数据登记管理系统",实现对不同网络科技信息资源元数据规范的登记,负责提供对不同来源的元数据项的添加、修改、查询、删除等操作。其中,元数据项的添加是指向软件系统中加入新的元数据实体,利用基本数据类型与验证规则与定义组成项对科技信息资源进行描述。质量元数据登记管理系统的后台对这些组成项进行筛选后分类归入不同类型不同工序的元数据库。在后续的添加过程中,若遇到类似的组成项,则可直接从类库中复制已有的组成项并在其基础上进行修改(图9-8)。

建立元数据库的好处是,系统中已注册的元数据项越多,则从类库中找到所需组成项的可能性越高,避免重复定义类似的组成项,有助于之后未登记的信息资源在录入本系统时可以根据已有的元数据项进行调用,改变信息资源越来越多、越难以管理的状况。

元数据项管理模块功能示意如图9-8所示。在进行元数据项登记的同时对此元数据项和质量元数据类库建立映射关系,只有列入质量元数据项的元数据项才能进入后续后台检测、打分统计的范围,才能影响各个资源的总质量和各个质量维度分值。

对于登记的元数据项的修改引入版本控制的概念。一方面,可以对元数据的各个版本进行有效管理;另一方面,可以进行版本调用(恢复)操作,提高容错性。这样,当不同类型科技信息资源数据库信息进入软件系统时,则需要参考之前的版本调用,只要稍微进行个别项的修订就可以进行元数据项的著录工作。

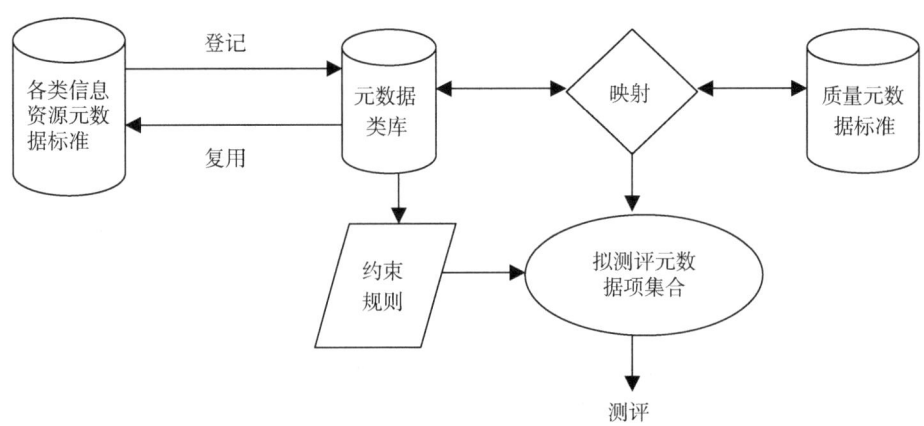

图9-8 元数据项管理模块功能示意

质量元数据登记管理系统既支持手动导入,又支持文件导入。在元数据项登记时,首先选择资源类型和生产的那个目标环节,然后各资源单位可以将本单位涉及的元数据项录入系统。元数据项登记(导入)示意如图9-9所示。

第9章 基于质量元数据的网络科技信息资源质量评价软件的实现

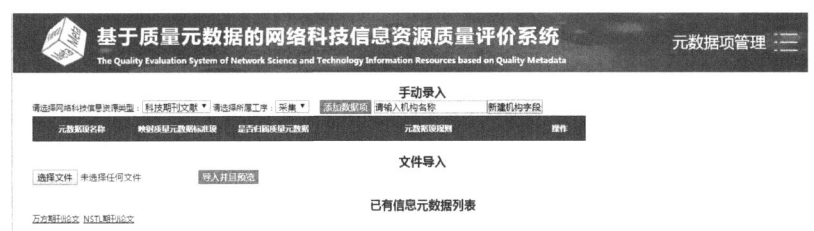

图 9-9 元数据项登记（导入）示意

（2）信息质量维度规范

管理员可以对信息质量各维度规范进行定义和管理。本系统设置的 5 种质量维度是完整性、规范性、时效性、准确性和可获得性。此项对各个质量维度进行规范，包括定义、评估方法、打分方法、分值计算等。这是指导系统进行自动打分或人工打分的重要依据。

在以后的研究中，管理员可以根据研究的需要，补充或修改设置各种质量维度，以达到研究的目的。

（3）专家打分

每一项映射质量元数据的元数据项在各个环节针对各个质量维度的贡献多有不同，有的作用大些，有的作用小些。为了了解各个元数据项的权重大小，本项目采取专家调查法进行。因为长期从事此领域的专家对各个元数据项的熟悉程度较高，能清晰分辨出主要元数据项的作用。打分采取 1~9 标度法，1~9 显示逐渐重要的程度，9 为最重要、贡献最大。

系统可以赋予符合要求的专家在此界面打分的权限，其针对元数据项在各操作环节对各质量维度的权重进行打分。专家打分界面如图 9-10 所示。

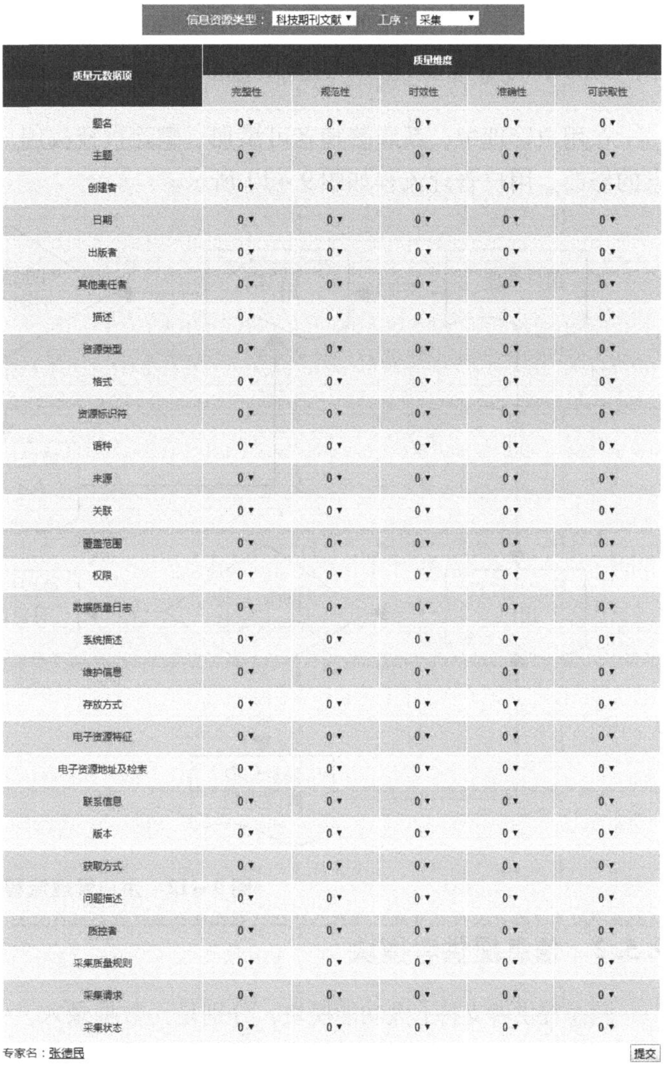

图 9-10 专家打分界面

（4）最终质量权重输入

管理员可以综合所有的专家打分来最终确定信息元数据项在各操作环节的各质量维度权重。当每种类型元数据的打分专家超过5个人时，就可以确定最终的各质量维度权重。计算方法有两种：一是借助计算机，采取加总平均自动计算分配权重方法；二是人工导出，采用模糊层次分析法软件进行权重计算。本次采取后者计算方法，将计算结果录入系统。

（5）用户审核认证

用户审核认证是管理员对所有会员进行各种身份审核和权限管理，主要针对注册用户进行权限管理、日常维护监督等。用户管理界面如图9-11所示。

用户名	密码	角色	真实姓名	联系电话	工作单位	操作
李佳佳	2622342	provider	李佳佳	xxxxxxxxxx	中信所	审核已经通过
刘涛	pdd373	user	刘涛	xxxxxxxxxx	其它单位	审核已经通过

图9-11 用户管理界面

在用户管理中，系统管理者可添加、删除被授权用户信息，可进行已添加被授权用户信息的修改。用户管理流程如图9-12所示。

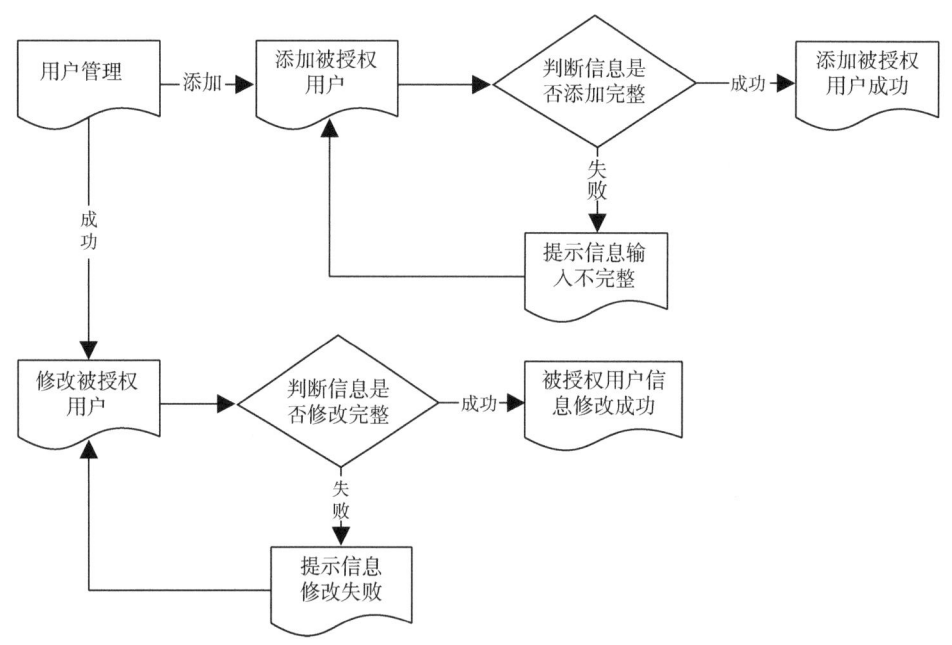

图9-12 用户管理流程

9.5.2 信息提供者模块

信息提供者支持七大功能模块，分别是元数据录入、元数据校对、元数据审批、元数据提交、元数据映射关系、内容质量打分和元数据质量自动检测。信息提供者模块界面如图9-13所示。

第9章 基于质量元数据的网络科技信息资源质量评价软件的实现

本次系统设计按照最全面的信息资源生产过程进行,基本上每条元数据信息从开始到入库经过十几个程序,是全生命周期的过程记录。

一般,对于生产过程较简单的科技信息资源,可以在客户端有针对性地删减一些环节,仅保留基本关键工序环节的主要步骤。

图9-13　信息提供者模块界面

每个环节(如采集、加工、审核与存储、发布等)中的操作步骤(如录入、校对、审批、提交等)基本相同,因此以下仅以采集环节的操作全过程为例进行说明。其他工序可以在下拉菜单中选择并进行相应操作。

(1)元数据录入

信息提供者根据系统管理者设置的元数据项填充内容,如系统管理者设置了万方期刊论文的元数据项,信息提供者可录入对应的内容,其运行界面如图9-14所示。

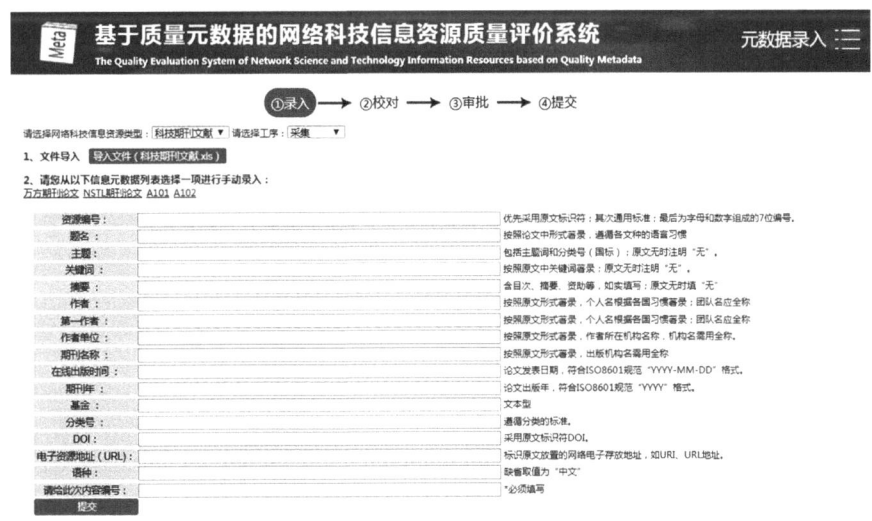

图9-14　采集环节元数据项内容的录入界面

(2) 元数据校对

信息提供者可以对录入的元数据进行校对,如由专人对录入的"学位论文"元数据进行校对,其运行界面如图 9-15 所示。

图 9-15 采集环节元数据项的校对清单界面

一般,校对后由专人根据校对情况对各个质量维度进行打分。打分采用百分制。

(3) 元数据审批

信息提供者可以对录入的元数据进行审批,也可以交由负责人进行审批,以便进入下一环节,如对录入的"科技期刊文献"元数据进行审批,其运行界面如图 9-16 所示。

图 9-16 采集环节元数据项的审批清单界面

审批负责人也可对采集、校对后的数据质量情况进行打分。信息提供者也可以对正在审批的元数据进行编辑、返修、提交和删除操作。

(4) 元数据提交

信息提供者可以对录入的元数据进行提交操作，如对录入的"科技期刊文献"元数据进行提交，其运行界面如图 9-17 所示。也可以在下拉菜单选择资源类型，如选择"生物样本信息"，并进行提交，其运行界面如图 9-18 所示。

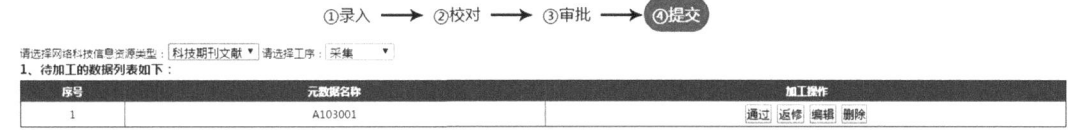

图 9-17　采集环节科技期刊文献元数据项的提交界面

图 9-18　采集环节生物样本信息资源元数据项的提交清单界面

(5) 元数据映射关系

不同来源科技信息资源的元数据标准（类别、元数据项及名称等）千差万别，很难统一，为此本项目将建立各个类型资源的元数据标准与质量元数据标准之间的映射对应关系，以实现对涉及质量的元数据项内容进行质量检测，将其列入质量评价打分的范围。对于其他与质量无关的元数据，仅录入内容保存，不列入质量评价打分的范围。

在系统中，信息提供者可以查看系统管理者设置的质量元数据项和本系统设置的针对各资源的标准元数据项的映射关系，如"科技期刊文献"类型中"万方期刊论文"部分元数据项和质量元数据标准之间的对应关系，其运行界面如图 9-19 所示。

(6) 内容质量打分

信息提供者根据自己的管理职责分别对各环节质量元数据项内容进行打分，打分依据为每个元数据项确定的质量维度评价标准和约束规则。本系统支持两种打分方式：一是系统自动打分，以质量规则为判别标准进行自动打分；二是人工打分，"校对""审批""提交"3个步骤的质量控制者都可以对其处理的元数据项内容进行打分，为了人工打分方便，系统默

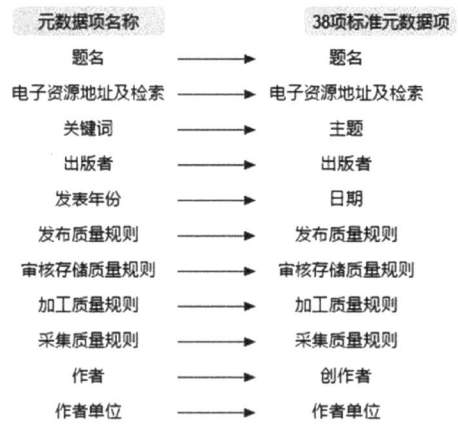

图 9-19 质量元数据项映射关系界面

认分值为 100 分,其中有空缺值的元数据项系统默认为 0 分。

(7) 元数据质量自动检测

主要针对元数据项内容的约束规则进行形式上的检测,根据检测结果自动打分(图 9-20)。第一,对不同资源的各字段项内容的默认约束规则解读、提炼、修改为计算机可理解、可测的约束规则;第二,建立不同类型信息资源的元数据检测约束规则数据库,收集和整理针对每一个元数据项各个质量维度的打分规则;第三,将这些内容的约束规则修订为机

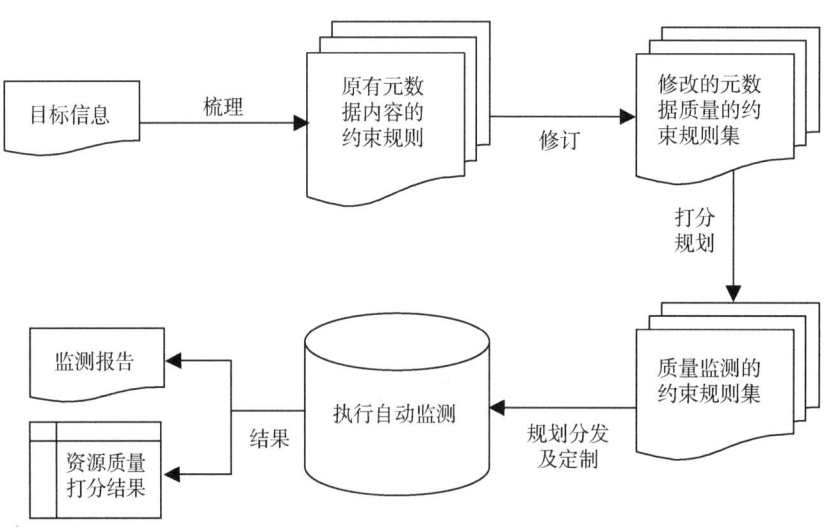

图 9-20 基于检测规则的自动化检测流程

器可读/可理解执行的元数据质量的约束规则集;第四,根据这些元数据质量监测的约束规则集分别对各类信息资源的元数据项进行自动监测;第五,形成监测报告及信息资源质量打分结果,得出信息资源的总质量、各质量维度的打分值。

9.5.3 信息使用者模块

信息使用者支持两大功能模块,分别是用户质量需求打分、检索与可视化,其运行界面如图9-21所示。信息使用者模块功能示意如图9-22所示。

图9-21 信息使用者模块界面

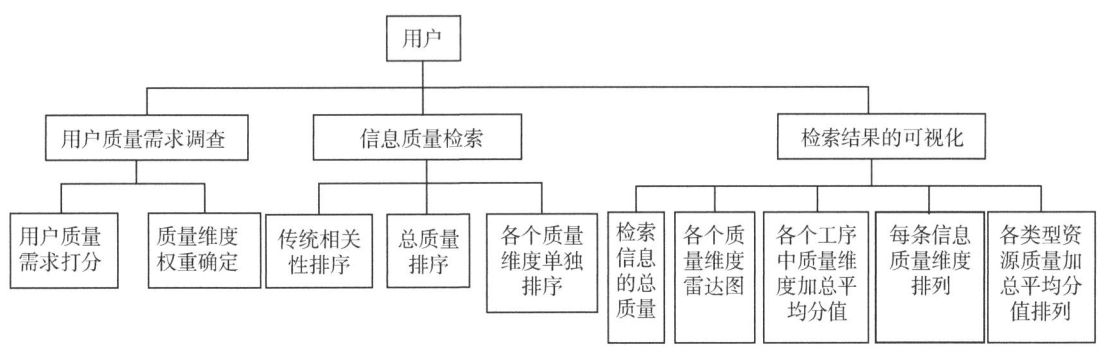

图9-22 信息使用者模块功能示意

(1)用户质量需求分析

基于不同用户对网络科技信息资源质量需求的多元化特点,本项功能是对用户质量需求的个性化调查,经过打分获知用户对资源不同质量维度的需求偏好,形成各个质量维度的权重分配，以此对所检索资源总质量的得分值进行计算并排序。每个用户所检索的资源相同，但由于质量偏好不同，检索出来的资源展示的前后排序结果并不相同。按照资源质量排序体现了用户对资源质量的不同需求。

信息使用者的用户质量需求打分页是用户根据自身认为的各质量维度的重要程度和偏好设置的，信息使用者对各质量维度的打分将影响检索与可视化结果的质量分数排序。此模块是本系统的特色，能给信息使用者提供更好的用户体验，其运行界面如图9-23所示。

用户质量需求打分页

序号	质量维度	定义	打分（0表示不需要，1代表最不重要，9代表最重要）									
			0	1	2	3	4	5	6	7	8	9
1	完整性	描述元数据内容填充的程度	●	○	○	○	○	○	○	○	○	○
2	规范性	元数据符合定义的规范程度	●	○	○	○	○	○	○	○	○	○
3	时效性	元数据项填写的内容及时更新的程度	●	○	○	○	○	○	○	○	○	○
4	准确性	元数据内容对实体信息及附属信息做出准确描述的程度	●	○	○	○	○	○	○	○	○	○
5	可获得性	指网络科技信息能以清楚的、便捷的方式提供，或者简单、快速检索程度。	●	○	○	○	○	○	○	○	○	○

您对质量打分的权重为：20%（完整性）+20%（规范性）+20%（时效性）+20%（精确性）+20%（可获得性）

[提交]

图9-23 用户质量需求打分界面

（2）检索与可视化

传统的信息检索只提供基于检索词进行相关性的检索，并不能反映出检索出来的这些信息资源的质量情况。而本项目可根据用户不同的质量维度需求，展现不同的质量排序结果。本项目是在传统检索的基础上，根据过程评价的质量分值情况提供不同质量排序结果，以满足用户对质量维度的个性化需要。

软件的"检索与可视化"是所有用户的公共模块，可以对系统里所有元数据的相关信息和质量进行搜索和可视化展示。本系统可以基于传统搜索条件的检索和本系统特有的质量维度元数据进行综合搜索和可视化展示。信息资源检索界面如图9-24所示。

用户的检索结果是按质量得分值进行排序的，系统默认按总质量得分值排序，也可以选择按照各个质量维度得分值重新排序。检索页中最右侧栏的"质量成分"项详细统计并可视化每一条信息的质量维度分值，将鼠标移动到相应部位将自动展示出各维度的分值。检索页中"查看原文"项提供了查看原文的链接，只要原文在入库中有此内容项，点击链接即可自动打开此信息原文的网络地址，以便查看原文。用户检索资源质量的可视化展示如图9-25所示。

图9-25是对用户检索出所有资源质量的总体情况的可视化展示，以便于用户使用信息前有总体上的质量判断。其中，"总质量"是检索出的所有信息资源质量的平均分值，体现了此范围信息的大概质量水平。比如，可以检索出某机构、某类型、某时间段范围内的总体

第9章 基于质量元数据的网络科技信息资源质量评价软件的实现

图 9－24　信息资源检索界面

质量，便于针对特殊范围资源进行基本质量判断。

　　图 9－25 右侧的"质量维度环形图"揭示了检索出的所有信息资源各个质量维度的平均分值，将鼠标移动到相应部位时可以看到每一个质量维度的分值，体现检索到的信息资源各个质量维度的大概质量水平。

　　图 9－25 右侧的"质量维度雷达图"提供了检索出的信息资源质量维度与目标值（标杆值）之间的偏差对比，以便看到二者的差距，其中标杆值可以单独输入，也可以和之前检索目标资源计算得分值进行自动比较。

　　图 9－25 上方的"关键工序质量维度柱状图"展示了此类信息资源在不同工序中各个维度的变动情况，反映了检索出的信息资源在生产过程中质量控制的稳定性和规范性等

· 291 ·

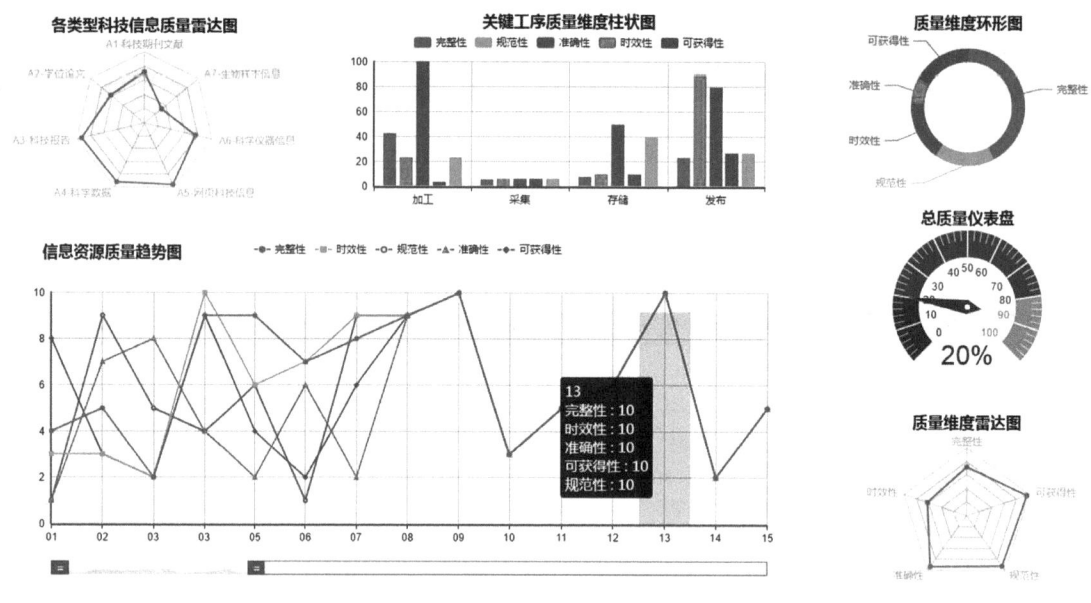

图 9-25 用户检索资源质量的可视化展示

情况。

图 9-25 左上方的"各类型科技信息质量雷达图"是对检索出来的信息资源分类展示质量总体情况。本项目主要围绕 7 类科技信息资源进行研究分析,以后根据需要系统会根据类型的增多而进行扩展。此图可以比较不同机构、不同系统提交的相同类型信息资源的质量总体差距,便于找到差距,以此对此类型信息资源采取有针对性的质量控制措施。

图 9-25 左下方的"信息资源质量趋势图"用曲折线展示各条信息的质量波动情况,理想的情况应该是在一个水平线上,但实际情况下各条信息产生的来源不同、生产方式不同,其质量水平也不一样,各个质量维度得分值也有所差别。此图反映了检索出的信息资源各质量维度的一致性、稳定性情况。左右拉动此图下方的图标可以看到所有信息资源的质量变化情况。如果波动较大则反映检索信息资源整体质量过程控制的不稳定性,则在使用中需要针对波动大的信息进行重点关注。同时,还可以根据需要分别选择单个维度展示,或几个维度分别展示。

9.6 实证分析

9.6.1 实证验证方案

为了能够验证软件质量测评的有效性,本项目针对科技文献资源、学位论文资源、科技报告资源、科学数据资源、网页科技信息资源,以及实物资源信息(以人类遗传资源信息为例)各收集了 1~2 个机构的相关信息资源(包括元数据标准规范),每个机构获得 30~50 条信息,并录入软件系统。录入过程模拟信息生产的 4 个关键环节也分别将质量元数据内容录入软件系统中,并按照统一的打分标准进行打分。最后计算每条信息的各个维度及总质量分值。收集信息的情况统计如表9-4所示。

表9-4 收集信息的情况统计

信息类型	来源	收集量/条	类型代码	收集来源	收集内容
科技期刊论文	万方期刊论文	50	A102	http://www.wanfangdata.com.cn/	元数据标准、元数据项内容、网址、生产加工规则、其他
	NSTL期刊论文	50	A103	http://www.nstl.gov.cn/	元数据标准、元数据项内容、网址、其他
学位论文	万方学位论文	50	A202	http://www.wanfangdata.com.cn/	元数据标准、元数据项内容、网址、生产加工规则、其他
	NSTL学位论文	50	A203	http://www.nstl.gov.cn/	元数据标准、元数据项内容、网址、其他
科技报告	国家科技报告	30	A301	www.nstrs.cn	元数据标准、元数据项内容、网址、质控标准、其他
	中国科学技术信息研究所科技报告	30	A302	http://www.istic.ac.cn/	元数据标准、元数据项内容、网址、质控规范、其他
科学数据	地理科学数据	30	A401	http://www.resdc.cn/	元数据标准、元数据项内容、网址、质量规则、其他
	农业科学数据	30	A402	http://www.agridata.cn/	元数据标准、元数据项内容、网址、审核规则、其他
网页科技信息	科学网	30	A501	www.sciencenet.cn	元数据标准、元数据项内容、网址
	中国科普网	30	A502	http://www.cpus.gov.cn	元数据标准、元数据项内容、网址
实物信息资源	国家人类遗传资源共享服务平台	300	原代码	www.egene.org.cn	元数据标准、元数据项内容、网址、其他

实证验证的目的:一是以实际数据为样本资源,模拟实际的生产流程进行数据的录入、加工、审核和发布等工序,验证软件系统流程的可操作性和流畅程度,以及是否具备实际应用的可行性;二是对实际数据的打分结果进行分析,验证是否能够反映样本信息资源质量的真实情况。前者将邀请不同人员按照统一的规范标准进行录入、审核等,比较和判断过程中相关约束规则是否能够被不同人员所理解,是否能够按照统一的尺度进行相关操作,并顺畅完成相关工作;后者将对打分结果进行比较判断,从每类科技信息资源中选择两个来源不同的信息资源,采集不同的数据,从结果上进行分析比较,判断评价体系是否能够真实反映信息资源质量状况。

9.6.2 实证过程分析

9.6.2.1 软件系统实际运作情况

从实际操作过程来看,本项目基本能够按照设计开发方案操作各个模块,基本上都能实现各个功能模块的要求。

从软件开发的生产流程看,软件开发设计考虑了最复杂、最全面的生产过程(如国家科技报告生产流程),基本能够按照设计流程进行。但对于生产过程较简单的信息资源(如网页信息等),这个流程则显得程序有些复杂,需要进一步对不同客户端进行缩减或调整。

总体来看,经过不断的试运行并修改程序中的 bug 程序、把控流程中的关键点,基本实现了软件程序的设计目标,几个模块功能也能正常运行,达到实用化的目的,完全能够满足业务的需要。一些特殊的功能要求(如导入、导出等)也在程序中进行了预留设计。

9.6.2.2 软件系统实际评价结果分析

根据录入的相关信息资源,随机选择几个主题词进行检索,查看实际数据的打分评价结果情况,判断自助打分结果是否能够反映样本信息资源质量的真实情况。本次选择科技文献类信息资源和科技报告类信息资源进行分析。

(1) 科技文献类信息资源质量评价分析

本次以"元数据"为题名,检索到 102 篇相关文献,主要来自万方期刊论文(A102)、NSTL 期刊论文(A103)、万方学位论文(A202)和 NSTL 学位论文(A203)等,其部分内容如图 9-26 所示。

图 9-26 以"元数据"为题名检索相关文献目录截图

1) 每条信息资源质量统计情况。从图 9-26 能够看到每一篇文献的总质量和各个质量维度的得分值。可以按照总质量或各个质量维度的得分值大小进行排序,也可以按某一个质

第 9 章 基于质量元数据的网络科技信息资源质量评价软件的实现

量维度进行质量检索、排序。在列表中每条信息的最右端可以看到每个质量维度的得分值及占比情况。

从总质量得分看，检索信息资源整体得分较低。这主要是因为对各条信息的各个环节元数据项内容无法全面获取，只能针对其现有的描述类质量元数据项内容进行打分，而很多管理、技术、应用类质量元数据项及其内容无法从外部获取，得分以零分计算，致使总质量得分较低。这也正是本次各个环节中各个质量维度指标的得分差别不大的原因。

2）检索信息资源整体质量统计情况。对检索信息资源的整体质量采用可视化图展示，如图 9 – 27 所示。

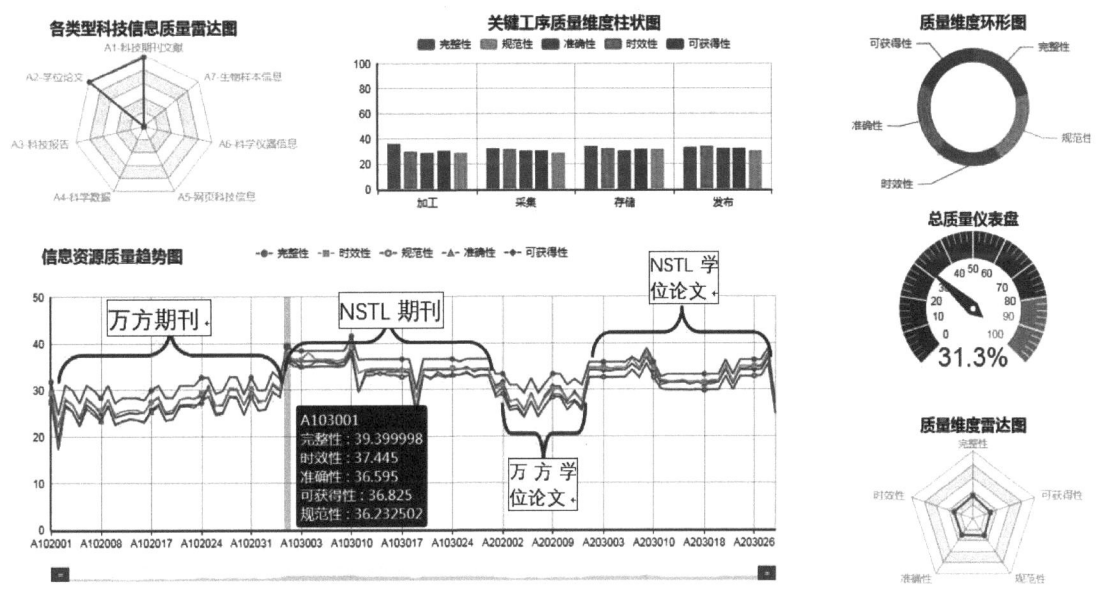

图 9 – 27 以"元数据"为题名检索相关文献的质量得分可视化截图

从图 9 – 27 左上图（各类型科技信息质量雷达图）可以看到，本次检索信息来源主要为科技期刊文献及学位论文两类科技文献信息资源。

从图 9 – 27 右侧中图（总质量仪表盘）可以看到，本次检索的信息资源整体质量得分为 31.3%，得分较低，但还没低至 20% 以下。正如前文所述，由于本次部分数据难以获取，总分值很大程度上反映的是描述类质量元数据项内容的质量情况。

从图 9 – 27 右侧上下图（质量维度环形图、质量维度雷达图）和上中图（关键工序质量维度柱状图）可以看到，本次检索出的信息资源各个质量维度整体得分差异度不大，这主要是因为在统计打分中没有获取各个工序中能够反映质量控制办法、管理制度、维护技术水平等方面的质量元数据项数据内容。只是通过描述类质量元数据加以反映，万方和 NSTL 这两个机构的科技文献信息资源的元数据项差别不大，而 DC 要素项重合度较大。

图 9 – 27 左下图（信息资源质量趋势图）主要是基于每条信息各个质量维度得分的曲线图来反映本次检索信息资源的质量整体一致性、稳定性的情况。从曲线图看到，整个信息

资源的各个质量维度波动还是很大的,万方期刊和万方学位论文资源的波动尤其大,反映了机构在信息生产过程中的质量控制不稳定性。从整体得分曲线可以看到,NSTL 的期刊和学位论文质量都比万方信息资源质量要高一些,说明在 NSTL 科技文献资源生产加工质量管理及其质量控制的稳定性要比万方好。

(2) 科技报告类信息资源质量评价分析

本次以"研究"为题名,检索到 60 条相关信息,主要来自期刊、论文、科技报告、网页科技信息等,其部分内容如图 9 – 28 所示。

图 9 – 28 以"研究"为题名检索相关文献的质量得分截图

1)每条信息资源质量统计情况。本次检索收集的信息资源类型较多,各类信息资源的质量差别也较大。可以从总质量、各个质量维度层面分别看出不同采集单位提供的元数据质量的差别。按照总质量或各个质量维度的得分值大小进行排序就能够实时了解每条信息的元数据质量状况。也可以按某一个质量维度进行质量检索、排序。比如,从"时效性"看各个机构提交元数据的及时性情况,从"完整性"看各个机构提交元数据项的填写完整程度。在列表中每条信息的最右端,通过滑动鼠标能够随时看到每个质量维度的得分值及占比情况。

2)检索信息资源整体质量统计情况。对检索信息资源的整体质量采用可视化图展示,如图 9 – 29 所示。

从图 9 – 29 左上图(各类型科技信息质量雷达图)可以看到,本次检索信息来源主要为科技期刊文献、学位论文、科技报告及网页科技信息等 4 类科技文献信息资源。

第9章 基于质量元数据的网络科技信息资源质量评价软件的实现

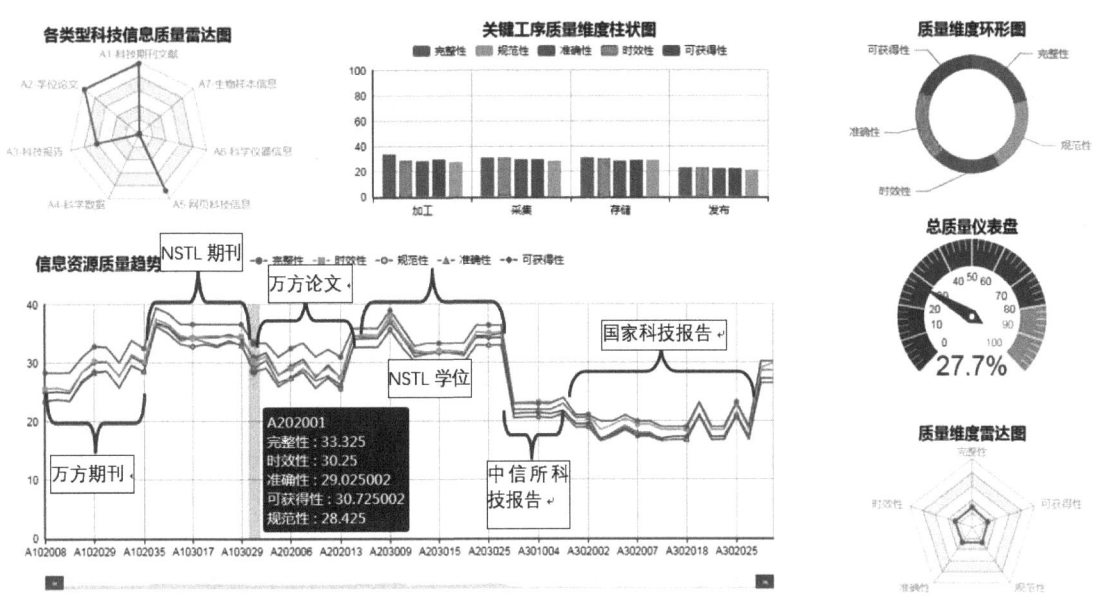

图 9-29 以"研究"为题名检索相关文献的质量得分可视化截图

从图 9-29 右侧中图（总质量仪表盘）可以看到，本次检索的信息资源整体质量得分为 27.7%。由于本次实证分析收集信息资源中的元数据内容多是描述类部分数据，很多过程管理、技术维护等内部数据难以全部获取，总分值很大程度上反映的是描述类质量元数据项内容的质量情况。

从图 9-29 右侧上下图（质量维度环形图、质量维度雷达图）和上中图（关键工序质量维度柱状图）可以看到，本次检索得到的信息资源各个质量维度整体得分还是有一定的差异度，这主要是由于各类信息资源不同，及其在各个工序中质量元数据项也不同。比如，采集环节得分差距不大，但在加工环节有一定的区别。主要原因为：一是加工校对程序不同；二是加工处理方法有很大不同；三是质量元数据项有所差别。而在发布环节各个维度得分值较低，但差异度不大，也反映出经过前 3 个生产环节的校对、审核、修订后，各个质量元数据项内容质量有了较好的规范性。但其得分较低也说明，信息资源质量的优劣在很大程度上取决于前端环节的质量控制，如果前端质量控制不好，后面程序即使再规范，也很难得到较高的质量得分值。

图 9-29 左下图（信息资源质量趋势图）主要是基于每条信息各个质量维度得分的曲线图来反映本次检索信息资源的质量整体一致性、稳定性的情况。从曲线图可以看到，整个信息资源的各个质量维度波动很大，反映了不同机构在不同类型信息资源的生产过程中质量控制的巨大差别。就每一个机构的信息资源情况而言，相对质量的波动不大，各个质量维度波动情况基本一致，这主要是因为数据都来自一个机构的信息资源，其信息资源生产加工程序一样。但从整体得分曲线可以看到，不同机构产生的信息资源质量差别很大，反映出信息资源质量元数据项丰富度、填写质量、质控水平方面的差别较大。从质量波动性来看，中国科学技术信息研究所科技报告的质量波动不大，这主要是因为这个研究所统一采用科技报告

· 297 ·

管理信息系统收集、填报、管理科技报告资源，只会出现一些系统性的错误。

总的来看，科技文献类信息资源质量的分值高于科技报告类信息资源质量的分值，这主要在于科技文献类信息资源生产加工质量管理及其质量控制的稳定性要比科技报告类信息资源高。

9.6.3 实证结果总结

本次实证验证过程基本达到了软件开发的目的，即软件系统满足用户对科技信息资源检索的质量需求，以及管理者对网络科技信息资源保存、检索利用的实际质量控制的需求。软件系统不仅满足管理者对网络科技信息资源质量管理的需求，实现对信息资源从采集、录入、加工、审核到发布全生命周期过程的记录、评价和质量揭示的基本功能，而且满足用户个性化质量检索的需求，能够自动实现质量检索、排序、质量标注、可视化展示的基本功能。基于网络海量科技信息资源的质量元数据集合建立自动化评价系统，要尽量弱化人为干预过程和筛选计算等，注重发挥计算机自动计算评价的功能，关注科技信息资源的过程质量，允许不同使用者根据自己的使用质量需求偏好提出不同权重的质量维度，获得不同的评价结果和排序展示。

本次实证验证说明所采用的基于质量元数据的评价方式可以间接反映网络科技信息资源质量的可行性。基于元数据实现对科技信息资源的监测、校对和质量评价，一方面可以加强对科技信息资源的质量监测、控制，另一方面可以根据用户个性化质量需求，提供符合其质量维度偏好的排序结果，并提供能够揭示信息生产过程、质量等级等背景信息的质量标注，供用户使用时参考，提高用户对信息的把握程度，减少信息检索成本，增加信息的可信程度。

本次实证验证也说明能够通过质量元数据实现对网络科技信息资源的过程质量控制。基于质量元数据的网络科技信息资源质量评价体系能够有效实施对信息资源的质量管控，实现对科技信息资源生产过程的监督和规范管理，促进在撰写、加工、传播和收录等环节的质量改进，通过评估其质量水平，加大网络科技信息资源过程质量控制工作的透明性，为提高网络科技信息资源管理和使用效率提供基本参考。

总之，探索、建立一套基于质量元数据的网络科技信息资源质量评价系统，实现质量评价的定量化、自动化，满足多层次、多维度要求，是对网络科技信息资源管理的创新发展，主要体现在评估指标的及时更新、评估方法的创新、评估方法的自动化等方面。

第 10 章 网络科技信息资源质量问题的原因分析及对策建议

10.1 概述

解决问题的关键在于找到问题的症结所在。影响网络科技信息资源质量的因素的多维性、复杂性决定了所存在问题的原因不仅复杂多样，而且需要从不同的层次和角度加以分析和整理，才能更全面地认识。

在网络环境下，虽然不同层次的信息提供主体在网络科技信息资源建设中投入、管理、运作、服务等方式各不相同，但从整体层面上进行概括总结也能提炼和发现一些共性的问题。其中，既有宏观层面的问题，也有微观层面的问题。比如，对于微观层面的问题，可以从不同主体的管理过程、支撑体系等共性要素来分析网络科技信息资源建设中存在的问题，也能发现一些影响其质量提高的因素，只是在各个机构中各因素影响的程度不同而已。

从信息资源质量的定义看，它是一系列过程要素作用和影响的结果。只有从全过程、全方位来认识、理解信息资源质量的内涵，才能更有效地采取应对措施，在网络中提供更高质量的信息资源，才能进一步缩小用户质量需求的期望与实际获得质量感知之间的差距，才能尽可能地消除网络劣质信息对优质信息的影响。

鉴于此，本章基于大量的实践调查分析，以及元数据质量评估实证分析，从对目前一些信息资源发布主体在网络科技信息资源建设中的表现和内在矛盾的探索分析出发，指出目前网络科技信息资源质量存在的问题及原因，以此作为问题分析的关键，就进一步提升科技信息资源质量提出相应的对策建议。

10.2 网络科技信息资源质量综合提升动力因素分析

过去对信息资源质量的认识停留在"两端质量"看法，即把信息资源质量看成起点、终点质量问题，而忽视了信息资源过程中质量控制的诸多影响。而实际上，在网络环境下，科技信息资源质量是一个由多维角度、多个环节中的各个要素、多个指标因素构成的综合体系，具有过程复杂、内容丰富、形式多样的特点，只是最终表现为一种"端点质量"状态。在这一过程中，除了做好过去一直强调的信息提供主体、用户质量研究外，还要进一步明确对信息转发者（链接者）、信息加工者等关键点的质量控制和质量评估工作，通过过程监测、过程质量约束、过程评估等质量控制活动，对目标资源的质量维度、信息价值、信息形式质量、信息需求及期望满足程度进行全面、全过程的综合评价。只有做好这一系列过程的质量控制和评估，其最终对外公布出来的、用户看到的信息资源质量才是最真实、最有效的。

网络科技信息资源作为一种特殊的信息产品，它的质量具有自然属性和社会属性双重特征，这使得既要从信息的形式、内容方面进行约束外，还要满足使用者的需求。同时，网络科技信息资源又具有明确的服务特征，这就使得信息又体现出用户使用效用与信息服务过程的基本特质[①]。尤其在网络环境下，网络科技信息资源作为科技信息的聚合体、集中存储形式，其各种特质表现得更加复杂。一方面，各种科技信息资源极为分散，广泛存在于各类信息提供主体端的数据库系统中；另一方面，搜索引擎等技术又使得这些分散的资源在一定程度上可以通过检索、主题词等匹配进行整合、集成，发挥科技信息资源专业聚类的作用。这在一定程度上体现了规范科技信息资源质量管理的必要性。如果缺乏基本的管理规范，则不同质量等级的科技信息资源很难有效整合、集成，成为能够利用的信息资源。

同时，网络科技信息资源又是一个开放的、去中心化的信息环境。在这个生态环境下，其质量管理不再是类似于过去那种以各个微观机构的质量控制中心为核心的质量管理模式，而是表现为一个不断变化的动态系统。这一动态系统的建立既有各个微观主体持续改进质量的努力，也有外部宏观因素的不断影响或推动，使其向有利于网络科技信息资源有效发挥科技传播作用的方向发展。网络科技信息资源管理采用的是宏观整体与微观组织管理相互配合、协调一致的方式，也就是既需要国家的宏观政策调控和法规规范体系保障，又需要约束、引导信息提供主体重视、完善其内部的质量管理措施，不断提高其信息资源质量。现代信息技术手段有助于促进上述诸多活动的落实、执行。可以说，网络科技信息资源质量提升是国家、行业、机构、用户等各个层面的要求。而前两者更多的是整体上、长期性的要求。

基于以上分析，网络科技信息资源质量综合提升动力因素主要由宏观约束推力和微观组织内部质量改进的动力因素共同构成，如图10-1所示。

其中，外部宏观约束推力是网络科技信息资源质量提升的主要推动和支持力量，其主要来自以下3个方面。

一是国家相关管理机构基于国家科技发展整体规划、科技信息普及传播及社会公众科技信息服务需求开展的对网络科技信息资源的质量建设。要以国家政策法规、管理条例、标准规范等方式促进或约束网络信息提供主体的质量管理活动，使其从整体上引导并促进整个网络生态环境的改善，提供质量提升的标尺或指南。

二是以满足用户信息资源质量需求为提升目标，不断提高用户对科技信息资源的满意度，促进信息利用，实现信息价值，以此完成对科技信息资源的有效利用。而用户质量需求的多元化或递增性，使信息提供主体提高了对信息的质量要求，促使微观机构不断改进科技信息资源及其质量，以满足用户需求，并提供个性化的信息资源。而如何把握用户不断变化的信息资源质量需求也是很重要的工作，通常是基于质量改进投入成本、效益回报等因素考

---

① 刘冰. 网络环境中基于用户视角的信息质量评价研究 [M]. 北京：中国社会科学出版社，2015.

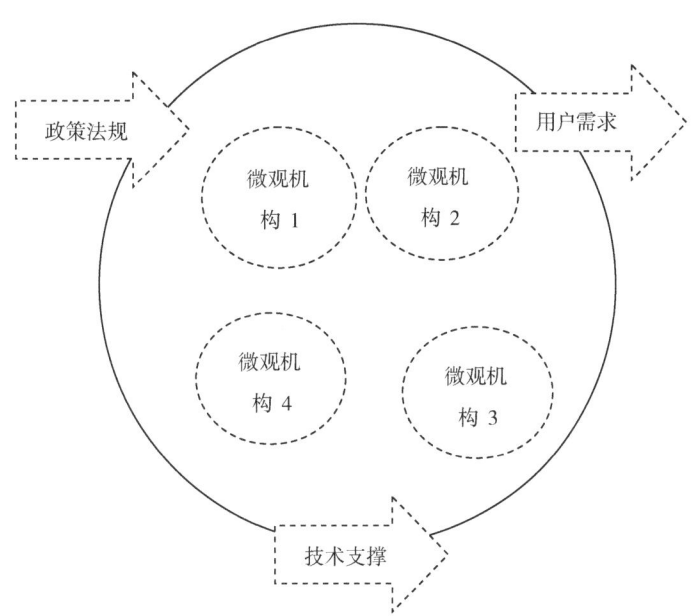

图 10 -1　网络科技信息资源质量综合提升动力因素示意

虑建立一个实时的、动态的信息资源质量评估体系来评估这一质量需求。本项目基于质量元数据开展的网络科技信息资源质量评估是其中一种方法。

三是技术对信息资源质量的提升作用。现代网络技术的不断创新应用提升了网络科技信息资源服务的层次、多样性和服务深入程度，提高用户体验、服务感知、资源的可获得性。另外，一些不适宜的新技术也有可能造成信息安全、信息合理使用方面的严重问题。为此，在技术对信息资源质量的提升方面，首先要做到技术标准化、规范化，其次是新技术的探索应用。如引入大量的元数据软件或工具，可以借助元数据实现实时、定量化的信息资源检索、评估。

但外部各种约束力量的落点最终还是各个信息提供主体（微观组织）及其质量改进上。这使得网络科技信息资源质量提升动力和实现路径，以及提升的效果往往体现在各个信息提供主体质量改进的合力（整体性）上，而不仅仅是对个别机构的信息资源质量进行改进。这也说明了提升网络科技信息资源质量的复杂性。而在网络环境下很难实现对所有信息提供主体的质量监督。

较为可行的办法是借助于现代信息技术的广泛应用，利用网络技术的渗透性、广泛适用性、实时性实现对大多数网络科技信息资源的过程质量审核和监测，以实现其质量改进的目的。

在网络科技信息资源质量提升过程中，内在动力是质量提升的主导力量，也就是要实现信息价值。信息价值实现源于信息资源的内在价值属性和外在质量特征[1]。在网络环境下，

---

[1] 刘冰. 网络环境中基于用户视角的信息质量评价研究 [M]. 北京：中国社会科学出版社，2015.

信息资源的内在价值属性依然成为信息质量评估的核心和关键。而信息资源的外部质量特征则是信息资源内在价值的表现形式。因此，内在动力是提升信息资源质量的关键、核心。其内在动力还是需要网络科技信息资源微观主体（包括一些科研机构、公司、学术组织、个人等）对资源进行有效的质量控制，并优化科技信息资源提供的外部环境、流程，这将有助于对科技信息资源的有效利用。

同时，网络信息资源的分散性、传递性使得各个微观主体成为信息资源生产过程不同环节中的关键，但不是全部，只有加强微观主体之间的资源质量衔接（对接）才能消除不同关键环节中不同机构对信息资源质量把握程度不一致而造成的脱节、偏差。

由此可见，在网络科技信息资源质量提升过程中，除了考虑信息资源本身的质量特征外，还需要考虑信息资源建设中外部宏观因素对信息资源质量的影响，要全面衡量这些因素对资源质量内在因素的影响。只有通过外部动力推动内在动力，才能提高网络科技信息资源质量，提升信息资源利用率。

结合本项目的研究发现，在网络科技信息资源建设中，内在动力是科技信息资源质量提升的关键作用力，它通过各个信息提供者及其上下环节机构对信息资源质量产生影响。外部宏观因素是信息资源质量提升的推动力、促进剂、支撑力，只有内动力、外动力相互作用、相互协调，才能形成正向推动动力机制，才能共同促进科技信息资源质量的提升。

在提升动力的所有因素中，以下几个是影响科技信息资源质量的关键因素。

（1）在科技信息资源质量提升的动力结构中，各个微观机构及其各自质量管理体系的建设是关键。将外部宏观推动力作用于微观组织，转化为对机构内部质量改进的内在要求和标准，从整体上提升科技信息资源的质量标准。同时，借助于技术的创新应用，加强信息资源建设过程中上下环节微观机构之间的质量沟通、衔接配合，减少各环节之间脱节、不一致的情况，这是质量提升的关键。

在本项目研究中，主要以元数据评估为抓手，监测和评估信息资源生产过程各个环节的质量控制情况，以此把握各个环节中各个机构的质量控制情况，并通过各个环节质量评估的综合评测反映网络科技信息资源整体质量情况。

（2）在整个科技信息资源质量建设过程中，外部因素是影响信息资源质量提升的重要因素。网络环境下开放式、高度分散、去中心化的信息资源建设方式，使得信息资源生产不同环节中涉及的信息组织之间呈现弱关联关系，甚至有些微观组织之间并无直接关联，很难形成有效的质量链（质量约束关联），只有通过宏观外部因素（如法规、制度、标准、规范、意识、价值观等约束因素）形成外部整体的质量约束环境（氛围）来限制、要求信息提供者按照规范进行资源建设，这更多的是一种正向引导。

（3）网络环境下，网络科技信息资源质量提升过程中要根据信息资源质量持续改进的特点和内在发展逻辑，以用户需求为目标，借助于信息技术的创新应用，提升信息资源本身内容质量，这才是关键所在。这需要在内、外各种动力之间相互协同、相互合作，才能形成良性发展。

（4）网络科技信息资源质量呈现一种持续性、积累性的发展特点。尽管专业、领域等方面的限制会造成质量水平不一致，但总体发展是一个逐步完善、改进、提升的过程。故应该有可持续发展的思路，以信息利用、价值实现为目标，密切关注用户需求，用技术实现信息过程的质量控制，强化外部质量约束，完善微观主体内部的质量管理体系及相互之间的质量联系，最终实现科技信息资源质量的持续提升。

为此，有必要从国家宏观政策、用户需求、技术标准、质量约束等方面关注科技信息资源。要认识到微观主体才是科技信息资源质量提升的关键，要从其质量管理体系、执行情况、制度建设、成本效益等方面考虑现有科技信息资源质量建设中存在的问题、内在的矛盾及可行的对策建议等。

10.3 网络科技信息传播中存在的质量问题原因分析

基于质量元数据的科技信息资源质量评估分析，本项目对目前网络科技信息资源存在的质量问题原因进行了归纳总结。

10.3.1 从宏观政治层面分析存在的信息资源质量问题

本项目对现有相关文献进行总结提炼，根据质量的发展特征，探讨质量概念及网络科技信息资源质量内涵，调研网络科技信息资源质量的现状。综合分析认为，网络科技信息资源建设是一个涉及资源本身、信息技术、组织管理、政策法规、标准规范、用户需求的多种因素协调作用的开放复杂系统，具有规模大、结构复杂、功能综合、因素众多等特点。因此，决定其质量的因素，往往不是表现在某一局部的范围或某几个指标上，而是表现在一系列相互影响、相互制约的因素上。这些影响因素，不仅涉及科技信息资源本身、信息提供主体内部微观因素，还涉及外部宏观因素及用户需求主观因素等。尤其是外部宏观环境约束条件的影响因素，对科技信息资源不同执行主体的管理活动有着直接或间接的影响。其存在以下几方面的问题。

（1）充分利用、开发网络科技信息资源的观念滞后，对信息资源质量建设重视不够

目前，在网络科技信息资源建设推进过程中，信息资源提供主体对网络科技信息资源作用的认识不同，但普遍没有重视其质量管理体系建设，仅仅把网络科技信息看成加快科研步伐、促进知识积累、避免重复劳动的重要手段。但是，对其质量高低在多大程度上影响到科技信息资源上述作用的发挥，很少进行系统考虑，甚至有些信息提供者基于自己的利益无视基本的质量规范要求。这表现在：①网络科技信息来源广泛，但缺乏适当的规范和约束监管，信息提供者可以随意发布一些科技信息，自由链接、更新或复制一些没有经过严谨审核的信息，信息把关不严，使科技信息良莠不齐；②除为数不多的几个专业机构网站外，很多网站提供的信息内容质量不高，重复、劣质信息泛滥，信息更新滞后，过时信息较多，造成网站访问率和页面点击率较低，导致信息使用率较低；③低质量的信息资源造成用户对其开发利用的重视程度不够，对于网络科技信息质量缺乏足够的信任和重视，难以进行有效的开发利用和深度的二次综合加工，其尚不能满足科研要求，影响对网络科技信息的有效利用。

(2) 网络科技信息资源建设和发展不均衡

由于各个地区经济发展程度、学科专业进展、与用户需求的密切程度、网络硬件设施建设程度等不同，加上不同领域科技信息资源建设的内容侧重点不同，网络科技信息资源建设发展存在不均衡性。具体表现在：① 信息资源分布不均衡，受网络基础设施条件或当地经济、科技实力影响，经济发达或人才资源密集地区的科技信息资源充足，而偏远落后地区的区域性网络科技信息资源明显不足；② 科技信息资源质量不均衡，信息质量参差不齐，缺乏有效控制；③ 学科领域发展不均衡，一般受网民普遍关注、与公众生活密切相关的医疗健康卫生信息、食品安全信息、农业科技信息等领域的网络科技信息资源多于其他科技领域产生的信息资源；④科技支撑作用不平衡。一般一些公益性科研机构发布的信息质量较高，权威性、可信度较高，对公众开展的科技宣传作用明显，起到一定的引导（导向）作用，而一些商业企业发布的信息时效性较强，信息质量较低，多是为了吸引公众注意力。

(3) 网络科技信息资源质量参差不齐，差异性较大

基于网络传播的匿名性、交互性、开放性和信息可复制性，网络科技信息发布多没有经过严格的源头信息质量审查，信息发布前缺乏有效的质量评审和筛选审查。有的来自所谓"专家"的观点（看法）其实缺乏严谨的科学依据，仅仅是一种"个人观点"，有些机构发布的"科学结论"缺乏充分的实验/试验，缺乏正确数据的支持。网络科技信息发布"各自为政"，缺乏统一或标准的质量审核依据，致使网络科技信息资源质量良莠不齐、可信度不高，从而影响用户的使用。

信息资源的质量差异性一方面体现在一些客观因素上，如科技信息类型繁杂、形式多样、传播途径或来源众多，从而造成质量规范的复杂性，还体现在科技信息资源表达方式、展示方式，以及信息获取方法的多元性、层次性方面，影响着科技信息资源质量稳定性；另一方面体现在用户对科技信息资源质量感知的差别上，受科技信息的专业性、科学性限制，不同信息素养的用户对科技信息质量需求侧重点是不同的，质量感知也不一样，尤其是网络中一些科学信息价值差异较大的信息资源，对其信息知识要素的全面性、准确性要求就高很多。但很多网络科技信息所含有的真正有价值、可参考、可重复利用的技术信息偏少，不符合用户使用期待和网络科技信息资源本身所具备的价值属性。这种差异性反映在从"数量需求"到"质量需求"的递进性特征中，而且随着信息技术的提高、信息数量的剧增、信息传递速度的加快及用户信息需求的不断提升等，存在差距不断扩大的趋势。

(4) 网络科技信息资源采集、获取困难，整合、集成难度大

网络科技信息呈现的特点就是信息海量、类型繁杂、方式多样，甚至有些信息资源需要注册认证才能获取到。这在一定程度上造成科技信息获取困难，影响信息有效利用。主要表现在以下几个方面：①缺乏有效的、有针对性的信息搜集工具或手段。由于网络信息来源广泛，发布途径众多，而目前使用的搜索方式还主要是一些大众化搜索引擎，这就使得无论是对试验/实验数据的收集，还是对既有数据库数据资源的二次利用，在准确性、专业性等方面达不到科研搜索和质量要求标准，尚缺乏针对海量专业数据集成、整合处理的软件工具，不能实现对网络科技信息资源按照信息质量、专题或关键技术等信息内容进行分类搜集整合

的要求，不能真实地反映出网站和网页的内容质量状态。②缺乏对海量网络科技信息有效整合利用的工具。随着网络技术的发展，诸如生物信息、地理科学数据等大容量数据资源的存储，对其解读、利用已大大超出目前人的处理能力，需要借助于必要的计算机软件、工具等，通过数据整理、加工，提炼出人们能直接解读的结果。目前尽管呈现多学科数据、多学科研究人员、多学科参考文献、研究方法、研究工具融合趋势，但仍未形成进行一系列信息整合的工具软件，以促进对海量科技信息的集成、挖掘。主要原因还在于各类科技信息资源都是按行业或领域分别建设，缺乏统筹考虑和应有的关联，使资源之间难以充分集成。③不同来源信息资源的质量存在巨大差距，难以有效进行信息质量识别、筛选而失去对高质量科技信息的充分利用。

（5）网络科技信息资源的生产加工过程缺乏统一的管理标准

标准贯穿于科技信息资源建设服务和开发利用的各个环节。由于网络科技信息来源众多，涉及多个责任主体，甚至扩展到任何具备基本科学素养的人员，其都可以发表自己对科学知识的看法和观点。信息资源管理的主体都是基于自己的管理办法建设内部的信息资源质量控制措施，但各个机构之间的数据缺乏有效、统一的关联、共享、互操作和集成，造成局部信息有序而整个网络环境下各种信息资源难以整合规范的状况，致使用户难以通过集成、整合的方式获取到各种信息资源并从中挖掘有价值的知识。故网络科技信息资源生产过程各环节涉及的不同主体只有依据标准进行规范建设才能够保障信息无障碍、不失真地进行流通、交换并跨系统、跨部门（或各媒体之间）共享科技信息源。这也意味着需要一大批技术标准，如统一的信息分类体系和分类编码、统一的技术标准指南和方法、统一的顶层元数据标准等①。

从目前实践看，还存在以下几方面的问题。①从整体看网络科技信息资源呈现一种无序状态，很多网站或网页的科技信息缺乏必要的质量控制或严格的内容审查，信息的科学性、可信度不高。信息传播程序缺乏统一的规范和标准，现有的一些信息管理的规范和标准建设跟不上网络科技信息的快速发展，使得网络科技信息建设缺乏标准化，信息检索缺乏统一格式，使得数据库的兼容性、互用性较差。②各类科技信息标准不统一、信息生产过程（采集、加工、存储、发布等）标准不一致。尽管个别机构基于自身的发展制定了一些标准，但整体上未形成统一共识，仍得不到广泛推广应用。因此，我国网络科技信息资源的充分开发和利用急需制定统一的数据标准格式，推进信息资源开发的规范化进程。③相互之间标准不统一、不一致，导致科技信息资源之间难以相互兼容、有效集成，影响资源共享服务。④由于缺乏统一的标准，各级信息提供主体对网络科技信息资源建设流程的认识、理解有较大差异，如对科技信息技术内容的描述细节、深度等方面把握不一致，元数据项填写粗细粒度不一致，导致上下环节信息资源衔接不顺畅，引起信息要素的缺失问题。⑤标准不统一，使用户在搜索科技信息资源时存在查询检索问题，使检全率、检准率等方面难以达到科研使用要求。⑥标准不规范，影响了科技信息审核环节的执行效果，质量把握尺度不一致造成科

---

① 宋立荣. 基于网络共享的农业科技信息质量管理研究［D］. 北京：中国农业科学院研究生院，2008.

技信息质量参差不齐。

（6）网络科技信息资源尚缺乏有效的知识产权确认机制，高质量投入回报得不到充分保护

作为一种有技术成果的知识产品，网络科技信息资源本身就有着特殊的知识产权属性，如技术秘密权、署名权等。这是保护信息产品成果权属、保证预期收益的必要措施。但目前对网络科技信息知识产权缺乏有效、清晰的认定标准、规范。尤其是在网络环境下，对于如何更有效地认定、确认数据化的科技信息资源的知识产权问题，尚无清晰、明确和权威的说法，没有统一的认识。再加上没有对信息提供者所提交的有价值、高质量的网络科技信息资源制定必要的、合理的激励机制和知识产权确认机制，以及必要的收益分配补偿机制，难以保证通过高质量的科技信息获得一定收益，弥补质量改进上的投入成本，从而影响了科研人员、科研机构提交高质量、原创的网络科技信息资源的积极性。这使得信息提供者很少将有价值、高质量的科技信息上传到网上。故目前互联网上大多是重复、低水平的科技信息，缺乏科技含量和应用价值，原创的网络科技信息资源有创新价值信息的不多，这也就大大降低了网络科技信息传播的实际效果，致使不能发挥信息应有的作用。

（7）针对网络科技信息资源，尚缺乏有效、可行的质量评估、质量标注

以往网络科技信息资源质量评估多是基于专家或用户的定性评估，评估周期长，评估滞后，评估结果的适用范围有限，严重影响了对网络科技信息资源进行科学、客观的评价。主要体现在以下几点：①尚缺乏统一、有效的质量评估/审核标准。尽管有些网络科技信息资源在形式上基本符合信息格式要求，但在信息内容质量上差异性明显，如对关键科学技术描述的完整性、全面性不够，对科技成果信息揭示深度不同，对科研过程的阐述不清晰，技术数据准确性、一致性不充分等，造成"数据质量很高，但信息质量很差"，最终没有实现信息价值；②缺乏系统、权威的质量评估（如有效的同行评议制度），加上网络科技信息资源本身具有来源多元化、领域前沿性、术语专业性、形式多样性、信息价值隐形等特征，使用户难以采用过去那种以浏览量、使用量来判断科技信息资源质量的方法，无法有效降低用户在搜索、查询科技信息时的筛选成本、评估成本；③缺乏有效的质量标识，对海量网络科技信息资源的快速检索不可能做到对检索信息的逐项解读、分析和筛选，必须有一个简便、快捷的手段，帮助用户快速判断、筛选高质量、有原创价值的科技信息资源。为此，对网络科技信息资源可以打质量标签，并采用可视化等手段来提升网络科技信息资源质量。而目前既无这方面的做法，也无相应的研究方法来探索这一专题。

10.3.2 从微观机构层面分析存在的信息资源质量问题

科研机构、信息服务机构等是提供网络科技信息资源的重要组织单位。因此，有责任建立相应的内部质量管理体系以保证上传到互联网上的科技信息资源的质量。目前尚存在以下几方面的问题。

(1) 网络科技信息提交机构内部尚未建立网络科技信息资源质量保证体系，内部管理制度不完善，质量把关人缺失

从运行管理制度来看，科研机构未能建立网络科技信息资源质量保证体系，科研管理部门、信息部门、项目承担单位之间尚缺乏顺畅的网络科技信息资源撰写、修改、审核、回溯等合作流程，尚未形成网络科技信息资源质量管理系统。

从信息资源工作审核流程规范看，缺乏严格的信息质量审核流程，忽视了对信息资源的过程监督管理，对科研过程中产生的科研数据资源的标注、保存、质量识别等方面尚缺乏一套有效规范的质量评估规范，缺失质量把关人，缺少传统科技文献发表前一系列的格式审查、专家评审、责任编辑校对等严格质量控制程序。不能形成本单位的有效质量审核程序（如部门领导初审—主编终审—编委会联合终审—编委会联合审查等四级结构），网络科技信息资源撰写的自由度和随意性较大，使其质量控制具有更大的不确定性。即使采取有效措施，也不能达到传统信息文献的受控状态。有些是未筛选、完全按照自我理解编排信息，或者对科技问题的意见信息优劣并存，不做筛选。目前尚缺乏对国家网络科技信息资源质量管理体系完整的、系统的研究，尤其缺乏对全周期资源质量管理和保证机制的具体指导性参考规范。

(2) 网络科技信息提交发布机构的执行控制标准不一致

目前尚存在以下几方面的问题：①从目前发布科技信息的各个网站的数据库系统建设现状看，网络科技信息资源数据库建设仍处在零星分散、互不联网、资源各自独立生产加工的状态，大多数数据库格式不一，按照已有国际、国内的标准建库的并不多，很多只是提供了科技信息资源内容本身，而缺乏对所发布的信息来源、加工等质量背景信息的有效揭示。尽管个别机构分别建立了质量控制规范制度，但从网络环境整体看，各个机构执行标准不一致，造成各个主体对网络科技信息的提交、管理等方面的要求不一致，对科技信息的执行控制标准也不一致，使科技信息资源质量参差不齐。②执行中缺少统一的质量控制规范。在信息产生过程中的科研数据资源保存、科技成果开发利用、网络科技信息资源撰写和质量标准等方面尚缺乏一套有效的监督控制规范。

10.4 网络科技信息资源质量问题存在的内在矛盾分析

(1) 科技信息本身的复杂性

在科学发展的历程中，人类对科学知识的认识具有一定的相对性、局限性。很多科学观点、见解都是在现有试验、规律总结的基础上提炼出来的，有一定的时效性和局限性。随着科学技术的不断提高，对原来存在的合理的（质疑的）科学问题将有新的解读。因此，科学问题本身的不确定性使对它的解读出现不同的版本，也对普通公众理解、认识、解读造成一定程度的困惑。另外，在科学技术的应用促进社会进步的同时，对它的不合理使用也可能危及个人健康和社会安全，甚至会引起社会失控，而这很难被普通公众预见。所以，科学本身的复杂性使得矛盾和争议长期存在。

科技信息产品包括科技成果的内核技术、理论依据和各种科技数据，也包括由各种数据

组成的信息集合，它实际上是由信息构成的复杂的有机体。另外，科技信息的术语、专业深度限制了普通公众对其进一步认识和理解。而且，科技信息并不都是对人类完全有益的，它具有双面性，有些负面作用大的科技信息在目前不适宜公开传播，而对于网络上发布的科技信息大部分普通公众不会考虑到这些。

因此，科技信息本身的复杂性使得网络科技信息资源传播影响存在不确定性，有必要在信息发布前，请专业人员对有重大影响的科技信息对社会经济产生的巨大影响进行评估，防止科技信息本身的不确定性在网络传播中造成负面影响。

（2）公众的科学素养培养是一个逐步提高的漫长过程

公众由分散的群体、个人组成，其科学素养参差不齐。科学素养在很大程度上左右着受众对科技信息的认知和态度。美国专家 Miller 教授认为科学素养包括对科学原理和方法（科学本质）的理解、对重要科学术语和概念（科学知识）的理解和对科技社会影响的意识与理解等3个部分[①]。而公众对科技信息的理解力直接受其科学素养高低限制。主要表现在：一方面，公众对网络科技信息的认识不全面、不到位，这不利于公众正确地理解科技信息，进而使其难以做出科学的评价；另一方面，公众不能理性地参与和互动，使得他们在对于科技信息的接受、理解及对科技问题发表意见的过程中往往伴随各种情绪的宣泄和扩大，科技信息在传递过程中也会发生某种程度的失真和畸变，从而产生经验与科学的混淆。这与"严谨、求实"的科学本质是背道而驰的。

（3）相关责任主体的利益难以平衡

相关责任主体的利益难以平衡是网络科技信息资源质量难以提升的根本原因。网络科技信息资源建设涉及的主体众多，不同利益主体所追求的目的各不相同，利益诉求（如经济收入、影响力、权威性、社会认可等）也不一样。从质量管理角度看，其对科技信息资源质量改进的投入成本与所获得的收益决定了网络科技信息资源质量改进的实际效果。如果信息资源发布、传播、共享服务所带来的各方面收益不足以抵消相关责任主体在科技信息产出中投入的质量管理成本，投入质量管理的成本大，回报少，则很难调动各个责任主体进行质量改进的积极性，并维持经常性的质量管理。这就需要相关主体来承担这种质量管理成本，这样的付出必将严重影响科技信息内在动力的产出、改进质量的积极性，以及对信息资源技术内容的高质量追求，容易导致信息资源质量管理流于形式，或者倾向于复制、粘贴、链接等低成本的科技信息传播方式，而对于有原创价值的、高质量的科技信息传播就越来越少。

在网络科技信息传播过程中，政府管理部门希望将科技信息资源共享于社会，产生更大的社会收益。但由于目前尚无就网络科技信息资源制定清晰、明确的收益分配办法、利益平衡机制，或者因顾虑众多信息资源提供主体或知识产权保护等，相关主体不愿将有原创价值的高质量科技信息进行发布、共享，或者仅仅关注有商业价值、产生收益的某一类型信息资源。例如，一些商业网站更多地倾向于发布一些有市场、能吸引用户关注的、热点的、有商业价值的科技信息，而不考虑科技信息的覆盖程度和专业服务全面性等；一些个人网页信息

---

① 张群. 网络环境下我国健康传播体系研究[D]. 北京：中国农业科学院研究生院, 2011.

则更多的是基于个人专业爱好、兴趣来收集、整理、发布某一专题领域的科技信息。

（4）网络科技信息资源质量提升有制度障碍

网络科技信息资源质量不高的一个重要原因在于存在一定的制度障碍，其直接表现是缺乏具体的法律约束，缺乏国家层面的信息服务法规，尤其是信息发布过程中缺乏法规的约束，并且对科技信息传播中的质量有明确规定的法律规范也甚少。为此，需要通过制定强有力的网络信息传播政策法规和管理制度，加大对网络科技信息资源建设的宏观调控力度，解决目前网络科技信息资源建设机构各自为政、分散管理、难以统一协调、信息质量参差不齐等问题。

产生这种政策制度障碍的根本原因为在目前这种政策环境下对所产生或提交的具有公共产品属性的网络科技信息缺乏具体、明确的质量管理方针。主要问题是：①对网络科技信息内容质量的约束较少。现有政策、法规制度更多的是自上而下、强力推行的"硬约束"，解决的是对科技信息形式质量的规范要求。但其技术内容质量参差不齐，有些发布的科技信息没有撰写、提交真正有价值的内容，出现"数据充实，但信息价值不高"的情况，难以满足用户的使用需求，使网络科技信息网络传播的效果不理想。②从目前科技信息生产流程或过程管理制度来看，科技信息资源无论是采集、审核、发布，还是对外传播服务，都主要由政府主导，政策约束、管理办法相对统一、规范，但缺乏精准、细致的实施规范，缺乏专业机构的积极参与，导致在科技信息管理系统、服务功能、服务内容等方面相对单一，不能适应行业、领域的专业化、个性化需求。③科技信息质量改进是一项复杂的、实施难度巨大的长期性工作，没有足够的经费支撑就难以持续改进信息资源质量，故仅靠少数几个机构是不能产生整体优化效果的。为此，既需要从宏观政策、制度上进一步加强信息治理、质量引导和约束，有目的、有方向地进行质量改进，需要制定合理机制，引导、督促各个责任主体积极解决内部的科技信息资源质量管理问题，依据宏观约束规则，制定机构内部的质量约束管理办法。

（5）众多科技信息建设机构在过程质量管理上不一致、不同步

网络科技信息来源众多，涉及多个责任主体，科技信息资源建设中的组织结构、管理分工、技术条件、数据加工、信息服务等方面都不完全一样，从而导致一定程度上存在科技信息生产链中各主体质量管理水平不一致的情况，如科技信息质量管理规范把握尺度不一致、质量管理职责分割不清、数据交换共享的软硬件格式不兼容、数据处理标准不统一、质量管理规范及程序不一致等。有些质量问题是科技信息资源建设机构资金或人力等不足引起硬件或技术不到位等客观情况导致的，有些质量问题则是不同机构的质量控制手段不一致所致。尽管个别机构制定了较详细的质量管理规范或制度，但从整体网络环境看，不同机构、相关人员对标准的理解认识、执行标准粒度不一致，尤其是科技信息生产链中各责任主体尚未就质量控制达成统一的约定，没有形成各责任主体在科技信息资源管理中共同遵守的质量管理机制，因而难以形成统一的数据交换标准与规范、质量控制和资源质量管理信息互通体系，使整个科技信息资源生产过程中个别机构（工序）的质量管理方法不一致而影响整体科技信息资源服务效率。

10.5 提升网络科技信息资源质量的对策建议

网络科技信息资源传播涉及多个责任主体，其信息传播方式具有特殊性和复杂性，故需要在机制形成、质量管理流程的再造、各方质量责任和权利关系的划分、质量保障体系与各方关系的协调等方面进行深入的研究。本部分将在网络科技信息资源质量提升机制分析的基础上，结合本项目了解到的我国网络科技信息资源建设发展的实际情况，分别从宏观层面、微观层面及质量评估角度对提升网络科技信息资源质量、促进网络科技信息传播提出建设性的对策建议。

10.5.1 宏观层面的对策建议

（1）制定和完善网络科技信息资源管理相关政策法规，引导网络科技信息的合理开发

网络科技信息资源涉及不同部门、不同行业、不同学科领域、不同类型的资源，既是一种专业性很强的信息资源，也是一项政策性很强的工作，复杂程度较高，故要做好科技信息的收集、质量控制、资料存储和管理、分级分类服务等各个环节的工作，就离不开宏观、统一的规范和保障。这既要从网络科技信息传播的用户需求、目标、内容及信息技术与开发水平等方面出发，制定符合网络科技信息传播规律的信息管理政策，也要积极进行相关法规研究工作，利用法律的规范性功能来预防和"约束"网络资源的相关问题，加强信息立法。同时，制定信息传播相关技术与行业管理标准，使有关科技信息共享的各项活动有法可依、有法必依①。例如，美国联邦政府的《信息质量法》规定了美国联邦政府的信息资源必须遵守这个法规，以保证向公众传递的信息是客观的、完整的、实用的。我国在《中华人民共和国政府信息公开条例》中要求提供真实、完整信息，但并没有明确各个指标的具体定义、评估标准和执行尺度，这就使得信息资源管理过程中具有很大的不确定性。

为此，有必要围绕网络科技信息资源提出明确的、可操作性的网络信息资源质量控制目标、原则和要素。当然，对网络信息资源质量问题进行法律控制的依据和前提是：适应国家对科技信息发展战略的要求逐步逐项、由点到面来制定相应的网络科技信息资源质量管理法律规范，对涉及质量管理法规的制定原则应当是能够促进网络科技信息资源的健康发展、综合利用。同时，其可为人们的网络行为（活动）指示方向，并作为衡量某一网络信息传播行为是否合法的标准，同时是处理质量的准则和处理网络活动中法律纠纷的尺度。

（2）发挥科学的、正确的科技信息传播"舆论导向"作用

网络科技信息传播的本质是对科技信息的宣传、接受与交流。它具有重要的社会功能，即科普功能、经济功能、舆论功能、教育功能。其中，网络科技信息传播的舆论功能是通过网络科技信息传播及传统媒体扩散来实现的。科技信息的专业性、科普知识的严谨性，以及内容表述的学术化，限制了公众对科技信息的理解和准确判断。为此，正确的、科学的科技

---

① 宋立荣，齐娜．我国网络科技信息资源开发中的问题及对策思考［J］．中国基础科学，2012，14（2）：39-44．

信息产生的网络舆论需要大众媒体给予正确的引导，发挥其舆论的导向功能①。

第一，要对信息发布者的基本行为进行必要的约束，加强其对信息发布的责任意识，使其对公众的网络舆论有正确的引导。这就要求信息发布者坚持科技信息的正确性、准确性和全面性，维护科技信息传播内容的真实性。最重要的是以科学、严谨的态度对待所发布信息的相关科学问题，在正确的科学态度的基础上形成舆论，保证舆论本身形成的科学性，使其在进行合理、正确的舆论引导的同时提高公众的科学素养。

第二，发挥国家公益性科研机构中行业专家及专业人员的专业优势，对网络科技信息进行必要的筛选、解读和及时澄清，通过专业机构的权威性，产生正确的科技信息。这是因为行业专家及专业人员掌握较多的科技知识，能够更加科学、专业地进行快速、准确的识别和判断，起到"质量把关人"的作用。

第三，国家应设立专门机构监测、筛选科技信息资源，根据公众的实际情况有针对性地采取相应的应对措施，如科技信息专题或科技热点信息解读措施可消除公众由于科技信息缺乏而导致的错误认知，让公众对科技问题的真实情况有全面的了解，从而打消用户的偏见和非理性的认识。

第四，要重视公众的反馈。由于科技信息效用的多面性，其对不同用户会产生不同的影响。在一定条件下，一些科技信息会对特定用户产生一定的负面影响。为此，有必要建立网络科技信息资源质量的申诉机制，解决网络上因发布不合适的信息对用户造成伤害的问题。要建立网络科技信息筛选、淘汰机制。此外，公众对提出的科技问题往往具有自己的认知，对科技信息资源质量要求也在不断提高。这就要求相关网站要密切关注公众对科技信息的反馈，及时了解公众的质量反馈，及时加强改进网络科技信息资源质量。

第五，要掌握舆论引导的主动性。鉴于网络信息传播的即时性、实时性、广泛性的特点，错误的科技信息发布会产生非常不利的影响。为此，应加强与网络媒体及传统媒体的信息沟通，发挥媒体科技信息传播的舆论扩散、引导优势。网络媒体应对网络舆论提早介入，积极主动地发现公众的科技信息需求，收集公众对科技问题的意见，关注公众的动态，不仅要传播正确、高质量的科学知识，还要传播科学精神、科学方法、科学思想，避免对科技信息的误解及其带来的潜在危害②。

（3）制定、实施网络科技信息资源质量管理规范或管理办法

在网络科技信息资源建设中，完整的质量管理体系不仅要求信息发布主体转变质量管理观念，调整质量管理的思路和方法，建立新的质量管理框架，而且要求政府主管部门发挥宏观调控作用，完善相关管理法规、标准规范及信息质量管理的评价考核体系等。只有加强两方面的管理，强调宏观调控和微观引导管理同步进行，才能更好地提高网络科技信息资源质量，确保"适当的网络科技资源在适当的人们之间得到充分利用"。这些措施包括信息资源质量控制机制、信息资源整合机制、技术创新机制、平台建设保障机制、科技信息资源评价

---

① 宋立荣，齐娜. 我国网络科技信息资源开发中的问题及对策思考[J]. 中国基础科学，2012，14（2）：39-44.
② 宋立荣，齐娜. 我国网络科技信息资源开发中的问题及对策思考[J]. 中国基础科学，2012，14（2）：39-44.

机制,以及平台项目管理水平提升机制。

第一,借助于网络科技信息资源质量管理办法,明确网络科技信息资源质量内涵、信息资源管理的目标及质量管理保证体系。首先,对网络科技信息资源质量内涵要进一步明确,如美国联邦政府的《信息质量法》规定了其信息质量只有客观性、实用性和完整性3个质量维度。新的网络科技信息资源应强调如实、完整、及时地描述科研的基本原理、方法等。其次,对发布的科技信息形式质量也要明确规定,以便统一规范。最后,明确质量管理的目标,明确网络科技信息资源要达到的最佳质量状态。

第二,进一步细化和明确各类网络科技信息资源建设中的工作流程,包括科技信息资源收集程序、质量审核流程、网络发布流程、质量反馈流程等。要求网络科技信息资源管理过程中尽量遵循统一的标准格式和操作规范,发挥标准规范在网络科技信息生成、积累、传播等方面的基础性作用,如对地理、遥感测绘等网络科技信息的发布,众多的国内外标准中应要求一致。

第三,进一步完善和明确网络科技信息生产过程中质量管理的实施细则。由于在国家层面科技信息资源质量管理制度、生产流程、管理规范等方面尚缺乏全面、细致的实施意见,很多信息提交者发布科技信息,都是基于各自内部的流程进行的,但在质量控制方面缺少细致、规范的管理措施。为此,有必要进一步完善和明确科技信息资源质量管理的实施细则,如应明确对外发布的各类科技信息必须具备的基本要素、数据的科学论证方法、基本的质量审核标准规范,以及质量的申诉流程,允许受此影响的用户有渠道提出申诉,如对某一地区土壤环境污染的调查报告等应有清晰、明确、有说服力的科技证据和科学论证。

(4) 进一步规范网络科技信息资源的标准,提高信息质量

标准是实现信息流通、使用的基础,只有标准规范的信息源,才能进行信息的流通和网络共享。网络科技信息具有来源广泛、内容丰富、形式多样、格式不一、数量庞大的特点,要充分利用海量的科技信息资源,就要研究制定各类科技信息资源发布、传播的标准,提出资源配置的要求,以解决众多信息发布者信息制作不规范、传播渠道不通畅、信息反馈不及时等问题。这就要求不仅要在国家、行业相关标准的基础上建立一整套从信息采集、传输、处理、建库到业务应用系统集成、信息发布与服务的完整技术与政策体系,还要设计和发展维护、实施标准规范的工具,如网络科技信息资源元数据生成工具、数据与元数据的注册系统、数据格式自动转换的工具等;同时,还要加强在科技信息资源采集、加工等各个环节过程中信息题录、标引的标准化、规范化,除了添加一些描述型元数据项,还要做到对其完整性、科学性、安全性等方面的管理,分别从管理、技术、维护元数据等方面进行信息收录、转录或标记,借助于现代信息技术手段实现对其形式质量、部分内容质量要素的自动化监测。另外,要提高网络科技信息资源标准化日常管理效率,并按照新的标准更新数据信息,使网络科技信息具有较高的质量,以满足用户的需求[①]。

---

① 宋立荣,齐娜. 我国网络科技信息资源开发中的问题及对策思考[J]. 中国基础科学,2012,14(2):39-44.

(5) 积极探索推行网络科技信息资源质量认证、评估制度

网络环境下,各类科技信息资源提供者众多,信息来源存在很大的不确定性,这使得对网络科技信息资源的管理要采用有别于传统质量控制的方法,采用网络化、整体性、引导式的宏观管理和微观约束并存的质量控制方式。尤其是近年来随着物联网、大数据、人工智能等的飞速发展,网络科技信息资源数量急速增加,仅仅依靠对信息提供者的质量控制很难达到对海量信息资源质量的有效管理。

现代网络技术快速发展和应用,在信息质量管理方面,可以借助信息技术手段自动监测、约束、评估信息资源,进而筛选、约束信息资源。例如,借助于网络监测软件、自适应的评估工具,以及合理的评估指标,建立网络信息资源质量认知、评估制度,以便实时、有效地发现、筛选不良科技信息,发现信息发布者出现的问题,将信息资源质量控制前置到信息发布之前,而不是对已经广泛传播的信息进行事后处理控制。这样能够形成有效的信息资源筛选机制,通过前期筛选形成信息发布者的质量评估报告,以监督和促进信息发布者进一步改进其信息提供过程中的质量控制措施,提高信息质量。

为此,在网络科技信息资源建设中,除了微观组织应建立自我约束、自我规范的内部质量管理机制外,国家应积极探索建立信息资源质量管理的认证制度,作为网络信息发布、信息传播许可的必备条件,强化组织内部信息资源质量管理能力,以达到促进组织自觉地提升信息资源质量管理能力、建立完善信息资源质量管理体系的目的。

(6) 围绕网络科技信息传播的重点领域和热点方向,以国家科研机构为依托,建立相关的专题数据库

随着经济、社会和网络技术的发展,网络科技信息资源尽管已成为科学研究中主要的信息获取渠道之一,但信息来源广泛、多元、质量参差不齐也是客观存在的事实,不可能实现对所有信息提供者的有效质量约束。为此,有必要依托国家科研机构的专业性、权威性优势,建立相关的专题数据库,提供系统的、专业的、经过科学分析与整理的知识化的科技信息,以满足公众对高质量信息的需求。因此,应根据公众关注的科技热点或学科专题的特点、内容和不同用户的个性化要求,对网络科技信息进行有针对性的整理、筛选,把科学性强、科学价值高、可信度高的科技信息整理出来,建立各类精品数据库[①],重点形成一批基础性的、覆盖公众大部分信息需求的高质量网络科技信息数据库,尤其是结合公共安全卫生事件和一些重大工程与科研项目,通过跨部门、跨学科的协调,逐步对有内在联系的科技信息资源进行系统性整合,对已实施的国家科技报告服务系统、科学数据共享平台、医学健康信息服务系统等就起到了非常明显的科技信息聚集作用。还要根据公众、科研等的需要,以点带面,再确定若干科技专题,进行科学的整理、分类、集成,使其系统化、规范化、标准化,形成专题数据库[②],并拓宽检索范围,建立多源信息源的网络关联检索途径,搭建统一的信息资源质量评估体系,以促进信息资源有效共享。

---

① 姚虹霞. 我国网络信息资源建设中存在的问题及对策建议 [J]. 北京邮电大学学报(社会科学版), 2009 (12): 33-37.
② 宋立荣, 齐娜. 我国网络科技信息资源开发中的问题及对策思考 [J]. 中国基础科学, 2012, 14 (2): 39-44.

10.5.2 微观层面的对策建议

（1）健全网络科技信息资源建设机构内部质量管理的规章制度，完善其质量保障体系

无论是正规的科研机构还是个人，作为信息发布主体，都应承担起科技信息资源质量改进的责任和义务。微观机构内部的质量保障体系是确保科技信息资源建设过程中质量稳定的制度体系和规范约束，它包括人员质量管理组织结构、标准规范体系、质量管理流程规范、质量控制约束规则等。例如，在人员质量管理组织结构方面，可依托科研管理体系制定相关人员质量管理职责和义务，提升科技信息资源质量管理能力。

标准规范体系必须从管理的目标定位、原则、方法、基础术语到具体实施过程，提出相应的广义层面上的标准、规范、指南或意见。同时，根据组织实施的科技信息进度制定和完善具体的科技信息采集、提交、组织加工和审核等标准，如科技信息采集规范、数据库建设标准、元数据标准、系统化标准、数字化规范、加工与存储标准、权限管理和安全标准、服务标准、检索标准等方面。

质量管理流程规范应围绕科技信息生产过程建立基本的质量控制制度，加强对科研过程的监督管理，明确各类科技信息基本的格式或对技术内容的基本质量要求，规范科技信息的质量审核和验收流程，尤其是对科技项目科研过程数据、成果及核心技术的认定、存储和使用的管理规范。

质量控制约束规则主要是对科技信息资源提交过程中的元数据要求、数据质量约束、检索权限、数据安全控制等。例如，针对相关科技信息资源质量审核指标要求设置相关字段和约束属性，以对科技信息全文进行审核，确保所收集的科技信息全文格式规范、内容完整，能够为后续的信息分析、数据挖掘等工作提供便利条件。

这部分工作主要包括以下几方面的内容。

①明确科研人员、科研部门采集、加工、审核科技信息的岗位责任和任务，主要明确各管理部门、岗位及人员责任、权利、义务等。

②强化人员业务能力培训，包括对管理目标、业务流程、操作规程、质量管理等方面的培训，提高信息质量意识，制定培训教育的目标、措施及方法。在具体培训工作中，重点开展介绍各类科技信息格式规范、撰写技巧等有针对性的培训，使科研人员掌握科技信息采集、加工、审核、发布、服务等一系列工作流程，提升过程质控能力。同时，还要加强科研机构审核环节质量标准的培训，强化内容质量审核和评估，既要保证科技信息元数据的形式规范统一，又要保证科技信息资源质量水准的一致性和稳定性。

③制定科技信息生产过程中质量监测控制方法，主要包括：a. 信息生产过程监测关键环节的确立，在这些环节上推进标准化和规范化，按照统一的规程传输、加载和处理，使数据能够可逆追溯，方便还原数据；b. 建立相应的内、外部日常监测程序和措施；c. 建立质量监控规程，制定数据质检规则和标准；d. 采用先进的质量检测技术和手段，如将数据质量检测软件应用于规则发现和数据分析、合法性评价、数据更正、转换控制、数据错误防范等。

（2）加强机构之间的质量协同合作，共建信息资源质量约束机制，促进高质量科技信息的有效整合

对于科技信息资源整合，首先要解决的就是通过统一技术标准、统一接口协议、统一质量约束标准来确保科技信息资源本身的质量水平；其次要进一步从管理制度、业务流程等方面加强沟通和协调。实施这些措施的关键除了制定科技信息标准规范外，还在于科技信息资源建设的各个责任主体之间对存在的质量问题要有基本统一的认识与处理把握尺度和质量约束的共识。

为了统一各种影响因素，本项目将那些质量支持或限制手段称为"质量约束"。"质量约束"概念，更多的是一个抽象提炼的概念，就是以综合、系统的质量改进管理思路来认识和实施质量管理，围绕网络科技信息专业质量管理目标来分解各个环节中引起质量问题的诸多因素，分析哪些属于"支持性"质量约束，哪些属于"限制性"质量约束，从而选择利用何种质量控制手段、管理措施、质量监督和评价方法来保证科技信息资源质量最优。除了正式的行政化网络信息管理条例、标准规范外，还需要在各个机构之间形成统一的解决和沟通质量问题的约束机制，这种约束机制是非官方行政式、开放式的质量联络机制，是由特定的约束主体、约束对象、合理的组织结构、具体的约束内容及科学的运作方式组成的有机体。其构成、作用和相互管理为网络科技信息资源产生过程中的质量约束机制。它具有运作虚拟化、作用全过程性、形成机制开放性、表现形式多样性、影响后果广泛性、约束效力自愿性等特征，对于各个责任主体之间进行质量沟通、质量审核起到强化横向协调、弱化条块分割的行政束缚的作用。

科技信息资源类型复杂、数据来源广泛，而且用户需求呈现多元化趋势，对建立统一的质量沟通约束机制提出很大挑战。因而，在实践应用中，不可能也没必要建立一个通用的、具体统一的质量沟通约束机制，而是就构建质量沟通约束机制提出基本原则、基本框架及必要手段，在对具体专业领域、具体数据的质量控制中可根据具体"场景"及控制目的选取约束因素和质量指标体系。质量沟通约束机制不是对所有科技信息资源进行细节描述，而是针对质量问题或有分歧的标准规范等进行沟通、协调解决的一种方式。它是科技信息资源建设中质量管理的一项重要补充。有效的质量管理应该是这些内容的综合运用，是各种因素的组合效应。

目前，落实质量沟通约束机制尚存在的困难包括：①缺乏国家宏观层面明确的质量管理规范使得各专业领域或行业乃至学术共同体难以形成认识一致的质量整合标准；②相互对专业领域或行业标准的认同程度不同；③缺乏对原系统质量改进的成本顾虑质量沟通约束机制。

（3）以元数据等技术为手段促进信息质量的进一步提高

实现网络信息资源有效使用，需要解决两大问题：一是如何有效地过滤和筛选信息；二是如何有效地描述信息。国际成功经验表明，应用元数据来描述网络信息资源的格式，并应用资源描述结构作为携带各类元数据的工具，实现网上资源互通和系统互操作是较好的问题解决途径。

由此可以看到，现有网络科技信息资源建设者只是提供了科技信息资源本身的网络共享，并没有提供关于这个资源的"背景信息"供用户使用时进行决策参考。而且，从质量管理角度看，在现有网络科技信息资源相应的专业元数据项中关于资源数据质量的定性描述还远远不能全面反映（揭示）信息资源在数字化、网络化建设过程中的质量状况，致使用户不能对信息资源分布、加工及质量水平有全面的了解，增加了公众查找、选择、利用有用信息的难度，造成一些项目资源的可信度不高、适用性不强，在公众信息服务、资源使用效果方面还不够理想。

近年来，利用元数据对数据资源（可看成数据实体）进行管理已成为许多科技信息资源建设项目所采用的基本技术控制手段，纷纷制定了相应的专业元数据规范及标准来指导资源建设。将元数据应用到质量管理中，形成"质量元数据"，进行信息质量管理（IQM），是今后研究的一个趋势。元数据的还原性、结构性、跟踪性和系统性使其具有定位、描述、搜索、评估和选择等功能，可实现信息质量的可追溯性，保证了从过程去控制质量问题的可能性。就如同传统物理产品（此处对应信息资源）生产中利用质量控制信息（此处对应质量元数据信息）进行质量状态揭示和质量改进工作。

10.5.3 完善和改进网络科技信息资源质量评价体系的对策思考

（1）探索建立更全面的网络科技信息资源质量评估体系

科技信息资源建设是一个涉及面广、非常繁杂的巨大工程，因此对其质量评估不单单是对其个别几项指标的评估，而是对科技信息诸多因素的综合认识，需要系统思考。因此，在网络科技信息资源质量评估基础上，从网络科技信息资源建设整体视角出发，通过质量元数据评估方法探索建立网络科技信息资源质量评估体系。

建立系统的网络科技信息资源质量评估体系有助于促进以高质量为导向的科技信息资源产出科研氛围，形成网络环境下科技信息"高产出—高质量—高利用率"的良性循环。这方面工作内容包括：一是进一步明确网络科技信息资源质量管理的基本目标，围绕此目标，确定网络科技信息资源质量控制的基本维度，建立相应的质量评估指标体系，以此指导和约束相关主体发布网络科技信息的质量，逐步提高信息质量管理水平；二是针对不同类型、不同建设阶段、不同领域科技信息确定适宜的质量评估体系，如在不同的环节，明确质量控制目标，以及质量元数据项（尤其是管理类质量元数据），能够真实、客观地反映科技信息质量状态。这需要统一和协调不同阶段中质量评估的一致性、稳定性和延续性；三是进一步明确评价指标的含义，使之无歧义性，使评估人员更明白评估含义，便于执行。

（2）进一步提高网络科技信息资源质量评估指标的可用性

可用性是指使用者在网络环境下使用科技信息并达到特定目标的有效性、效率和用户主观满意度。对科技信息产生过程而言，信息提供者不希望耗费过多精力去填写元数据及其内容，也不希望在科技信息质量控制中有过严、过于烦琐的措施；相关管理部门则希望真实、准确地描述科技信息的质量，提出整改和质量诊断的手段，发现问题，改正问题，尽可能地提升科技信息资源质量和利用率，进而提升资源利用效率；科研用户也希望能方便地看到高质量的、可信的、有创新价值的科技信息。因此，原来借助于专家打分的传统的信息资源质量评估方法能实时反映科技信息质量问题，但存在一定的局限性。为此，采用质量元数据评估方法也仅仅实现了网络科技信息资源质量评估的实时性、自动化评估的可行性。但评估应是建立在最低质量水平基础上的质量准入机制或质量评估机制，以使评价具有可用性。

目前，尚缺乏更有效、更精准的评估指标，需要进一步构建不同评估主体、不同评估目标的多级、多层的质量评估体系，以便扩大其适用范围。

另外，根据评价目的、不同的资源评价对象，对网络科技信息资源质量元数据评估指标进行适当的增减，以适应网络科技信息资源质量评估的可操作性，尤其对于一些影响因素不大、测量周期较长、成本较高的指标可采取替代指标与合并或缩减评价项目方式。

（3）进一步探索网络科技信息资源质量评估工作的自动化评估方式

采用自动化评估方式是指尽可能采取计算机自动化评估方法，以降低评估成本、减少人工干扰，提高准确度和效率。例如，基于质量元数据中间转换标准格式，开发网络科技信息资源质量评价软件系统，实现网络化、自动化评估，提升科技信息资源质量评估的及时性、有效性和必要性，可嵌入各个资源提供者的客户端系统中实现对信息资源质量从采集、加工等一系列过程到内容等多方面的监控。

自动化评估正好满足了对网络海量科技信息进行形式质量管理等方面的要求。在一些无法人工统计评估的情况下，可通过标准化、程序化的计算机软件实现对科技信息资源的形式审查。

（4）建立网络科技信息资源质量评估的反馈与激励机制

在科技信息资源质量评估指标体系构建过程中，评价效果需要依靠质量评估反馈机制来实现。质量评估可以实现科技信息资源的质量闭环管理。当管理部门人员、专业人员和社会公众使用科技信息后，相关用户可以通过质量评估反馈系统对科技信息资源使用情况进行反馈，其反馈和激励不仅有利于促成科技信息质量改进，形成质量导向的网络科技信息使用氛围，而且有利于科技信息建设主体更加重视过程建设质量，更好地推进和监督科技信息生产过程中质量控制、元数据规范，以形成网络科技信息"高产出—高质量—高利用率"的良性循环。

（5）构建以质量元数据评估指标为基础的信息资源质量评估数据库系统

网络科技信息资源质量评估指标体系是一个复杂多样的体系，要从质量元数据的选择，以及评价指标结构、评估内容、对象层次等方面构建不同形式的网络科技信息资源质量评估指标体系。同时，不同层次科技信息建设主体、不同类型信息资源及不同领域的科技信息资源，其真实存在的元数据标准各不相同。这些都造成了其元数据映射关系及其互操作的多样性。构建质量评估指标数据库，将不同元数据评估标准的质量评估指标进行收录，可以完整、系统地实现对科技信息的质量评估。

这样，在选择评估对象时，根据其性质，选择有针对性的评估指标，以提高评估的针对性、有效性。

（6）积累和形成我国网络科技信息资源质量问题及解决方案的知识库

以质量元数据评估指标为基础的信息资源质量评估工作，其实质在于发现质量问题。但是，不同评估机构、不同建设阶段、不同类型科技信息资源所产生的质量评估多种多样，深浅程度不同，影响程度各异。如果没有深刻理解网络科技信息资源质量评估指标的含义，有可能无法理解各种质量问题。为此，有必要不断收集网络科技信息资源质量评估问题，并进行分析，提出解决办法，则有助于在以后评估中能够快速、有效地找到评估指标项，并提出正确的解决办法。这也有助于各评估机构据此自测其存在的问题并采取自治措施，真正起到"以评促改"的作用。

第 11 章 研究展望

元数据与科技信息资源质量管理有着密切的关系，高质量的元数据内容被看成科技信息资源质量控制的基础，就像传统物理产品过程中质量管理信息一样，能够实时、有效地把握信息产品生产过程中质量控制状态和产品质量水平。而设计合理的元数据质量评估体系能够间接反映出资源本身的质量状态，尤其能够实时反映科技信息资源在形式方面的质量状态，这为用户、管理人员筛选、判断和使用信息资源提供有效的手段和方法。

本项目在大量调研总结分析的基础上，筛选出在信息生产过程中与质量有关的关键"质量元数据"进行监测、记录、打分评价和质量标记。一方面，基于关键环节元数据描述记录能够实现对海量网络科技信息资源的定量化、实时监测、质量追溯控制；另一方面，借助于元数据质量评价系统能够实现根据用户个性化的信息质量需求，提供符合其质量维度偏好的排序结果并给予质量标注，减少信息检索成本，增加信息的可信度，以提高用户把握信息的适用度。这将有利于对网络科技信息资源生产过程及其科研活动进行过程监督和规范管理，并有助于用户真实、及时了解网络科技信息资源质量状况，了解其背景信息，评估其质量水平，增强网络科技信息资源工作的透明性，为进行网络科技信息资源管理和使用提供基本判断参考。

本项目从理论和软件系统两个方面分析了网络科技信息资源质量特点、元数据特征、质量状况。在对现有大量元数据质量评估研究成果调研的基础上，根据其影响因素等确定质量维度、关键质量元数据项，并以此搭建质量元数据框架体系和评价指标体系，展开实测分析，总结和分析影响网络科技信息资源质量的原因，最后提出相应的对策建议。

11.1 本项目研究工作的局限性

网络科技信息资源评价体系及其相关内容是一个十分广泛且复杂的体系。需要研究的内容很多，可以用到的研究方法也有很多种，在其生产过程中主要还是以机构内部的质量控制措施为依据建设的。尽管本项目主要是基于质量元数据对网络科技信息资源质量评估问题进行了综合分析，但由于目前无论实践应用还是理论研究都对这一主题缺乏深入分析，这就给本项目理论基础的建立和展开分析提出了很大的挑战。同时，本项目虽然前期进行了大量的调研，在此基础上借助质量元数据评估进行探讨，间接地反映了信息资源质量状况的可行性做法，但限于本项目组的能力，也存在不少缺陷，再加上评价元数据的研究也只是近几年才开始广泛展开，一些行业、领域中信息资源质量评估研究仍处于初步建设阶段，许多新出现的质量问题、建设手段、质量管理措施及服务方式尚处于探索阶段，这就为本项目研究的全面性、深度产生很大的影响,在综合分析、系统归纳及研究深入程度等方面尚存在许多未尽之处,需在后续的研究中进一步深入探讨。

(1) 从研究方法来看,本项目主要是以理论分析为主,辅之以问卷调查统计、案例分析等方法。尽管网络科技信息资源应用已经十分广泛,但在理论上就其质量评估研究缺乏相关的深入分析。现有文献多是从评价体系、专家定性评价指标筛选、评价机制、评价对策建议、技术角度等方面加以探讨,鲜有系统地研究网络科技信息资源质量特征问题。这说明在此方面的理论研究目前尚处于起步探索阶段,很多研究问题尚缺乏明确的、统一的认识。这就使得本项目研究的范围界定、理论分析、质量管理体系、关键质量环节及质量元数据标准等都将是初步看法和总结,有待以后进行深入的实证分析。

(2) 网络科技信息资源质量是一个实践性较强的研究领域,在这个方面很多机构基于自身背景提出了一些质量管理的对策和措施,但仍缺乏普遍推广的认同度。同样,本项目虽然就如何提高和改善网络科技信息资源质量提出了几点政策建议,但尚缺乏政策实验。虽然这些对策建议依据实证调查分析和理论总结而来,但是调查中的一些参数收集还不够完整、全面,还需进一步通过政策实验加以验证和修订,如管理部门对网络科技信息资源建设阶段的指导意见可能影响指标的构造。这些在本次研究中还没有考虑,有待在后续研究中加以完善。

(3) 质量元数据、质量维度筛选的合理性有待更科学、更便捷的方法来确定。本项目是在广泛调研与质量影响因素分析的基础上初步筛选确定了约30个关键质量元数据项和5个质量维度,以及基于专家意见确定了权重,以此搭建了质量元数据框架和评价指标体系,并以此开发设计了软件系统。这主要是针对本项目研究的几个专门的科技信息资源类型而言的。如果进一步扩展到所有类型的网络科技信息资源中,此方法将投入巨大、耗时很长,且效果并不显著。因此,有必要进一步研究采用更科学、更有效的方法来筛选、确定质量元数据、质量维度。

(4) 由于软件系统开发成本的限制,本次软件开发中并没有对元数据质量自动监测程序编程。这项工作的工作量巨大,需要针对每类信息资源的每一项元数据项确定其质量约束规则,并计算自动检测的阈值,以形成元数据规则库。为此,将在之后应用项目的经费支持下进一步补充、细化这方面的工作。

(5) 网络科技信息资源质量改进其实是国家网络信息治理的宏观政策约束和各个资源建设主体微观组织进行的质量控制之间协同进行的一项系统性工作。但本项目因研究侧重点的需要仅关注了后者范围。但对国家宏观政策、互联网信息治理等宏观的政策、对策研究不够,还有待在以后工作中进一步探索和完善。

11.2 进一步研究的工作

本项目只是从网络科技信息资源的质量元数据视角提出了一个间接反映网络科技信息资源质量的评价指标体系。其目的有两个:一是基于关键环节元数据描述记录以实现对网络科技信息资源的定量化、实时监测、质量追溯控制；二是借助于元数据质量评价系统实现根据用户个性化的信息质量需求，为其提供符合其质量维度偏好的检索及排序结果，以起到快速检索高质量信息、了解信息的背景信息、增加对信息的可信程度、提高用户把握信息的适用程度的作用。最终目标是形成一个基于质量元数据评价的网络科技信息检索服务系统、信息推荐服务等，能够独立开展信息资源服务工作。

为达到此普遍实用的目标，还需要逐步完善和补充以下研究工作。

（1）本项目基于质量元数据提出一个可操作的网络科技信息资源质量评估的方法体系，实现质量评估的定量化、自动化，这是对网络科技信息资源管理的创新探索。但由于海量网络科技信息资源类型复杂，环节众多，质量影响因素也各不相同，为筛选、确定更科学、合理、有普遍意义的质量元数据、质量维度提出了很大的挑战。本项目是基于实践调研、专家及文献调研方法展开研究的。今后将探索一种算法或更科学的方法来更准确地反映网络科技信息资源质量的质量元数据、质量维度，使评价工作更加可靠、准确。

（2）本项目开发了一套质量评价软件工具来辅助进行网络科技信息资源质量测评工作，一些指标的设计和测评方法尽可能地有助于实现单一化、自动化判断。但大部分仅仅实现了基本功能，要实现实用化还有许多工作需要开展，如用户使用界面优化、功能的进一步完善、自动监测评价打分系统的设计、资源知识的挖掘、聚类分析的功能设计等。但限于各方面现实条件而无法短时间内实现，还有待在以后工作中进行。

（3）本项目的理论研究只是为网络科技信息资源质量管理的实践提供理论视角，所提的一些对策建议仅仅是在元数据质量评估结果分析的基础上提出的思考和认识，所提的对策建议在解决网络科技信息资源质量问题的全面性、科学性方面还有待实践的检验，尤其需要结合各类网络科技信息资源建设其他保障体系的内容进行全面分析和修订，以审视所提对策建议的完备性、有效性，以及产生的正负效应。

（4）调查对象选择及抽样数量的科学性。由于网络科技信息资源类型极其复杂，不同建设主体对其资源的管理措施各不相同，有些还处于初步建设阶段，而有些连完整的元数据标准规范都尚未建立起来。因此，基于元数据开展资源过程的质量状态监测、分析非常困难，真正用于研究调查的对象不多。为此，本项目重点从国家科技资源共享网资源（科技文献、科学数据等）、科技报告资源、人类遗传资源样本信息元数据等中抽取与质量有关的元数据进行调查分析，因此，在信息资料分布代表性、用户需求分析等方面不够全面。在今后的工作中，有必要对各类科技信息资源的用户质量需求进行较全面的调查统计，以使抽样调查更加全面客观，并为本项目的后续研究指明方向。

总之，基于质量元数据开展的资源质量测评体系是目前对网络科技信息资源质量进行测评、标注并促进改进的一次综合分析和思考。本项目的研究为今后网络科技信息资源建设中对这一问题的深入研究提供前期探索，研究的结论有助于今后在网络科技信息资源质量管理的理论操作方面有更进一步的思考和认识，为国内相关管理、决策部门制定相关政策提供参考。

参考文献

[1] Ana Maria de CarvalhoMoura, Maria Luiza Machado Campos and Cássia MariaBarreto, A Metadata Architecture to Represent Electronic Documents on the Web [C] //3rd IEEE Metadata Conference NIH Campus. Bethesda, Maryland, USA, 1999.

[2] BRIEN J O. Introduction to information systems in business management [M]. 6th ed. Boston:Irwin, 1991.

[3] BRUCE T R, HILLMANN D I. The continuum of metadata quality: defining, expressing, exploiting [J]. Metadata in practice, 2004 (1): 3 – 15.

[4] CEN/TC287 Secretariar. CEN/TC287 Geographic information [EB/OL]. [2015 – 04 – 12]. http: //www. statkat. no/sk/standard/cen.

[5] CORBITT S G B. Understanding data quality: social and cultural aspects [C]. Proceedings of the 10th Australasian Conference on Information Systems, 1999.

[6] DEDEKE A A. Conceptual framework for developing quality measures for information systems [C]. The 5th International Conference on Information Quality, 2000.

[7] EPPLER M J. Management information quality: increasing the valve of information in knowledge – intensive products and processes [M]. NewYork: Springer, 2006.

[8] EPPLER M J. The concept of information quality: an interdisciplinary evaluation of recent information quality frameworks [J]. Studies in communication sciences, 2001 (1): 167 – 182.

[9] GASSER L, TWIDALE M, STVILIA B, et al. Metadata quality for federated collections [C] //Proceedings of ICIQ 04 – 9th International Conference on Information Quality. Cambridge, MA., 2004: 111 – 125.

[10] GAVRILIS D, MAKRI D N, PAPACHRISTOPOULOS L, et al. Measuring quality in metadata repositories [M]. Cham, Switzerland: International Publishing Springer, 2015: 56 – 67.

[11] GILLILAND S, ANNE J. Introduction to metadata: setting the stage [EB/OL]. (2014 – 06 – 02) [2016 – 11 – 30]. http: //www. slis. kent. edu/ ~ mzeng/metadata/Gilland. pdf.

[12] HARRIS R. Evaluating research sources [EB/OL]. (2015 – 12 – 13) [2016 – 12 – 13], http: //www. sccu. edu/faculty/R – Harris/evalu8it. htm23/8/ 1997.

[13] International Organization for Standardization [EB/OL]. [2013 – 12 – 10]. http: //www. iso. org/iso/home. html.

[14] KANH B K, STONG D M. Product and service performance model for information quality: an update [C] //Proceedings of the 1998 conference on information quality. Cambridge, MA: Massachusetts Institute of Technology, 1998.

[15] KAPOUN J. Teachi. undergrads Web evalu ation: a guide for library ins truction [EB/OL]. (2015 - 08 - 23) [2016 - 12 - 13], http://www.ala.org/acrl/undwebev.html.

[16] LATIF A H. Information quality function employment [C] //The ninth International Conference on Information Quality (MIT - ICIQ - 04), 2004.

[17] LATIF A H. Information quality management: theory and applications [M]. London: IDEA GROUP Publishing, 2006.

[18] LORCAN D. A review of metadata: a survey of current resource description formats [EB/OL]. (2015 - 10 - 29) [2016 - 12 - 13]. http://www.ukoln.ac.uk/metadata/desire/overview/rev_09.htm.

[19] MANGUINHAS H, BORBINHA J. Quality control of metadata: a case with unimarc [M] // JULIO G, COSTANTINO T, VERDEJO M F, et al. Research and advanced technology for digital libraries. Berlin Heidelberg: Springer, 2006: 244 - 255.

[20] Metadata Ad Hoc Working Group, Federal Geographic Data Committee. Content standard for digital geospatial metadata, 1998 [EB/OL]. [2014 - 06 - 02]. http://www.fgdc.gov/.

[21] MOEN W E, STEWART E L, MCCLURE C R. Assessing metadata quality: findings and methodological considerations from an evaluation of the US Government Information Locator Service (GILS): IEEE forum on reasearch and technology advances in digital libraries [C] //IEEE Adl'98. Santa Barbara, California, USA, 1998.

[22] NISO Framework Working GROUP. A framework of guidance for building good digital co uections [EB/OL]. (2013 - 08 - 15) [2017 - 01 - 12]. http://www.niso.org/publications/rp/framework3.Pdf.

[23] NISO. Understanding metadata [M]. Bethesda, MD: NISO Press, 2004: 1 - 2.

[24] OCHOA X, DUVAL E. Towards automatic evaluation of learning object metadata quality [M]. RODDICK J F, BENJAMINS V R, CHERFI S S, et al. Advances in conceptual modeling - theory and practice. Berlin Heidelberg: Springer, 2006: 372 - 381.

[25] OCHOA X, DUVAL E. Automatic evaluation of metadata quality in digital repositories [J]. International journal on digital libraries, 2009, 10 (2/3): 67 - 91.

[26] PARK J R, TOSAKA Y. Metadata quality control in digital repositories and collections: criteria, semantics, and mechanisms [J/OL]. Cataloging & classification quarterly, 2010, 48 (8): 696 - 715 [2015 - 08 - 15]. http://www.tandfonline.com/doi/abs/10.1080/01639374.2010.508711.

[27] QIN L K. How portable are the metadata standards for scientific data? a proposal for a metadata infrastructure [C] //Proc. Int'l. Conf. on Doblin Core and metadata applications, 2013.

[28] QIN J, MARCIA L Z. Metadata [M]. New York: Neal - Sehuman Publisher, Inc, 2004: 247 - 249.

[29] SMITH A G. Testing the surf: criteria for evaluation information resources [EB/OL]. (2015 - 11 - 13) [2016 - 12 - 13]. http://info.lib.uh.edu/pr/v8/n3/smit8n3.html.

[30] STOKER D, COOKE A. Evaluation of networked information sources [EB/OL]. (2015-07-09) [2016-12-13]. http://biome.ac.uk/sage/essen.html.

[31] STRONG D M, LEE Y W, WANG R Y. Data quality in context [J]. Communications of the ACM, 1997, 40 (5): 103-110.

[32] STVILIA B, GASSER L, TWIDALE M B, et al. A framework for information quality assessment [J]. Journal of the association for information science and technology, 2007, 58 (12): 1720-1733.

[33] THOMAS R B, DIANE I H. The continuum of metadata quality: defining, expressing, exploiting [M] //DIANE I H, ELAINE L W. Metadata in Practice. Chicago: American Library Association, 2004: 238-256.

[34] TOLOSANA-CALASANZ R, ÁLVAREZ-ROBLES J A, LACASTA J, et al. On the problem of identifying the quality of geographic metadata [M] //GONZALO J, THANOS C, VERDEJO M F, et al. Research and advanced technology for digital libraries. Berlin Heidelberg: Springer, 2006: 232-243.

[35] WAND Y, WANG R Y. Anchoring data quality dimensions in ontological foundations [J]. Communications of the ACM, 1996, 39 (11): 86-95.

[36] WANG R Y, STRONG D M. Beyond accuracy: what data quality means to data consumers [J]. Journal of management information systems, 1996, 12 (4): 5-33.

[37] WANG R Y. A product perspective on total data quality management [J]. Communications of the ACM, 1998, 41 (2): 58-65.

[38] XAVIER O. Metadata quality [M] //MIGUEL-ANGEL S. Handbook of metadata, semantics and ontologies. Singapore: World Scientific Publishing Co. Pte. Ltd, 2014: 63-73.

[39] YOLDAS Ü, NAGYPÁL G. Ontology supported automatic generation of high-quality semantic metadata [M] //MEERSMAN R, TARI Z. On the move to meaningful internet systems 2006: CoopIS, DOA, GADA, and ODBASE. Berlin Heidelberg: Springer, 2006: 791-806.

[40] YUN B, PARK J R. An assessment of metadata quality: a case study of the national science digital library metadata repository [EB/OL]. (2012-07-13) [2016-12-13]. http://idea.library.drexel.edu/bitstream/1860/1600/1/2007021006.pdf.

[41] ZEIST R H J, HENDRIKS P R H. Specifying software quality with the extended ISO model [J]. Software quality journal, 1996 (4): 273-284.

[42] ZENG M L, QIN J. Metadata [M]. New York: Neal-Schuman Publishers, 2008: 498-500.

[43] 毕强, 杨文样. 网络信息资源开发与利用 [M]. 北京: 科学出版社, 2002.

[44] 伯琼, 赵小燕, 张丽红. 自动抓取元数据标签中DC元数据的模块设计 [J]. 重庆教育学院学报, 2010, 23 (3): 9-13.

[45] 蔡迎春. 分布式机构库的质量控制 [J]. 图书情报工作, 2008 (7): 44-47.

[46] 曹瑞昌, 吴建明. 信息质量及其评价指标体系 [J]. 情报探索, 2002, 84 (4): 6-8.

[47] 曹月珍, 马建玲. 国内外元数据质量控制的研究进展与发展趋势 [J]. 图书与情报, 2013

(6): 101-103.

[48] 巢乃鹏. 网络受众心理行为研究: 一种信息查寻的研究范式 [M]. 北京: 新华出版社, 2002.

[49] 陈斌. 网站学术资源的评价方法研究 [J]. 情报探索, 2004 (3): 34-36.

[50] 陈成鑫. E-science 环境下用户信息需求与信息服务研究 [J]. 情报科学, 2009, 27 (1): 108-112.

[51] 陈克强, 高振家, 赵洪伟. 关于数字地质图元数据编制方法若干问题的讨论 [J]. 中国区域地质, 2001, 20 (4): 434-443.

[52] 陈良玉. 农村科技信息共享技术与实践 [M]. 北京: 中国农业科学技术出版社, 2004.

[53] 陈淑君. Metadata 理论与实务. 数位典藏国家型科技计划资料室 [EB/OL]. (2013-06-07) [2016-12-13]. http://www.sinica.edu.tw/~ndaplib/channels/dlm91_92.htm#MD.

[54] 陈雅, 郑建明. 网站评价指标体系研究 [J]. 中国图书馆学报, 2002 (5): 57-60.

[55] 陈远, 罗琳, 沈祥兴. 信息系统中的数据质量问题研究 [J]. 中国图书馆学报, 2004 (1): 48-50.

[56] 程红福, 孙婷婷, 明晓乐. 网络图书资源元数据框架研究 [J]. 信息技术, 2014 (11): 141-145.

[57] 程林钢. 基于内容管理的元数据的存储研究 [D]. 西安: 西安电子科技大学, 2010.

[58] 程颖. 数字资源元数据质量管理的研究与探索 [J]. 图书馆, 2015 (7): 66-69.

[59] 邓胜利, 赵海平. 国外网络健康信息质量评价: 指标、工具及结果研究综述 [J]. 情报资料工作, 2017 (1): 67-74.

[60] 邓云发. 基于用户需求的信息可信度研究 [D]. 成都: 西南交通大学, 2006.

[61] 电子文件归档与管理规范: GB/T 18894-2002 [EB/OL]. (2014-04-17) [2017-10-24]. http://da.sdyu.edu.cn/2884/2894/201404/t20140417_33269.htm.

[62] 董晓英. 网络环境下信息资源的管理与信息服务 [M]. 北京: 中国对外翻译出版公司, 2000.

[63] 杜永友. 构建基于工作流引擎和元数据驱动的数据仓库 ETL 工具 [D]. 成都: 四川大学, 2004.

[64] 范佳佳. 科技网站信息质量形式评价理论模型研究 [J]. 图书馆论坛, 2016, 36 (10): 41-48.

[65] 范小华, 谢德体, 龙立霞. 图书馆数字资源评价指标体系研究 [J]. 图书情报工作网刊, 2008 (10): 74-77.

[66] 冯秀珍, 赵翠芬. 面向网站信息资源管理的 DC (Dublin Core) 元数据扩展研究 [J]. 科技管理研究, 2011, 31 (8): 163-166.

[67] 高飞. 科学数据用户相关性线索、标准及相互间关系研究 [D]. 北京: 中国农业科学院研究生院, 2017.

[68] 高智勇, 高建民, 陈富民. 数字化制造中的信息质量问题研究 [J]. 计算机集成制造系统, 2005, 11 (7): 981-985.

[69] 葛梦蕊. 学位论文资源发现系统构建方法研究 [D]. 北京：中国科学技术信息研究所，2017.

[70] 辜寄蓉，苗放，王成善，等. 基于元数据的信息共享机制研究 [J]. 物探化探计算技术，2006（1）：76－79.

[71] 国家科技报告服务系统. 国家科技报告服务相关数据 [EB/OL]. [2015－09－16]. http://www.nstrs.cn/Login.aspx? type＝1.

[72] 国家图书馆. 中文元数据方案 [C]. 北京：国家图书馆，2002.

[73] 郝丽芸，王连纪，赵建平，等. 因特网上医学信息质量评价和控制的初步探讨 [J]. 医学情报工作，2002（4）：23，216－217.

[74] 何宝梅. 电子文件管理中元数据问题的研究述评 [J]. 秘书，2003（6）：31－35.

[75] 何嘉荪，金更达. 电子文件管理元数据规范 [J]. 浙江档案，2005（4）：12－14.

[76] 胡红亮，周萍，等. 中国科技报告体系建设研究 [R]. 北京：中国科学技术信息研究所，2007：9－15.

[77] 胡良霖，黎建辉，王闰强，等. 科学数据库元数据互操作的类 OAI 模型 [C]. 第七届科学数据库与信息技术学术讨论会. 丽江：中国科学院科学数据库办公室，2004.

[78] 胡良霖. 科学数据资源的质量控制和评估 [J]. 科研信息化技术与应用，2009，2（1）：50－55.

[79] 胡仁昱.《财会信息数据资源元数据规范》研制工作的设想 [C] //中国会计学会会计电算化专业委员会. 中国会计学会第四届全国会计信息化年会论文集（下），2005：91－98.

[80] 胡永健，周寄中. 科技资源信息元数据质量审核方法研究 [J]. 管理评论，2011，23（1）：41－47.

[81] 胡永健. 科技资源信息元数据质量审核方法研究 [J]. 技术创新管理，2011（1）：41－47.

[82] 黄成. 船舶工业信息化业务平台元数据体系结构研究与设计 [D]. 哈尔滨：哈尔滨工程大学，2012.

[83] 黄迪. 基于元数据的轻量级工作流管理系统的设计与实现 [D]. 长春：吉林大学，2006.

[84] 黄鼎成，郭增艳. 科学数据共享管理研究 [M]. 北京：中国科学技术出版社，2002.

[85] 黄庚保. 基于流程的质量数据研究 [D]. 重庆：重庆大学，2002.

[86] 黄奇，郭晓苗. Internet 网站资源的评价 [J]. 情报科学，2000（4）：350－352，354.

[87] 黄如花，刘贵玉. 开放存取资源元数据管理的对策 [J]. 情报理论与实践，2009，32（10）：5－8.

[88] 黄莺，李建阳. 元数据质量评估方法及模型研究 [J]. 图书馆学研究，2013（12）：52－56.

[89] 黄莺，李建阳. 元数据质量评估研究现状剖析 [J]. 中国电子商务，2013（4）：164－165.

[90] 黄莺. 元数据质量的定量评估方法综述 [J]. 图书情报工作，2013，57（4）：143－148.

[91] 吉文杰. 基于元数据的数据中心管理系统的设计与实现 [D]. 上海：东华大学, 2011.

[92] 贾君枝. 企业数据与数据质量 [J]. 情报理论与实践, 2003, 26 (1)：55 – 58.

[93] 姜艳媛, 郭健, 王卉. 元数据管理在空间信息共享中的应用 [J]. 国土资源信息化, 2005 (6)：32 – 34.

[94] 蒋引娣. 基于价值的元数据质量评价研究评述 [J]. 兰台世界, 2009 (14)：33 – 34.

[95] 蒋颖. 因特网学术资源评价：标准和方法 [J]. 图书情报工作, 1998 (11)：27 – 31.

[96] 焦志芬. 省属高校图书馆用户需求与资源配置研究 [D]. 北京：中国科学技术信息研究所, 2006：16 – 23.

[97] 金波, 丁华东. 电子文件管理学 [M]. 上海：上海大学出版社, 2007.

[98] 科学数据共享工程门户网站 [EB/OL]. [2012 – 05 – 12]. http：//www. science data. cn.

[99] 孔志军. 评价性元数据方法在网络信息评价中的应用 [J]. 情报探索, 2015 (7)：12 – 14.

[100] 赖洪波. 面向政府信息资源的数据仓库元数据研究 [D]. 大连：大连理工大学, 2005.

[101] 李爱国. lnternet 信息资源的评价 [J]. 东南大学学报 (哲学社会科学版), 2002, 4 (1A)：24 – 26.

[102] 李劼, 张根保, 宋寒, 等. 企业质量元数据标准研究与制定 [J]. 现代制造工程, 2007 (3)：11 – 14.

[103] 李劼. 质量元数据及其管理系统的研究与应用 [D]. 重庆：重庆大学, 2007.

[104] 李婧. 元数据在信息资源描述和组织中的应用 [J]. 图书馆学刊, 2014 (12)：52 – 54.

[105] 李丽娜. 网络信息资源质量评价研究综述 [J]. 图书情报工作, 2011, 55 (15)：62 – 66.

[106] 李诗苗. 我国数据库评价研究现状与发展趋势 [J]. 图书馆学研究, 2013 (16)：2 – 9.

[107] 李亚峰. 科技报告知识共享绩效评价体系构建研究 [D]. 长春：吉林大学, 2015：29 – 42.

[108] 李洋. 网上学术信息质量评价研究 [D]. 长春：吉林大学, 2010.

[109] 李毅博. 政府电子文件元数据管理及其标准构建研究 [D]. 南京：南京理工大学, 2007.

[110] 梁冰, 唐文杰, 万建军, 等. 基于元数据的特色数据库构建和知识组织 [J]. 南华大学学报 (自然科学版), 2008, 22 (4)：92 – 95.

[111] 梁平, 陈红勤, 等. 网络信息资源理论与实践研究 [M]. 北京：中国书籍出版社, 2013.

[112] 梁平. 网络参考信息源评价原则、方法及注意问题 [J]. 现代情报, 2007, 27 (4)：66 – 69.

[113] 林爱群. 机构知识库元数据的自动生成与评估研究 [J]. 图书馆学研究, 2009 (7)：10, 21 – 23.

[114] 刘冰. 网络环境中基于用户视角的信息质量评价研究 [M]. 北京：中国社会科学出版社, 2015.

[115] 刘春燕. 基于ISO 23081的科技计划项目档案元数据构建研究［R］. 北京：中国科学技术信息研究所，2009.

[116] 刘春燕. 面向共享的科技计划项目元数据框架［M］. 北京：科学技术文献出版社，2022.

[117] 刘春燕. 资源共享视角下的科技计划项目元数据框架构建研究［D］. 北京：中国人民大学，2016.

[118] 刘海学. 基于语义标注的元数据自动构建及其相关技术研究［D］. 上海：华东师范大学，2010.

[119] 刘家真，廖茹. 电子文件管理元数据的质量控制与管理［J］. 图书情报知识，2009（6）：91-96.

[120] 刘健. 国外元数据研究前沿与热点可视化探讨［D］. 南京：南京大学，2013.

[121] 刘莉. Web资源质量元数据的获取与管理技术的研究与实现［D］. 成都：西南交通大学，2010.

[122] 刘润达. 科学数据门户及其构建实践研究：以地球系统科学数据共享网为例［D］. 北京：中国科学院地理科学与资源研究所，2009.

[123] 刘万里，刘三阳. AHP中群决策判断矩阵的构造［J］. 系统工程与电子技术，2005，27（11）：1907-1908，1913.

[124] 刘艳丽. 网络用户健康信息质量评价模型研究［D］. 长沙：中南大学，2008.

[125] 刘雁书，方平. 网络信息质量评价指标体系及可获取性研究［J］. 情报方法，2002（6）：10-12.

[126] 刘越男. 电子文件管理元数据从认识到应用［J］. 档案与建设，2003（1）：18-21.

[127] 卢涛. 行业元数据分析和版面化检索研究［D］. 天津：南开大学，2007.

[128] 罗春荣，曹树金. 因特网的信息资源评价［J］. 中国图书馆学报，2001（3）：45-47.

[129] 罗昊. 互操作：数字图书馆元数据方案的关键［J］. 情报杂志，2003（12）：32-33，36.

[130] 马玲玲，卞艺杰，梅俊. 高校机构知识库元数据质量控制问题研究［J］. 计算机技术与发展，2014，24（1）：31-34.

[131] 毛炜青，郭容寰. 元数据在测绘生产管理中的应用［J］. 测绘科学，2006，31（3）：127-128.

[132] 梅军，生红莉. 基于XML的数字图书馆MARC元数据研究［C］//西南财经大学信息技术应用研究所，《计算机科学》杂志社. 2008'中国信息技术与应用学术论坛论文集（一）. 重庆：《计算机科学》杂志社，2008：314-315.

[133] 美国白宫政府网站. 信息质量指南［EB/OL］.［2013-11-04］. http：//www.whitehouse.gov/omb/inforeg/agency_info_quality_links.html.

[134] 莫骁师. 元数据在图书馆信息组织中的应用［J］. 曲靖师范学院学报，2004，23（3）：110-112.

[135] 宁文晖，杨颖，宁方，等. 网络科技信息资源利用浅谈［J］. 情报杂志，2009（增刊）：

303-304.

[136] 牛晓琳, 季民, 赵志刚, 等. 基于元数据管理的数据共享研究 [J]. 舰船电子工程, 2006 (1): 71-74.

[137] 潘峰. 网络科技信息的开发与利用 [J]. 数字技术与应用, 2014 (1): 227.

[138] 潘峰. 网络科技信息资源评价综述 [J]. 无线互联科技, 2014 (1): 32.

[139] 裴雷, 孙建军. 中国科技报告质量评价体系与推进策略 [J]. 情报学报, 2014 (8): 813-823.

[140] 彭广亮. 基于元数据的领域数据编辑模型研究 [D]. 大庆: 东北石油大学, 2011.

[141] 乔振. 我国科技报告研究进展与述评 [J]. 中国科技资源导刊, 2016 (1): 19-25.

[142] 秦金聚. 纯网络电子期刊质量评价研究 [J]. 情报探索, 2007 (8): 13-16.

[143] 秦燕. 元数据在知识管理各阶段的应用分析 [J]. 图书情报导刊, 2006, 16 (20): 165-166.

[144] 邱进友. 基于Delphi法的网络信息资源质量评价指标筛选 [J]. 河南图书馆学刊, 2015 (2): 86-88.

[145] 阮建海. 纯网络杂志质量控制探讨 [J]. 图书情报知识, 2004 (1): 2-6.

[146] 上海市哲学社会科学规划课题《信息资源基础管理性元数据框架研究》调查报告 [EB/OL]. [2014-07-23]. http://www.docin.com/p-765148687.html.

[147] 尚佳, 杨吉江, 许有志. 基于XML的电子文件元数据捕获系统研究 [J]. 计算机与数字工程, 2011, 39 (10): 9-12, 31.

[148] 邵熠星. 汶川地震信息资料库元数据规范编制 [J]. 档案学研究, 2010 (6): 82-85.

[149] 申晓娟, 高红. 从元数据映射出发谈元数据互操作问题 [J]. 国家图书馆学刊, 2006, 15 (4): 51-55.

[150] 沈凤善. 元数据在数字图书馆中的应用 [J]. 牡丹江师范学院学报 (哲学社会科学版), 2005 (1): 122-123.

[151] 石珂. 电子政务环境下的电子文件及其归档管理 [D]. 武汉: 武汉大学, 2004.

[152] 宋立荣, 褚军亮. 网络信息环境下信息质量管理的初步认识 [J]. 现代情报, 2009, 29 (10): 53-56.

[153] 宋立荣, 李思经. 我国农业科技信息中灰色文献开发利用存在的问题及对策建议 [C] //中国农学会科技情报分会, 中国农学会农业图书馆分会, 中国农学会计算机农业应用分会. 中国农业信息科技创新与学科发展大会论文汇编. 北京: 中国农学会科技情报分会, 2007: 91-95.

[154] 宋立荣, 齐娜. 我国网络科技信息资源开发中的问题及对策思考 [J]. 中国基础科学, 2012, 14 (2): 39-44.

[155] 宋立荣. 基层科技报告资源建设中元数据质量评估研究: 以中国科学技术信息研究所为例 [J]. 中国科技资源导刊, 2016, 48 (1): 57-66.

[156] 宋立荣. 基于网络共享的农业科技信息质量管理研究 [D]. 北京: 中国农业科学院研究生院, 2008.

[157] 宋立荣. 农业科技信息共享中信息质量管理研究［M］. 北京：中国农业科学技术出版社，2009.

[158] 宋立荣. 网络信息资源中信息质量评价研究述评［J］. 科技管理研究，2012，32（22）：51－56.

[159] 宋立荣. 我国科技信息资源共享中信息质量管理成熟度研究［C］//中国科学技术信息研究所博士后工作报告. 北京：中国科学技术信息研究所，2011.

[160] 粟慧. 网络信息资源评价：评价标准及元数据和 CORC 系统的应用［J］. 情报学报，2001，21（3）：295－300.

[161] 粟慧. 元数据、HTML 和都柏林核心集：关于 Web 网页的编目［J］. 情报科学，2001，19（12）：1272－1274，1279.

[162] 孙建军. 中国科技报告质量学术评价研究［R］. 南京：南京大学信息管理学院，2014.

[163] 孙林山. 我国信息用户需求和信息行为分析研究综述［J］. 图书馆论坛，2006（10）：41－44.

[164] 孙岩岩. 省域高校数字图书馆关键技术研究［D］. 秦皇岛：燕山大学，2006.

[165] 孙源鹏. 电子政务信息资源目录服务的研究与应用［D］. 上海：东华大学，2010.

[166] 谭玎培. 元数据的内涵、特点及其他元数据研究之一［J］. 浙江档案，2002（2）：6－8.

[167] 唐迪，王云. 网络科技信息资源评价综述［J］. 科技情报开发与经济，2008，18（33）：71－72.

[168] 滕连泽. 地理空间元数据管理的研究［J］. 农业网络信息，2005（8）：39－41.

[169] 田菁. 网络信息与网络信息的评价标准［J］. 图书馆工作与研究，2001（3）：29－30.

[170] 田涛. 广西北部湾科学数据共享平台元数据管理系统研究与实现［D］. 南宁：广西师范学院，2012.

[171] 屠跃民，李婉月. 关于数字档案信息采集的思考［J］. 档案与建设，2006（9）：17－20.

[172] 王丹，王文生，刘俊华，等. 基于农村科技数据共享的元数据规范研究［J］. 农业网络信息，2004（8）：26－29.

[173] 王国复，涂勇，王卷乐，等. 科学数据共享中的元数据技术研究［J］. 中国科技资源导刊，2008（1）：30－36.

[174] 王清洲. 公路施工项目动态管理研究［D］. 西安：长安大学，2006.

[175] 王绍平，郑巧英，孙华，等. 信息资源基础管理性元数据框架的数据模型［J］. 情报杂志，2008，27（3）：93－95，98.

[176] 王绍平，组织数字信息资源的元数据方法和 Ontology 方法［J］. 上海高校图书情报工作研究，2005（4）：10－13.

[177] 王绍平. 数字信息资源的基础管理性元数据初探［J］. 新世纪图书馆，2005（5）：7－9，35.

[178] 王巍. 基于 B/S 结构的网络学术信息资源评价系统的研究与实现［D］. 大连：大连交

通大学，2009.
[179] 王霞. 卫生统计调查元数据概念模型的研究［D］. 西安：第四军医大学，2006.
[180] 王星，赵捷. 国家科技报告服务系统构建研究［J］. 中国科技资源导刊，2015（5）：26 –34.
[181] 王奕. 元数据技术在科技资源数据库查询中的应用研究［D］. 石家庄：石家庄铁道学院，2008.
[182] 王志梅. 网络环境下用户信息需求研究［J］. 图书情报工作，2004，48（7）：90 – 113.
[183] 魏清风，贺立源，黄魏，等. 网络农业信息资源元数据研究及其著录管理系统开发［J］. 现代情报，2009，29（2）：52 – 5.
[184] 魏琼. 安徽省属高校网站评价研究［D］. 合肥：安徽大学，2009.
[185] 吴胜. 张智光，周早弘，等. 对信息质量评价复杂性的研究［J］. 图书馆学刊，2008（4）：3 – 5.
[186] 吴显义. 我国元数据研究现状分析［J］. 情报科学，2004，22（1）：55 – 58.
[187] 向礼花. 归档网络信息价值的元数据描述［D］. 湘潭：湘潭大学，2013.
[188] 向上. 信息系统中的数据质量评价方法研究［J］. 现代情报，2007（3）：67 – 68，71.
[189] 肖珑，陈凌，冯项云，等. 中文元数据标准框架及其应用［J］. 大学图书馆学报，2001，19（5）：29 – 35，91.
[190] 谢茂龙，郭禾，陈锋. 应用扩展元数据库方式解决数据仓库质量问题［J］. 计算机工程与应用，2002（18）：218 – 219，228.
[191] 谢振红，王晓光，王忠礼，等. 影像元数据质量控制及不确定性分析［J］. 城市勘测，2011（3）：44 – 48.
[192] 徐维，曹洪欣，邱君瑞. 电子病历用于临床研究的元数据概念及语义建构［J］. 情报学报，2011，30（6）：668 – 672.
[193] 徐维. 对元数据功能与性质的深层解析［J］. 兰台世界，2005（7）：20 – 22.
[194] 徐维. 透视元数据映射概念［J］. 情报理论与实践，2004，27（6）：631，649 – 650.
[195] 徐维. 元数据：电子文件管理的关键所在［J］. 山西档案，2000（4）：11 – 14.
[196] 徐伟. 基于元数据技术的政府机关文档管理系统设计与实现［D］. 天津：天津大学，2012.
[197] 许芳. 网络学术信息资源评价的理论与方法研究［D］. 上海：华中师范大学，2003.
[198] 许永涛. 基于E – R – P建模体系的政务信息资源元数据模型与应用研究［D］. 大连：大连理工大学，2008.
[199] 颜端武，王曰芬. 信息获取与用户服务［M］. 北京：科学出版社，2010.
[200] 杨德婷. 科学数据库元数据标准体系设计［J］. 微电子学与计算机，2003，20（7）：1 – 4.
[201] 杨金莹. 科技资源数据库元数据注册与使用［D］. 石家庄：石家庄铁道学院，2009.
[202] 杨珺，李晶，王敏. 计算机证据元数据表示方法［J］. 微型机与应用，2009，28（19）：63 – 65.

[203] 杨立新. 科技信息资源共享平台网站质量评价研究［J］. 中国科技资源导刊, 2010, 42（1）: 11－16.

[204] 杨小芳. 面向用户的科技报告元数据质量评价研究［D］. 北京: 中国科学技术信息研究所, 2016.

[205] 杨艳丽. 元数据与网络信息资源的管理［D］. 太原: 太原理工大学, 2003.

[206] 姚虹霞. 我国网络信息资源建设中存在的问题及对策建议［J］. 北京邮电大学学报（社会科学版）, 2009（12）: 33－37.

[207] 姚小乐. 新加坡框架下的元数据服务研究［D］. 上海: 华东师范大学, 2010.

[208] 于千城. 用元数据来控制数据仓库的信息质量［J］. 四川理工学院学报（自然科学版）, 2008（6）: 53－55.

[209] 于晓繁. 基于本体和元数据的语义标注平台模型与系统架构研究［D］. 济南: 山东理工大学, 2012.

[210] 于振宽. 中国档案界对元数据的认识过程［D］. 沈阳: 辽宁大学, 2012.

[211] 于志敏, 谢丽聪, 韩晓芸. Web 元数据信息提取技术的研究［J］. 微计算机信息（管控一体化）, 2008, 24（33）: 232－233.

[212] 袁栋梁. 信息资源元数据模型的研究与应用［D］. 济南: 山东科技大学, 2011.

[213] 袁小一, 苏智星. 浅谈特色数据库元数据的建立［J］. 晋图学刊, 2005（5）: 28－30, 35.

[214] 曾华实. 湖南烟草商业元数据系统分析与设计［D］. 北京: 北京工业大学, 2010.

[215] 曾茜. 网络科技资源元数据的研究与应用［D］. 北京: 北京师范大学, 2009.

[216] 张爱霞, 沈玉兰. 美国政府科技报告体系建设现状分析［J］. 情报学报, 2007, 26（4）: 496－502.

[217] 张超林. 文本分类技术在数字图书馆中的应用与研究［D］. 北京: 首都师范大学, 2007.

[218] 张东. 国家科技报告管理体系分析及对策研究［D］. 北京: 中国科学技术信息研究所, 2003.

[219] 张东. 论元数据互操作的层次［J］. 情报理论与实践, 2005, 26（6）: 648－650.

[220] 张会会, 马敬东, 邸金平. 网络健康信息质量评估研究综述［J］. 医学信息学杂志, 2014, 35（3）: 1－5.

[221] 张辑哲. 论信息形态与信息质量上［J］. 档案学通讯, 2006（2）: 11－12.

[222] 张魁. 电子文件生命周期中的元数据管理［J］. 兰台世界, 2006（9）: 28－29.

[223] 张群. 网络环境下我国健康传播体系研究［D］. 北京: 中国农业科学院研究生院, 2011.

[224] 张瑞卿. 论网络环境下的信息资源整合［J］. 教育界: 高等教育研究（下）, 2014（8）: 191.

[225] 张晓林. 分布式学科信息门户中网络信息导航系统的规范建设［J］. 大学图书馆学报, 2002（5）: 28－33, 43.

[226] 张晓林. 网络环境下的信息组织：新问题和新方向［J］. 图书馆杂志（1998 理论学术年刊），1998.

[227] 张新民. 国家科技报告服务系统构建中相关问题的探讨［J］. 中国科技资源导刊，2014，46（1）：9-13，27.

[228] 张燕. 虚拟筛选元数据管理系统的研究［D］. 兰州：兰州大学，2013.

[229] 张英杰，彭洁. 国内外科技信息资源元数据框架比对研究［J］. 数字图书馆论坛，2013（3）：39-45.

[230] 张英杰. 科技信息资源集成应用元数据体系框架研究［D］. 北京：中国科学技术信息研究所，2013.

[231] 赵改善，曹邦功. 元数据：勘探开发数据管理的一种新工具［J］. 石油物探，2002，41（2）：236-242.

[232] 赵华，王健. 国内外科学数据元数据标准及内容分析［J］. 情报探索，2015（2）：21-24.

[233] 赵华，周国民，王健. 基于元数据的数据发现和数据评价［J］. 现代情报，2015，35（4）：65-68.

[234] 赵华. 基于元数据的科学数据用户相关性判断研究［J］. 情报杂志，2016，35（10）：131-136.

[235] 赵辉. 使用元数据框架改善数据资源质量［J］. 中国科技资源导刊，2008，40（2）：73-75.

[236] 赵景明，张福学. 元数据互操作方法体系研究［J］. 图书馆理论与实践，2007（4）：52-54.

[237] 赵军. 数据资源描述与组织的元数据方法［D］. 天津：天津大学，2005.

[238] 赵俊岭. 基于元数据的软件体系结构及其应用［D］. 北京：北京邮电大学，2005.

[239] 赵庆峰，鞠英杰. 国内元数据研究综述［J］. 现代情报，2003（11）：42-45.

[240] 赵仁铃. 基于非技术途径的元数据互操作研究［J］. 图书情报研究，2010（3）：3.

[241] 赵屹. 电子文件管理元数据漫谈［J］. 北京档案，2015（1）：19-22.

[242] 赵悦. 数字图书馆元数据应用研究［D］. 武汉：武汉大学，2005.

[243] 郑巧英，王绍平，孙华，等. 数字图书馆中基础管理性元数据框架研究［J］. 图书馆杂志，2008，27（6）：56-62.

[244] 郑燕华. 网络信息资源及信息检索能力的培养［J］. 情报理论与实践，1998，21（1）：55-58.

[245] 中国科学院数据质量研究项目组. 数据质量研究报告［C］. 北京：中国科学院计算机网络信息中心科学数据库中心，2005.

[246] 中国政府网. 关于加快建立国家科技报告制度指导意见的通知［EB/OL］.（2014-08-31）［2015-3-15］. http://www.gov.cn/zhengce/content/2014-09/10/content_9071.htm.

[247] 中华人民共和国国务院. 国家中长期科学和技术发展规划纲要（2006—2020 年）［EB/

OL]．［2017 – 10 – 25］．http：//www. gov. cn/jrzg/2006 – 02/09/content_1837 87. htm.

[248] 中央政府门户网站. 关于深化科技体制改革加快国家创新体系建设的意见［EB/OL］．（2012 – 09 – 23）［2016 – 06 – 08］．http：//www. gov. cn/jrzg/2012 – 09/23/content_223 1494. htm.

[249] 钟凯，宋立荣，杨小芳. 面向用户服务的国家科技报告资源质量调查分析研究［J］. 情报杂志，2017，36（2）：140 – 145.

[250] 周东. 数据质量应用系统的成功保障［J］. 中国信息界，2006（12）：39 – 40.

[251] 周莉. 网络信息资源知识组织与揭示研究［D］. 长春：东北师范大学，2006.

[252] 周旖. 试析"信息资源评估"与"信息资源质量评估"［J］. 信息资源建设，2006（3）：40 – 42.

[253] 周毅. 用户信息需要与信息质量控制［J］. 情报理论与实践，1999，22（4）：238 – 242.

[254] 朱庆华. 网络信息资源评价指标体系的建立和测定［M］. 北京：商务印书馆，2012.

[255] 朱肖川. 论网络教育资源元数据评价标准［J］. 重庆广播电视大学学报，2008，25（3）：6 – 9.

[256] 宗校军，沈轶，廖晓昕. 定题 Web 信息采集中的元数据处理［J］. 华中科技大学学报（自然科学版），2006，34（10）：37 – 40.

[257] 邹志远. 元数据质量控制措施研究［J］. 技术与市场，2017（1）：167.

[258] 左艺，魏良，赵玉虹. 国际互联网上信息资源优选与评价研究方法初探［J］. 情报学报，1999，18（4）：340 – 343.